근대문화사

서양편 · 744

근대문화사

흑사병에서 1차 세계대전에 이르기까지
유럽 영혼이 직면한 위기

II

바로크와 로코코:
30년 전쟁에서 7년 전쟁까지

에곤 프리델(Egon Friedell) 지음
변상출 옮김

한국문화사

　문화사에 딜레탕트인 내가 프로페셔널리즘보다 딜레탕티즘을 선호하는 에곤 프리델의 이 유명한 책, 『근대문화사』를 처음 접한 것은 2003년 4월 즈음이었다. 그 무렵은 내가 악셀 브라이히(Axel Braig)와 울리히 렌츠(Ulrich Renz)의 공저인 『일 덜 하는 기술(Die Kunst, weniger zu arbeiten)』을 막 번역 출간한 때이다. 〈일은 적게 하면서 인생은 자유롭게 사는 법〉이라는 부제를 달고 있는 『일 덜 하는 기술』은 책 끝머리에 부록으로 〈권하고 싶은 책〉 여남은 권을 소개하고 있었는데, 그중에 "우리의 주제를 훨씬 넘어서서 도전적이고 흥미로운 읽을거리를 제공한다"고 소개한 책이 바로 에곤 프리델의 『근대문화사』였다.

　그 후 얼마 뒤 이 책을 직접 손에 들고 읽기 시작했을 때, '도전적이고 흥미로운 읽을거리'라는 소개말은 의례적으로 하는 빈말이 아니었다. 세계에서 가장 오래된 신문 중 하나인 『노이에 취리히 차이퉁(Neue Züricher Zeitung)』이 일찌감치 "프리델의 『근대문화사』는 그 문학적 형상화의 힘 덕분에 흥미진진한 소설처럼 읽힌다"고 평가한 말 역시 이 책 서문 첫머리를 읽으면 이내 이해될뿐더러 참으로 '도전적이고 흥미로운 읽을거리'임을 확인하게 된다.

　　무한히 깊은 우주 공간에는 신의 반짝이는 사유이자 축복받은 도구이기도 한 수많은 별이 운행하고 있다. 창조주가 그 별들을 작동시키고 있는 것이다. 이 모든 별은 행복하다. 신이 세계를 행복하게 하려 하기 때문이다. 이 별들 가운데 이 운명을 공유하지 않는 별이 딱 하나 있다. 이 별에는 인간만이 서 있을 따름이다.

어떻게 이런 일이 발생했는가? 신이 이 별을 망각했던가? 아니면 신은 이 별에 본래의 힘을 벗어나 스스로 축복을 쟁취할 자유를 주었던가? 그것을 우리는 알 수 없다. 우리는 이 작은 별의 역사가 만들어낸 자그마한 파편 하나에 관해 이야기를 풀어나가 보고자 한다.

언뜻 봐도 통념적으로 알고 있는 건조한 '문화사'에 관한 말투로 느껴지지 않는다. '존재론'에 관한 명상록 같기도 하고, 마르크스가 말한 '물신숭배(Fetishism)'의 세계에 대한 우울한 철학적 반성의 글 같기도 하다. 그러나 이야기 전체를 풀어가는 서술방식, 이를테면 세계 전체가 시인을 위해 창조되었다, 세계사는 작품이나 말의 시인을 위한 소재를 갖고 있다, 세계사가 새로운 행위와 꿈을 꾸도록 부채를 건네는 그 시인은 누구일까? 그 시인은 바로 다름 아닌 후대 세계 전체일 뿐이다, 천재는 시대의 산물이다, 시대는 천재의 산물이다, 천재와 시대는 공약수가 없다는 등과 같은 변증법적 표현에서 보면 그의 이 책은 허무주의적 반성의 '존재론적' 명상록의 차원을 넘어 창조적인 '시학' 내지는 문화적 '미학서'와 같은 인상을 강하게 풍긴다. 사실 저자 에곤 프리델도 자신의 『근대문화사』 서술형식의 골간을 받치고 있는 관점은 과학적 성격보다 미학적 · 도덕적 성격이 강하다고 서문 앞쪽에서 미리 고백하고 있다.

이 책의 첫머리를 읽는 순간 이 글은 지금까지의 문화사(文化史) 책이 대개 보여주듯 사실관계를 단순히 나열하는 백화점식 보고 형식과도 다르며, 인과관계를 추적하는 기존의 논리적 역사기술의 문화사 연구방식과도 확연히 다른 미학적 성격이 짙다는 점을 금세 알아볼 수 있다. 그래서 '소설 같다'는 평가를 내리는 문화사 '전문가'도 있지만 대단히 유명한 오스트리아 작가 힐데 슈필(Hilde Spiel)과 같은 이는 프리델이 "믿을 수 없을 정도의 박식함과 매혹적인 유머, 정확한 학술적 이해와 대단히 섬세한 예술취향을 겸비하고서" 그 "시기의 인간을 각 시기마다 그 시기의 외부적 환경과 정신적 환경 속에 세우고서 그런 인간의 일상과 복장, 관습을 그 시대의 거대한 이데올로기적 조류와 함께 신선하게 환기시킨다"는 말로써 사람들을 『근대문화사』 속으로 끌어들이기도 한다. 오스트리아의 저명한 저널리스트 울리히 바인치를(Ulrich Weinzierl)은 독일의 유력 일간지 『프랑크푸르트 알게마이네 차이퉁(Frankfurter Allgemeine Zeitung)』에서 프리델의 『근대문화사』를 두고 "그 표현력이 경쾌하고도 흥미로워 수십 년 동안 독자를 사로잡는 매력을 담고 있다"고 말한 바 있다. 물론 이런 '경쾌함'과 '흥미로움'의 참맛은 『근대문화사』 속으로 직접 걸어 들어가 볼 때만 생생하게 경험할 수 있을 것이다.

그러나 이 글을 옮긴 나로서는 바인치를의 주장이 틀림없다고 확신한다. 물론 이 확신을 얻기까지 많은 인내가 필요했다. 2003년 4월 이 책을 처음 읽기 시작해서 2015년 7월 지금 번역서로 이렇게 내놓기까지 꼬박 12년 3개월이 걸린 셈이다. 미적 표현과 그 예술적 서술방식에 매료되어, '이런 식의 문화사 기술도 가능하구나!' 하는 느낌으로 간간이 읽고 우리말로 옮겨오다가 한국연구재단 '2011년 명저번역지원 사업'에 선정되어 본격적으로 번역해온 일도 벌써 만 4년이 다 되었다. 표현력의 '경쾌함'과 소설 같은 '흥미로움' 때문에 밤을 꼬박 새우면서 '새로운 시대의 문화 이야기(Kulturgeschichte der Neuzeit)', 즉 『근대문화사』에 빠져든 적이 한두 번이 아니었다. 그러나 집중된 4년과 전체 12년은 결코 인내하기 쉽지 않은 시간이었다. 그 시간은 나의 '몸'에 불균형만 초래한 것이 아니라 가족의 일상적 바이오리듬도 깨는 용감한 '반가족주의'의 길이기도 했다. 이 자리를 빌려 '그래도 정신 건강에는 도움이 되지 않았을까(?!)' 하고, 동의 얻기 쉽지 않은 말로나마 함께 위로하고 싶다.

이 책이 아무리 '흥미진진한 소설' 같아도 번역하기에는 절대적 시간이 필요했다. 그도 그럴 것이 이 책은 저자 에곤 프리델이 쓰기에도 5년 이상 걸릴 만큼 긴 시간이 요구된 독일어판 1,600쪽 분량에 가까웠기 때문이다. 프리델은 처음 이 책을 3부작으로 출간했다 (여기서 번역 텍스트로 사용한 것은 베크(C. H. Beck) 출판사가 3부 5권으로 나뉜 것을 2008년 한 권으로 묶어 내놓은 특별판이다). 1927년 7월에 완성된 1부에는 〈문화사란 무엇이며, 문화사를 왜 공부하는가?〉라는 서문과 〈르네상스와 종교: 흑사병에서 30년 전쟁까지〉라는 제목의 1권이 포함된다. 1928년 12월에 나온 2부는 〈바로크와 로코코: 30년 전쟁에서 7년 전쟁까지〉의 2권과 〈계몽과 혁명: 7년 전쟁에서 빈 회의까지〉의 3권을 포함하며, 3부는 1931년 말에 완성된 것으로서 〈낭만주의와 자유주의: 빈 회의에서 프로이센·프랑스 전쟁까지〉의 4권과 마지막 5권 〈제국주의와 인상주의: 프로이센·프랑스 전쟁에서 세계대전까지〉를 포함한다. 흑사병 발병 시기인 1340년대부터 1914년 1차 세계대전이 터지기까지의 기간을 보면 에곤 프리델의 『근대문화사』는 〈르네상스와 종교〉에서 〈제국주의와 인상주의〉에 이르기까지 근 600여 년의 유럽 문화를 관통하고 있다.

한 권의 특별판으로 묶은 이 기념비적인 작품은 이탈리아 르네상스의 발흥으로부터 1차 세계대전에 이르기까지 600여 년간 서구인

이 겪은 문화적 부침의 역사를 섬세한 예술적·철학적 문화프리즘으로 그려내고 있다. 이 부침의 역사 속에는 예술과 종교, 정치와 혁명, 과학과 기술, 전쟁과 억압 등속의 거시적 문화 조류뿐만 아니라 음식·놀이·문학·철학·음악·춤·미술·의상·가발 등과 같은 미시적인 일상생활의 문화 조류도 포함된다. 그런데 에곤 프리델의 『근대문화사』의 강점은 무엇보다 이 미시적 문화 조류에 대한 탐색이 섬세하게 이루어진다는 점에 있다. 예컨대 큰 종 모양의 치마, 일명 '정절지킴이'로 불렸던 의상 라이프로크는 바로크의 형식적 화려함 속에 가려진 몰락의 추태를 나타내주기도 하지만 이 의상의 출현으로 파리와 같은 도시의 골목길이 넓혀지는 문화적 변화를 보여주기도 한다. 말하자면 미시적 문화와 거시적 문화의 변증법적 통일을 드러내주는 것이다. 에곤 프리델은 이 책에서 근대를 규정하는 수세기에 걸친 다양한 조류를 추적하며, 가장 중대한 정신적·정치적·사회적 발전 면모를 설명하면서 그때마다 결정적인 인물들을 뚜렷한 초상으로 그려낸다. 프리델의 문화프리즘을 통해 보면 위대한 인물과 시대정신은 상호 연관성을 지니면서도 마치 독립적인 듯한 변증법적 모순을 함축한다. 이의 압축된 표현이 바로 "천재는 시대의 산물이다", "시대는 천재의 산물이다", "천재와 시대는 공약수가 없다"는 식의 테제일 것이다. 이 테제의 핵심을 가로지르는 것이 그가 만든 개념인 '정신적 의상의 역사(Eine seelische Kostümgeschichte)'라고 할 수 있다. 말하자면 의상 하나에도 정신이 깃들어 있고, 정신 하나도 어떤 문화로든 표현된다는 것이다.

에곤 프리델이 『근대문화사』로 우리에게 들려주려는 '새로운 문화 이야기'는 인간에게서 공포를 몰아내고 인간을 세계의 주인으로 세우겠다는 근대 계몽의 당찬 계획을 실패로 보았던 1940년대 프랑크푸르트학파의『계몽의 변증법』의 관점을 선취한 듯하다. 이는 『근대문화사』의 부제로 달려 있는 〈흑사병에서 1차 세계대전에 이르기까지 유럽 영혼이 직면한 위기〉라는 소제목에서 확인할 수 있을 법하다. 이 위기의 근대화 과정을 프리델은 '**실재론**(Realismus)'에 대한 '**유명론**(Nominalismus)'의 승리에서 찾고 있다. 그것은 곧 신에 대한 이성의 승리이고, '**귀납적 인간**(induktiver Mensch)'에 대한 '**연역적 인간**(deduktiver Mensch)'의 승리를 함의한다. '연역적 인간'의 승리는 다양한 경험을 허용하지 않고 대전제가 되는 '이성'에 복종하지 않는 모든 것을 단박에 '**불량종자**(mauvis genre)'로 취급하는 데카르트적 이성의 패권을 의미하기도 한다. 여기서 이성은 '형제가 없는 정신'이 될 수밖에 없고, 중세적 공동체는 해체될 수밖에 없다고 보는 것이 바로 에곤 프리델의『근대문화사』를 관통하는 문화프리즘이다. '형제가 없는 정신'을『계몽의 변증법』의 저자 아도르노와 호르크하이머의 말로 표현하면 '도구적 이성'이 될 것이다. 이런 이성의 궁극적 표현이 세계대전으로 귀결된다고 보는 것에서도『근대문화사』와『계몽의 변증법』은 서로 닮았다. 다만 차이가 있다면 후자는 '이성'에 내재하는 억압적 요소를 '계몽을 넘어서는 계몽'과 같은 반성적 계몽을 통해 극복하려고 하는 반면에 전자는 지금까지의 세계를 구성해온 이분법적 체계, 즉 정신과 물질의 세계와는 다른 곳에서 오는 제3의 불빛에서 찾고 있다는 점이다.

경험 심리학과 경험 물리학이 동일한 결과에 다다랐다. 즉 정신은 현실 너머에 서 있고, 물질은 현실 아래에 있다는 것이 그것이다. 그러나 이와 동시에 다른 쪽에서부터 비쳐오는 흐릿한 불빛이 하나 반짝이고 있다.
유럽 문화사의 다음 장은 바로 이 불빛의 역사가 될 것이다.

에곤 프리델은 '유럽 문화사의 이 새로운 불빛'을 보지 않고 1938년 3월, 밤 10시경에 향년 60세의 나이로 생을 마감했다. 그는 삶의 '유쾌함'을 인정하지 않고 오로지 군사적 '진지함'으로 '삶'을 억압하는 히틀러의 폭압적 군대가 오스트리아에 진입했을 때 4층 창밖으로 몸을 날려 죽음으로 저항했던 것이다. 그런데 그가 사망한 지 77년이 지났지만 아직 '다른 쪽에서 비쳐오는 흐릿한 불빛 하나' 볼 수 없다. 오히려 지금은 '유럽'이 직면했던 그 '영혼의 위기'뿐 아니라 '지구' 전체가 칠흑같이 어두운 밤을 맞아 지구적 '삶 자체'가 위기에 봉착한 듯하다. 그것도 인간의 삶과 직접 관련된 '경제적 위기'뿐만 아니라 글로벌 차원의 '생태학적 위기'에 직면해 있다고 해도 과언이 아닐 만큼 불길한 여러 징후가 지구촌 곳곳에서 감지된다. 에곤 프리델의 말대로 왜 지구는 행복의 운명을 공유하지 못하고 있는지 근본적으로 반성할 필요가 바로 여기에 있지 않을까 싶다. 어쩌면 그가 말하는 그 '흐릿한 불빛'은 이 반성에서 반짝이기 시작할지도 모른다.

1931년, 『근대문화사』가 출간되고 현지의 뜨거운 반응을 넘어 수십 개 언어로 번역된 지도 한참 되었지만 우리는 이제야 그 빛을 보게 되었다. 아주 때늦게 빛을 보게 되었지만 이 빛의 탄생과정에 실로 도움을 주신 분들에게 감사의 마음을 전하고 싶다. 독일어판 원서 1,600여 쪽이나 해당하는 분량의 책을 오늘 5권의 번역본으로 내기까지 한국연구재단의 지원이 없었다면 이 책은 국내에서 빛을 보기가 거의 불가능했을 것이다. 재단에 감사를 드린다. 무엇보다 사실 수차례에 걸쳐 곤혹스러울 정도로 집요하고도 날카롭게 교정을 봐준 '한국문화사'의 이지은 팀장께 이 자리를 빌려 특별한 감사의 마음을 전하고자 한다. 그리고 생활박자를 초스피드로 다그치는 신자유주의의 무서운 속도감을 고려치 않고, 각 권 평균 400쪽 이상 되는 5권의 책을 무심코 읽어달라고 용감하게 부탁해야 할 잠재적인 독자들에게도 미리 감사의 인사를 드린다.

이 책이 오늘 우리 시대의 '고단한 영혼'을 달래주는 하나의 굄목이 될 수 있다면 역자로서는 더 바랄 것이 없다고 생각한다.

2015년 7월

옮긴이 변 상 출

❚ 차례 ❚

· 일러두기 · ───────────────

1. 번역 텍스트로는 2008년에 베크(C. H. Beck) 출판사가 한 권으로 묶어 내놓은
   특별판을 사용했다.
2. 고딕체로 쓴 부분은 원저자가 이탤릭체로 강조한 부분이다.
3. 각주는 모두 옮긴이 주이다.
4. 인명 · 지명 등의 로마자 철자는 일부는 원어를 찾아내어 쓰고 그 외에는 모두
   독일어판을 따랐다.

각 권 차례

01
바로크의 전주곡

우리가 태어날 때 거대한 바보들의 무대인 세계로
입장해야만 한다는 사실 앞에서 우리는 탄식한다.
― 리어 왕

　최초의 어두운 꽃을 피운 바로크 문화를 관찰해보면, 중부유럽의
동부에 있는 한 작은 지역에서 난폭한 전쟁의 불길이 타오르고 있
음을 목격하게 된다. 이 전쟁은 불현듯 일어난 우연한 사건들에서
발화되어 시대정신의 저 까마득한 심연에서 솟아올라 이글거리는
불길로 빠르게 확산되면서 거침없이 대륙의 절반을 집어삼켰다. 때
로는 잔불로, 때로는 활활 타오르는 불덩이로 도시와 숲, 들판과
곡식들 그리고 세계관을 잿더미로 만들고는 마침내 그 자체의 법칙
을 따랐다. 먹이가 있는 곳이면 어디든 마구잡이로 뛰어들어 뜨거운
혀를 날름거리고는 전쟁이 터질 때 그랬던 것과 꼭 마찬가지로 어
느 날 감쪽같이 사그라졌다. 거대한 변화로 남긴 것이라고는 마치
유령이라도 출몰할 것 같은 공허함뿐이다. 그것은 부상당한 인간,
약탈당한 대륙, 황량한 주거지, 신이 떠나버린 세계였다.
　세계사가 들려주는 지루하고도 무의미한 수많은 전쟁 중에도 가

장 지루하고 가장 무의미한 전쟁이 30년 전쟁이다. 이 전쟁은 바로 그렇게 무의미했기에 그토록 지리멸렬했던 것이다. 그도 그럴 것이 이 전쟁은 얻거나 잃을 확고한 목표, 말하자면 취할 수도 있고 잃어버릴 수도 있는 구체적인 둥근 '황금사과(Zankapfel)'가 없었기 때문이다. 작은 전쟁들에도 적어도 갈등의 대상이 있고 이 대상을 둘러싸고서 분명한 결단을 내리게 된다는 사실을 목격할 수 있다. 가장 최근의 역사에서 예를 몇 가지만 들어본다면, 1866년의 문제는 독일의 헤게모니였고, 1870년의 문제는 독일의 통일이었으며, 러-일 전쟁에서는 한국이, 발칸 전쟁에서는 유럽의 터키가 문제였다. 그리고 이른바 세계대전은 대개 특정 강대국 '지배의 몰락', '유럽 균형의 회복', '인민의 해방' 등속과 같은 보편적 목표를 취했다. 이런 전쟁도 거의 언제나 무승부로 끝이 났다. 이에 대해선 스페인 왕위 계승 전쟁과 7년 전쟁 및 나폴레옹 전쟁을 떠올려 보면 (여기서 언급할 수는 없지만 마지막 세계대전의 경우도 같은 의미로) 이해가 될 것이다. 이 끔찍한 발작 현상은 멀리서 그리고 위에서 내려다보면 대체로 의도적인 '실천적' 목표 없이 자동적이고 자율적으로 움직이는 수수께끼 같은 인간의 유적(類的)활동의 표현으로만 비친다. 그 행태는 도덕적이지도 않고 정치적이지도 않으며, 논리적이지도 않고 오히려 단순히 생리학적일 뿐인 것으로 평가해도 될 법하다. 마치 그것은 우리의 감각을 넘어 서 있는 그 모든 것만큼이나 '무의미한' 것처럼 보인다. 우리의 지구에는 거대한 신진대사의 현상들이 있다. 이를테면 그저 대재앙을 짐작케만 하는 천재지변, 대규모의 자기조절 과정, 치유능력을 발현하는 듯한 발열 현상, 주기적인 질병의 과정 따위가 있는 것이다. 우리는 이 현상들이 언제 닥칠지 모르지만, 어떤 주기성을 지니고 있는 것이 분명하다. 미래과학, 즉

'인류' 유기체의 생물학과 병리학은 이 신비한 생물의 역동성을 지금까지의 그 발전과 이 발전에 동반된 질병의 역사에 근거하여 탐구하는 것을 과제로 삼게 될 것이다. 아마 이 과학은 그 발전과 질병의 역사에 대해 정확한 해명의 열쇠를 제공할 것이다.

잡초

30년 전쟁이 다른 거대한 전쟁들과 공유하는 그 '무의미성'과 관련된 두 번째 속성은 그 시대의 특수한 성격에 뿌리를 둔다. 이 시대는 특히 독일에서 **빽빽한** 잡목들과 함께 기묘하게 얽히고설킨 **잡초와 같은** 형태들을 무성하게 했다. 당시 살았던 가문들이 지닌 특색 중 하나는 혼종 상태와 겉치레, 방향상실과 의상분일증세[1]였다. 그들은 자신들과 동일한 부류를 찾아다녔다. 우리는 그 같은 혼잡성과 영혼의 불안정성이 새로움이 준비되고 있는 모든 시대의 특징이 된다는 점을 이미 알고 있다. 그 같은 특색에 당시에도 희귀할 정도로 난잡한 폭정행위와 무절제한 비도덕성이 더해졌을 때, 들짐승같이 날뛰는, 목표도 원칙도 없는 전쟁이라는 몸서리치는 기괴한 괴물이 나타나, 먹을 수 있을 때까지 그렇게 오랫동안 인간을 집어삼킨 것은 불가피한 일이었다. 전쟁이 왜 시작되어 왜 중단되었고, 그 괴물이 왜 그렇게 세계를 떠돌아다녔는지 개념파악할 줄도 몰랐던 것이다.

그도 그럴 것이 그 괴물은 계속 궁핍해지고 허기지고 있었지만 수년간 전쟁을 더 이어갔기 때문이다. 끊임없는 협상이 평화조약을 끌어내면서도 또 끊임없이 그 조약의 이행을 지연시켰다. 스웨덴-프랑스 측에서도 황실-바이에른 측에서도 이 싸움을 조정해야 할

---

[1] 意想奔逸症勢: 의학용어로서 주의가 산만하여 목적한 생각이 자꾸 달라지며 처음 생각이 끝나기도 전에 또 다른 생각으로 옮아가는 정신병 증세를 말함.

강압적인 절대적 이유가 없었다. 1618년에 그 싸움이 처음 발발했을 때도 어떤 역사적 필연도 없었다. 이 싸움이 결정적으로 촉발할 것처럼 보였지만 그 세력들 간에 완강하고도 오래된 긴장이 있었음에도 결정적으로 촉발하지 못한 갈등은, 독일이 가톨릭 나라여야 하는가 아니면 프로테스탄트 나라로 남아야 하는가 하는 쟁점에 그 뿌리를 두고 있었다. 그리고 이러한 쟁점은 100년 이상 된 해묵은 문제였다. 그러나 다른 한편, 그 갈등을 종결지을 가능성이 1년 뒤 이미 형성되었다. 마티아스 투른[2]은 1619년 6월 초, 빈에 강력한 군사력을 투입했지만, 그에 대항한 페르디난트 2세[3]는 군대를 거의 거느리지 못한 상태였다. 마티아스의 군대는 오스트리아 남부 지역에서 페르디난트를 어렵지 않게 체포하여 평화를 강제할 수 있었다. 그러나 그토록 간단히 빠른 속도로 명쾌하게 실현된 해결은 오스트리아의 관습과 바로크풍에 전혀 맞지 않았다. 1년 뒤 바이센베르크(Weißenberg) 전투가 끝난 뒤에야 그 전쟁은 종결되었는데, 이번에는 1619년에 마티아스 사후 황제가 된 페르디난트 측에 유리했다. 오스트리아 세습영지 전체가 완전히 무릎을 꿇고 페르디난트에게 조건 없는 충성을 서약했다. 독일 프로테스탄트 영주들의 동맹이 와해되었다. 그러나 기대치 않은 이 같은 완전한 승리를 만끽하는 것은 합스부르크가의 관습과 가톨릭의 관례가 결코 용납하지 않았다. 페르디난트는 팔츠(Pfalz)로 전쟁을 끌고 가는 동시에 독일로 진군했다. 이로써 이제 곧바로 자의적이든 강제적이든, 정열적으로든 태만하게든, 군사적으로든 아니면 단순히 재정 및 외교 관례적으로든, 지

---

[2] Matthias Thurn(1557~1619): 보헤미아 왕이자 신성로마제국의 황제.
[3] Ferdinand II(1578~1637): 1619년 신성로마제국의 황제로 등극. 보헤미아 및 헝가리의 왕. 마티아스와 사촌.

속적으로든 간헐적으로든 이 전쟁에 가담하지 않을 유럽의 국가는 거의 없게 된다. 폴란드 · 스웨덴 · 덴마크 · 네덜란드 · 영국 · 프랑스 · 스페인 · 이탈리아가 점차 이 소용돌이 속으로 빨려 들어간다. 그러나 발렌슈타인[4]이 죽자 이 전쟁을 계속 수행해야 할 동기는 어느 측에도 더 이상 없게 되었고, 이 전쟁에 가담한 자들은 모두 지친 동시에 자족하기도 했다. 하지만 그 전쟁은 더는 생명력이 없음에도 죽음을 결단하지 못하고 계속 숨을 헐떡이면서, 더해지는 천식과 빈혈로 14년간 단말마의 고통에 시달린다. 결국에는 전쟁이 죽음을 맞이했지만, 본질적으로 보자면 모든 것은 옛날 그대로였다. 합스부르크가는 지배 권력에서 밀려나지도 않았다. 독일의 토호 영주들의 주권도 별로 약화되지 않았다. 아니, 오히려 더 강화되었다. 교황 정치의 권위도 전혀 손상되진 않았다. 다만 교황 정치는 복음주의자들에게 동등권을 지금까지보다 더 단호하게 새로이 인정할 수밖에 없었다. 누구든 자문할 수밖에 없다. 즉, 무엇을 위해 전쟁을 수행하면서 30년 동안 권력이 요구한 그 모든 것을 희생하면서 고통을 겪었는가? 물론 또 다른 여러 많은 이에게는 그 전쟁이 그렇게 충분히 길지 않다고 여겨지기도 한다. 예컨대 브랑겔[5] 장군은 평화조약이라는 소식을 들었을 때, 화를 못 이겨 광란의 발작을 일으키면서 자신이 쓰고 있던 장군 투구를 바닥에 내동댕이치고는 발로 짓밟은 후, 불행한 소식을 전한 전령에게 저주의 욕설을 퍼부으면서

---

[4]   A. W. von Wallenstein(1583~1634): 보헤미아 태생의 오스트리아 장군. 프리트란트(Friedland)의 공작. 30년 전쟁의 명장으로 그 이름을 떨쳤기 때문에 독일 고전주의 시대 유명한 작가 실러(F. Schiller)가 그를 주인공으로 삼은 『발렌슈타인(Wallenstein)』이라는 연극작품을 쓰기도 했음.
[5]   K. G. Wrangel(1613~1676): 스웨덴의 귀족 · 정치가 · 최고 군사령관.

그를 문 밖으로 쫓아냈다.

간단히 말해 30년 전쟁의 성격을 다른 어떤 말보다 잘 규명해주는 것은 그 우연성이다. 이 전쟁에서는 모든 것이 우연적이었다. 그 발생과 경과, 확산과 종말, 이 모든 것이 우연이었다. 그러나 이러한 우연성 그 자체는 결코 우연이 아니다. 그것은 그 전쟁의 이름을 달고 있는 그 시대의 가장 깊은 본성에서 흘러나온 것이다. 그 전쟁은 길고도 지루했으며, 공허하고도 밋밋했으며, 인과관계도 없고 정신도 나간 그런 것이었다. 그것은 그 시대 관습이 보여주듯, 긴 연설이나 지루한 시 낭송, 기록물과 장문의 편지를 읽으면서 거드름을 피우는 형식적 행동을 취할 때와 흡사하게 그저 관성의 법칙에 따라 계속 굴러가는 것 같았다. 역설적이게도 그 전쟁은 그 거대한 규모와 엄청난 파괴력에도 불구하고 일종의 연결사가 없는 무정형의 **일화 형태**(Anekdotisches)를 취한 것이다.

'영웅들' 그런데 사실 후속세대가 몇 세대를 거친 뒤에도 그 전쟁에 대해 느꼈던 온갖 공포에도 불구하고, 놀라운 것은 그 전쟁의 본질에 대한 실제적 이해도 없이 전쟁을 그저 일화로만 취급했다는 점이다. 그 이유는 아주 간단하다. 그것은 그 전쟁을 도무지 이해할 수 없었기 때문이다. 30년 전쟁은 그 나름의 역사도 없고, 그저 여기저기 구멍 난 모자이크 모양의 짜맞출 수 없는 그림처럼 수많은 역사 가운데 그 머리 숫자만 하나 더 보탤 따름이다. 그 전쟁과 관련하여 우리 수중에 남아 있는 것이라고는 독창적 성격을 지닌 대여섯의 인물, 눈길을 끄는 몇몇 문화유산, 산더미처럼 쌓인 소름 끼치는 공포의 동화(Märchen)뿐이다. 이런 동화는 예컨대 실러의 탁월한 묘사를 통해 독일 사람이면 누구나 알고 있는 마그데부르크(Magdeburg) 습격과 같은 악명 높은 그 전쟁의 세부적 이야기로 잘 드러난다.

실러가 그려내는 선명한 전투장면은 픽션에 기대고 있다. 말하자면 이 이야기는 실러의 좀 더 새로운 연구를 통해 더욱 개연적이게 만들어진 셈이다. 요컨대 마그데부르크의 방화 사건은 틸리[6]의 병사들이 저지른 것이 아니라 정반대로 방위군의 사령관, 즉 구스타프 아돌프[7]가 파견한 시종관 디트리히 폰 팔켄베르크(Dietrich von Falkenberg)의 작품이었다. 이 시종관은 도시를 더 이상 방어할 수 없다는 것을 알고는 일군의 복음주의 광신도들의 힘을 빌려 그 끔찍한 재앙을 일으킨 것이다. 그밖에도, 거의 알려지지 않은 만토바의 약탈 사건이 있다. 이 약탈도 끔찍한 사건이었다. 그럼에도 이 사건은 호메로스와 같은 작가를 만나지 못했던 것이다. 그러나 실러가 불충분하고도 모호한 자료로 의식적으로 완전히 각색했음에도 그가 30년 전쟁을 묘사한 형상은 고도의 문학적 진실성을 획득하게 된다. 역시 그는 『발렌슈타인』에서 천재적 감각으로 '진영'에 그 전쟁의 본질적 · 역사적 의미가 있다는 사실을 인식했다. 여기서 우리는 온갖 위험하고도 유치한, 값비싸지만 역겨운, 소름 돋지만 우스꽝스러운 내용물을 담고 있는 마녀의 솥을 보게 된다. 모든 계층과 민족, 생활형태가 뒤죽박죽 섞인, 균열된 그 세계는 당대의 의상 색깔만큼이나 알록달록 노골적으로 야하다. 우아함과 천박함, 십자군 기사와 강도 집단, 만용과 소인배 작태, 죽음의 전율과 엽기적 유머가 한덩어리로 뭉쳐 있다. 어디든 주제별 인물들과 단역 배우들뿐이었다. 기껏 하나의 프로필을 갖고 있거나 선량한 마스크를 한 인물뿐이고 완전한 인간은 찾아볼 수가 없다. 이처럼 한눈에 드러나

---

[6] J. Tilly(1559~1632): 바이에른의 유명한 장군. 30년 전쟁 기간 중 독일 내에서 가톨릭 동맹의 총사령관으로 활약함.
[7] Gustav Adolf(1594~1632): 스웨덴 왕(1611~1632년 재위).

는 조연과 단역 및 엑스트라 배우들의 무대에서 단 두 명의 주역만이 눈에 띈다. 이들은 몇몇 타당한 이유에서 30년 전쟁의 '영웅들'이라고 칭할만하다. 그들은 스웨덴 국왕과 프리트란트(Friedland) 공작이다.

그런데, 이해하기 어려운 그 시대 영웅의 모습이 어째서 품격도 없이 그토록 일그러지고 욕된 형태로 우리에게 다가오는가! 영웅에게는 지도자 역할만 주어진다. 모두가 그를 올려다보며, 그를 기꺼이 따른다. 그의 고매한 통찰과 전망, 실천력과 확고한 태도를 신뢰한다. 그러나 그는 이 모든 사람에게 암흑과 미로, 골짜기와 심연을 뚫고 나갈 지도자일 뿐이다. 어떤 신적 관념이 그 속에 기거하지 않는다. 세속적 관념도 없다. 말하자면 관념 일반이 없는 것이다. 그는 어떤 고상한 확신에 차서 광적으로 전진하는 것이 아니다. 숭고한 선입견도 없고 경건한 오류도 모른다. 단지 그는 군중보다 좀 더 똑똑할 뿐이지 더 현명한 것은 아니며, 그들보다 좀 더 강인할 뿐이지 더 선량한 것은 아니다. 하늘에 대한 그의 신앙은 점성술이며, 성서에 대한 신앙은 정치를 의미한다.

발렌슈타인　구스타프 아돌프와 발렌슈타인은 국가 공직자라는 신분에서는 서로 대등하다. 그러나 총사령관으로서 스웨덴 국왕은 더 큰 능력을 겸비한 반면에 프리트란트 공작은 독보적인 조직가였다. 그는 무너진 시대에도 문자 그대로 군대를 신속히 조직하는 재능을 갖고 있었다. 그 재능은 그에게 부와 일 처리의 능숙함, 그리고 군사적 명성만을 가져다준 것이 아니라 당시 충분히 매력적인 것으로 평가받지 못한 그의 인격에 신비감까지 곁들여주었다. 그러나 아주 단순한 성격의 소유자임에도 그는 전쟁은 스스로 먹고 산다는 불가항력적인 포악한 원리를 폭로하고 그 실재를 보여주었다. 그밖에도 그는 당대에는 완전히 낯설기만 한 투명하고도 건전한 사유를 통해 세상을 적잖이 놀라게 했다. 그러나 또 다른 한편, 그는 외교술과 전쟁 수행 사이에서 불확실하게 오락가락하는 수많은 기회마다 항상 망설임과 주저함, 머뭇거리면서 뒤로 미루는 태도를 보임으로써 영락없는 그의 세기의 아들임을 입증해 보인다. 그러나 이런 태도는 그의 정치적 목표 가운데 어느 하나도 획득할 수 없게 했고, 전투의 성과를 한두 번 이상 놓치게 만들더니 급기야 그를 몰락시키고 말았다. 그런데 그는 전쟁이 터지는 바로 그 순간에 모든 것이 걸려 있는 도약판이 무엇인지 아주 예리하게 간파했다. 중대한 종교적 갈등은 언제나 새로운 먹이를 끌어내게 만드는 내정 및 영토 문제와 관련된 온갖 쟁점을 품고 있어서 합스부르크 왕조가 완전한 절대주의를 수립할 수 있을 때에만 해소될 수 있는 문제였다. 이러한 절대주의는 벌써 프랑스와 스페인에서 통하고 있었고, 영국 스튜어트가의 프로그램을 구성했다. 발렌슈타인은 독일에서도 쓸 수 있는 모든 수단을 동원하여 절대주의를 강제 실행할 것을 다시 한 번 강력하게 제안했다. 이때 분명 그는 군사령관의 역할을 맡기로 예정되어 있었다. 이 같은 군사령관의 지위는 일종의 국왕의 책사와 동등한 지위를 갖는 것으로서 실제 권력의 중심이었던 것으로 보인다. 왜냐하면 군대에 명령을 내리는 사람이 독일에 명령을 내릴 수 있었기 때문이다. 바로 이런 이유에서 처음부터 자신의 군사령관을 불신한 페르디난트 2세는 그의 작전을 못마땅하게 여겼다. 그래서 발렌슈타인은 가톨릭 동맹의 수장이었던 바이에른의 막시밀리안[8]의 저항 앞에서도 패배하고 말았다. 이후 발렌슈타인은 장기적인

---

[8] Maximilian(1573~1651): 바이에른의 공작이자 신성로마제국의 선제후.

안목을 갖고 발트 해 영유권을 확보하기 위해 메클렌부르크(Mecklen-burg) 공작으로서 거대한 북방 제후국을 건설하려 했다. 이때 그는 황제보다 구스타프 아돌프에게 더 많은 방해를 받았다. 그래서 그는 스웨덴과 동맹을 생각하면서, 이유가 너무 빤해서 문서화하지 않고도 협상을 체결할 수 있을 것이라고 확신했다. 그러나 이 '눈 나라의 왕(Schneekönig)'은 합스부르크 왕가만큼이나 그를 신뢰하지 않았다. 뤼첸(Lützen) 협상 결렬 이후 그는 복음주의 제국의 영주들을 대상으로 하여 똑같은 도전을 시도했다. 이때 그는 짐짓 보헤미아 왕좌를 기대한 것 같다. 그가 보기에는 그것이 안성맞춤의 해결책이었던 것이다. 그도 그럴 것이 보헤미아에서는 발렌슈타인의 권력이 막강한 전통이었던 것처럼 자리 잡고 있었기 때문이다. 보헤미아에서 그는 넓은 영지를 소유하고 있을 뿐만 아니라 많은 공감도 얻고 있었다. 거기서 그는 체코 제국의 수장으로서 뛰어난 면모를 보여준 듯했다. 그러나 그의 계획이 신속히 진행되지 않았고, 공정성도 없고 후방의 안정적 지원도 없이 이루어진 협상 당사자 간의 제안과 역제안 때문에 그는 살해되고 만다. 이 살해가 극히 비양심적인 방식으로 거행되었다는 사실은, 책임을 면하기 위해서라면 온갖 짓을 다 한 빈 궁정의 사후조처가 잘 보여준다. 앞에서 말한 모든 사건에서 발렌슈타인은 황제의 공무원이 아니라 실력자처럼 행세했다. 사실, 실제로도 그랬다. 당대에는 무늬만 주권자인 수백의 인물 가운데 진정한 주권자는 단 한 명뿐이었기 때문이다. 그 주권자는 자금력·군사력·재능으로 무장한 용병 대장이었다.

구스타프
아돌프 발렌슈타인의 형상 주변에는 기묘한 어두운 빛이 드리워져 있다. 이 빛이 그의 형상을 흥미롭고도 암시적이게 만들지만, 인간적 연민을 불러일으키지는 않는다. 생전에 그는 이미 자신의 실물 그 이상으로 자라버린 것이다. 사람들은 그가 '방탄벽처럼 강건'하며, 보이지 않는 기사단을 지휘하고, 악마와 동맹 조약을 맺었다고 믿었다. 분명 그는 넓은 시야와 탁월한 종합능력을 겸비한 외교적·전략적 소질을 발휘한, 나폴레옹이 그 선두에 있는 일군의 무리에 속한다. 그러나 동시에 그의 냉혹한 이기주의, 어두운 권력욕, 그리고 이른바 사적인 속성의 결핍이 우리로 하여금 그에 대한 동정 어린 이해심이 들게 하기도 한다. 따라서 사람들은 그를 편애하면서 구스타프 아돌프와 비교해온 것이다. 그런데 구스타프 아돌프는 그와 대조적인 인물로서 축복을 몰고 다니는 북부지역 출신의 빛나는 영웅, 자신의 칼끝에 관용·보호·해방을 꽂고 다니는 인물로 표현된다. 물론 그것은 프로테스탄트 민담이 지어낸 이야기일 뿐이다. 사실 그는 발렌슈타인과 아주 가까운 정신적 친척뻘이다. 요컨대 그도 탐욕이 많고 이기적이며, 교활하고 가슴이 차가웠다.

루터 신학에 대한 구스타프 아돌프의 신앙은 분명 점성술에 대한 발렌슈타인의 믿음 못지않게 진지하다. 그러나 발렌슈타인이 별들을 위해 자신의 계획을 실행한 적이 별로 없었듯이 구스타프 아돌프도 오로지 복음주의 문제를 위해 전쟁에 뛰어든 것은 아니었던 것 같다. 오히려 한 사람에겐 천궁도(天宮圖: Horoskop)가, 다른 한 사람에겐 성서가 정치의 도구로 쓰였다. 발렌슈타인이 한때 안중에 두었던 것을 구스타프 아돌프는 늘 생각의 중심에 두었다. 그것은 곧 동해, 즉 발트 해의 지배였다. 그는 황제에 맞선 압박받는 프로테스탄티즘을 원조하려고 출정했다. 만일 독일을 확고한 기반으로 삼지 않았다면 그는 어떻게 그 원조를 지속하게 할 수 있었겠는가? 종교개혁이 로마를 상대로 승리를 거둬야만 했다. 즉, 종교개혁이 스웨덴 방식으로 풀이되어야만 했던 것이다. 포메른(Pommern)과 프로이센을 포함하여 북부독일 절반이 바사 가문[9]의 수중에 떨어졌다.

그의 개선 행렬은 유럽 전체를 놀라게 하여 공포로 몰아넣었다. 상륙한 지 1년 만에 그는 이미 뮌헨에 입성했다. 이러한 성공의 비결 일부는 그의 군대 덕분이었다. 말하자면 그의 군대는 여타 군대처럼 약탈 욕구·모험심·미신 따위로 뭉쳐진 집단이 아니라 실제로 국민군을 형성하고 있었던 것이다. 그러나 성공의 1차적 비결은 그 자신의 천재성에 있었다. 그는 시대를 훨씬 앞지르는 예리한 시선으로 군제의 거의 모든 부문을 단호히 혁신했다. 화력기술을 개선한 것이다. 번거로운 꺽쇠엽총 대신 가벼운 소총을, 목재탄통 대신 가방에 넣어 다닐 수 있는 종이탄통을 개발했다. 보병을 3열로 세워, 맨 앞 열은 무릎을 꿇고, 중간 열은 서고 세 번째 열은 장전을 하는 방식의 전술을 채택했다. 자신의 단위 부대들에 고도의 지휘 능력을 발휘하여 전투가 치열할 때 갑자기 선회하는 전략을 구사했다. 이는 당시 전대미문의 전략으로 평가받았다. 가장 결정적인 것은 기병대를 다시금 주력무기로 삼은 것이다. 그러나 이런 승리와 함께 그의 욕구도 높아졌다. 확실히 그는 자신의 인생역정 끝에서 북독일의 연해지역만으로 만족치 않고 더 높고 더 견고한 지위를 확보해야겠다고 결심했다. 그가 염두에 두었던 것은 분명 신성로마제국 황제 자리와 바이에른 대공국이었던 것 같다. 바이에른 대공국은 프로테스탄트 측의 결정적 승리에도 여전히 가톨릭의 막시밀리안의 손에 놀아날 운명이었다. 구스타프 아돌프의 면모를 잘 보여주는 것은 바이에른을 위해 황제가 물려준 지방 왕성을 그가 재탈환했을 때에도 그것을 '겨울 왕(Winterkönig)'에게 되돌려주지 않은 점이다. 따라서

---

[9] 스웨덴의 구스타프 바사(Gustav Wasa) 왕가를 말함.

복음주의자들이 그들의 해방군을 점차 두려워하게 된 것도 이상하지 않은 것이다. 그러나 그 모든 계획과 공포는 뤼첸에서 크로아티아의 말발굽 아래 산산이 부서지고 말았다. 구스타프 아돌프도 거기에 끼어 있었다. 그는 강철같이 단단하고도 차가운 현실정치가였지만 낭만주의자로서 북쪽 바다의 왕이었다. 그는 근시안이고 비대했음에도 언제나 그의 부대 한가운데서 싸움을 이끌었으며, 우중충한 중세에서 온 중무장한 대공의 모습으로 극도로 혼란한 전투에서 어느 날 자신의 죽음을 맞이한 것이다. 그는 자신의 탁월한 능력을 세상에 보여주기에는 너무 늦게 등장한 편이었고, 자유와 신앙의 순수한 후원자로서 프로테스탄트 교본과 연극제에 이름을 올리기에는 너무 일찍 퇴장한 편이었다.

사람들이 부르는바 그 '대전(大戰)'은 후세 사람들로 하여금 선의 과장된 평가들로든 악의로든 늘 새롭게 양식화하게 하고 과장된 평가를 내리게끔 유혹해왔다. 사람들은 확대경을 통해 그 전쟁을 관찰하는 데 익숙해졌으며, 최근까지도 그것의 무서운 영향력을 두고 과대평가했다. 이때 오로지 동시대의 설명에만 의존하고, 그 설명들에는 논박거리가 여지없이 들어있다는 점은 고려하지 않는다. 또한 그 설명들이 오늘날의 몇몇 나라의 백색 정부나 적색 정부가 행하는 묘사들만큼이나 실재를 재현하지 못한다는 사실도 고려하지 않는다. 그밖에도 모든 것을 왜곡하고 부풀리면서 기형으로 만들려는 욕구가 이 시대의 기본성격이 되었다는 점도 고려하지 않고 있다. 이 시대를 기록한 너무나 유명한 기록인 그리멜스하우젠[10]의 『짐플리치시스무스(Simpli-

---

[10] H. J. Ch. Grimmelshausen(1625~1676): 독일 바로크 시대의 뛰어난 산문작가.

zissismus)』도 투박하고도 강한 총천연색에 매우 인상적이긴 하지만 환상적인 캐리커처의 가치만을 지니며, 사물을 실재보다 더 압축해서 표현하는 문학적 권리를 말 그대로 남용하고 있다. 그뿐만 아니라 우리가 잊고 있는 것은 이 전쟁 괴물이 어떤 연관관계 때문에 움직인 것이 아니라 고립적인 각 적대행위가 뭉친 무형의 덩어리여서 소수의 지역에서만 대개 일시적으로만 혹은 전혀 빈번하지 않게 아주 간헐적으로만 마주쳤을 뿐이라는 점이다. 이 전쟁은 동원할 수 있는 모든 세력을 극단으로 몰아가는 성격을 지닌 오늘날의 전쟁과는 닮은 점이라고는 하나도 없다. 전 지역 사람들, 국가의 모든 계층, 모든 물리적 · 물질적 투쟁수단을 그 전쟁에 끌어들였다는 말은 들어본 적이 없다. 숙영지 도시들의 시민에게 무기 소지의 의무가 부과되지도 않았다. 본인이 원할 때와 마음에 내킬 때에만 군인이 될 수 있었다. 입대는 직업상, 혹은 영락해서, 또는 돈을 벌기위해, 아니면 공명심에서 혹은 놀이 삼아 이루어졌다. 그래서 군인은 본질적으로 세 가지 유형의 인간 부류, 즉 전문가와 영락한 사람과 기분파로 구성되었다. 따라서 우리의 개념에서 보자면, 군대는 아주 형편없었고, 전투도 단기전에 불과했으며, 그 세력 영역도 보잘것없었다. 온전한 전쟁 수행을 꺼리는 속성 때문에 싸움도 빈번하지 않았다. 그 시대가 드러낸 무규율성과 무형태성을 우리의 감각으로 보면 그 전쟁을 '세계대전(Weltkrieg)'이라고 말할 순 없지만, 개별 사건들의 경우 광포하기 그지없는 일도 있었다. 이때도 그리멜스하우젠이 묘사하는 바의 사건들이 아주 흔한 일이었다고 그대로 믿어서는 안 될 일이다. 폴란드에서 러시아인들이 벌인 잔혹사와 벨기에에서 독일인들이 자행한 '만행'에 대한 이야기가 그 시대에 확산되었고, 지금도 그것을 사실로 일부 믿고 있다는 점을 상기한다면,

여기서도 해석의 제약이 필요할 듯하다.

물론 전쟁 이후 독일의 상황을 극도로 황량하게만 볼 필요는 없다. 그러나 여기서 또다시 우리는 이 책 1권에서 이미 여러 번 살펴본 바 있는 원인과 작용의 착종현상에 대해 언급해야 할 것 같다. 중세가 끝날 무렵 상업과 무역이 활발해서 새로운 물질적 문화가 발전한 것이 아니라 당시 사람들이 그러한 경제관념을 갖고 살았기에 국제적 교역이 촉진되고, 화폐 경제가 발흥했으며, 상품생산이 늘어났던 것이다. 아메리카의 발견, 인쇄술, 종교개혁을 통해서 '근세'가 시작된 것이 아니라 15세기 전환기에 특정한 인간 변형체라고 할 수 있는 '근세 인간'이 역사의 무대를 밟았기 때문에 서인도 해안이 탐험되었고, 책이 인쇄되었으며, 로마 교회의 제도를 상대로 한 싸움이 벌어진 것이다. 마찬가지로 독일 국민이 30년 전쟁 때문에 나락으로 떨어진 것이 아니라 그렇게 내려앉아 있었기 때문에 30년 전쟁이 터진 것이다.

이러한 문제는 경제영역에서 가장 명확히 드러난다. 독일은 30년 전쟁이 터지기 전에 이미 유럽, 특히 네덜란드의 무서운 추격으로 섬유산업에서 그 주도권을 잃었다. 그리고 16세기 전반에 걸쳐 유럽의 시장에서는 고급 공예 생산이 활발했는데, 이 분야에서도 독일은 이제 프랑스의 공장제 수공업에 추월당했다. 유행과 품질에서도 프랑스를 따라잡지 못했다. 독일을 북쪽으로 가는 자연적 경유지로 삼은 지중해 무역도 대서양 항로 때문에 벌써 오래전에 그 지배적 위상에서 밀려나 있었다. 이는 한편으로 해운업의 발달과 놀라운 발명 때문이기도 하지만, 다른 한편 독일 자체에 그 책임이 있기도 하다. 왜냐하면 온갖 제약과 규제를 담고 있는 수많은 관세장벽과 온갖 종류의 주화가 대륙의 교역을 진정으로 고문했기 때문이다.

경기 침체

특히 후자의 상황, 즉 단일 화폐의 부재는 전쟁이 독일에 입힌 상해보다 더 큰 손해를 입힌 국가적 재난으로 귀결되었던 셈이다. 말하자면 그것은 동시대 수많은 팸플릿이 몹쓸 사람으로서 지탄거리로 삼은 '키퍼와 비퍼(Kipper und Wipper)'를 양산한 것이다. '키퍼와 비퍼'는 화폐주조공과 환전 업자를 이르는 별칭이었다. 그것은 오늘날 '암거래상'이라는 말만큼이나 흔히 쓰인 것으로서 아첨을 떤다는 의미를 동시에 내포한다. 전반적인 궁핍에 대한 책임을 이런 환경에 물어도 전혀 부당하다고는 할 수 없다. 물론 그 책임의 장본인은 지방 영주들이다. 이들은 다양한 화폐가 끼치는 폐단이 그들에게는 큰 이익이 된다는 사실을 바로 간파하고 있었다. 요컨대 그러한 상황은 그들로 하여금 환전 시세용으로 순도가 아주 낮은 그들 자신의 화폐를 발행할 수 있도록 한 것이다. 당시에는 국채로 돈을 버는 것이 기본이었다. 우선 주민들도 거기에 대해 반발하진 않았다. 왜냐하면 누구나 모아서 조금씩 이득을 보게 되는, 가치가 고스란히 보전되는 오래된 금이 바로 그런 식으로 하여 값이 올랐기 때문이다. 그러나 시간이 경과하는 가운데서 보편적 침체는 불가피했다. 곧 밀수, 중개업, 사기 거래, 정직하지 못한 화폐조작 기술 따위가 횡행했다. 오늘날의 주식투자와 같이 '가벼운' 화폐를 발행하고 좋은 화폐를 모으는 식의 투기가 성행했다. 악순환에 빠진 지방 영주들은 (이젠 그들 자신도 그들이 발행한 질 낮은 화폐를 세금 및 공과금으로 받아야 했기 때문에) 더욱 절망적인 조처를 취했다. 결국 주화는 은도금한 구리나 이보다 더 가치가 없는 물질로 만들어져 순전히 계산용으로만 쓰이게 되었다. 이는 우리 시대와 아주 닮았는데 다만 차이는 종이가 아니라 금속일 뿐이라는 점이다. 결과도 아주 유사한 사회적 현상을 보인다. 성공한 졸부 투기꾼의 분에 넘치는 사치, 월급쟁이와 정신노동자의 궁핍, 적게 저축하는 사람들의 궁핍화, 자금 수요의 급속감속, 끝없는 파업, 광분한 소요 등속이 그런 것이다.

이런 황폐화는 독일을 거의 오지(奧地)로 만든 베스트팔렌 평화조약이 마무리 지었다. 그도 그럴 것이 이때부터 독일 영토 어느 곳도 교류지점이 거의 되지 못했기 때문이다. 라인 강은 네덜란드, 바히젤(Weichsel) 강은 폴란드, 오데르(Oder) 강과 엘베(Elbe) 강, 그리고 베저(Weser) 강은 스웨덴 영역으로 귀속되었다. 발트 해를 둘러싸고는 덴마크와 스웨덴과 폴란드가 갈등을 일으켰고, 북해를 두고서는 프랑스와 네덜란드와 영국이 세력 다툼을 벌였다. 독일의 자리는 하나도 없었다. 동시에 평화조약은 독일의 지방 분권주의를 영속화했다. 즉 평화조약은 제국 연방 전 공국에 각각의 주권을 인정했고, 이로써 단순한 형식체에 불과한 '황제와 제국에 반대하는 것을 제외하고는' 각 공국 간에 그리고 외국 세력들과 동맹을 체결할 권리를 인정했다. 스웨덴 총리 옥센셰르나[11]는 다음과 같이 재치 있는 말을 한 적이 있다. "조금의 오성만 있어도 세상을 통치할 수 있다는 것을 도대체 국민들은 모른단 말인가?" 그러나 그도 독일의 헌법에서 그 미량의 오성을 제대로 가늠하지 못한 것 같다. 왜냐하면 그는 독일의 헌법을 두고 신의 섭리에 근거한 혼동으로만 규정했기 때문이다. 그러나 200년 뒤, 그 헌법을 '제정된 무질서'라고 부른 헤겔이 훨씬 더 정확했던 셈이다.

본래 '종교전쟁'으로 불붙었던 30년 전쟁은 그 첫 10년 사이에 이미 종교적 성격을 잃어버리고, 전쟁이 계속되는 사이에 점점 더

'제정된 무질서'

중세의 종말

---

[11] Axel Oxenstierna(1583~1654): 스웨덴의 정치가.

정치화했다. 우리가 살펴보았듯이 구스타프 아돌프가 이 전쟁에 개입한 주요 계기는 결코 종파 문제 때문이 아니었다. 그는 스웨덴의 열강 정책을 추진하면서 황제 측에 등을 돌렸다. 그 이유는 무엇보다 황제 측이 그의 타고난 적수, 그러니까 바사 가문의 왕좌를 참칭하는 폴란드를 지원했기 때문이다. 그밖에도 황제에게 발트 해의 장군으로 임명되어 이 직위를 현실로 바꾸는 데 모든 것을 걸었던 발렌슈타인의 계획들도 그를 불안하게 만들었다. 그런데 발렌슈타인도 자신의 인생궤적 전체에서 단 한 순간도 가톨릭의 대의를 염두에 두지 않았다. 라이프치히에서의 두 번째 전투가 끝난 뒤, 덴마크의 프로테스탄트 국왕은 스웨덴이 승리를 이용하지 못하도록 위협적인 태도로 방해한다. 전쟁 중반에 체결된 프라하 평화협정에서 루터 측이 권력을 잡고 있던 작센 선제후국이 가톨릭 측에 선다. 이때 시작된 마지막 단면은 프로테스탄트 영주들과 야전사령관들을 통해 가톨릭 측에 대항한 전쟁을 이어가는 프랑스가 완전히 장악하게 된다. 이 정책의 수뇌는 로마 교회의 막강한 추기경 리슐리외[12]였다. 그는 프랑스의 가장 충실한 기독교 국왕이었던 앙리 4세의 유언을 집행했다. 그가 사망한 뒤 그의 필생사업은 역시 추기경 마자랭[13]에 의해 계승되고 완성된다. 다만 페르디난트 2세만 자신의 '총사령관'격인 성모 마리아를 위해 싸웠다. 그리고 그의 오랜 친구인 바이에른의 막시밀리안 역시 교황청 신앙에 충실한 전사였다. 그러나 생활의 현실은 그들을 밟고 넘어간다. 마침내 30년 전쟁이 어디에서 시작된 것인지 모두가 까맣게 잊어버린 것이다. 말하자

---

[12] J. du P. Richelieu(1585~1642): 프랑스의 추기경 · 정치가.
[13] Jules Mazarin(1602~1661): 이탈리아 태생의 프랑스의 추기경이자 정치가.

면 가톨릭 신자들이 스웨덴 군대에 들어와 싸웠고, 프로테스탄트 지지자들이 황제의 군대에 들어와 싸운 것이다. 이렇듯 시대의 법칙이 두 진영의 이념보다 더 강하다는 것을 입증해 보였다. 우리가 종교개혁의 본질로 인식한 그 의지, 즉 모든 인간 활동과 관계의 세속화에 대한 의지가 가톨릭의 세계도 장악했던 셈이다. 16세기만 해도 신앙고백적 신념과 열정이 모든 민족적 · 사회적 · 애국적 사념과 감정을 억누를 만큼 인간 영혼에서 전권을 행사했던 반면에, 이제는 정확히 그 반대의 형국이 된 것이다. 말하자면 전 유럽이 완전히 정치화 · 세속화 · 합리화했다. 중세가 끝난 것이다.

30년 전쟁과 함께 시작된 근대의 그 실제 첫 단면은 대략 1660년 전기 바로크 경까지 이르며, 이 시기를 '전기 바로크(Vorbarocke)'로 규정할 수 있다. 이때의 새로운 세계상이 한편으로는 아주 거칠게, 다른 한편으로는 아주 흐릿하게 시계에 천천히 들어서게 된다. 이는 과도기적 스케치로서 혼란스러운 바로크적 인간의 모습을 수태하고 있는 준비의 시기이다. 60년대의 시작은 여기서 다소 명확한 단면을 드러낸다. 1660년 크롬웰이 죽은 뒤 스튜어트 왕가 중심의 왕정복고가 일어났고, 마자랭이 사망한 뒤인 1661년 루이 14세가 독자적인 통치를 하게 되었으며, 벨라스케스[14]가 1660년에, 그리고 파스칼[15]이 1660년에 사망했다. 의미에 따라 두 번째 계열로 수없이 많이 분류될 수 있는 이 같은 네 가지 자료는 역사의 한 단계에 막을 내리고 새로운 단계의 문을 열고 있다.

---

[14] D. Velazquez(1599~1660): 17세기 스페인 화단에서 가장 중요한 화가로 간주됨. 그의 화풍이 프랑스 인상주의의 태동에 지대한 영향을 입힘.

[15] B. Pascal(1623~1662): 프랑스의 수학자 · 물리학자 · 철학자. 명상록 『팡세』로 유명함.

절대주의가 무르익게 되는 이 시·공간대의 정치적 핵심개념은 **국가이성**(ratio status)이다. 이를 두고 독일의 풍자문학 작가인 모셰로 슈[16]는 이렇게 말한다. "국가이성은 그 본래의 발생 상태에서 보면 장엄하고 빼어난 신성한 것이다. 그런데 악마는 무엇을 할 수 있을까? 악마도 국가이성과 교제하고 교류하지만, 그에게 국가이성은 세상을 다루는 일에서 최고의 장난일 뿐이다. 국가이성을 조심스럽게 다루는 통치자는 국가이성의 이름으로 자신을 즐겁게 하는 일을 자유롭게 행하는 법이다." 동시대 또 다른 글은 이렇게 적고 있다. "통치자가 백성의 눈에 흩뿌리는 것은 가루나 먼지다. 그것은 천민을 진정시키는 가장 편리한 장난 가운데 하나다." 정치지도자는 온갖 비밀외교의 간계와 술책 및 계략을 능숙하게 부릴 줄 아는 노회한 특사와 비서를 둔 권력자이다. 이제 궁정 신학자를 대신하여 궁정 법률가가 등장한다. 그래도 아직 일정한 영향력이 남아 있는 궁정 신학자가 두각을 나타낼 때는 가공할 비관용을 통해서였으며, 그중 가장 악랄한 측은 루터파 진영으로서 스위스 및 로마 교리에 대해 가차 없는 태도를 보였다. 예컨대 선제후 영지의 궁정목사 호엔에크(Hohenegg)는 칼뱅파에게 있어 무기를 잡는다는 것은 칼뱅파의 창시자, 즉 그 악마에게 기마병이 된다는 것을 의미한다고 말한다. 아우크스부르크 신앙고백에서 조금이라도 멀어지는 사람은 엄격한 루터파의 눈에 가장 포악한 욕으로 통하는 융합주의자(Synkretist)로 불렸다. 파울루스 게르하르트[17]와 같이 진정 인격 있는 경건주의를 실천한 인물조차도 이렇게 말한다. "나는 칼뱅파를 **결코** 기독교도

---

[16] J. M. Moscherosch(1601~1669): 바로크 시대 독일의 풍자문학 작가.
[17] Paulus Gerhardt(1607~1676): 독일의 찬송가 시인이자 목사.

로 인정할 수 없다." 간단히 말해, 이러한 상황은 카를 폰 하제(Karl von Hase)가 교회사에 대해 화려한 말투로 설명하면서 그 성격을 규정할 때의 국면과 똑같다. "정말 기묘하게도 사람들은 진정 신을 자신의 명예를 구제하려고 주먹을 휘두르는 위대한 루터파의 목사쯤으로 생각하는 것 같다." 처음에는 프로테스탄트였지만 나중에 가톨릭으로 개종한 앙겔루스 질레지우스[18]만이 예외이다. 그는 자신의 시집 『케루빔의 방랑자(Der Cherubinische Wandersmann)』에서 독일 신비주의의 깊이와 창조력을 다시 한 번 드러낸다. 이 순수하고 강한 지성은 다음과 같은 시구로 표현한다. "신은 죄인을 저버린다고 말하는 이는 아직도 신을 제대로 모른다는 명확한 증거이다." 이 지성은 생의 말년에 열정적인 글로써 세상을 떠들썩하게 만들었다. 그 글에서 그는 프로테스탄트가 그렇게 철저히 경멸한 방식과 동일할 만큼 편협하고도 단호한 광기를 갖고 프로테스탄트를 압박했던 것이다.

당시 '정치적'이라는 말은 지금도 대중 사이에 통용되듯이 노련한, 약삭빠른, 외교적인, 처세술에 능한 따위와 같은 부가적 의미를 담고 있었다. '정치적인 사람'이란 주변 모든 사람을 교묘히 다룰 줄 알고, 모든 것을 자신의 이득에 교활하게 활용하고, 무색을 취하여 모든 관계에서 환심을 사고, 어떤 시대에서나 출세하게 하곤 하는 그런 재능을 발휘할 줄 아는 인물로 통했다. 반면에 '정중함(Politesse)'이란 원만한 태도, 부드러운 교제, 유창한 대화의 기술로 이해되었다. 이 역시 상류층에 끼어들 수 있게 하는 좋은 수단이었던 것이다. 몇몇 또 다른 어휘는 독특하게도 새로운 의미를 지닌다. 모든 이에게 일반적인 것(gemein)으로 통했던 것이 이제는 **비속한 것**

---

[18] Angelus Silesius(1624~1677): 독일의 종교시인.

(gemein)으로 여겨지기도 하는 것이다. **공손하게**(höflich) 궁정풍(hof-mäßig)에 어울리는 태도를 취하는 사람이 예절바른 인물로 평가받는다. 지금까지 간소한(schlicht)과 같은 뜻으로 쓰인 **슈레히트**(schlecht)가 지금은 '불충분한'을 의미한다.

게르만 문화
와
로만 문화

당시 사람들이 자신들의 사회적 형식과 맵시에 대해 대단한 자부심을 가졌음에도, 독일의 현실은 그 어느 때보다 더 무절제하고 경박스러웠다. 로만 민족들이 거의 언제나 유지해온 바의 그런 현실적 사회가 게르만족의 나라들, 특히 독일에서는 존재한 적이 없었다. 독일 땅에는 공공생활이 주는 보편적 미의 양식, 세련됨과 대화와 같은 품행의 보편적 기술, 말·글·취향의 보편적 순수성과 호의 같은 것이 없었다. 그러나 그처럼 빼어난 로만 민족의 우수성에도 그늘진 면은 있다. 그런 우수성은 내적인 자유 및 개인성의 부재에 기초를 두었던 것이다. 그 고도의 종합문화(Gesamtkultur)는 대개 인간의 균일성을 전제로 한다. 즉, 어떤 관습과 전통, 법전과 조례에 정신적으로 굴복하게 하는 공동의지를 전제로 하기 마련이다. 바로 여기서 게르만 민족 문화와 로만 민족 문화 사이에 눈여겨볼만한 대립이 생겨난다. 이탈리아·스페인·프랑스의 경우 한층 더 높은 집단정신(Kollektivgeist)이 지배하며, 따라서 거기서는 제대로 인정받지 못한 천재라는 현상이 거의 없다. 그러나 거기서는 영국·독일·스칸디나비아에서처럼 천재가 인류 전체를 그토록 자주 능가하는 일은 목격되지 않는다. 영국·독일·스칸디나비아, 이들 나라에서는 이해의 수위가 좀 더 심층적이어서, 그들의 위대한 지성이 어디서든 느리게 이해되었다. 말하자면 대개 죽은 뒤에야 포착되었던 것이다. 그런데 지고의 반열에 들어서 있는 이러한 현상들이 로만 민족의 토양에서 목격되는 일은 별로 흔치 않다. 그리고 역시 이곳에서는 자신의 민족을 내려다보고, 고국에서도 망명지에 있는 것처럼 느끼면서 외국에서 자신을 이해해줄 사람을 구하는 위인을 찾아보기가 어렵다. 그러나 게르만적 천재의 경우 그런 일은 거의 다반사다. 이와 관련해서는 프리드리히 대왕·쇼펜하우어·니체·헨델·베토벤·스트린드베리·입센·쇼·바이런과 여타 사람이 떠오를 것이다. 단테도 평생 유배생활을 하면서 피렌체에 머물렀고, 볼테르는 자신의 스위스 은신처에서 밤낮 프랑스를 동경했으며, 데카르트는 스스로 선택한 '네덜란드의 은둔 암자'에서 언제나 오로지 자신의 파리 친구들만을 위해 묵상했고, 빅토르 위고는 건지(Guernsey)에서 오직 프랑스를 위해 프랑스에 대해서만 썼다. 이탈리아·스페인·프랑스의 어떤 예술가나 사상가도 자신의 나라와 민족과 문화 이외 다른 어떤 것을 위해 살면서 창조하려고 집착한 적이 결코 없었다. 그런데 이 모든 일은 우리가 이탈리아 르네상스를 다룬 단원에서 부각시켰듯이 로만 민족의 경우 위대한 인물은 그 민족의 압축된 표현이자 정수가 된다는 사실 때문이다. 게르만 민족의 경우는 그와 달랐던 셈이다. 자연과 역사에서 작용과 반작용의 법칙에 따라 외관상의 손상과 공격이 상쇄되고 심지어 지나치게 보상되듯이, 마찬가지로 천재도 가끔 바로 주변 환경에 대한 둔감한 혹은 공격적인 저항을 통해 여느 때 얻어 본 적이 없는 그런 역작을 만들어내기도 한다. 데카르트·칼데론[19]·발자크·베르디[20]에게는 로만계 인종이, 칸트·셰익스피어·괴테·베토벤에게는 인류가 정점에 서 있다.

---

[19] P. Calderon(1600~1681): 17세기 스페인 연극을 대표하는 극작가.
[20] G. Verdi(1813~1901): 이탈리아가 낳은 최고의 오페라 작곡가.

독일이 경험한 삭막하기 그지없던 그 시대에 문학·예술·사
치·풍습 등과 관련된 모든 결정적 자극제가 외국에서 들어온 것은
자명하다. 그 시대 이상은 **사교계의 세련된 인물**(homme du monde), **궁정
사람**(homme de cour), **성실한 사람**(honnête homme), **멋쟁이 신사**(monsieur à la
mode) 같은 것이었다. 그래서 이런 편애의 모든 충동을 '알라모데의
기질(alamodisches Wesen)'로 규정했던 것이다. 그러나 당시 가장 강력한
영향을 끼친 것은 프랑스가 아니라 네덜란드였다. 사교계에 끼어들
고 싶어 하는 사람이면 누구에게나 꼭 필요한 외국으로의 '신사여
행(Kavaliertour)'은 대개가 네덜란드행이었다. 다른 한편 모셰로슈는
세간에 널리 행해지는 프랑스화의 경향을 노골적으로 비난했다.
"오, 그 꼴이란 게 비이성적인 딸랑이들도 아무것도 아닐 정도라네!
다른 이의 마음에 들기 위해 자신의 말과 목소리를 바꾸다니, 이
얼마나 비이성적인 동물인가? 개의 마음에 들려고 멍멍대는 고양
이, 고양이의 마음을 얻으려고 야옹거리는 강아지를 둔 꼴이 아닌
가? 정말 완고한 독일의 정서에 뺀질뺀질한 이국의 감성을 결합시
키려는 것은 개와 고양이가 서로 그 본성을 바꾸려는 것과 뭐가 다
를까? 동물보다 더 어리석게도 그 모양을 흉내 내려 하니 배은망덕
한(wider alleu Dauk) 것이 아닌가? 새가 음매 하고, 소가 새처럼 휘파람
소리를 내는 꼴이 아닌가?" 귀족들이 쓰는 서간체의 말은 완전히
프랑스풍이다. 사실 누구나 귀족티를 냈다. 그도 그럴 것이 귀족 신
분을 얻는 것이 아주 쉬웠기 때문이다. 신분을 사거나 아주 작은
소공국의 영주에게 봉사의 대가로 받을 수도 있었다. 세습귀족
(Uradel)이 비록 헛되지만 격렬하게 고발한 '문서귀족(Briefadel)'이 결
국 다수 상류층을 형성했다. 이때부터 오스트리아에서 지금까지 굳
어져 온 풍습이 연원하는데, 그것은 곧 잘 차려입은 사람이면 누구

에게나 '나리(Herr von)'라는 칭호를 붙여주는 풍습이다. 이런 현상은 이탈리아에서 더 심했다. 여기서는 상류층 사람 누구든 후작으로까지 승진했다. 이처럼 지속적인 내적 속물화(Vulgarität)에 외적 귀족화(Nobilitierung)를 추구하는 가운데서 사회생활에서 곧 노골적으로 드러나게 될 비굴한 태도(Servilismus)가 예고되어 있었다. 이제부터 '평판', '품위' 따위가 유일한 가치 잣대로 통하며, 그 이면은 궁정과 관료 및 고위직에 있는 모든 이 앞에 무릎을 꿇고 기는 '아첨 행태'이다. 교묘한 처세술과 잘 다듬어진 언변은 기계적인 방식으로 '예절교본'을 찍어내게 만들었다. 당시 벌써 프랑스 사람들은 기품 있는 태도로 자연스럽고도 쉽게 조우했던 것을 독일에서는 아주 졸렬하고도 속물적이며 몰취미한 방식으로 모방하려 했다. 무엇보다 이 변방세계에서 허세를 떠는 극히 잘못된 귀족주의를 누구나 신봉했다. 군도 착용이 보편적 현상이었다. 예나(Jena)에서 대학생들이 칼을 차는 것을 금지했을 때, 학생들은 칼을 수레에 싣고 다니는 장난을 쳤다. 이쑤시개를 사용하면서 돌아다니는 것이 특별히 멋있어 보였다. 그래서 사람들은 그것을 가능하면 자주 사용하려 했다.

좌담은 온갖 교육수단 중 가장 건조하고 지루한 것이었다. 다소 큰 사교집단에서는 특정 테마를 올려놓고 순서에 따라 각자의 의견을 말하게 하는 밋밋한 방식이 지배했다. 발언과 반론이 오고가지만 그것은 누구도 생각하거나 느낄 수 없을 만큼 미리 암기한 대로 각자 노는 화법으로 구성되어 있었다. 한 청년이 어떤 아가씨를 사귀고 있다면, 이 아가씨는 곧 지혜의 여신 팔라스[21], 흠모할만한 여신,

---

[21] Pallas Athene: 고대 그리스 신화에 등장하는 지혜의 여신. 로마 신화의 미네르바(Minerva)에 해당함.

'지고의 미덕을 갖춘 요정' 등의 모습으로 등장한다. 약혼식을 올릴 때, 양쪽은 이 영예를 욕되게 하지 않겠다고 판에 박힌 말로 서로에게 확신하는 좋은 분위기를 연출한다. 이처럼 강화된 형식주의 아래서는 극히 보잘것없는 상황조차도 대단한 중요성을 띠었다. 특정한 내빈에게 좌석으로 박스의자를 내놓을 것인가 아니면 안락의자를 내놓을 것인가 하는 것도 중요한 문제였다. 오랫동안 논란거리였던 것은, 고위 특사들이 타는 마차들은 자리가 비어있는 반면에 신분이 좀 더 낮은 특사들이 타는 마차들은 사람이 타고 있는 상황에서, 전자의 마차들을 후자의 마차들보다 더 앞에 세워둘 것인가 하는 문제였다. 끝없는 논쟁이 제국의회를 달궜다. 제후의 특사들이 공회당 양탄자 위에 선제후들의 의자만 둘 수 있게 한 권리를 공박했다. 이 논쟁은 제후 특사들에게 적어도 양탄자의 가장자리 보풀에 그들 의자의 앞발 정도는 걸칠 수 있게 하는 결정이 내려질 때까지 계속됐다. 머리글자로 구성된 독특하게 꾸며진 글자체에서 이미 그 시대의 성격이 드러나는데, 이는 연설문과 편지글의 첫인사말에서도 확인된다. 이제 더 이상 단순한 호칭 '귀하(Herr)'로 만족하지 않고 "높으신 신분으로 태어나신 분께(dem hochwohlgeborenen Herrn)"라고 적는다. 신성로마제국 대법원이 베츨라(Wetzlar) 시에 보낸 공문서에는 이렇게 적혀 있다. "신분 높으시고 유복하게 태어나신, 고상하고 확실하며, 박식하신, 그리고 존경을 받기에 높으신 신분으로 귀하게 태어나신, 경의를 받으실 가톨릭 황제 및 국왕 폐하께서 실제 밀지를 내렸었고, 존경할만한 황제 및 신성로마제국 대법원을 위해 참의원·판사·의장 및 배심원 제도를 규정하셨으며, 특히 친애하는 우리의 주인님들과 친애하는 특별하신 분들, 그리고 많은 사랑을 받고 높이 존경받는 분의 그 종형제들, 그리고 그다음으로 각별히 애착이 많으시고 넓고 높게 존경받는 분이시여!" 이국적이게 들리는 것과 한껏 멋을 부리는 것에 대한 희열은 이름의 라틴어화에서도 나타난다. 이런 라틴어화가 초기에는 인문주의자들 사이에서만 통했지만, 이제는 일반의 유행이 된다. 모셰로슈는 이렇게 말한다. "이제 누구든 로스코프(Roßkopf)라는 이름이 아니라 히포세팔루스(Hippocephalus)라는 이름을 원한다. 슈츠(Schütz) 대신 사깃타리우스(Sagittarius)라는 명칭을 원한다." 당시에 텍스토르(Textor)·몰리토르(Molitor)·파버(Faber)·사토리우스(Sartorius)와 같은 수많은 어휘가 생겨났는데, 본래 이 어휘들은 직조공(Weber)·제분기사(Müller)·대장장이(Schmidt)·재봉사(Schneider)와 같이 그 뜻이 아주 간단하다.

재킹엔의 나팔수

　30년 전쟁은 우선 당연히 의상에 영향을 끼쳤다. 이 책 1권에서 알게 되었던 빳빳하게 결을 세운 스페인 복장은 병사들에게는 실용적일 수가 없었다. 그런데 이 전쟁 당시에는 주로 군대가 유행을 선도하면서 의복은 일반적으로 좀 더 편하고 질긴 전투복 형식을 취한다. 품이 넓은 통바지를 입었고, 박차가 달랑거리는 목이 긴 장화를 신었으며, 밖으로 목이 접히는 긴 두터운 장갑을 끼었고, 넓은 테 한쪽을 말아올리고 하늘거리는 깃을 단 도발적인 펠트 모자를 썼으며, 목이 평평하고 재봉 깃이 높은 칼라의 옷을 입고 차랑차랑 소리 나는 금속 장식품이 달린 멜빵에 검을 차고 다녔다. 본질적으로 이런 복장은 지금도 학우회 대학생들이 축하 행사 때 착용하곤 하는 의상이다. 그밖에도 누구나 알고 있는 저렴하고도 예쁜 컬러 인쇄물도 있었다. 이런 인쇄물은 우리 앞 세기, 즉 1880년대에 소설과 오페라 형태로 다시 나타나기도 했다. 그 가장 유명한 표본은 네슬러[22]의 『재킹엔의 나팔수(Trompeter von Säckingen)』일 것이다. 이 작품에서 눈여겨볼만한 것은 그것이 시적 감성이라고는 도무지 찾아볼 수 없을 만큼 투박하고 진부한 문화시대를 흐릿한 낭만주의의 불빛으로 에워싸고서, 역사를 회고하는 변용의 힘을 어떻게 이해했던가 하는 점이다.

스페인풍의 '맷돌모양 곱슬머리' 때문에 어쩔 수 없이 단발이었던 머리카락을 이제 다시 길게 자유롭게 내린 고수머리로 하게 된다. 콧수염은 끝을 꼬아 올렸다. 전쟁 초기에는 아직 팔자수염이 남아 있었지만, 전쟁이 경과하는 가운데 그것은 유행에서 자취를 감췄다. 여기서도 결정적 관점은 선정성·선진성·무용성이다. 이를 최대한 완전하게 실현하기 위해 이미 당시에 콧수염의 끝자락을 묶는 붕대, 그리고 위협적인 어두운 인상을 줄 수 있는 암색 염료를 이용했다. 그렇게 해서라도 위선을 떨고 싶어 했지만, 곧 허풍쟁이라는 우스꽝스러운 인물로 비치고 만다. 이런 인물은 장황한 유머를 곁들인 안드레아스 그리피우스[23]의 희곡 『공포의 연출(Horribiliscribifax)』에서 잘 묘사되고 있다. 프랑스 문학에서는 **허풍쟁이 대가**(capitaine Rodomont)로 항상 등장하는 단골이다. 그 출생지를 허풍쟁이 및 선동가의 대가들로 유명한 나라 스페인으로 옮기기도 했다. 끝으로 코미디아 델라르테[24]에서는 가면을 쓴 **허풍선이**(capitano)로 출현하기도 한다. 그 모습과 기질을 보면 당대의 전형을 캐리커처로 그대로 그려낼 수 있다. 스라소니와 같은 수염에 묵중한 쌍날의 긴 칼을 차고 있으며, 주먹 크기의 박차를 달고, 아슬아슬하게 긴 깃털을 꽂은 모자를 쓰고 다닌다. 전쟁, 결투, 섹시한 여자들, 잘려나간 팔다리와

---

[22] Viktor Neßler(1841~1890): 독일의 작곡가.
[23] Andreas Gryphius(1616~1664): 독일의 유명한 시인이자 극작가. 바로크 시대 독일 희곡에 새로운 면을 개척하여 '독일의 셰익스피어'로 통하기도 함.
[24] commedia dell'arte: 즉흥 연희극.

같은 무용담을 쉬지 않고 쏟아낸다. 그러나 사실 관심은 온통 주방의 음식냄새와 포도주 병에만 가 있을 뿐이다. 그래서 부스럭거리는 소리만 들려도 꽁무니를 빼고 달아난다.

여자들은 철판 부목이 들어있는 코르셋은 했지만 둥근 테가 들어간 치마, 즉 라이프로크(Reifrock)는 포기했다. 이 같은 치마는 주름이 많이 들어간 스커트에 밀려났다. 대신 다양한 색의 슬립을 여러 겹으로 겹쳐 입는 것이 유행했다. 머리 모양은 남자들의 그것과 유사했으며, 다만 두 가닥의 고수머리로 나누어 양쪽 귀 너머로 흘러내리게 했다. 그밖에도 머리 스타일이 그 세부적인 면에서 바뀌었다. 가르마를 타는 것부터 이마와 관자놀이 위로 고수머리를 내리는 모양까지 급속도로 바뀐 것이다. 남자들의 수염 스타일도 마찬가지였다. 처음에는 콧수염이 까칠까칠하게 자라도록 손질했지만 이후 윗입술 위에 한 줄로 까맣게 자라게 했으며, 마지막에 가서는 코의 좌우에 두 개의 점 모양으로만 남게 했다. 모자 모양은 거의 3개월마다 변했다. 때로는 버터를 바른, 또 때로는 네덜란드 치즈를 입힌 모자, 때로는 막대사탕, 또 때로는 추기경의 모자처럼 보였다. 색깔도 엄청난 변화를 일으켰다. 처음에는 강하게 튀는 색을 선호했지만, 나중에는 옅은 쪽빛이나 밀짚 색과 같이 부드럽고 은은한 색을 선호하게 된다. 단추와 깃, 장미 모양의 장식 따위는 그 형태에서 악취미를 주는 듯 모험적 다양성을 보이며, 옷깃과 장화 목의 테에는 레이스가 주렁주렁 달렸다.

또 다른 두 가지 유행 품목은, 유행이라고 말해도 될지 모르겠지만, 당시 독일에서도 확산되었는데, 바로 담배와 감자(Kartoffel)다. 처음에는 사람이 먹을 수 있는 부위가 덩이줄기가 아니라 그 열매(삭과, 蒴果: Samenkapsel)에 있다고 본 '타투펠 열매(Tartuffelfrucht)'는 월터 롤리[25]가 아일랜드로 들어왔다. 이 식물은 처음 그곳에서 별로 주목을 끌지 못했지만, 나중에는 선호하는 식품이 되었고, 유감스럽지만 민중이 일상적으로 먹는 유일한 음식이 되었다. 프랑스에서는 그것이 오랫동안 한갓 군것질거리로만 여겨졌다. 실제로도 그랬다. 독일에서는 전쟁에 의한 궁핍 때문에 다른 어떤 나라보다 별다른 저항 없이 빨리 이식되었다. 그때 이후 그것은 그 풍부한 영양과 (비록 전분은 상대적으로 많이 함유되어 있지만 단백질이 거의 들어있지 않아서 그저 간식거리로만 취급되기도 하지만) 요리의 간편함, 그리고 다양하게 요리할 수 있는 조건 덕분에 독일 사람들이 애호하는 음식이 되었다. 독일 사람들에게 이 음식이 갖는 의미는 소아시아 사람들에게 무화과, 일본 사람들에게 쌀, 이탈리아 사람들에게 토마토가 갖는 의미와 같다. 당시 씹는다는 뜻의 '담배 먹기(Tabakessen)'와 피운다는 뜻으로 말한 '담배 마시기(Tabaktrinken)', 그리고 담배를 제대로 즐기는 방식인 '코로 훌쩍대며 흡입하기(Schnupfen)'는 영국에서 시작하여 네덜란드와 프랑스를 거쳐 독일로 건너갔다. 곧 독일에서 파이프는 군인·학생·멋쟁이에게 없어서는 안 될 재산목록 품목이 된다. 담배를 여자들조차 보관하기 시작한다. 담배를 당연히 풍자작가들은 곧바로 투박하고도 싱거운 태도로 시사적인 문제로 삼은 반면에 의사들은 질병과 연관 짓고, 목사들은 새로운 풍기문란으로 지목하여 지옥의 형벌과 연관 지어 설교했다. 물론 유행의 즐거움에 대해 어느 시대든 보내는 이러한 경고들은 성공을 거두기도 한다. 교황 우르바노(Urbanus) 8세는 칙서를 내

---

[25] Walter Raleigh(1554년경~1618): 영국의 귀족·작가·시인·탐험가·스파이. 엘리자베스 1세의 총신으로서 영국에 담배를 대중화한 인물로 널리 알려져 있음.

리면서까지 코담배 행위를 금지했으며, 러시아에서는 그런 담배를 피우는 사람들의 코를 잘라내더라도 막아내는 것이 좋은 일이라고까지 생각할 정도였다. 그러나 17세기 중엽에 이르는 사이에 이미 유럽에서는 담배 문화가 형성되어 곳곳에서 '타바기엔(Tabagien)'이라는 담배 관련 시설물을 볼 수 있다. 특히 누구나 필요한 품목을 구할 수 있는 주점도 있었다. 이런 수단들을 빌려 욕구가 당기는 잎을 방해받지 않고 먹고 마시고 다시 토해낼 수 있었다. 그래서 엄격한 절대주의도 이 새로운 지옥의 물건을 나르는 자들과 곧 타협하기에 이른다. 말하자면 절대군주는 세금과 독점을 통해 그들을 풍부한 자금원으로 삼은 것이다.

당시의 문학도 날것과 꾸밈이 혼재하고 있었다. 거칠면서도 장식이 들어가 있고, 튀면서도 채색된 형태를 취했다. 스페인어 · 이탈리아어 · 프랑스어로 가득한 색채를 순화하기 위해 두 개의 큰 문학 협회가 발족되었다. 1617년에 '결실의 모임(Fruchtbringende Gesellschaft)' 혹은 '종려나무 협회(Palmenorden)'가, 그리고 1644년에는 '페그니츠 목동들(Pegnitzschäfer)' 또는 '계관 꽃 협회(der Gekrönte Blumenorden)'가 형성된 것이다. 후자 집단에서 유명한 '뉘른베르크의 깔때기'[26]가 등장했다. 이는 『독일의 창작기예와 운율기법을 6시간 안에 따라내는 시의 깔때기(Poetischer Trichter, die Teutsche Dicht- und Reimkunst in sechs Stunden einzugießen)』에서 유래한다. 그런데 이러한 개혁파들이 그토록 열심히 추구한 국어순화운동(Purismus)도 국어와 외국어를 뒤죽박죽 섞어 쓰는 수준을 벗어나지 못했다. 이 운동에서 가장 과격했던 인물인 필립 폰 체젠[27]은 외래어 일체를 배척하는 것으로 만족치 않고 그리

---

[26] Nürnberger Trichter: 일명 '단기속성 교수법'이라고도 함.

스 신화에 등장하는 신들에게도 그 본래의 이름을 허용하지 않으려했다. 그래서 그는 팔라스(Palas)를 클루크인네(Kluginne)로, 비너스(Venus)를 루스트인네(Lustinne)로, 불칸(Vulkan)을 글루트팡(Glutfang)으로독일어화했다. 그리고 괜찮은 차용어도 용납지 않고 Fenster(창문)를Tageleuchter(날을 밝혀주는 기구)로, Natur(자연)를 Zeugemutter(생산의 어머니)로, 심지어 Kloster(수도원)를 Jungfernzwinger(젊은이를 강제로 멀리 떼어놓는 꾀)로 번역한 것이다. 특히 무서운 조처로 이미 그 차용어의 명칭때문에 수도사를 거리로 내모는 폐해도 있었다.

시문학을 지배한 것은 사념도 예술성도 없는 조형 메커니즘이었다. 그것은 일종의 어린아이들이 즐기는 초보적인 모자이크놀이(Mosaikspiel)나 층 쌓기 놀이(Legespiel)와 같았다. 말하자면 이 메커니즘은 모든 심상에 특정 어휘를 '시적인' 어휘로 끼워 넣고, 역시 특정수식어를 '장식적인' 어휘로 삼아 모든 명사에 그것을 자동으로 덧붙이는 시 짓기(Dichterei)를 했다. 이는 그저 보는 눈을 계산한 관습적이고 형식적인 말장난으로서 색과 예민한 감성과 그 주름을 살리지못하는 데서 싹트는 아양 떠는 공허한 말의 재단(裁斷)과 같은 꼴이다. 당시만 해도 그다지 미분화되지 않은 심리상태에 아주 적합한표현형식이었던 한스 작스[28]와 직장가인(織匠歌人: Meistersinger)의 쌍운율(Reimpaar)은 이제 기피되면서 '4개 강음운문(Knüttelverse)'일 뿐인것으로 비웃음을 사게 된다. 독일어로서는 도무지 불가능한 프랑스의 알렉산더격 시행[29]은 마치 황새가 파닥파닥 날갯짓을 하면서 뻣

---

[27] Philipp von Zesen(1619~1689): 독일의 시인 · 인문주의자.
[28] Hans Sachs(1494~1576): 독일의 시인 · 작곡가.
[29] Alexandriner: 중세의 6각 단장격(12음절) 형태의 시행(詩行). 알렉산더 대왕의 전설에 관한 서사시에서 비롯함.

뻣하게 성큼성큼 걸을 때와 같은 폼이 난다. 과장과 인위적인 흥분을 빌려 어쨌든 인상을 남기고 싶은 욕망이 결합된 이러한 어설픈 육중함과 뻐김은 그 시대의 문학적 생산물이 우리에게는 대개 해학적 문학으로 남게 되는 결과를 낳은 셈이다. 예컨대 로헨슈타인[30]이 지은 시의 주인공은 자신의 심리상태를 다음과 같은 독백으로 표현한다.

오, 그래 나의 피가 시난(Sinan)의 갈증을 달래주었더라면!
오, 내가 내 목을 졸라 내 영혼을 끄집어냈더라면!
오, 독화살이 폐와 심장을 뚫고 지나갔다면!
오, 페르시아인의 도끼가 내 목과 내 이마를 찍었더라면!

O hätte je mein Blut des Sinans Durst gestillet!
O hätt' ich meine Seel' im Würgen ausgebillet!
O wär' ein gifftig Pfeil durch Lung und Herz geschlippt!
O hätt' ein Persisch Beil mir Hals und Stirn zerkippt!

그리고 '페그니츠 목동들'의 한 회원이 다음과 같은 시로 봄을 노래한다.

봄에 저기 꽃 피는 푸른 풀밭이 반짝이네,
들판을 푸른빛으로 덮고,
세상에 웃음을 주네,
정원사가 돈을 버네.

---

[30] D. C. von Lohenstein(1635~1683): 바로크 시대 독일의 극작가·시인·외교관.

Im Lentzen da glänzen die blumigen Auen,
Es grünet das Feld,
Es lachet die Welt,
Der Gärtner löst Geld.

곳곳에 달라붙어 있는 학식이 이런 기괴한 작용을 한층 고조시키며, 마지막 남은 시의 원천성을 앗아가고 만다. 그래서 그리피우스와 같은 이는 자신의 연극작품 하나하나를 '논문'이라고 말한 것이다. 그는 무모한 학술적 아류였던 세네카[31]를 모방한 셈이었다. 말하자면 세네카로부터 잔혹함과 오싹함의 – 당시 모든 연극술이 그랬던 – 경향, 즉 생생한 곡마단효과(Zirkuseffekt)를 터득했던 것이다. 이미 제목이 암시하듯, 잔혹하고 기괴한 피의 장면만 연속되는『살인풍경(Mordspektakeln)』에서는 저속한 리얼리즘이 극단으로 치닫는다. 주인공이 자살할 수밖에 없는 상황에 처했을 때, 그가 선호하는 방식은 벽에 머리를 처박는 일이다. 왜냐하면 이 방식이 제일 끔찍해 보이기 때문이다. 감독의 지시는 다음과 같이 연출된다. "그는 절망에 빠져 머리를 앞으로 내민 채 벽으로 달려간다. 거품으로 효과를 잘 낼 수 있는 피가 그의 모자 밖으로 배어나와 아래로 흘러내린다." 주인공 마르스(Mars)는 이렇게 요구받는다. "북 소리와 소총 소리가 들리는 가운데, 한 손엔 피가 떨어지는 검을 들고, 광분하는 소리를 내지르면서, 방금 내뿜은 담배 연기가 입가에 자욱한 모습으로 바람 소리를 내며 등장한다." 예술과 학문의 모든 문제에서 신탁소로 통한 유명한 네덜란드의 학자 보시우스[32]는 비극에서는 실제 범죄자

---

[31] L. A. Seneca(BC ?4~AD 65): 고대 로마 제정기의 스토아주의 철학자. 변론술의 대가.

를 처형하도록 하자는 제안을 내놓기까지 했다. 희극을 지배한 것은 영국 광대(Clown)의 네덜란드 판이자 독일 어릿광대(Hans Wurst)의 선구자격인 '피켈헤링(Pickelhering)'이었다. 그것은 바보 같으면서도 일상적인 해학의 레퍼토리를 통해 웃음을 자아낸다. 바지를 잃어버린 이야기에서 그 재미가 정점에 이른다. 그밖에도 희극은, 오피츠[33]의 구분에 따르면, "악한들, 결혼식, 하객의 규칙, 도박, 하인의 장난과 속임수, 공명심에 들뜬 용병들, 불륜 사건, 청년들의 경박함, 노인들의 인색함, 평범한 사람들 사이에서 매일 일어나는 중매와 그렇고 그런 사건들"을 다루는 반면에 비극은 "살인, 체념, 영아살해, 부친살해, 방화, 근친상간, 전쟁, 반란, 고발, 울부짖음과 탄식"을 내용으로 삼고 있다.

오피츠와 더불어 학교에서 학년 구분과 책 제목 암기와 같은 고문이 시작되었다고 해서 오피츠는 일반적으로 미움을 샀지만, 그의 동시대 사람들에게는 **게르만 시문학의 1인자**(*princeps poetarum Germaniae*)로 추앙받기도 했다. 실제로 더 이상 그는 무미건조하고 허세 부리는 빈약한 현학자 협회의 우두머리가 아니었으며, 최근에 군돌프[34]가 밝힌 바에 따르면 명예를 소중히 여기는 예지 넘치는 그의 태도가 그의 정신분석적 지식을 명확하고도 세련되게 했지만, 그것이 세상에서 나쁜 평판을 얻게 만들진 않은 것 같다. 아마 지금도 선생들이 그에게 달아주는 이름은 성실함 같은 것이며, 이 점에서 그는 여지없는 훈장(訓長)이었다. 요컨대 그는 시를 써야만 할 때처럼 일

---

[32] G. Vossius(1577~1649): 네덜란드의 대표적인 신학자.
[33] Martin Opitz(1597~1639): 독일의 시인이자 평론가. 독일 바로크 문학의 이론적 지도자로 통하기도 함.
[34] F. Gundolf(1880~1931): 독일의 문예사가.

종의 즐거운 가르침으로 (가르침은 강제적이므로 재미를 주는 한에서만 즐거움을 준다고 할 수 있지만) 자신이 이해한 것을 이론 및 실천으로 보여주었다. 그러니까 그는 이중의 선생, 즉 교습의 교사였던 셈이다. 그러나 어느 시대든 현실의 시인들에게는 교사가 되는 것과 교사를 곁에 두는 것, 이 두 가지 모두가 통하지 않는 법이다. 그래서 우리는 그에게서, 당시 시에 대해 한마디씩 거들었던 가장 완벽한 반시인(Antipoeten)의 모습 가운데 하나를 볼 수밖에 없는 것이다. 그러므로 그는 독일의 언어와 운율학(Metrik)의 역사에서 어떤 의미를 지닌다고 할 수 있다. 다만 유럽문화의 역사에서 이 납인형(Panoptikumfigur)을 좀 더 밀착해서 다룰 계기가 없었던 것이다.

코메니우스 　여타 학문의 영역에서도 지배적인 것은 완고하고도 강경한 교조주의(Doktrinarismus)였다. 대학에서 신학자는 교의들에 맹세했고, 법학자는 법전을 앞에 두고, 그리고 철학자는 아리스토텔레스 앞에 선서를 했다. 위대한 교육학자 코메니우스[35]와 같은 인물도 당시 헛되게도 그랬다는 점에서 똑같았다. 그가 사람은 타자의 이성이 아니라 자신의 이성에 이끌려야 하고, 사물들에 대한 지식을 책이 아니라 그 원천, 이를테면 하늘과 땅, 떡갈나무와 너도밤나무, 말하자면 매일 자신의 눈앞에 구체적으로 서 있는 모든 대상에서 길어내야 한다고 주장할 때는 마치 다른 세계에서 온 인물처럼 보인다. 그것은 사태(Sache)가 언제나 먼저 오고 그다음에 개념이 따르며, 교육학의 알파와 오메가는 성서가 아니라 자연이라고 말할 때도 마찬가지다. 그의 이상은 '범지학(Pansophia)'으로서 모든 기독교적 분파를 인지적 인간성에 대한 자유로운 신앙심으로 통합한다는 경건한 태도와 자

---

[35] J. A. Comenius(1592~1670): 보헤미아의 교육학자. 실용주의 교육사상가.

연인식의 종합(Synthese)이다.

자연연구 분야에서만큼은 독일도 의미 있는 성과를 내놓았다. 마
그데부르크(Magdeburg)의 시장 오토 폰 게리케(Otto von Guericke)는 공기
펌프 · 압력계 · 기전기 · 수압기를 발명했으며, 진공상태에서는 불
이 꺼지고 동물이 금세 죽으며, 울림이 퍼져나가지 않는 반면에 빛
은 장애를 받지 않고 훨씬 더 멀리까지 전달된다는 사실을 입증했
다. 프랑켄 지방의 의사 요한 루돌프 글라우버(Johann Rudolf Glauber)는
염화암모늄과 그의 이름을 본떠 글라우버염(Galubersalz)이라고 불릴
뿐만 아니라 오늘날도 정혈제로 사용되고 있는 황화나트륨을 설명
하는 데 성공했다. 눈여겨볼만한 점은 이 두 사람이 양극현상을 이
해하기에 이르렀다는 사실이다. 게리케는 같은 극의 전기를 띤 물체
는 서로 반발한다는 사실을 보여주었으며, 글라우버는 바로 상이한
물질이 가장 강하게 반응한다는 화학적 친화력 개념을 정립했던 것
이다. 대체로 17세기는 그 절반을 넘기 전에 벌써 자연과학의 고전
시대에 근접하고 있다는 사실을 우리가 곳곳에서 감지할 수 있을
정도였다. 그 시대 가장 의미 있는 두 연구자는 이탈리아의 에반젤
리스타 토리첼리[36]와 영국의 로버트 보일[37]을 꼽을 수 있다. 토리첼
리는 아직 별로 주목받지 못한 물리학의 영역, 즉 유체동력학에까지
파고들어 큰 성공을 거두었다. 이때 그는 대단히 중요한 법칙을 발
견하는데 그것은 물이 가득 찬 용기에서 나오는 물줄기는 항상 포

---

[36] Evangelista Torricelli(1608~1647): 이탈리아의 수학자이자 물리학자. 갈릴
레이의 계통을 이어받은 학자로서 갈릴레이의 역학을 전개함.
[37] Robert Boyle(1627~1691): 영국의 화학자 및 물리학자. 근대 과학의 선구자
또는 화학의 아버지로 불리기도 함. 온도가 일정할 때 기체의 압력과 부피는
서로 반비례한다는 일명 '보일의 법칙'으로 유명함.

물선의 형태를 취하며, 그 유출속도는 압력 높이의 제곱근에 비례한다는 것이다. 동향인들에게 '위대한 실험가'라는 별명을 얻었던 로버트 보일은 근대 화학의 창시자로 볼 수 있다. 그의 주저『회의적 화학자(*Chymista scepticus*)』는 그 제목이 벌써 암시하듯, 지금까지의 화학적 방법을 기피하는 것과 관계있다. 그 책 서문에서 그는 이렇게 말한다. "지금까지 화학자들은 좀 더 고차원적인 관점이 결여된 편협한 원리들에 이끌려왔다. 그들은 치료제를 보급하고 금속을 변형하는 것이 자신들의 과제라고 본 것이다. 나는 화학을 완전히 다른 관점에서 다루고자 했다. 말하자면 의사로서나 연금술사로서가 아니라 자연철학자로서 말이다." 그에게 화학은 물질의 구성에 대한 인식을 의미한다. 그는 최초로 원소 개념을 극명하게 규정했고, 공기의 구성분자와 가스에서 압력과 부피의 관계에 대해 연구를 했으며, 금속이 녹슬면 중량이 늘어난다는 사실을 증명했다. 그와 어깨를 나눈 사람은 윌리엄 하비[38]였는데, 그는 이중의 혈액순환을 발견했고 다음과 같은 유명한 문장을 남겼다. **"모든 동물은 알에서 생겨난다**(*Omne animal ex ovo*)." 실용역학, 이를테면 조선(造船), 성채축조, 운하건설 분야는 당시 시·공간에서 경제 및 문화를 주도한 네덜란드가 선두를 달렸다.

네덜란드의
패권

스페인의 전제정치에 맞선 저지 지역 나라들의 희생을 불사하는 용맹한 투쟁은 독립을 완전히 승인받는 것으로 종결되었다. 이로써 마침내 그 민족은 비호감이 드는 재능 못지않게 경탄할만한 가치가 있는 자신의 재능을 완전히 펼칠 자유를 획득했다. 네덜란드 사람들은 근대 최초로 대규모의 상업 민족이라고 할 수 있다. 그들의 집요

---

[38] William Harvey(1578~1657): 영국의 생리학자.

하고도 무미건조한 물질주의, 그들의 양심 없는 간교한 생계 이기주의, 그들의 요란한 부패의 과두정치는 페니키아 사람들을 연상시킨다. 그들도 페니키아 사람들처럼 자신들의 경제가 패권을 잡고 있는 것은 자신들이 상업적 사유의 발전에서 여타 민족을 앞질러 온 덕분이라고 생각했다. 그러나 동일한 이유 때문에 그들은 그 패권을 오래 지속시킬 수 없었다. 그들의 부지런하고 끈질긴 진력에는 좀 더 고상한 이념이 결핍되어 있었고, 따라서 현실적인 생명력이 결여되어 있었다. 그밖에도 그들은 절반의 세계를 장기적으로 지배하고 노획하기에는 그 머릿수가 턱없이 부족했다. 스웨덴이 가졌던 열강의 지위가 하나의 에피소드로 끝난 것도 역시 그 같은 불균형 때문이었다. 민족적 토대가 너무 빈약했던 것이다.

당시 문화는 여타 유럽보다 네덜란드가 한층 더 높은 수준에 있었던 것이 분명하다. 네덜란드의 대학들이 국제적 명성을 누리고 있었고, 특히 레이덴(Leyden) 대학은 언어연구 및 국가론과 자연학 분야에서 명성 높은 학교로 통했다. 네덜란드는 데카르트와 스피노자, 유명한 문헌학자 하인시우스[39]와 보시우스, 그리고 우리가 익히 들어 알고 있는 위대한 법철학자 그로티우스[40], 전 세계가 그의 희곡을 모방한 작가 폰델[41] 등이 살았고 활동한 곳이다. 출판업계의 왕가로 통하는 엘체비르(Elzevir)사가 유럽 도서 시장을 지배했으며, 12절판의 성서를 포함하여 대가들과 걸출한 동시대인들의 엘체비르판 도서들은 그 정선된 아름다움과 정교함 덕분에 어느 도서관에

---

[39] D. Heinsius(1580~1655): 르네상스 시기 네덜란드의 유명한 학자이자 시인.
[40] H. Grotius(1583~1645): 네덜란드의 법학자. '국제법의 아버지'로 불리기도 함.
[41] J. van den Vondel(1587~1679): 네덜란드의 뛰어난 시인이자 극작가.

서든 찾아볼 수 있다. 대륙 여타 지역에서는 문맹이 여전히 광범위하게 맹위를 떨치던 반면에 네덜란드에서는 누구든 읽고 쓸 줄 알았다. 네덜란드의 교양과 풍습에 대한 평가는 상류사회가 네덜란드에서 교육을 받는 것이야말로 완벽한 것으로 취급할 정도였던 점에서 드러난다.

네덜란드 사람들의 식민화 활동은 새로운 세기와 거의 동시에 시작하여 그 세기의 2/3 이상을 채웠다. 그들은 모든 대륙에 기반을 두는 일에서 매우 빠른 성공을 거두었다. 남아메리카 북동해안의 과야나(Guayana)를 점령했고, 북아메리카에는 나중에 뉴욕이 될 신-암스테르담(Neu-Amsterdam)을 건립했다. 수세기 뒤, 네덜란드 가계를 뜻하는 '니커보커(Knickerbocker)'족이 그곳에선 일종의 귀족계급으로 통했다. 그들은 '보어인'[42]으로서 아프리카 최남단까지 뻗어나갔으며, 거기서 고급의 케이프산 포도주(Kapwein)를 수입했다. 대륙 전체가 그들의 이름을 달게 된다. 예컨대 나중에 오스트레일리아가 되는 신-네덜란드(Neu-Holland)가 그런 것이다. 그곳은 타스만[43]이 최초로 범선을 타고 입항한 곳이다. 그러나 그는 내륙 깊이 들어가진 않았고, 나중에 태즈매니아로 불리게 될 섬을 반도(Halbinsel)로 간주했다. 아메리카 최남단도 그들이 맨 먼저 밟았으며, 그곳은 그 발견자의 출신 도시 이름을 본떠 호른(Hoorn) 봉우리로 불렸다. 그런데 그들은 몰루카(Molukken) 제도를 형성하고 있는 수마트라·자바·보르네오·셀레베스(Celebes) 등의 순다 군도(Sundainsel)에서 가장 많은 것을 획득했다. 실론(Ceylon) 섬과 인도차이나까지 세력을 확장하여 1610

---

[42] Bure: 일명 남아프리카의 백인으로 통함.
[43] A. J. Tasman(?1603~?1659): 네덜란드의 항해가·탐험가.

년에는 벌써 화려한 상가건물을 갖춘 바타비아(Batavia)와 같은 주요 거점도시를 세우기도 했다. 그들은 인도의 모든 군도를 장악했던 것이다. 한때는 브라질까지도 점령했었다. 그러나 실제 의미에서 본다면 그들은 식민지를 개척한 것이 아니라 곳곳에 그저 무역중심지를 건설했을 따름이다. 그것은 오로지 내륙을 경제적으로 착취하고 해로를 안정적으로 확보하는 데 기여할 요새와 해외출장소를 겸비한 외곽 대리점을 여는 것과 같았다. 말하자면 실제로 정복하지는 못했던 셈이다. 이미 말했듯이 인구수가 너무 적었을 뿐만 아니라 그들 스스로도 순수 상인으로서 갖는 관심 이외 다른 어떤 관심도 두지 않은 것이다. 자신들의 주요 수출품은 값비싼 향료와 쌀과 차였다. 유럽에서 차에 익숙해지는 데는 오래 걸렸다. 영국 궁정에 차가 처음으로 등장한 때는 겨우 1664년이었다. 사람들은 차를 아주 맛있는 음식으로 생각지 않았다. 그도 그럴 것이 그것이 채소로서 식탁에 올라왔기 때문이다. 프랑스에서는 그것이 영국보다 한 세대 일찍 사람들에게 알려져 있었지만, 역시 강한 편견에 시달릴 수밖에 없었다. 게다가 그것을 소비하는 이들은 네덜란드 사람들로 국한되어 있었다. 그런데 이들은 차를 독점 수출함으로써 그 가격을 가장 착취적일 만큼 끌어올려놨다. 이는 그들의 관행적 체계였다. 그래서 그들은 후추 및 향신료 문화를 일거에 말살한다거나 배에 적재된 물건들을 몽땅 수장시키는 따위와 같이 야비할 대로 야비한 행각도 서슴지 않은 것이다. 그들 본국의 생산품도 일련의 특화를 통해 유럽 시장을 장악했다. 모든 세계는 그들에게서 음향파이프를 구입했고, 마차 2,000대가 실을 수 있는 분량을 능가하는 적재량의 어선단이 전 유럽에 청어를 조달했으며, 델프트(Delft)는 파엔차 도기산업(Fayenceindustrie)의 본산이었다. 여기서부터 사람들이 애호하는 청백의 광택이 나는 항아리 · 접시 · 식기류 · 타일 · 벽난로 재료와 작은 장식품들이 온 사방으로 나갔다.

일반적으로 탐이 났던 물품은 역시 튤립 구근이었다. 이 화려한 꽃에 새로운 색깔과 형태를 더한 표본을 재배해내는 것을 시합으로 삼는 놀이와 학문이 있었다. 광대한 튤립 문화가 네덜란드 땅을 덮었다. 당시에는 독보적인 진기한 변종의 애호가들이나 그 투기꾼들이 농장 하나 값을 상금으로 내거는 일도 있었다. 빨리 부자가 되고 싶었던 사람들은 이제 선물환시장에 뛰어들었다. 말하자면 그들은 흔히 상상 속에서만 존재할 법한 그런 값비싼 표본의 물건들을 선물환거래로 내다팔았다. 그러나 그 거래는 고시된 가격과 하강기의 시세 간의 차이를 메우기 위한 것일 뿐이었다. 네덜란드 사람들은 오늘날의 주가조작과 같은 온갖 장치를 갖춘 현대적 증권거래소를 세운 별로 명예롭지 못한 명성이 있다. 그러한 '바람몰이'에서 발전한 1637년의 대규모의 증권사 '툴펜크라흐(Tulpenkrach)'가 최초의 세계적인 증권거래소인 셈이다. 무역회사들, 특히 1602년에 문을 열었던 동인도 회사들의 주식과 1621년에 창설된 서인도 회사들의 주식이 최초로 증권거래 방식으로 거래되었다. 시세가 단기간에 3배로 뛰어올랐고, 배당금은 20% 이상까지 올랐다. 세계적 규모를 자랑하는 암스테르담의 증권거래소는 증권 거래를 가르치는 학교 역할을 했다. 나아가 네덜란드 사람들은 17세기 첫 반세기 동안 전 유럽에서 중개상인 노릇을 하기도 했다. 그들의 선단(船團)은 다른 나라의 어떤 선단들보다 그 규모가 적어도 세 배나 컸다. 세계 전체가 그들에게 의존했는데도, 아니 오히려 그들에게 의존한 탓에 그들에 대한 일반의 통렬한 적개심이 생겨났다. 이는 사람들이 그들의 거침없는 저돌적인 행태에 고무되어 그들의 풍습과 제도들을 두고서 취한 과장된 경탄과는 대조될 정도였다. 저돌적 행태를 장점으로 보존하는 듯 그들은 곳곳에서 그것을 극단으로까지 몰고 갔다. 그들이 가장 귀하게 여기는 신조는 다음과 같이 울려 나온다. "장사는 어디서든 자유로워야 한다. 지옥에서까지라도." 그러나 그들에게 있어 자유무역은 그들 자신을 위한 자유일 뿐이다. 즉, 그것은 철저한 독점을 의미한다. 이러한 생각은 그로티우스가 자신의 유명한 국제법 관련 저서인『해양자유론(Mare liberum)』에서 상술할 때도 묻어나 있다. 이에 따르면 낯선 대륙의 발견 그 자체만으로는 그 땅의 소유권이 주어지는 것이 아니며, 일반적으로 바다는 그 속성상 어떤 점유에서도 벗어나 있는 모두의 소유물이다. 그러나 바다가 실제로 네덜란드 사람들의 수중에 있었기 때문에 그러한 자유주의적 철학은 그들의 경제적 테러리즘을 은폐하려는 기만적 가면에 불과할 뿐이다.

이러한 테러리즘을 통해 이 '연합국가'는 유럽에서 가장 부유하고 가장 번영한 나라가 되었다. 돈이 너무 많아 이율은 고작 2~3%에 불과했다. 물론 그곳 민중은 다른 어느 곳보다 더 나은 생활여건 속에서 살고 있었지만 견고하고도 두터운 돈 자루를 가진 비교적 소규모의 과두정치, 즉 소위 '섭정가문'이 주요 이득을 챙긴 것이다. 그들은 행정·사법·식민지 등에서 모든 요직을 차지하고서 거의 절대자처럼 군림하면서 여타 나라의 귀족들처럼 '갑돌이(Jan Hagel)'와 같은 평범한 사람들을 얕잡아보았다. 이들과 대조적인 집단으로서 오라녜(Oranje) 가문이 있었다. 이들은 불문법상 세습 총독의 작위를 갖고 있으면서도 합법적인 군주가 되고자 노력했지만, '명망가들'보다 훨씬 더 민주적인 방식으로 생각해서 민중에게 많은 사랑을 받았다. 그들 주변으로 전투 및 기술 분야에서 돋보이는 재능을 지닌 인재들이 모여들었다. 이 인재들 속에는 그 시대 1급 전략가들이 포함되어 있었다. 그들은 요새전투, 적선나포(敵船拿捕) 해전, 포병제도, 공학 분야 대가들의 세대를 길러냈다. 그들이 네덜란드 전역에 깐 수도 공급망은 세계의 기적으로 통했다. 그들은 외교술의 대가이기도 했다.

네덜란드의
그림책

    그러나 당시 네덜란드의 문화를 두고 말한다면 누구든 우선 회화를 떠올릴 것이다. 이 회화는 건전한 현실감, 그리고 세계를 긴장시키는 제국주의가 민중 전체에 부과한 편견 없이 현실을 조망하게 하는 관점에 그 뿌리를 내리고 있다. 그러나 다른 한편 이런 회화가 본질적으로 예술의식에서 나온 독창적인 메세나 정신[44]에서 장려되었다고 생각해서는 안 될 일이다. 상인정권의 특색을 고스란히 드러내는 단조로움과 무미건조함, 상상력의 빈곤과 옹졸함 역시 네덜란드를 상징한다. 이러한 예술을 성장시킨 환경은 그 대표자 대부분으로 하여금 다음과 같은 2차적 현상을 띠게 하는 웅장한 일상의 특색을 주조하게 했다. 즉, 예술이 실물보다 훨씬 더 큰 진정한 천재적 작품으로 부각되는 곳에서 예술은 현실의 환경과 괴로운 부대낌을 겪어야 했다. 만사를 '착실히' 그리고 의젓하게만 대하려 하고, '넘치는 것'과 '튀는 것'은 일체 소심하게 피하려고만 하는 냉정하고 '성실한' 거상들에게서 엿볼 수 있는 지루함과 건조함, 그리고 계산적인 꼼꼼함은 황량한 상업상의 양식(Geschäftsstil)과 같은 건축물, 이를테면 한동안 건축술의 걸작으로 통한 암스테르담의 국회의사당

---

[44] Mäcenatentum: 큰 대가를 바라지 않고 문화예술 활동을 지원하는 개인이나 기업의 정신을 말함. 메세나(Mäcenate)는 고대 로마의 외교관이자 예술가들의 후원자로 알려진 가이우스 마이케나스(Gaius Maecenas)의 이름에서 유래한 말임.

에서 가장 뚜렷하게 나타난다. 당시 가장 의미 있는 예술가 세 명을 꼽는다면 프란스 할스[45], 로이스달[46], 렘브란트[47]를 지목할 수 있는데, 이들은 가난에 시달리다 죽었다. 한편, 벨기에도 네덜란드의 여러 위대한 인물과 거의 맞먹을 만큼의 훌륭한 인물들이 있었다.

대부분의 예술사에서 이 두 나라는 첨예하게 구분되는 것으로 취급되어왔다. 그러나 실제로는 그럴만한 어떤 불가피한 계기도 없다. 그로티우스는 북부와 남부 사이에는 스페인에 대한 증오 이외 아무런 공통성이 없다고 말하지만, 사정은 거의 정반대였다. 그도 그럴 것이 스페인에 대한 증오가 북부보다 남부의 경우 훨씬 더 미약했는데, 바로 이 불균등성이 합스부르크가의 지배를 받으면서 거의 오늘날의 벨기에에 해당하는 스페인령 저지 지역인 남부와 공화제적 연합인 북부로 갈라놓았기 때문이다. 물론 다른 부분에서 이 두 지역 주민은 극히 많은 유사성을 내보인다. 벨기에의 북부 절반은 언어와 혈통, 성격과 생활관점 등에서 네덜란드 사람들과 거의 완전히 일치하는 플랑드르 사람들로 구성되어 있었다. 그리고 사실 예를 들어 요르단스[48], 브라우버르[49], 테니르스[50], 스네이데르스[51]와 같은

---

[45] Frans Hals(1580~1666): 네덜란드의 초상화 및 풍속화의 대가.

[46] Jacob van Ruisdael(1628~1682): 바로크 시대 네덜란드의 탁월한 풍경화가.

[47] Rembrandt Harmenszoon van Rijn(1606~1669): 네덜란드의 화가·에칭판화가.

[48] Jakob Jordaens(1593~1678): 바로크 시대 플랑드르의 유명한 화가. 요르단스를 비롯하여 루벤스(Rubens)와 반다이크(van Dyck)는 바로크 시대 플랑드르의 3대 화가로 꼽힘.

[49] A. Brouwer(1605~1638): 플랑드르의 풍속화가.

[50] D. Teniers(1582~1649): 플랑드르의 화가. 루벤스의 제자.

[51] F. Snyders(1579~1657): 플랑드르의 화가. 동물 그림과 사냥 및 전원 풍경의 대가.

벨기에 사람들의 경우 어떤 점에서는 네덜란드 냄새를 풍기지 않는 가? 그리고 남부 절반에는 프랑스어로 말하는 라틴계의 왈론 (Walloon) 사람들이 살았는데, 이들은 그 나라의 예술과 문화에 그렇게 큰 영향을 미치진 못했다. 다만 한 가지 점에서 벨기에의 북부는 네덜란드와 본질적인 차이를 보였을 뿐이다. 즉, 벨기에 북부는 가톨릭 일색이었다. 그러나 이런 분위기도 예술을 촉진하는 계기가 되었다. 반면 청교도적인 새침떨기와 모세풍의 무형 숭배의 정신이 깃든 네덜란드의 칼뱅파는 다양한 소재를 사용한 그림이 나오는 것을 방해했다. 그래서 여기에서의 그림은 초상화 및 풍속화와 자연연구에 국한되어 풍속화풍의 특색을 띠게 된다. 이런 고루한 정신이 얼마나 대중의 욕구를 지배했는가는 그 땅의 과거가 절박하게 요구했을 법한 역사적 구성에 대해 사람들이 별로 관심을 보이지 않았다는 사실에서 확인된다.

네덜란드의 예술은 순전히 시민적인 것이다. 우선 시민들은 그림으로 그려진 자신의 모습을 보고 싶어 한다. 그것은 자신을 포함한 시민의 삶을 살만한 가치가 있는 것으로 보이게 만드는 것이었다. 그래서 자신의 가족, 자신의 사업, 자신이 베푼 연회, 자신의 취미활동 따위가 그림의 대상이었다. 말하자면 그것은 개인 초상화와 일가친척 모두가 반은 수줍은 자세, 반은 우쭐한 자세를 취하고 있는 단체 그림, 병정놀이를 하고 있는 듯한 '사냥 작품', 근엄한 표정의 시의원들 · 협회 회의 · 연회 등의 모습을 담은 그림들, 화려한 장식의 실내화, 아늑한 가재도구와 다양한 관상식물 화분, 고가의 식기, 포도주 병, 생선, 훈제, 야생동물 고기와 여타 사물을 소재로 한 매혹적인 정물화 등을 포함한다. 이 같은 물건들은 기름진 음식을 즐기는 미식가라면 구미가 당길 법하다. 자신의 존재감을 확장하는 연장선에서 취한 이 모든 대상 외에도 일화(Anekdote)가 여전히 시민들의 관심을 끌곤 했다. 그것은 흥미진진하게 진행되는 가족의 내력, 드잡이 형태, 스포츠 기사, 의표를 인상 깊게 드러내는 감동적이면서도 코믹한 혹은 소름을 돋게 하는 인물의 그림 따위와 관련 있다. 사람들은 이 같은 일화에서 그 내용을 가능하면 포괄적으로 그리고 명확하게 읽어내려 했다. 그래서 네덜란드에서는 자기 작품의 소재를 단 하나의 항목으로 제한하는 일에 고리타분할 정도로 집요한 화가가 가장 큰 대중적 인기를 누리는 일도 일어났던 것이다. 예컨대 폴 포테르[52]는 소의 전문가였고, 필립스 워우웨르만[53]은 백마, 멜키오르 드 혼더쿠터[54]는 가금류, 빌렘 반 데 벨데[55]는 배, 얀 반 호이숨[56]은 꽃, 아브라함 반 베이예렌[57]은 굴·바닷가재·과일, 피테르 클라스[58]는 섬세한 은그릇의 전문가였다. 간단히 말해 네덜란드 전체 화필예술은 누구도 이해하지 못한 몇몇 소수의 위대한 작품을 제외하면 유일한 대형 '가보'로서 전지(全紙) 형태의 그림이며, 이야기책이자 가족 앨범이다.

　　그러나 또 한편 네덜란드 풍속화는 호사스러운 잡다함과 다양함, 일상의 신화학

---

[52] Paul Potter(1625~1654): 네덜란드의 화가이자 판화가. 동물화로 유명함.
[53] Philips Wouwerman(1619~1668): 주로 동물화·풍속화를 그린 네덜란드 바로크 양식의 화가.
[54] Melchior d'Hondecoeter(1636~1695): 네덜란드의 화가. 맹금류 그림으로 유명함.
[55] Willem van de Velde(1633~1707): 네덜란드의 풍경화가. 해경화가로 널리 알려져 있음.
[56] Jan van Huysum(1682~1749): 꽃과 과일 정물화로 유명한 네덜란드 화가.
[57] Abraham van Beijeren(1620~1690): 바로크 시대 네덜란드의 화가. 정물화가로 유명함.
[58] Pieter Claesz(1597~1660): 전원 풍경화가.

간결한 즉물성과 무관심성, 거침없는 조야함과 노골적인 적나라함, 평소 자연만이 갖는 그런 들끓는 힘과 팽창된 다산성을 띠었다. 진정 거침없는 갈망으로 오로지 묘사되는 것이라고는 간단히 말해 삶 그 자체였다. 그것은 미화, 도덕, 선별, 감각의 투입 따위가 들어가지 않은 자체 목적으로서의 삶이며, 씩씩거리며 거침없이 날뛰는 활력을 드러내는 자기 쾌락의 짧은 순간과 관련 있다.

　예술은 늘 현실을 강화하는 불가항력적인 경향을 보이는데, 그것은 어떤 의미에서 보면 이데올로기적인 경향이라고 할 수 있다. 그러나 네덜란드 사람들은 매우 불행한 상황에 놓여 있었다. 그들에게 가장 불리한 깊은 내면적 장애로 작용한 것은 이탈리아식 전통인 과거의 관습적 관념론이었다. 그리고 목사들과 상인들이 주역을 이룬 문화세계에서 자신들의 시대와 인민에게서 자신들의 고유한 새로운 관념론을 끌어내기란 전적으로 불가능했다. 그래서 마성적인 것으로까지 고양된 자연주의의 통풍구만 남은 셈이다. 이 과정에서 그들은 가장 천박한 것에서 영원한 것의 특색을, 가장 통속적인 것에서 상징적인 것을, 세속적인 것에서 신적인 것을 폭로하기에 이르렀다. 그들은 마치 창조적 자연이 모든 것의 배후에서 신비롭고도 근엄하게 군림한다는 점을 드러낼 때처럼 인간도 영웅처럼 먹고 마시고 토하면서 스커트 아래로 손을 뻗을 수 있다는 점을 입증해 보인 것이다. 그들은 존재를 바로 딱 그 **실물 크기**로 재현하면서 일종의 일상의 신화학을 만들어내는 기적을 이뤄낸 셈이다.

렘브란트　그렇게 부산하게 요란을 떠는 무리에게서 떨어져 고독이라는 우월성을 취한 한 거인이 우뚝한 모습을 드러낸다. 그는 지상에 내리깔고 있는 그들의 시선을 피한 바로 렘브란트다. 셰익스피어와 미켈란젤로가 그들의 시대에 그랬듯이 그도 그의 시대에서 모든 사람이

기피하여 아무도 실제로 알지 못하는 망명객이자 이방인으로 남아 있었다. 그가 미켈란젤로와 공통점이 있는 것은 시대를 넘어서 있다는 점이다. 요컨대 그는 어디에든 있으면서도 어디에도 없는 것과 같다. 그도 그럴 것이 그는 이해받지 못한 창조적인 르네상스 대가로서라면 100년 일찍 살았을 법하고, 인상주의의 선두주자로서라면 200년 뒤에 살았을 법하기 때문이다.[59] 셰익스피어와는 익명성이라는 특징을 공유하고 있다. 왜냐하면 그는 자신의 인생 역작 뒤로 완전히 모습을 감추고 있는데, 그것은 작품의 다의성과 다양한 형태 때문에 그 창작자의 모습이 모호하고 불확실하게 보이기 때문이다. 그는 자신이 죽기 전 만들어낸 예술을 통해 이상의 두 작가와 가장 깊은 친화성을 드러낸다. 이때는 완전히 초월의 상태에 빠져 리얼리즘과 관념론 따위와 같이 투박하고 범속한 기호로써는 더는 어울리지 않는 신비에 찬 창작물을 산출한다. 그가 우선적으로 애써 성취하려 했고, 그의 창작 수준에서 중심이 되게 한 그런 예술을 완전히 꿰뚫어본 때는 그의 인생행로의 끝자락에서였다. 인생의 공허와 무기력과 그 피상적 성격을 깨닫고 이제 그는 일생 동안 믿어온 바처럼 인생이 지고한 것이 아니라는 점을 알게 된다. 이로써 예술은 인생행로에서 떨어져 나와 좀 더 심층적인 것에 자리를 부여하게 된다. 곧 심층적인 것이란 이제 더는 현세적인 것이 아니어서 인간의 포착을 벗어난 지점에 위치하게 되는 것이다.

따라서 그는 미켈란젤로와 셰익스피어만큼이나 자기 시대의 표 _{루벤스} 현방식과는 동떨어져 있었던 셈이다. 우리가 시대를 **대변하는** 역할

---

[59] 렘브란트가 활동한 당시보다 르네상스는 100년 전에 있었던 일이고, 인상주의는 200년 후에 있었던 일이다. 렘브란트가 그의 시대에는 이해받지 못했다는 뜻.

을 훨씬 더 가벼운 인물들에게 할당하여, 이를테면 한편으로는 라파엘로, 다른 한편으로는 베이컨을 지목했을 때처럼 그의 시대 또 다른 영웅으로서의 대가의 역할도 훨씬 더 표피적인 인물이 담당했다. 그는 바로 페테르 파울 루벤스[60]였다. 루벤스의 경우 도취한 인생의 쾌락, 그리고 거들먹거리는 현재에 대한 의기양양한 긍정이 바탕색을 이룬다. 그래서 그의 작품은 저지 독일 지방 사람들에게서 볼 수 있는 억센 물질주의와 같은 건장한 쾌락의 힘을 찬양하는 것을 유일한 색깔로 취하고 있다. 가톨릭 신자이자 플랑드르 사람으로서 그는 반종교개혁과 네덜란드 무역에서 얻은 이중의 승리를 밝은 색조로 그려냈고, 거창한 구성법을 살려 올림피아 신화의 주인공들을 노래했다. 그가 보는 인간은 일종의 반신(Halbgott)으로서 지상에 내려와 자신의 무궁무진한 힘을 풀어놓는다. 결코 병들지 않고 결코 지치지 않으며, 살육전에서도 체육선수 라자루스(Lazarus)보다 더 쾌활할 만큼 결코 우울하지도 않다. 그 모습은 사냥을 하면서 싸움을 벌이고 물어뜯으며, 교미를 하고 마침내 그 힘이 절정에 도달한 그 어느 날 포효하면서 죽는 늠름한 맹수를 쏙 빼닮았다. 그의 그림 속에 등장하는 여자들은 결코 동정녀들도 어머니들도 아니며, 마치 붉은빛 고깃덩어리처럼 떡 벌어진 골반과 가슴과 엉덩이를 하고 있다. 그 자태는 쾌락의 감정을 더 높이기 위해 격정의 몸부림을 한 후 잠자리에 들어설 듯한 모습이다. 형태 하나하나가 방탕한 생활에 대한 욕망 덩어리처럼 보인다. 이것이 바로 루벤스의 모든 그림에 깃든 기본 파토스인 셈이다. 그것은 마치 윙윙거리는 벌통 속 꿀벌

---

[60] Peter Paul Rubens(1577~1640): 독일 태생의 벨기에 플랑드르의 위대한 화가.

들이 내뿜는 달콤한 부화열과 같기도 하고 산란하는 청어 떼가 만들어내는 거대한 하얀 구름모양의 어란(魚卵) 같기도 하다. 그 형태에서도 그의 그림들은 삶의 화려함과 존재의 쾌락을 더 높이기 위한 것으로만 착상되어 화려한 채색의 장식품, 화려한 취향의 환상적인 양탄자처럼 보인다. 덧붙이면, 자신의 가장 장중한 알레고리를 빌려온 고대의 상상세계와 맺고 있는 그의 관계는 아주 냉담한 학술적 관계일 뿐이고, 따라서 그의 알레고리들은 장식의 수사(修辭)에 그칠 뿐이지 그 이상은 아무것도 아닌 셈이다.

경제적 도약의 시대에 사람들은 늘 루벤스를 엄청나게 칭송했다. 언제나 환호성을 내지르고 언제나 감각적 쾌락을 추구하는 듯한 그의 동물성에는 선한 일을 하려는 양심이 묻어나 있었다. 또 거기에는 평범한 행복감이 배어있기도 하다. 왜냐하면 루벤스는 평생 행복의 총아였기 때문이다. 그리고 특히 그러한 동물성에는, 가장 선진적이었던 나라 네덜란드에서 맨 먼저 그 총수를 세우고 점차 유럽으로 확산된 그 깊은 무신론이 배어있었던 것이다. 루벤스는 당시 붓을 놀린 화가 중 가장 비종교적인 화가 가운데 한 사람이었던 것이 분명하다. 그래서 그는 신을 성가신 혹은 남아도는 존재로 본 그 모든 사람의 우상으로 항상 남아있다. 그러나 인간의 육체를 포착하는 그의 탁월한 재능과 방법 및 색깔 활용 능력 등에 대한 온갖 찬탄에도 불구하고, 좀 더 예리한 감각을 지닌 사람이라면 그는 한갓 왕실의 동물 화가이자 야만적인 만큼 불가항력적으로 진땀을 흘리는 비만증을 찬양한 사람일 뿐이라고 고백할 수밖에 없을 것이다.

네덜란드의 번영은 울창한 만큼 짧았다. 그것은 현실의 열강이 이 뚱보 졸부를 그 비유기적인 지배의 자리에서 몰아내는 데 오래 걸리지 않았기 때문이다. 무엇보다 영국은 북해 전체의 교통뿐만 아니라 그 자체의 무역마저 외국의 수중에 들어가 있는 상태를 도무지 참을 수 없었다. 우리는 영국이 16세기 중엽 후반부에 모든 분야에서 압도적으로 빠르게 도약했고, 이러한 진보는 가장 편협하고 가장 천박하며 가장 무능한 제임스 1세의 정권도 방해할 수 없었다는 사실을 기억하고 있다. 제임스 1세는 국왕을 일반적으로 나타내는 캐리커처로 통할 만큼 왕권신수설에 대한 극단적 관점을 드러냈다. 이미 즉위식 연설에서 그는 이렇게 말할 정도였다. "신은 창조하고 파괴할 권력, 생사를 부여할 권력을 갖고 있다. 영혼과 육신은 신에게 복종한다. 동일한 힘을 왕들도 갖고 있다. 왕은 자신의 신하를 만들고 파괴할 수 있으며, 생사를 관장하고 모든 일을 지배하지만 오직 신 이외 누구에 대해서도 책임을 지지 않는다. 왕은 자신의 백성을 장기판의 말을 다루듯이 취급할 수 있고, 국민을 동전처럼 들었다났다 할 수 있다." 그의 아들 찰스 1세는 많은 점에서 그와 정반대였다. 영민하고 자애로우며 교양이 넘쳤다. 예술과 학문의 완벽한 기사이자 예민한 후견자였다. 반다이크[61]는 영국 왕실을 그렸다. 자의식 있는 우아한 국왕, 화려하게 치장한 환상적인 왕비, 부드러우면서도 빳빳한 자태를 드러내는 공주들, 창백한 용모의 여성스러운 왕세자, 어렴풋한 채색으로 처리된 퇴폐적인 상류세계를 그려냈다.

그러나 찰스는 자신의 좋은 성격 전부에 못지않게 나쁜 성격도 지니고 있었다. 그는 직언과 직설적 행동을 내보이질 못했다. 그의 이런 태도를 빗대어 지금도 귀티가 나고 감성적이지만 아주 헛된

---

[61] A. van Dyck(1599~1641): 루벤스에 버금가는 플랑드르의 화가. 초상화의 대가.

공상을 하는 사람을 두고서 귀여운 국왕 찰스 강아지(König-Charles-Hündchen)라고 부르는 것이다. 이 국왕도 바로 그 같은 성격이었다. 그와 협상하는 것은 그야말로 불가능했다. 그는 뒤로 돌아가 모든 사람을 속였다. 자신이 약속한 것을 한 번도 지키지 않았고, 자신의 말을 정반대로 왜곡했다. 그는 최선의 투쟁방식이 있고, 모든 당파를 속여 모두를 지배할 수 있다고 생각할 만큼 어리석었다. 이처럼 표리부동하고 말 바꾸는 그의 성격은 스튜어트가의 세습적 불성실에 기반을 둘 뿐만 아니라 국왕은 그의 신하들보다 신분이 훨씬 높기에 그들에 대한 어떠한 조처도 국왕에게는 허용된다는 확신에 근거를 둔 것처럼 보이기도 한다. 그리하여 그는 속임수와 이율배반의 그물에 점점 더 깊이 빠져들면서 마침내 전국적인 신뢰를 잃어버리고 만다. 그러나 그럼에도 민주주의 사가들이 그의 처형은 국민의 의지였다고 주장했을 때 거기엔 틀린 경향적인 주장이 들어있긴 하다. 그의 처형은 일반에 충격을 일으켰으며, 그것은 처형이라기보다는 정치적 살해였다. 왜냐하면 처형 언도를 자격 있는 배심원들이 내리지 않았고, 배심원들 역시 강압에 못 이겨 그렇게 했기 때문이다.

물론 그의 상황이 처음부터 불리한 것은 아니었다. 그의 즉위는 대다수의 주민에게 열렬한 환영을 받았고, 비판받을만한 국면이 전개되기 시작했을 때도 그는 다소 이성적이면서도 명확한 정책을 통해 자신의 견해를 쉽게 관철할 수 있을 정도였다. 의회 다수파는 절대주의는 아니라 할지라도 항상 군주정 편에 서 있었고, 왕당파(Royalist)들은 여전히 독립교회파[62]보다 하층 민중에게서 더 많은 공

---

[62] Independent: 분리파(Separatist)라고도 함. 영국 성공회에서 분리해 나와 그

감을 얻고 있었다. 그러나 그는 의회에 맞서, 심지어 의회 없이 통치하려고까지 했다. 그는 스트래퍼드[63] 백작을 정부 요직에 입각시켰다. 백작은 왕의 충실한 '**통하여**!(*Through!*)' 기구로서 법률남용과 폭력 등과 같은 온갖 수단을 총동원하여 무제한적인 독재를 휘두르려 했다. 그리고 고위 승직자의 요직에는 로드[64] 대주교를 임명했다. 로드 대주교는 영국 사람 다수에게 공포로 작용한 로마가톨릭의 권리와 거의 같은 권리를 영국국교회도 갖게 하려고 했다. 그러나 봉기는 영국이 아니라 스코틀랜드에서 터졌다. 스코틀랜드에도 로드의 미사 방식을 도입하려는 현명하지 못한 시도에 격분한 스코틀랜드 사람들이 자신들의 종교적·정치적 자유를 사수하기 위해 **동맹서약**을 맺었다. 이에 맞서 국왕 찰스는 군대를 파병했지만, 그가 불신한 의회가 파병자금을 승인하지 않았기 때문에 국왕 지지자들의 자발적인 모금을 통해 자금을 마련해야 했다. '기사단(Kavaliere)'이라고 불린 이 군대를 민주적인 '원탁의 용사들(Rundköpfe)'이 전국적으로 대응했다. 이들은 처음에는 의회를 통해 권력을 제한하고 통제할 수 있는 군주정을 옹립했지만, 나중에는 점차 공화정의 경향을 드러낸다. 그래서 내전이 불가피했던 것이다.

크롬웰   그런데 이제 이 같은 어둠 속에서 강철 같은 인물 크롬웰이 불쑥 솟아올랐다. 그는 자신의 '철갑사단' 선두에 서서 마치 증기기관으로 움직이는 쟁기처럼 전국을 갈아엎으면서 모든 것에 무릎을 꿇게

리스도교 신자로만 구성된 독립지역 교회를 형성하고자 한 영국의 그리스도교도들. 나중에는 회중교회파로 불림. 이들은 독립교회파인 올리버 크롬웰이 통치하던 공화정(1649~60) 때 영국에서 정치적으로 큰 영향력을 행사함.

[63] Th. W. Strafford(1593~1641): 영국의 정치가. 국왕 찰스 1세의 중요한 보좌관.

[64] W. Laud(1573~1645): 영국 성공회의 대주교.

만들었다. 여기에는 왕과 국민, 고교회파(高敎會派)[65]와 서약파(誓約派)[66], 상원과 하원, 아일랜드 사람들과 스코틀랜드 사람들도 포함된다. 그의 집권 10년 동안 그를 무조건 지지한 집단이 하나쯤은 있었다고 말할 수도 없다. 왕정주의자들에게 그는 국왕 살해자로 미움을 샀으며, 공화주의자들에게는 의회를 능욕한 인물, 주교들에게는 폭정의 광신도, 독립교회파에게는 우유부단한 절충주의자, 대지주들에게는 사회혁명가, 평등파(平等派)[67]에는 자본의 후견인, 모든 이에게는 공통으로 독재자와 폭군으로 미움을 샀다. 그는 완전히 혼자였다. 그도 그럴 것이 그는 실제로 그랬던 바대로 천재적인 정치가로서 미리 정해진 어떤 입장이 아니라 언제나 그때그때의 상황과 사태에 따른 입장을 견지했기 때문이다. 그는 자신을 둘러싼 편협하고 소심한 모든 지성처럼 일들을 자신에게 맞추는 것이 아니라 자신을 일들에 맞추었던 것이다. 한마디로 말해 그는 외교관으로서, 조직가로서, 전략가로서 무엇이 중요한 것인지 늘 알고 있었던 셈이다. 바로 그의 이런 태도를 사람들은 끔찍하게 받아들였다.

그러나 그는 이런저런 많은 질문을 받지 않아도 되는 행운의 상황에 놓여 있었다. 왜냐하면 건강한 시선으로 모든 사태의 핵을 꿰는 보기 드물 만큼 단순한 재능 덕분에 그는 모두를 압도했기 때문이다. 크롬웰 당(Cromwellpartei)이라고 해봤자 물론 그 자신 혼자였지만 그는 중세의 플랜태저넷 왕가[68]도 누려본 적이 없는 그런 절대

---

[65] Hochkirch: 가톨릭 전통을 강조하는 성공회의 신학의 한 조류. 교회의 권위와 예배의식을 중히 여김.

[66] Covenanter: 17세기에 종교적인 갈등으로 발생한 여러 차례의 위기 상황에서 계약이나 서약에 서명한 스코틀랜드의 장로파.

[67] Leveller: 청교도 혁명 때 소상인·수공업자·자영 농민으로 결성된 급진적 당파.

권력을 세 제국에 휘둘렀다. 대영제국(Großbritannien)은 절대군주에게 오직 단 한 번 복종했는데, 이 군주가 바로 호국경(護國卿)[69] 올리버 크롬웰[70]이다. 이는 우선 외부적인 데 그 원인이 있다. 그는 상비군을 두고 있던 유일한 군주였다. 그러나 그의 통치의 진정한 내적 명분은 자신의 권력에 의존한 것이 아니라 의회의 엄숙한 승인이라고는 전혀 받지 않은 불문의 '비법적'인 권리, 즉 어떤 '국민적 계약'으로도 문서화되지 않은, 그럼에도 왕권에 대한 가장 기초적이고 합법적인 유일한 권리에 기대고 있었다. 그는 가장 강력하고 가장 용감하고 가장 현명했다. 우리가 민주주의의 속물 도덕보다 더 고상한 입장에서 이런 일들을 관찰해보면 그는 그의 땅에서 가장 예의바른 사람으로도 비치기도 한다. 그는 자신에 대해 직접 말하길, 자신은 **"왕으로서가 아니라 경찰**(constable)**로서"** 국가에 봉사하고 싶다고 했다. 그런데 선량한 총사령관은 최선의 국왕일 수 없는가? 아니 그 이상일 수는 없는가? 이 태수는 자신의 나라를 위해, 가장 난폭한 랭커스터(Lancaster) 가문과 요크(York) 가문, 가장 교활한 튜더(Tudor) 가문과 가장 교만한 스튜어트가 사람들보다 더 많은 일을 했다. 그는 내무행정 전체를 정비했고, 아일랜드를 평정했으며, 바다 건너편에서 자행되던 탐욕스러운 경쟁자들의 무역독점을 와해하여 새롭게 칼레[71]를 얻었으며, 가장 아름답고 가장 풍요로운 서인도 섬 가운데 하나를 정복했고, 영국을 세계 최초의 해양강국으로 만들어

---

[68] Plantagenet: 중세 1154년에서 1399년까지 영국을 지배한 영국의 한 왕가.

[69] 호국경(Lord-Protektor): 영국에서 왕권이 미약했을 때 왕을 섭정하던 귀족에 붙인 호칭.

[70] Oliver Cromwell(1599~1658): 영국의 호국경(護國卿).

[71] Calais: 프랑스의 한 도시.

줄 번영의 미래를 담보하는 굳건한 기초를 놓았다. 만일 우리가 경찰(Constable)이라는 단어에 오늘날의 뜻을 부여한다면 아마 우리는 분명 크롬웰의 의미를 가장 공정하게 다루는 셈이 될 것이다. 요컨대 그는 자신의 나라를 지키는 성실하고도 지칠 줄 모르는, 열정적이고도 현명한 '파수꾼' 그 이상도 그 이하도 아닌 것이다.

크롬웰을 두고 지금까지 살았던 최고의 위선자와 음모가 가운데 한 사람, 따라서 '사기꾼 영주'로 보는 것이 오래된 역사적 전통이다. 이에 비해 그를 지극히 변호하는 칼라일[72]은 크롬웰이 자신의 인생에서 남을 속인 적이 결코 없었다고 주장한다. 이러한 두 가지 관점은 기본적으로 모두 사실이다. 크롬웰은 자신의 본성에서 영국식 난맥, 모호함, 배후적인 것, 다의적인 교묘한 표현, 의도적으로 흐리게 말하기, 이 같은 맥락에서 약간 꼬아서 말하기, 엉클기, 속내 감추기와 같은 행태를 자주 내보인다. 이는 분명 남을 속이는 짓은 아니다. 진실에 대한 영국 사람들의 입장도 바로 이와 같은 것이다. 그것은 이미 우리가 이 책 1권에서 **캔트**(cant)라는 어휘를 살펴보면서 부각했듯이 단순한 일의적인 것이 아니며 손쉽게 해결되지도 않는 문제이다. '실재(Realität)'를 대하는 개별 민족들의 태도는 결코 균일하지 않다. 프랑스 사람들은 실재에 대해 정열에 사로잡힌 구혼자처럼 처신한다. 그 맹목성 때문에 아주 손쉽게 속아 넘어가기도 하는 것이다. 독일 사람들은 참으로 성실하지만 지겹고 고리타분한 약혼자처럼 실재를 다룬다. 영국 사람들은 실재를 놓고 난폭한 남편, 가정의 폭군처럼 군다. 쾌락을 추구하는 프랑스 사람들은 참과

---

[72] Th. Carlyle(1795~1881): 영국의 역사가. 주요 저서로는 『프랑스 혁명』과 『영웅숭배론』 등이 있음.

거짓 상관없이 유쾌함만을 원하며, 우직한 독일 사람들은 어떤 대가를 치르더라도 진실을 찾고자 한다. 그것이 유쾌한 것이든 불쾌한 것이든 상관없다. 그리고 실용적인 영국 사람들은 유쾌한 것은 참이고 불쾌한 것은 허위라는 지침을 내린다.

청교도들　　영어 캔트의 의미는 당시 영국을 지배한 청교도들에게서 절정을 이룬다. 군대도 관리도 새로 개편된 상원도 청교도들로 구성되어 있었던 것이다. 위험한 만큼 우스꽝스럽기도 한 이 독실한 새로운 신자들이 출현했을 때 모두가 슬그머니 꽁무니를 빼면서 사라졌다. 그들은 코를 쿵쿵대면서 눈을 굴렸고, 머리카락을 짧게 자르고 까만 옷을 걸쳤으며, 느린 걸음에 근엄한 동작을 취했다. 곳곳이 부패하고 신성을 상실하여 불쾌한 일이 들끓고 있다고 분노했다. 술을 마시고 놀면서 소란을 피우는 것이 죄가 되는 것은 당연했다. 그런데 춤을 추고, 극장에 드나들고, 사랑의 편지를 쓰고, 칼라를 빳빳하게 세우고, 값비싼 음식을 요리하게 하는 것도 죄가 되었다. 일요일엔 그저 모든 것이 죄가 되었다. 이 거룩한 날엔 화단에 물을 주게 하거나 면도를 시키는 것, 그리고 누구를 방문하는 것도 금지되어 있었고, 심지어 웃는 것도 금지되었다. 일요일에 이웃한 날인 토요일과 월요일에도 이 비슷한 일이 적어도 의심을 받았다. 이처럼 과장된 안식일 숭배에는 유대교 정신이 묻어있다. 사실 청교도들을 기독교 종파로 보기는 어려운 일이다. 그들은 거의 모두가 구약성서에 의존했다. 이름도 이스라엘의 영웅과 예언자 및 선지자들의 이름을 본떴으며, 설교할 때는 히브리 어법과 격언 및 비유법을 사용했고, 스스로를 여호와(Jehovah)의 군대로 생각했다. 여호와에게서 우상 숭배자, 이단자, 타락한 가나안 사람들을 불과 검으로 심판할 소명을 부여받았다는 것이다. 여호와도 자신의 백성을 고문과 형벌의 강제를 통해 올바른 신앙으로 이끌며, 이탈자들 사이에는 공포와 파괴를 확산시켰다는 식이다. 신의 전사들인 선민들은 올바른 신앙을 가진 청교도들이며, 간계와 폭력과 흉악함과 같은 온갖 수단도 마지막에 선한 목표를 달성하려면 허용된다. 이 목표는 이교도들을 굴복시키고 신정정치를 수립하는 일이다. 그들의 신은 모세의 하느님으로서 복수와 분노의 신이며, 범죄자들을 사정없이 짓누르고 무섭게 정의를 세우는 신이다. 우리가 이미 언급한 바, 유대경전과 복음주의자들의 이 불행한 결합이 기독교 정신에 대한 보복으로 나타난다.

퀘이커
교도들

이로써 이제 청교도의 가지 하나가 기독교권에 포함될 수 있게 된다. 이들은 '퀘이커 교도'[73] 혹은 빛의 친구 모임이라는 지털러(Zitterer)라는 별칭을 가지고 있으며, 델라웨어(Delaware) 주에 인접한 펜실베이니아(Pennsylvania) 주에서 확산되었고 지금도 미국에서 존속하고 있다. 그들은 이론에서뿐만 아니라 실천에서도 마치 독립교회파가 구약성서의 계명을 진지하게 받아들였듯이 신약성서의 교리를 진지하게 받아들인다. 이들은 군대복무·충성서약·노예무역을 거부하며, 심지어 군수물자 매매까지도 부정하고 그들의 식민지를 인디언들과 전쟁을 벌이지도 않을뿐더러 착취도 하지 않는 완전히 평화적인 방식으로 확대해 나간다. 모국에서 시행된 예배 형식, 즉 정신이 결여된 일상생활과 자만에 빠진 불성실의 소산에서 비롯된 정규예배를 배격했고, '내면의 빛'으로 영감을 받은 사람이면 누구

---

[73] Quäker: 프로테스탄트의 한 파. 1647년 J. 폭스(Fox)가 창시함. 일명 친구(Freund)파라고도 함. 17세기 급진적인 영국의 신비주의에서 출발했으며, 신자들이 자신의 신앙을 육체의 진동으로 표현한다고 해서 진동·전율·떨림 등의 뜻을 담은 영어 퀘이커(quake)라는 명칭이 붙여짐.

든 설교를 할 수 있도록 했다. 그들은 형식적인 예배나 성찬식뿐 아니라 일상에서의 모든 의례도 배척하고선 누구에게든 말을 놓았고 누구 앞에서도 인사치레로 모자를 벗지는 않았다. 그러나 이 같은 그들의 과장된 행위와 변덕에도 불구하고 일종의 관습적 예법(禮法)이 전혀 없진 않았기에 그들은 기독교 종파의 역사에서 가장 애정이 많이 가는, 가장 유쾌한 현상 가운데 하나인 셈이다.

밀턴 　존 밀턴[74]은 청교도의 위대한 시인인 동시에, 자신의 유명한 글, 『영국 국민을 위한 변호(Defensio pro populo Anglicano)』에서 국왕 살해에 대한 학술적 변론을 펼친 바 있는 영국의 가장 탁월한 저널리스트 가운데 한 사람이다. 소(小)피트(Pitt)는 밀턴식의 사탄이 뿜어내는 화려한 수사학을 통해 웅변가가 되는 교육을 받았다. 바로 이 지옥의 영주 사탄이 이 시인의 수중에서 의지에 거의 반할 만큼 강력한 인물로 성장한 것은 결코 우연이 아니다. 밀턴에게서 청교도 정신의 형태를 엿볼 수 있는데, 그것은 곧 악마의 정신이다. 왜냐하면 이 정신은 철저히 세속적이기 때문이다. 그도 그럴 것이 가톨릭이 가장 감각적인 형태로 세계를 긍정할 때보다 청교도가 세계를 배척할 때 수백 배 더 세속적이기 때문이다. 그것이 곧 악마의 정신인 것은 복수하고 처형하기 때문이다. 밀턴의 대서사는 세계 역사 전체가 자비가 없고 엄격하며, 적에 대한 사랑은커녕 적에 대한 일말의 이해 의지도 보이지 않는 식으로 편파적이다. 청교도의 입장에서 소환하고 심문하고 판결한다. 말하자면 청교도주의가 유일한 진리이고 정의인 것이다. 신은 반란을 일으키는 천사 무리를 진압하고자 자신

---

[74] John Milton(1608~1674): 영국의 시인 · 청교도사상가. 대서사시 『실락원 (Paradise Lost)』으로 유명함.

의 아들을 내려보낸다. 그의 아들은 이 무리에게 수만 개의 우레를 쏟아 붓는다. 그들은 "벼락 습격을 맞은 염소 떼처럼" 도망을 가다가 낭떠러지로 곤두박질친다. 그리스도가 천둥의 신이 된 꼴이다. 이는 아폴로와 헤라클레스로서 구름 속 왕좌에 앉아있는 미켈란젤로의 그리스도만큼이나 기념비적인 신성모독인 셈이다. 이때의 신은 화살통과 활, 번개와 전차, 한 무리의 전사들을 거느리고 승리하는 신이다. 이는 분명 복음주의자가 따르고 있는 신의 아들이 아니며, 기독교도가 믿고 있는 그리스도도 아니다. 여호와의 합법적인 아들일 뿐이다.

밀턴의 상대이자, 군주정·왕정복고·정통성을 가장 영민하고 **홉스** 도 가장 강력한 정신으로 옹호한 인물로는 토머스 홉스[75]를 꼽을 수 있다. 그의 철학은 사람들이 간혹 생각하는 식으로 그렇게 천박하거나 나쁜 것이 아니라 그저 염세적일 뿐이다. 그는 자신의 시선이 가는 곳이면 어디에서든 바라본다. 한편에는 거칠고도 강하며, 야박하고도 단호하게 셈을 하는 지배자의 성벽을 가진 세계가 하나 있고, 다른 한편에는 관성의 법칙에 따라서만 움직이는 아둔하고 노예 같은 군중의 무리가 있다. 양쪽 다 자동기계 같은데, 한쪽은 좀 더 거친 방식으로 그리고 다른 한쪽은 좀 더 세련된 방식으로 식탐 욕망과 소유 욕망을 가질 뿐이다. 홉스는 이런 관찰재료에서 자신의 귀납적 결론을 끌어내고, 이러한 전제에서 자신의 법칙을 세운다. 이런 전제에서 국가는 그에게 전능한 거대한 괴물이 되며, 이 괴물은 자신에게 적대적인 것이라면 모두 가차 없이 삼켜버린다.

---

[75] Thomas Hobbes(1588~1679): 영국의 철학자이자 정치이론가. '사회계약론'으로 유명함. 대표 작품으로는 교회 권력에서 해방된 국가기구의 성격을 논하는 『리바이어던(The Leviathan)』이 있음.

국가는 죽을 운명을 지닌 신이며, 기존의 질서는 어디까지나 합법적이다. 왜냐하면 그것이 현재의 질서이기 때문이다. 자유는 법이 금지하지 않는 범위에서의 자유이며, 양심은 사적인 견해에 불과하지만, 법은 오직 시민이 따라야 할 공공의 양심이다. 국가가 인정하지 않은 종교는 미신이다. 그는 국왕은 신이 직접 임명한다고 가르치지 않고, 국민이 국가 원수에게 최고의 권력을 위임하는 것이며, 그러나 이 위임의 순간부터 국민은 아무런 권한도 가지지 않는다고 가르쳤다. 군주정이 최선의 국가형태인 것은 바로 그것이 가장 중앙집권화한 형태이기 때문이며, 그것이 절대적이어야 하는 것은 국가의 지도가 어떤 단체에 위임된다 할지라도 국가가 운영되려면 절대적 권력이 있어야만 한다는 요구에서 비롯된 것일 뿐이다.

이 학설을 문자 그대로 받아들이면 스튜어트 가문을 정당화하는 것처럼 보일 것이다. 즉, 그것은 제임스 1세의 과대망상증의 교의를, 아직도 단두대에 절대적 독재자로 남아 있는 찰스 1세의 과격주의를, 홉스가 그 스승이었던 찰스 2세의 복권 계획을 옹호하는 것처럼 보일 수도 있다. 그러나 이 학설의 정신을 제대로 포착하면, 평민이고 폭도이자 찬탈자인 올리버 크롬웰이야말로 이 학설의 가장 영악한 제자이자 가장 완벽한 승리의 구현처럼 보일 것이다.

그 엄격하고도 비정한 입장과 정치적 현상에 대한 그 순수 자연과학적 가치평가 차원에서 보면 마키아벨리를 월등히 능가하는 이 국가철학의 기초는 홉스와 같이 일관된 사상가라면 다음과 같은 식이 아니고는 다른 것일 수 없을 것이다. 곧 그것은 허무주의적 윤리학이다. 이 같은 윤리학 그 자체에는 선과 악이란 없다. 도덕의 특정한 기준은 국가 안에서만 주어진다. 다음 기초로는 유물론적 존재론이 있다. 모든 존재는 물체이고, 모든 사건은 운동이며, 감정도 물체의 운동에서 비롯된다. 다음으로는 감성의 심리학이 있다. 여기서는 감성만이 있다. 다른 모든 것은 바로 이 감성에서 유발되며, 유적개념 등등과 같은 것은 이전 지각작용의 빛바랜 기억의 심상들일 뿐이다. 그리고 기계론적 인식론이 있다. 말은 표상들의 기호이자 징표이다. 증명하는 것과 추론하는 것은 이 같은 기호를 더하고 빼는 것을 의미한다. 모든 사유는 계산이다.

스피노자

그러나 바뤼흐 스피노자[76]는 훨씬 더 멀리까지 나아갔다. 아마 그는 그때까지 살았던 인물 중 가장 눈여겨볼 사상가일 것 같다. 철학의 역사에서 그는 그가 토대를 두고 있던 데카르트의 방식대로 다뤄져야 할 것이다. 그러나 우리의 맥락에서 중요한 것은 학문의 체계가 아니라 세계관이며, 그것도 이 세계관이 형식을 구성하는 원리로서 대표적인 인물이나 거대한 시류에 얼마만큼 영향을 미쳤는가 하는 것과 관련 있을 뿐이다. 그러므로 우리에게는 개념적 발전을 동반하는 교육적 방침이 불가결한 것처럼은 보이지 않는다. 사생활에서 스피노자는 감상적인 18세기가 주장하는 바처럼 성인도 아니며, 열광적인 17세기가 믿었던 것처럼 무뢰한도 아니었다. 그는 자신이 당해야 했던 탄압들을 논박하지도 않았고 순교자처럼 마냥 참지도 않았다. 그는 그러한 것에 대해 차분하면서도 의연하게 대처했다. 그의 아버지는 포르투갈 출신 유대인으로서 이미 청년 때 종교재판을 피해, 자신과 신앙의 뜻을 같이한 동료들과 함께 은신처로 삼은 암스테르담으로 도망갔었다. 그러나 이 유대인 공동체는 자신들이 그렇게 부른 이 '새로운 예루살렘'에서도 완전한 자유

---

[76] Baruch Spinoza(1632~1677): 유대인 출신 네덜란드 철학자. '범신론'으로 유명함.

를 거의 누리지 못했다. 왜냐하면 그들도 벌써 새롭게 규합된 세력이 되어 사악한 편협성을 내보이기 시작했기 때문이었다. 이런 편협성은 언제나 그들 종교의 특성처럼 보이는 것인데, 유감스럽게도 그것이 기독교 교회에도 일부 상속된 것이다. 민족의 자립성이라는 의미에 국한해서, 이스라엘 민족 전체 역사를 규정해온 카야파(Kaipha) 정신은 그 외부적 환경 때문에 왕왕 무기력해졌지만, 이 민족이 권력을 잡게 되면 언제나 다시금 부활했다. 자신의 자유로운 신앙의 관점 때문에 암스테르담 유대교회당(Synagoge)이 행한 극악무도한 고문으로 죽은 우리엘 다 코스타[77] 사건은 바로 그 같은 것의 실례가 된다. 당시 스피노자는 8살이었다. 반 세대 뒤에 그 자신도 그와 유사한 갈등에 휘말렸다. 사람들은 그의 철학적 경향과 활동에 대해 듣고 나면, 우선은 개심 노력을 통해, 그래도 안 되면 협박을 통해 그를 올바른 신앙의 길로 되돌려 놓으려고 애썼다. 그러나 이 둘 다 실패했을 때 뇌물로 그를 공략했다. 그가 유대교에 충실하면 연봉으로 1,000굴덴[78]을 주겠다고 했다. 이 방식도 통하지 않자 유대교회당 공동체의 한 일원은 그의 살해를 부추기는 공고문을 내기도 했다. 그러나 이 암살기획도 실패에 그쳤다. 이제 유대교회당에 남은 것이라고는 그를 파문하는 수단뿐이었다. 공동체의 회합에 앞서 온갖 저주가 그에게 쏟아졌다. 이 저주문은 다음과 같은 말로 끝을 맺는다. "그에게 밤낮으로 저주가 있을지어다! 나가도 저주가

---

[77] Uriel da Costa(1585~1640): 포르투갈 출신 네덜란드 자유주의 사상가. 영혼 불멸의 부정 등과 같은 자유신학적 신념 등의 죄목으로 유대인들에게서 받은 여러 차례의 종교적 탄압에 못 이겨 자살함.

[78] Gulden: 14세기~16세기에 쓰인 독일의 금화. 1굴덴은 100센트(Cent)에 해당함.

있을 것이고 들어가도 저주가 있을 것이다! 주께서 그를 결코 용서치 않을지어다! 율법 책에 쓰인 모든 저주를 받을 이 인간에 대해 주께서 분노와 질투를 타오르게 할 것이다. 그의 이름이 천국에서 지워질 것이다!" 유대교 정신이 이런 식으로 한 인간을 다룬 것은 그가 같은 혈통의 동료들보다 훨씬 더 풍성한 사상에서 평화를 더 강하게 견지하고 속세와 더 동떨어진 삶을 영위한 것에 그 죄과를 물었기 때문이다. 그런데 옛날부터 예언자를 돌로 쳐 죽이는 유대 사람들의 전통을 생각하면 그것은 아무것도 아닌 셈이다. 게다가 우리가 스피노자는 그런 운명을 당할 만큼 이스라엘의 위대한 후손에 속하진 않는다고 생각한다면, 그에게서 우리는 기껏 단 한 번의 기념비적인 기이한 현상만을 읽을 수 있을 따름이다.

스피노자 자신조차도 유대 랍비들의 그런 소란 앞에서 한 순간도 평정심을 잃지 않고서 완전한 은둔의 상태로 계속 살아가면서 오직 자신의 연구와 글쓰기에만 몰두했다. 그는 사심 없이 욕망을 완전히 버리고 살면서 세상의 쾌락과 명예, 오락과 잡일을 피했다. 가장 달콤한 유혹의 조건으로 제의된 하이델베르크 대학의 교수직도 거부했다. 그가 죽고 난 뒤 한 세기가 지나서야 세상을 충족시키기 시작한 그의 철학적 명성은 그의 저서 두 권, 즉 성서에 대해 역사적 비판을 한 최초의 위대한 시도라고 할 수 있는 『신학정치론 (*Theologisch-Politische Traktat*)』과 그의 체계를 상세히 설명해주는 『윤리학(*Ethik*)』에 근거한다. 그런데 『윤리학』만큼 제대로 평가받지 못한 채 그의 이름을 달고 다닌 책도 별로 없을 것이다.

스피노자는 자신의 학문체계를 아주 이례적이면서 다소 괴팍스러운 양태로 정립했다. 좀 더 확고한 인식은 수학적 방법을 이용할 때에만 확보될 수 있다고 확신하면서 그는 자신의 전체 체계를 **기하**

『윤리학』

학적 방법(*geometrico modo*)으로 논증하려고 결심한다. 그리하여 모든 장은 우선 필수적인 개념규정 혹은 **정의들**(Definitionen)에서 시작된다. 이 정의들에 이어 원칙 혹은 **공리들**(Axiome)이 나오며, 이 공리들에서 정리(定理) 혹은 **명제들**(Propositionen)이 나타난다. 그러고 나서 증명 혹은 **논증들**(Demonstrationen)과 인과적 명제 혹은 **필연적 결론들** (Corrolarien)이 이어지며, 마지막으로 설명 혹은 **주해들**(Scholien)이 결말을 이룬다. 결국 작품 전체가 수학 교재처럼 읽힌다. 이는 해체분리·건조된 느낌뿐만 아니라 강제·구성된 느낌도 준다.

스피노자가 추론하는 바에 따르면, 신은 절대적으로 무한한 존재여서 전혀 규정될 수 없는 존재로서만 이해되기 때문에 신은 자아도 개성도 소지할 수 없다. 오성과 마찬가지로 의지도 자의식을 전제로 하기 때문에 이 둘의 능력도 자의식을 빼고는 말할 수 없는 것이다. 이처럼 절대적으로 무한한 존재 바깥에는 아무것도 실존할 수 없다. 결국 세계 전체는 신과 동일한 셈이다. 이와 관련해서는 유명한 공식이 있다. 그것은 곧 **신 즉 자연**(*deus sive natura*)이다. 바로 이 신-자연(Gottnatur)에서 만물은 마치 삼각형의 성질에서 그 내각의 총합은 두 직각의 합과 같다는 결론을 끌어낼 때와 동일한 필연으로 생겨난다. 따라서 어떤 자유도 없다. 자유롭다고 믿는 인간은 던져졌을 때 자유롭게 날고 있다고 생각하는 돌과 같다는 것이다. 그리고 신은 오성을 겸비하지 않았기 때문에 목적을 정립할 능력도 없다. 이 목적이란 것도 인간의 망상일 뿐이다. 가치란 것도 역시 존재하지 않는다. 그도 그럴 것이 가치란 사물 자체의 속성이 아니라 우리에게 미치는 그 사물의 영향일 뿐이기 때문이다.

스피노자는 자신의 심리학에서 자기보존의 노력을 뜻하는 **욕구**(*appetitus*)를 인간본성의 원동력으로 취급한다. 이 노력을 촉진하는 것을 두고 우리는 선(善)이라고 부르며, 그것을 방해하는 것을 두고서는 악(惡)이라고 부른다. 우리가 사물들이 선하기 때문에 사물들을 욕망하는 것이 아니라 우리가 사물들을 욕망하기 때문에 우리는 그것들을 선하다고 말하는 것이다. (그러나 이때 간과되는 것은 좀 더 고차원적인 모든 종교, 특히 기독교가 욕망과 그 대상, 즉 감각적 세계에서 항상 악의 원리만을 봐왔다는 점이다.) 모든 열정은 두 가지 기본 형태로 구분할 수 있다. 그것은 곧 능동과 수동의 형태를 의미한다. 전자는 쾌락이나 즐거움을 얻으려는, 후자는 고통이나 슬픔을 불러오는 열정이다. 이 구분에 따르면 연민은 해로운 열정에 속한다. 왜냐하면 그것은 고통을 야기하기 때문이다. 따라서 고통을 겪는 사람들을 마땅히 도와야 하지만 그것은 공감 없이 이성적 배려로만 이뤄질 수밖에 없다. 회한의 경우도 사정은 마찬가지다. 왜냐하면 회한은 그 자체로 이미 불행인 좋지 않은 행위에다가 참회의 고통을 덧붙이는 꼴이기 때문이다. 정치에 대해서도 스피노자는 이와 비슷한 비도덕적 원칙들을 확립했다. 예를 들어 그는 이렇게 설명한다. "국민들 사이에 계약이 성립하는 것은 능욕에 대한 공포나 획득에 대한 기대 따위와 같은 원인이 있기 때문이다." 그러나 영혼은 **신에 대한 지성적 사랑**(*amor Dei intellectualis*)에서 정점에 도달한다. 그 사랑은 곧 영원한 실체, 일상적 개념에 따르면 신의 사랑에서 아주 멀리 떨어져 있는 그 어떤 것에 대한 인식과 같은 것이다. 모든 인간은 그저 신-자연의 일부에 불과하기 때문에 신은 이러한 사랑으로 스스로를 사랑하는 셈이다.

우리가 여기서 아주 간결하게 설명한 이 체계를 두고 말하자면 놀라울 만큼 명민한 한 정신장애자의 작품이라고 기탄 없이 말해도 될 법하다. 데카르트적 합리주의는 그 비일관성 때문에 참아줄만하

두 개의 0에서
나온 방정식

지만 스피노자는 모든 개념에 대해 그것을 무효화할 때까지 시종일관 냉철하게 끝까지 파고든다. 신이라는 이념에 대해서도 끝까지 파고들어 결국 그 자신은 적나라한 무신론에 이르고 만다. 인과율(Kausalität)의 경우에서도 생기 없는 자동 기계장치처럼 처리한다. 정신과 물질의 차이에서는 둘 사이에 어떤 관계도 없다고 주장하기에 이른다. 열정에 대한 바람직한 통제를 두고서는 무정함을 요청하기에 이르고, 신과 자연의 동일화를 의미하는 범신론에서는 세계에서 정신을 완전히 빼버리고는 세계를 으스스한 사막과 유령이 출몰하는 황무지로 만드는 위로할 길 없는 자연주의에 다다르고 만다. 간단히 말해 그는 평범치 않은 논리정연한 사유를 통해 이 사유의 대상을 지양하고 무효화하면서 분해했으며, 그 토대까지 사유했다. '최후의 진리'로 남는 것은 무(無: Nichts)를 의미하는 신과 무와 다를 바 없는 세계에서 나온 공허한 방정식이다.

　사람들은 스피노자의 체계를 범신론의 체계에 포함시키곤 한다. 그러나 이는 오도하는 처사이다. 물론 범신론은 신과 자연을 동일시하는 것에 근거한다. 이 점에 국한하는 한 사람들의 그 같은 분류화는 타당하다. 하지만 이때 잊고 있는 것은 스피노자가 **자연**(natura)과 동일시하는 그 **신**(Deus)은 결코 하느님(Gott)이 아니라 맹목적인 죽은 무, 무기력한 수학적 암호, 이를테면 기호 무한대(∞)와 숫자 영(0)과 같은 것일 뿐이라는 점이다. 그런데 신비주의적 범신론을 스피노자의 그것과 같은 계열로 묶음으로써 엄청난 혼란이 빚어진다. 왜냐하면 신비주의적 범신론은 논리적 추론의 형태가 아니라 종교적 경험을 통해 만물의 신격화 원리에 이르기 때문이다. 이 같은 범신론이 신을 파악 불가능하고 규정할 수 없는 무한존재로 보는 것도 허무주의와 수학적 특수기호에서 비롯되는 것이 아니라 깊고 깊은 경외와 극대의 신앙심에서 비롯된다. 달리 말하면, 이런 신비주의자는 경건한 불가지론을 통해 신을 표상하며, 신의 위대함으로 충만해 있어 자신의 어떤 개념으로도 그 위대함을 좇을 수가 없다. 이에 비해 스피노자주의자도 (스피노자를 제외한 진짜 스피노자주의자가 있다는 전제로) 유사한 결론에 이르지만 그것은 독재적인 합리주의를 통해서이다. 요컨대 이 합리주의는 자신의 위대함과 그 사유작동(Denkoperation)의 무오류성으로 충만해 있어 순수 논리학적 개념에서 신성은 역시 합리주의로부터 자취를 감추고 만다.

비교할 수 없는 독창성을 형성하고 있는 이러한 체계가 지닌 소름 끼치는 기괴함은 이 체계가 목적론 없이도 충분히 움직일 수 있는 유일한 것이라고 생각하면 명확히 이해될 법하다. 모든 유심론적 철학자가 목적개념을 선두에 세워 왔다는 것은 그저 자명할 뿐이다. 그런데 이에 반대되는 경향들도 목적 개념이 없어서는 곤란할 수 있다. 스피노자 이전 혹은 이후 그 어떤 긴밀한 유물론도, 그리고 그 어떤 변덕스러운 회의론도 우주의 인과율이 연쇄추리와 꼭 같은 방식으로 의지도 의도도 없이 풀려나간다고 감히 주장하질 못했다. 아주 흔히 사람들은 맹목적인 힘, 무의식적인 의지충동, 지능 없는 본능으로 그것을 대신했던 것이다. 그러나 이 모든 잠재력은 알고서든 모르고서든 특정한 하나의 목적을 추구한다. 우리가 이 세계는 순전히 아둔한 원자들로 구성되어 있다고 생각해도 이 원자들 역시 그 배치와 운동을 결정하는 묵묵한 목적추구 덕분에 여전히 무엇인가를 원망(願望)하고 있는 셈이다. 모든 형이상학적 세계 해명의 시도에 맞선 가장 강력한 안티테제로 이름나 있는 다윈주의조차도 진화의 개념을 자신의 핵심원리로 삼고 있다는 점에서 극단적인 목적론적 체계일 뿐이다. 목적론적 세계관을 영원히 폐위시킨 것으로 악명을 떨친, 다윈주의에서 유래하는 일원론(Monismus)도 모든 자연현상에서 최고의 합목적성을 보여주려고 부단히 애썼다. 가장 방종한 염세주의자는 **악한** 목적이 있다고 늘 믿으며, 세계사에 하나의 목적을 위해 기껏 여지를 둘 때도 그것은 곧 몰락일 뿐이다. 이는 극히 완고한 무신론자가 세계는 신 없이 특정한 의도들에 따라 움직인다고 주장할 때나, 가장 극단적인 현상주의자들이 그 같은 세계를 두고 환영에 불과하다고 말할 때도 마찬가지다. 그러나 원환의 자연에서 반지름의 등식을 세우는 방식과 동일하게 여타의 사건에서 하나의 사건이 이어지는 세계, 한마디로 말해 모든 사물과 현상의 유일한 원인이 그 **정의들**이 되는 그러한 세계는 단 한 사람이 고안했던 것이다. 사실 목적들에 대한 표상들은 아마 불가피한 인간 형태화[79]일지도 모른다. 그런데 바로 여기서 나오는 결과는 목적들을 일체 부정하는 사람은 인류 바깥에 서 있는 꼴이 되고 만다는 점이다. 그 같은 피조물은 인간 이하이거나 인간 이상일 수 있지만 어느 경우든 비인간(Unmensch)인 셈이다.

편집증의
논리학

스피노자는 끈질기게 파고들면서 모든 것을 물어뜯고 빨아 마시는 지나친 **병리적인** 논리학에 사로잡혀 역시 완전히 병리적인 결과에 이른다. 완전히 수미일관되게 추론하고 오로지 기하학적 방식으로만 사유하면 그 같은 결과에 이를 수밖에 없는 것은 분명한 사실이다. 그러나 이는 자연스럽지 않고 인간적이지 않아 개연성도 없을 뿐더러 신적이지도 못한 것이다. 그도 그럴 것이 자연 및 인간과 마찬가지로 신(적어도 기독교의 신과 고등 종교의 신)도 그렇게 완벽히 수미일관되게 논리학적으로 수학적으로 행동하지 않고 논리

---

[79] Anthropomorphismus: 의인화, 의인관, 신인동형론이라고도 함.

학을 넘어 역설적으로 행동하기 때문이다.

그리고 사실 고상한 말브랑슈[80]가 그를 두고 공포와 연민이 뒤섞인 감정에서 말한 '**비참한 스피노자**(le misérable Spinoza)'는 확실히 정신적으로 평범하지 않았다. 어떤 정신병자들은 흠 없는 논리성에서 탁월한 면모를 보이기도 한다는 것은 주지의 사실이다. 다만 그들은 틀린 전제에서 시작할 뿐이다. 말하자면 이 전제에서 그들은 놀라운 추리력과 정신력, 그리고 생각의 예리함을 발휘하면서 추론해나가는 것이다. 이는 '**편집증**(folie raisonnante)'이라는 말로 설명되는 일종의 정신질환이다. 물론 스피노자가 실제로 미쳤다고 말하는 것은 아니다. 다만 여기서 말하고 싶은 것은 그의 경우 오성이 자연스럽지 않은 배타성, 즉 일면성과 독재적 권력으로 발달했다는 점이다. 체스터턴[81]은 자신의 주저 가운데 하나에서 다음과 같이 의미심장한 말을 하고 있다. "위대한 합리주의자들은 드물지 않게 정신질환을 겪는다. 그리고 정신질환자는 대개 위대한 합리주의자들이다. (…) 미친 사람과 토론을 벌이는 이는 아마 패배하고 말 것이다. 왜냐하면 여러 관점에서 미친 사람의 정신은 훨씬 빠르게 작동하여 건강한 오성이 숙고하느라 멈추어 있는 시간보다 그의 숙고의 시간도 훨씬 짧기 때문이다. 그는 어떤 순간적 유머 감각으로 방해를 받지 않으며, 바로 옆 사람에 대해 애정 어린 배려를 하고 자신의 생활경험에 대해 문제를 제기하느라고 방해를 받지도 않는다. 그는 바로 더 이상 어떤 동정심도 없기 때문에 더 논리적인 것이다. 이런 점에서 '미친(irrsinnig)'이라는 용어는 잘못 사용되고 있는 셈이다. 미친

---

80 Nicol de Malebranche(1638~1715): 기회원인론을 제창한 프랑스의 철학자.
81 G. K. Chesterton(1874~1936): 영국 가톨릭 문필가.

사람은 이성을 잃어버린 사람이 아니라 오히려 모든 것을 잃었지만, 이성만큼은 잃어버리지 않은 사람이라고 할 수 있다. 어떤 미친 사람이 하는 진술들은 항상 상세하며, 합리적인 관점에서 보더라도 이의를 달 수 없을 정도다. (…) 그의 정신은 협소하긴 하지만 온전한 정신을 지배하기도 한다. 미친 사람의 설명도 건강한 사람의 그것만큼 완전하다. 다만 그만큼 더 포괄적이지만 않을 뿐이다. (…) 광중의 가장 두드러진 명백한 특색은 오류가 없는 논리를 정신집중과 결합시킨다는 점이다. (…) 환자는 개별 이념들이 들어갈 비어있는 눈부신 독방에 있다고 생각하며, 이 이념들에 그의 정신은 고통스러울 만큼 예리하게 집중한다. (…) 유물론은 미치광이가 들이대는 논거와 꼭 마찬가지로 극도의 단순성이라는 인장을 품고 있다. 여기서 당장 받는 인상은 모든 것이 진술되는 동시에 모든 것이 누락된다는 느낌이다. 유물론자는 모든 것을 이해하지만, 이 '모든 것'은 동시에 아주 보잘것없는 것처럼 비친다." 이 같은 특색은 스피노자와 그의 체계에도 고스란히 적용할 수 있을 법하다.

진공의 체계 스피노자의 순수 지력에서 가차 없는 냉혹함도 나오는데, 이는 그의 작품이 뿜어내는 차가움이다. 그런데 이때의 냉기는 간혹 그 추위로 이름을 날리는 고지대(高地帶)의 그것이 아니라 진공 공간의 차가움이다. 여기서 위로할 길 없는 숭고한 감정이 느껴지는데, 그것은 마치 천체들이 서로 나뉘는 사이의 어마어마한 공간 가운데 한 공간에 서 있는 것 같은 기분과 같다. 이 중간 공간에는 어떤 생명도, 어떤 온기도, 어떤 숨결도, 어떤 울림도 허용되지 않으며, 아득히 먼 낯선 태양의 강한 빛만 관통할 뿐이다. 그의 『윤리학』에서, 사물은 현재의 모습과 다를 수 없거나 마땅히 달라질 수밖에 없다는 점, 만물은 수학적 명제가 여타 명제보다 더 완전할 수 없듯이 공히 필연적이기 때문에 공히 완전하고, 모든 행동은 공히 선하다는 점을 알게 되면 한기를 느낄 것이다. 그는 〈열정의 기원과 본성〉이라는 장에서 이렇게 말한다. "나는 인간의 행동과 욕망의 문제에서 마치 중요한 것은 선분과 평면과 입체인 양 관찰하고자 한다." 왜냐하면 그의 가장 유명한 언표에 따르면, 그것들은 "탄핵해서도 안 되고 비웃어서도 안 되며 수치스럽게 생각해서도 안 되고 오히려 개념파악" 해야 하기 때문이다. 그러나 그가 몰랐던 것은 동료들의 영혼 사이에 삭막한 지능을 통해서가 아니라 연민과 유머, 심지어 열정적인 적대감을 통해서라도 다리를 놓을 수 있다는 사실이었다.

스피노자는 그의 시대에, 아니 인류 전체에서 독특한 인물로 서 있다. 물론 그는 기독교도가 아니었다. 그는 신의 현현(顯現)에 대해 한 친구에게 편지를 썼는데 (이때 또다시 그의 끔찍스러운 수학적 실례 가운데 하나를 끌어들이는데), 그 교의와 관련하여 자신은 도무지 그것을 이해할 수 없으며, 그에게는 그것이 마치 원은 사각형의 성질을 취하고 있다고 누군가가 주장할 때만큼이나 불합리한 것으로 비친다고 강하게 설명한다. 그러나 그는 이교도도 아니었다. 그도 그럴 것이 고대와 르네상스의 범신론, 즉 자연에 가까운 감각적인 범신론은 그의 그것과는 전혀 다른 색을 띠었기 때문이다. 하지만 그는 최소한 유대인이었다. 선민신앙, 율법의 경건함, 모세 종교의 음험한 유물론에 대해 그보다 더 예리하게 간파하고 더 명료하게 꿰뚫어본 사람은 없을 것이다. 물론 그는 통례적인 의미에서 사람들이 말하는 그런 무신론자가 아니었다. 왜냐하면 사람들이 벌써 오래전부터 '스피노자주의자'를 '무신론자'의 격을 높인 것으로 이해한 것이 아주 올바른 본능으로 통했기 때문이다.

어떤 한 면에서 보면 스피노자를 유대인으로 취급할 수도 있을 것 같다. 그것은 곧 그의 대극주의(Extremismus)를 두고 하는 말이다. 그도 그럴 것이 유대인은 가장 큰 대극성을 보이는 민족이기 때문이다. 어떤 민족도 그 같은 대극적 간극을 보이진 않는다. 그들은 자본주의에 가장 밀착한 버팀목이면서도 사회주의의 가장 열렬한 선구자이기도 하다. 그들은 교회와 목사직의 창립자이면서 자유와 관용의 가장 열성적인 설교자들이다. 그들은 유럽문화권에서 복음을 확산시킨 최초의 민족이면서 동시에 지금까지도 그것을 부정하는 유일한 민족이기도 하다. 이런 식으로 그들은 일신교(Monotheismus)의 창립자뿐만 아니라 이 일신교를 가장 강력하게 부정하는 인물도 배출한 것이다. 그들은 곧 모세와 스피노자이다.

지그문트 프로이트[82]는 자신의 논문 「정신분석에 대한 반론(Die Widerstände gegen die Psychoanalyse)」의 끝에서 이렇게 말한다. "정신분석의 최초 대표자가 유대인이라는 점은 아마도 결코 단순한 우연이 아닐 것이다. 이 정신분석을 인정하려면 대립에서 오는 고독의 운명을 감내할 상당한 각오가 필요하다. 이 운명은 다른 누구보다 유대인에게 더 친숙하다." 스피노자는 이와 유사한, 아니 훨씬 더 적확한 상황에 처해 있었다. 그는 완전히 고립되어 있었다. 가족도 없었고, 공동체도 없었으며, 같은 생각을 하는 혹은 이해해주는 단 한 사람도 없었고, 청중조차도 없었다. 그는 완전히 허공에다가 말을 하거나 자기 자신과 대화를 나누었다. 그의 철학은 세상에서 버림받은 어떤 사람이 초라하기 그지없는 자신의 조용한 골방에서 내뱉는 가슴 옥죄는 단 하나의 독백이다. 이 같은 완전한 감금과 격리는

---

[82] Sigmund Freud(1856~1939): 오스트리아의 정신과 의사이자 철학자. 정신분석학파의 창시자. 대표 작품으로는 『꿈의 해석』, 『문명 속의 불만』 등이 있음.

그의 병리적 특색을 더욱 짙게 만들었다. 일체의 대응 목소리를 내는 것을 대담하게 포기함으로써, 이의 불가피성에 대해서는 처음부터 그가 명확히 꿰뚫고 있었던 것이지만, 동시대와 후세대에 대하여, 그리고 전 인류에 대하여 이처럼 소리 없이 끈질긴 투쟁을 함으로써 그의 모습은 비극의 형태로 동시에 시간을 넘어서서 전파된다. 그 모습은 신성이 그의 『윤리학』에서 비켜서 있는 것과 꼭 마찬가지로 인간의 개념파악과 가치평가를 벗어나 있다.

사실 형성되어 가는 바로크는 결코 그 같은 철학을 맞이할 준비가 되어 있지 않았다. 우리는 이 책 1권의 끝에서 17세기 중엽 중반에 고행적인 유심론적 경향이 유럽 가톨릭의 일부에 파고들었다는 사실에 대해 간략히 설명하려 한 바가 있었다. 중세의 엄숙함과 영성으로의 회귀는 종교개혁의 진지함과 정화주의에 대한 대응이었던 셈이다. 그래서 이 운동은 반종교개혁이라는 아주 독특한 이름을 단 것이다. 예술에서는 적나라함과 속물적인 것을, 시문학에서는 외설스러움과 경쾌함을, 철학에서는 방종한 것과 회의주의적인 것을 배척하고 탄압했다. 미켈란젤로의 형상에 옷을 입혔고, 페트라르카(Petrarca)의 소네트 양식을 '청산했다'. 그러나 이런 가톨릭 교구가 내보이는 듯한 반동은 사보나롤라가 르네상스 전성기에 시도한 삭막한 개혁조처만큼이나 에피소드로 그쳤다. 교황주의가 정서에 대한 예전의 권력을 회복했을 때, 인간 피조물의 감각적인 절반에 대한 관대하고도 온화한 이해가 교황주의로 하여금 환상이 빈궁한 교조적인 프로테스탄티즘을 훨씬 능가하게 만든다는 사실을 통찰한 그 이상으로 세상에 대해 다시금 진솔해지기 시작한 것이다. 새로운 세기가 시작되었을 때, 싸우면서 고통에 시달리던 교회를 대신하여 의기양양하게 지배하는 교회가 등장했다. 이 교회는 협상의 환호

속에서 승리의 축제를 벌였고, 힘을 마음껏 발산하고 싶어 하는 인류의 감각주의가 양껏 펼쳐질 수 있도록 했다. 근세의 인간은 영구히 억압될 수가 없었던 것이다. 그러나 여기서도 완전한 해결책은 나오지 않았다. 교회의 숙적은 합리주의였다. 그래서 교회는 이 합리주의를 완전히 일소할 수가 없어서 또 다른 위험한 인자, 물론 자신에게는 그렇게 위험하진 않은 인자인 시대의 대세, 즉 감각주의를 통해 그것을 몰아내려 한다. 요컨대 합리주의를 감각주의로 대체·회수·구제하려고 한다. 이로써 사람들이 바로크라고 부른 그 기묘한 정신병 현상이 나타났던 것이다. 바로크는 비합리주의로의 자연스러운 정상적 회귀가 아니라 머리를 짜서 지어낸 치료법이자 대용품이며, 자극적인 푸닥거리이다. 진정 순박한 상태로 돌아갈 수 없는 사람은 온갖 알약, 영약, 아편, 환각제를 빌려 가짜로 순박한 상태를 만들어내기도 한다. 자신의 힘으로는 어쩔 도리가 없기 때문에 이성을 포기하진 못하고 다만 이성 주변에 연기를 피워 올려 정신을 헷갈리게 만들어 몽롱하게 하고, 정제된 최면제로 정신을 나가게 하려 한다. 바로 이 같은 인공성에서 분명해지는 것은 바로크는 기예의 압도적인 승리, 그것도 아마 유일무이할 승리를 의미한다는 점이다.

세계극장   뿌연 색조로 모든 것을 담아내는 **테네브로시**(*tenebrosi*)의 채색 관점과 마치 빛이 하늘에서 어두운 지하실로 쏟아지는 듯이 모든 것을 묘사하는 '지하통풍창 양식(Kellerlukenstil)'은 회화뿐만 아니라 트리엔트 공의회에 이어 표출된 당대 전체 세대의 세계감정과 생활양식에도 적용되었다. 그러나 돌연 음악·장식·유향이 가톨릭교회로 쇄도했고, 거기서 다시 예술 속으로 파고들었다. 건축술은 대단한 관심거리로서 구체적인 화젯거리가 되어 거의 잡담에서도 화두가 될 정도였다. 아케이드와 콜로네이드, 발코니와 갤러리는 서로 쌍벽을 이루며, 휘어지고 구부러진 원주, 기괴한 무늬 장식과 지붕의 측면이 돋보인다. 형식에 대한 말은 아무리 해도 명백히 인상적이게 표현할 바가 없다. 르네상스 때는 곁붙인 정면(正面)이 이제는 오직 그 자체를 위해 지어진 화려한 측면의 성격을 띠었다. 이 정면은 대개 전 층을 둘러싸고 건물 위로 우뚝 솟아 있다. 실내 장식은 거울, 비단으로 만든 인조 꽃, 화환, 금색 돌림띠, 모르타르 세공 등으로 화려하게 꾸며졌다. 간단히 말해 완전히 극장풍이다. 그러나 바로 이 덕분에 고딕 시대 이후 더는 경험할 수 없었던 현실적 양식을 목격하게 된 셈이다. 꼭 극장에서처럼 모든 것이 거대한 중심목표에 맞춰졌다. 말하자면 이 목표가 모든 예술, 모든 일상 활동을 독재적으로 지배했다. 틈새라는 틈새는 모두 현실보다 더 강한 마술적 환영, 움켜잡아 취하게 만드는 최면술의 환각, 어슴푸레한 빛에 현란한 색채와 은은한 향기가 감도는 세계로 모든 것을 적셔놓는 '정감'의 마술에 대한 정열적인 의지의 열로 메웠다. 그리고 극장에서처럼 사람들은 개별 예술의 경계선을 지우려는 경향을 보인다. 현실적인 건축술을 모방해서 아치형 천정을 채색하여 시각적으로 감쪽같이 속게 만들었고, 조각품이 설치된 건물 실내의 명암비율을 입체 예술작품을 구성하는 통합적 구성요소로 삼았으며, 지금까지 회화에 거의 요구하지 않은 과제를 무른 석재에 부과한다. 번개, 광선, 불꽃, 바람에 날리는 수염, 주름이 들어간 의상, 하늘의 구름, 바다의 파도, 비단의 광채, 육체의 온기 등을 보여주는 모형을 만들었다. 지금까지 위치한 그 자리에서 나름의 역할을 해온 원주들과 대들보가 이제 그 기능을 상실한다. 기둥을 이중, 삼중 겹으로 세워, 아무것도 받치지 않아도 되던 자리에 이제 기둥이나 대들보를 두게 된 것이다. 가운데서 양쪽으로 갈라지는 아치형 벽도 세워졌다. 이러한 것들은 유기적인 건축구성물을 형성하진 않고 고작 그럴싸하게 보이게 하거나 그저 수사학적 효과와 요란한 장식의 기능을 발휘할 따름이다. 세 개의 원주가 한 개의 원주보다 훨씬 더 요란하고 역동적이게 보이며, 하나로 폐쇄된 아치형 천정보다는 여럿으로 나뉜 아치형 천정이 훨씬 더 독창적이고 현란한 효과를 유발하는 법이다. 논리적 사유와 실용적 사유가 기를 펼 수가 없는 노릇이다. 왜냐하면 만사가 그저 극장으로 간주될 뿐이기 때문이다. 자연조차도 무대에 올려놓는다. 인공 바위, 폭포, 분수, 협곡, 우물이 자연에 연극적 구성의 성격을 부여하고 있는 꼴이다. 차가운 대리석과 딱딱한 청동에서도 유동적인 것, 무형적인 것, 뚜렷한 윤곽이 없는 것을 암시하려 했고, 이로써 정서적인 내용으로서 신비로운 무대효과를 높이려 했기 때문에 물과 불의 장치에 특히 열정적으로 매달리게 되었던 것이다. 이 같은 장치들은 상황에 따라 항상 색과 형태를 뒤바꾸는 재료로 구성되어 있어 어떤 고착화도 분위기에 따라 불식간에 피하기 마련이다. 이런 극장을 연출하는 천재적 감독이 기사(Cavaliere) 베르니니(Bernini)다. 그는 건축가·조각가·시인·기계설비자·무대기획사 사장이었다. 지칠 줄 모르고 길어내는 풍부한 착상들, 도전에 주눅 들지 않는 장엄한 상상력, 온갖 기괴함이 있음에도, 평상심을 잃지 않는 통일적인 양식의지(Stilwill)를 갖춘 당시 유럽의 예술 감독이었다.

흥분상태
과도함
지질학
잠복된에로틱
이는 사람들이 이해하는 바대로 르네상스에 대한 극단적 반동이었다. 르네상스에서는 **고요한 장중함**(gravità riposata)이 이상이었다고 한다면, 여기서는 방종한, 그것도 종종 과장되게 꾸며서 하는 방종한 열정과 격동과 과잉흥분이 지배했다. 건축과 조각, 회화와 장식,

창작자들과 모방자들에게서 졸졸, 쏴아거리는 소리, 숨을 헐떡이는 소리, 애를 태우면서 표류하고 방황하는 숨결이 또다시 우리에게로 불어온다. 이런 예술은 전성기 르네상스처럼 고상함을 떨지 않는다. 초기 르네상스처럼 부드럽게 권유하려고도 하지 않으며, 고딕처럼 경건한 자세로 자기 자신 속으로 침잠하지도 않고 오히려 자신을 솔직히 드러내면서 미사여구로 열변을 토하고 절규를 쏟아낸다. 어떤 항변도 아랑곳하지 않는 뻔뻔함과 정열의 몸짓으로 자신을 표현한다. 이 예술은 극단적인 것을 제시하는 일에서 항상 가차 없이 단호하다. 하늘을 향한 시선을 짐짓 경건한 모습으로 처리함으로써 동경과 참회의 모습을 담아내며, 경련을 일으키는 엑스터시의 상태를 시각화하여 종교적 히스테리로 승화시키거나 현실을 무섭기가 그지없는 끔찍한 괴물의 모습으로 여과 없이 그려낸다. 항상 상궤를 벗어난 과장된 표현이 지배적이다. 공포와 절규에 초점을 두고 창작 활동이 이루어진다. 이 예술은 차가운 르네상스 미학(Renaissance-ästhetik)이 고상한 자세로 기피한 바로 그런 소재들을 열정적으로 선택한다. 그것은 곧 병적인 것, 배척당하는 것, 나병환자 따위이며, 그리고 때 지난 것(das Alte), 노쇠한 것(Dekrepide), 피폐한 것, 너덜너덜한 것, 풍상을 입은 것, 기형으로 자란 것, 죽음, 해골, 부패 따위다. 이 예술은 피조물로 하여금 울부짖고 비웃고 떨게 하며, 비틀림과 경련으로 몸부림치게 만든다. 과도한 것과 추한 것이 더 강하고 더 진실한 것이라고 보기 때문에 이것들을 선호한다. 르네상스의 가장 깊은 의지와 최고의 목표는 경계 짓고 밝게 하며, 조화롭게 하고 질서를 세우는 것이었던 반면에 이 시대의 예술은 지극히 노회한 방식에서 충족될 수 없는 것과 영원한 것에 대한 동경의 방향(芳香)을, 그리고 신비와 혼란과 불협화음의 마력을 확산시키려 한다. 그

예술적 업적은, 예부터 명료화의 수단으로서 모든 예술에 기여해온, 경계 짓고 밝게 하는 힘인 빛조차도 이 시기의 예술에 봉사하도록 만들었다는 점이다. 이 예술은 명·암의 교차과정을 모호하게 함으로써, 그리고 윤곽을 흐릿하게 처리하여 모든 대상에 베일을 씌워 규정할 수 없는 아우라(Aura)를 강조해 보임으로써 불투명하고 모호한 느낌을 만들어냈으며, 이 같은 색채혼합을 통해 신비적인 예술의 반열에 올라섰다. 이는 시각의 역사가 기록한 가장 강력한 전복적 행위 가운데 하나라고 할 수 있을 것이다.

동시에 이 예술은 거기 잠복해 있는 에로틱한 색정의 분위기로 모든 것을 감싼다. 형상물에 옷을 입혀놓긴 했지만, 그 맵시는 이전의 나체 형상보다 훨씬 더 관능적인 효과를 소리 없이 유발한다. 르네상스 시대에는 단순히 해부학적인 아름다움만을 지녔던 인간이 이제는 성적인 아름다움을 드러낸다. 단아하게 주름 잡힌 의상 속에서 아주 따뜻한 육체가 숨을 내쉬고 있다. 가끔 차림새를 고쳐 입을 때가 있는데, 매 순간 외투가 아래로 떨어질 것만 같은 느낌이다. 혹은 감각적인 것 일체를 보여줄 태세다. 흉행과 관능이 뒤섞여 있다. 고문과 상처의 유혈 장면에 탐닉하며, 고통의 달콤함을 찬미한다. 결국 에로틱, 고통음락증(苦痛淫樂症), 초자연적인 것에 대한 동경이 기괴하게 뒤섞여 한덩어리가 되어있는 꼴이다. 이를 기막히게 잘 표현한 작품은 베르니니의 『성녀 테레사(Heilige Theresa)』이다. 이 작품은 영원히 기념할만한 것으로 남을 법한데, 이는 평소 무대에서만 성취할 수 있는 극히 정련된 환영작용을 일으키는 숭고한 예술의 지위를 확보하고 있기 때문이다. 그것이 깊은 종교적 심상과 관련된 것은 분명하다. 그러나 세부항목을 배치할 때 그렇듯 전체 구성에서도 감쪽같은 분장과 풋라이트[83]가 있음을 감지할 수 있다. 그런데 왜 극장과 종교는 서로 오롯이 양립할 수 없는 대립의 상태를 이룰 수밖에 없는가? 극장에 진지하고도 열정적으로 봉사하는 모든 이에게는 극장이 일종의 종교이지 않은가? 그리고 사람들이 눈에 띄게 숭배하는 종교는 신의 위대함을 보여주는 일종의 신의 무대이 지 않은가?

르네상스를 바로크보다 훨씬 더 높이 평가하는 사람들이 있을 것 이다. 철학 작품은 이해되지 않을 때에만 깊어질 수 있다고 많은 사람이 가정하듯이 예술작품은 삶이 지루할 때에만 고상한 것으로 취급된다고 생각하는 사람들이 압도적으로 많다. 그러나 이는 취향 의 문제인데, 이를 두고 무당파적으로 판단한다는 것은 거의 불가능 하다. 물론 이런 대립이 종종 해명되기도 하지만 바로크 예술이 르 네상스 예술보다 더 자연주의적이라는 주장만큼은 우리에게는 논 박의 여지가 없어 보인다. 이런 주장은 10여 년 전만 해도 재미없는 위트처럼 들렸을 것이다. 그도 그럴 것이 19세기에는 바로크를 극단 적인 부자연스러움으로서 비틀리고 찌그러진 것으로 이해했기 때 문이다. 이는 18세기에 고딕이 예술성이 없이 거칠고 야만적인 것을 의미한 것과 같은 이치다. 이처럼 전문적인 학술 용어들의 의미변화 는 미학의 전 역사를 관통한다. 그래서 '고전적인'이라는 용어도 언 젠가 욕이 될 수 있는 그런 변화를 겪게 될 것이라는 점도 배제할 순 없다. 그런데 사실 바로 바로크의 구호이자 르네상스에 맞선 듯 한 **나투랄레차**(*Naturalezza*)도 꺾이지 않은 본능의 해방, 부풀어 오르는 열정의 해방, 형식·색채·모티브를 취급할 때 갖게 될 생생한 쾌 감의 해방을 의미한다. 그것은 형식 및 내용에서 자연으로의 회귀를

---

83 footlight: 무대의 앞 아래쪽에서 비추는 광선.

나타낸다. 형식에서 회귀를 말하는 것은 그것이 차가운 예술 예법 (Kunstetikette)의 일방적 규칙에 자신을 묶어두지 않게 하는 원초적 표현을 향하고 있기 때문이며, 내용에서 회귀를 말하는 것은 그것이 깊은 정신생활 속으로 침잠하여, 르네상스가 아름답지 않은 것으로 손사래 치면서 거부한 바로 그것을 자신이 애호하는 주제로 삼았기 때문이다. 그것은 곧 고뇌하는 인간, 자기도취와 광기에 빠져 나락으로 떨어진 인간과 관련 있다. 이런 성벽 앞에서 직설적으로 표현되는 평균이나 정상의 잣대를 갖고서는 그것의 캐리커처를 그려낼 수도 없는 법이다. 역설적으로 표현하자면 그것은 자연스럽지 않기 때문에 바로 그만큼 자연스러운 것이다. 왜냐하면 정상(Normalität)이란 상례가 아니라 엄청난 예외를 의미하기 때문이다. 만 명 중 인체해부학적 규준에 맞는 신체구조를 갖춘 사람은 단 한 사람에 불과하며, 이 단 한 사람의 정신도 완벽히 정상적으로 작동하는 일은 없다고 한다. 이런 맥락에서 보면 기괴하고 병적인 인간, 자연의 탈선과 오류 같은 인간이 '정상적인' 인간이며, 따라서 이러한 인간만이 우리의 미학적 관심사가 되며 우리의 도덕적 공감을 살 수 있는 것이다. 당연 이런 미적 기준은 의고전주의의 미적 기준과 마찬가지로 주관적이다. 그러나 이때 분명한 것은 말하자면 '자연주의'란 극도의 문제적 개념이라는 사실이다. 새로운 경향은 **저마다** 자신이 대응하는 이전의 경향들보다 더 자연주의적이며, 자신을 진리와 자유의 승리, 그리고 고양된 현실감각의 승리로 간주한다.

오페라
헤게모니

　　모든 시대에는 특정한 예술이 헤게모니를 가진다. 르네상스에서는 조각이, 바로크에서는 음악이 그랬다. 객석을 꽉 채운 오케스트라가 스스로 만든 곡들을 우리에게 쏟아냈다. 16세기의 전환기는 음향예술에서도 **새로운 양식**(stile nuovo)의 **근대적 음악**(moderna musica)이 탄생한 시기이기도 하다. 거의 동시에 고도로 의미 있는 일련의 혁신이 이루어진다. 기악곡인 **소나타**(*sonata*)가 성악곡인 **칸타타**(*cantata*)에 대해 승리를 구가하는 모양을 취한다. 그리하여 오케스트라 없이 이루어지는 다성 합창의 **아카펠라** 양식(*a-cappella-*Stil)이 극복된다. 15세기 전반부 때 다성 음악의 원리가 완성되었지만, 이제는 기악을 동반한 솔로 음악인 독창 가곡이 다시 고개를 들게 된다는 얘기를 우리는 들어왔다. 말하자면 주도적인 소프라노에 비해 나머지 성음들 전체는 한갓 반주의 협화음에 불과했다면, 이제 이 전체 성음들은 악기들로 대체된다. 이 반주 총체는 이른바 **저음 총체**(*basso generale*)로 스케치 된다. 사람의 목소리보다 음향기기를 선호하는 것에서 바로크의 연주 및 기예의 성격, 회화적인 요소와 정서에 대한 편애, 고양된 예술적 정련과 색채 및 농담(濃淡) 내기에 대한 의지와 중후함과 표현의 충만 등에 대한 의지, 그리고 동시에 감정표현의 독창성·직접성·단순성에 대한 미세한 욕구가 드러난다.

그리고 곧 음악은 가장 효과적인 표현형식인 드라마도 장악한다. 에밀리오 데 카발리에리[84]가 1600년 로마에서 첫 공연을 선보인 『영혼과 육체의 극(Rappresentazione di anima e di corpo)』은 최초의 오라토리오[85]로 인정받게 된다. 꼭 마분지와 거기 그려진 그림의 관계처럼 오페라와 관계 맺고 있는 오라토리오라는 이 예술형식은 단기간에 전성기에 이른다. 그러나 역사의 발전은 오라토리오가 고유한 음악

---

[84] Emilio de'Cavalieri(1550~1602): 이탈리아의 작곡가·오르가니스트·연출자·외교관.

[85] Oratorium: 성서나 기타 종교적·도덕적 내용의 가사를 바탕으로 만든 서사적인 대규모 악곡, 관현악이나 오르간을 반주로 하는 합창·중창·독창 등으로 이루어지며 무대 배경이나 연기는 없음.

극(Musikdrama)보다 앞서 등장할 수밖에 없는 그런 교과서적인 순서를 따르진 않았다. 왜냐하면 이미 이 최초의 오라토리오는 오늘날 '콘서트 오페라(Konzertoper)'라고 불러도 무방할 그 이상을 의미했기 때문이며(이를테면 이탈리아의 오라토리오는 17세기 내내 오페라 경향을 띄었고, 18세기에도 드물지 않게 오페라에 부합하는 장면을 연출했기 때문인데), 그리고 최초의 독특한 오페라가 『영혼과 육체의 극』보다 벌써 3년 전에 탄생했기 때문이다. 요컨대 오타비오 리누치니[86]가 대본을 쓰고 야코포 페리[87]가 곡을 붙인 『다프네(Dafne)』가 1597년 사육제 때 피렌체에서 초연으로 공연되었다. 초기 오페라 명칭인 **드라마 페르 무지카**(dramma per musica)는 고대 비극의 부활을 노린 재기발랄한 딜레탕트 부류가 실험과 토론을 하는 사이에 형성되었다. 그들은 키타라[88]에 맞춰 시를 낭송한 고대의 비극이 합창에 의해 중단되었다고 생각했던 것이다. 그래서 그들은 노래할 수 있는 상황을 포함하여 신화적 내용을 주로 한 아주 단순한 줄거리를 선택하여 이것을 음악으로 바꿨다. 이런 유의 오페라는 오늘날의 오페라와는 하나도 닮지 않았다. 그것은 노래라기보다는 음악을 곁들인 낭송으로서 일종의 중세 교회의 연도(連禱: Litanei)처럼 단조롭게 노래를 읊조린 것이다. 오른쪽에서 오케스트라가 보조했지만, 이 오케스트라는 무대 뒤쪽에 배치되어 보이진 않았다. 대신 막이 시작될 때마다 댄스와 다양한 무대효과를 연출했다. 정상적인 억양을 따른 지금까지의 성악보다 훨씬 더 뚜렷한 자연스러움과 명확성을 가진 이런 유의 서창(敍唱)을 두고 사람들은 **라프레젠타티보 양식**[89] 혹은

---

[86] Ottavio Rinuccini(1562~1621): 이탈리아의 시인이자 오페라 대본작가.
[87] Jacopo Peri(1561~1633): 이탈리아의 작곡가이자 오페라 가수.
[88] Kithara: 고대 그리스로부터 유래하는 현악기의 일종.

파를란테 양식[90]이라고 불렀다. 1607년 클라우디오 몬테베르디[91]의 『오르페오(Orfeo)』는 하나의 진보를 의미했다. 서창이 훨씬 더 기운 찼고, 음악의 역할은 훨씬 더 독립적이었다. 음악 사이사이에 막간 극과 음악그림(Klangmalerei)이 마치 과제처럼 배치되었다. 당시 오페라가 이렇게 진척을 보일 수 있었던 것은 이중주를 도입하고 현악의 전음(顫音)을 고안하는 이 같은 탁월한 재능 덕분이다. 그의 처녀작에 이미 주도동기가 등장하고 있다.

외관의 화려함에서도 바로크의 오페라 공연은 그 후 다른 어떤 공연도 능가했다. 용의 수레에서 싸움이 벌어지는 광경, 부엉이 마차를 탄 팔라스 아테네가 공중을 나는 모습, 주피터와 아폴로가 구름 위를 거니는 모습, 파리스(Paris)의 배가 높은 파도와 뇌우 사이를 헤치며 나아가는 모습을 볼 수 있다. 하계에는 망령과 괴물들이 시뻘건 불을 토해낸다. 말과 물소, 코끼리와 낙타들이 지나간다. 수백으로 구성된 군대가 행진하고 교전을 벌이며, 요새를 향해 포를 쏜다. 해와 달, 별과 반짝이는 혜성이 끝없이 펼쳐지는 하늘이 연출된다. 이러한 기예의 대가인 베르니니가 한번은 고대 로마의 황제가 건설한 묘(廟: Engelsburg)와 그 앞에 사람들을 태운 거룻배가 떠 있는 철썩이는 티베르(Tiber) 강을 재현했다. 그런데 객석과 강물을 구분해주는 제방이 갑자기 터져 파도가 관객들을 곧 덮칠 기세로 객석으로 밀려들어 사람들이 기겁하고 도망칠 정도였다. 그러나 베르니니는 이 모든 것을 정확히 미리 계산하여 물살이 좌석 제1열 바로 앞

---

[89] *stile rappresentativo*: 공연과 같은 양식.
[90] *stile parlante*: 말하듯이 노래하는 기법.
[91] Claudio Monteverdi(1567~1643): 르네상스 말기의 이탈리아 작곡가. 오페라를 종교음악에 접목시킴.

에서 멈추게 했다. 언젠가 또 한 번 그는 휘황찬란한 사육제 가장행렬을 무대에 올린 적이 있다. 가면을 쓰고 횃불을 손에 든 행렬이 선두에 서 있었다. 무대 측면의 일부가 불에 탔다. 모두가 달아나기 시작했다. 그러나 신호가 떨어지자 불길은 이내 사그라지고 무대는 살진 당나귀 한 마리가 한가롭게 풀을 뜯고 있는 꽃핀 정원으로 변했다. 이 기괴하고도 놀라운 급변에 따라 당시 극장의 관객은 지루해하거나 흥미진진해했던 것이다.

오페라는 곧 그 시대의 여왕이 되었다. 1637년 최초의 공공 오페라하우스가 베네치아에 건립되었고, 1650년에는 이미 베네치아에 네 개의 오페라하우스가 있었다. 1627년에 역시 '다프네'라는 이름의 최초의 독일 오페라가 출현했다. 이 오페라는 헨델[92]과 바흐[93]를 앞선 가장 의미 있는 선구자인 하인리히 슈츠[94]가 작곡했다. 그 대본은 당대 최고의 문학 비평가였던 오피츠가 루치니를 개인적으로 모방하여 개작한 것이었다. 점차 서창에서 아리아(Arie)가 분리되고, 합창은 거의 완전히 뒷전으로 밀려났으며, 가수들은 엑스트라로 전락하여 어떨 때는 그저 '만세!', '죽여라!', '용서해!' 등과 같은 소리만 외칠 지경에 이르렀다. 당시 일어난 새로운 일들이 오늘날과 사정이 다르지 않다는 사실은 철두철미한 대위법 작곡가인 주교좌성당 참사회원 조반니 마리아 아르투시[95]의 작품, 『불완전한 근대 음악(Delle imperfezioni della moderna musica)』이 잘 말해준다. 그는 이렇게 적

---

[92] G. F. Händel(1685~1759): 독일 태생의 영국 작곡가. 후기 바로크 음악의 거장으로 통함.
[93] J. S. Bach(1685~1750): 바로크 시대 독일의 작곡가이자 오르가니스트.
[94] Heinrich Schütz(1585~1672): 독일식 오라토리오의 선구자.
[95] Giovanni Maria Artusi(1540년경~1613): 이탈리아의 신학자·작곡가·작가.

고 있다. "새로운 작곡가들은 그저 소란만 떨 뿐 무엇을 써도 되는 지, 무엇을 써서는 안 되는지 모르는 무지한 사람들이다."

초기 바로크는 스페인에서 가장 번창했다. 여기서 우리는 또다시 정치적·경제적 부흥이 항상 고도의 예술적 발전에 필연적 전제조 건이 되는 것은 아니라는 증거를 얻고 있는 셈이다. 왜냐하면 스페 인 사람들에게 17세기는 자신들의 열강 지위의 상실과 완전한 경제 적 몰락을 의미했기 때문이다. 그럼에도 그들이 그 세기를 **황금세기** (el siglo de oro)라고 부른 것은 타당하다. 우리가 이미 상세히 알아본 바 있는 펠리페 2세에 이어 추진력이 없는 둔중한 펠리페 3세가 16 세기 전환기에 등극했다. 펠리페 2세는 그를 두고 이렇게 말했다고 들 한다. "나에게 그렇게도 넓은 왕국을 선물로 주셨던 신께서 내 아들도 그 왕국을 통치할 수 있지 않겠느냐는 내 생각을 물리치셨 다. 나는 오히려 이 왕국이 그를 지배할 것 같아 두려웠다." 그의 정부는 부패한 무계획적인 섭정으로 고통을 당했으며, 이 상황은 후계자 펠리페 4세 치하에서 더욱 악화되었다. 펠리페 4세는 연애 와 사냥을 즐겼지만, 연극과 그림에 관심을 두기도 했다. 도시 자치 공동체 및 농촌 주민들의 자립적인 활동 일체를 억압한 무능하고 나태한 국가권력, 만연한 매수 행각, 반동성과 보호무역주의 따위가 국민경제의 완전한 몰락을 초래했다. 결국 정부는 모든 농민에게 세습 귀족의 지위를 약속하는 극단의 처방이 필요하다고 보았지만, 이것도 쓸모없는 짓이 되고 만다. 왜냐하면 자유로운 성향의 스페인 사람들에게 노동은 수치로 보였기 때문이다. 무어인들(Morisken)에 대한 무식한 비인간적 탄압에 대해서는 이미 우리가 들은 바가 있 다. 요컨대 1609년, 무어인을 완전히 추방함으로써 향토 산업을 질 식시키고 말았다. 그리고 유대인을 네덜란드로 강제 이주시킴으로써 그와 유사한 결과를 초래했다. 네덜란드에서 유대인은 경제의 대약진에 많은 기여를 했다. 평지의 나라 스페인만큼 도시 프롤레타리아트의 수가 더 많고 더 영락한 곳도 없었으며, 이들을 비참하기 짝이 없는 궁핍이 지배했다. 소시민층도 아주 곤궁한 처지였다. 국가 관리가 계속 돌이킬 수 없는 상황으로 치닫고, 귀족과 궁정도 파산상태에 빠져들었다. 왕실 근위대가 수도원 문 앞에서 빈민구제 수프를 구걸하는 장면을 심심찮게 볼 수 있다. 빵, 양파, 건포도, 약간의 양젖 치즈와 달걀 한두 개가 스페인 사람들의 하루 식량이었다. 다만 아주 드물게 양배추 · 당근 · 마늘 · 양고기 · 베이컨을 재료로 한 수프인 유명한 민속요리, **올라 포드리다**(olla podrida)를 먹긴 했다. 국립학교 교육이나 취학의 의무도 없었다. 귀족 가문의 자식들과 신분이 상승된 부르주아의 자식들이나 읽을 줄 알았다. 물론 부르주아들은 엄격하게 관리되는 검열을 통과한 것만 읽을 수 있었다. 종교재판은 예전과 다름없이 그대로 작동했다. 피고는 목격자와 고소인을 대면할 수 없다고 한 규정 때문에 비겁한 복수심과 음모의 고발이 난무했다. 세력을 엄청나게 확장하여 경찰과 카르텔까지 형성한 이른바 **게르마니아**(germanía)라는 범죄조직은 전국을 불안에 떨게 했다. 이런 궁핍화에도 불구하고 도박 욕구는 신분이 높건 낮건 한결같았다. 그리고 국가는 카드 제조업의 독점권자로서 이 패덕의 수익자였다. 음주벽만큼은 스페인의 민속에서 해악으로 보진 않는다. 그래서 **술고래**(borracho)라는 말은 피로써만 되갚을 수 있는 모욕적인 언사로 통한다. 모든 부류 사이에서 대체로 통하는 형식적인 명예 관념은 병적일 만큼 높았다. 정열과 완고함으로 극명하게 드러나는 스페인 국민의 이 같은 성격의 측면은 문학 작품을 통해 일반적으로 널리 알려진 것이지만 칼데론의 『자신의 명예, 의사(Arzt seiner

Ehre)』에서도 지극히 감동적이게 묘사되고 있다. 로페 데 베가[96]는 이렇게 말한다. "명예는 타자 안에 안주하고 있는 그 무엇이다. 누구도 저 스스로 명예롭게 될 수는 없는 노릇이다. 왜냐하면 명예는 다른 사람을 통해 얻어지기 때문이다." 이 점은 쇼펜하우어의 다음과 같은 규정에 의해서도 잘 드러난다. "명예는 우리의 가치에 대한 다른 사람들의 평가라는 점에서 객관적인 것이며, 이 평가에 대해 우리가 두려워한다는 점에서는 주관적인 것이다." 그밖에도 스페인 사람들이 충성심을 병적일 만큼 소중히 여긴다는 점은 국왕이 아니고서는 자신을 모욕할 수 없기에 죽음을 무릅쓰더라도 자신을 모욕한 대가는 반드시 치르게 하는 그들의 극단적인 감수성에서 잘 드러난다고 볼 수 있다. 이 같은 면모는 일련의 유명한 드라마, 이를테면 "왕 앞에서는 누구도 모욕할 수 없다"는 의미를 담고 있는 제목의 드라마, 즉 소르리야[97]의 『왕 앞에서는 흠결 없는 자가 없다네 (*Del Rey abajo ninguno*)』에서도 이미 확인된다. 국왕의 명령이면 상처받은 어떤 명예도 회복시킬 수 있다는 식이다.

시골 마을뿐만 아니라 도시들도 궁전과 공공건물을 제외하면 모두가 진흙집으로 되어 있었다. 인도라고는 없었으며, 조명이라고는 성모상 아래 피운 자그마한 오일램프뿐이었다. 시가지(市街地)의 정결함 수준은 러시아의 상황보다 나을 것이 하나도 없었다. 마드리드[98]의 불결함은 정평이 나 있었다. 우편마차라고는 들어본 적이 없으며, 여관의 상태는 여관이라고 할 수 없을 만큼 초라했다. 정비된 통신기관, 치안 등속에 대해서는 들은 바가 없다. 그러나 삶이 색채

---

[96] Lope de Vega(1562~1635): 스페인의 극작가 · 소설가 · 시인.
[97] J. Zorilla(1817~1893): 스페인 낭만주의 시인이자 극작가.
[98] Madrid: 스페인 수도.

도 시도 유쾌함도 없진 않았다. 수많은 축제일에는 교회와 궁전이 자기 권력의 영광을 과시하려고 화려한 행사를 벌였다. 온갖 형태의 방탕한 민속축제, 인상적인 투우, 특히 세계 어디에서도 볼 수 없는 연극공연 등이 열렸다. 일상의 옹색함에 양념을 더해준 것은 끝없는 연애 사건, 기지와 유머 넘치는 농담, 정원의 달콤한 향기, 비용이 하나도 들지 않는 달빛 등속이었다.

다리가 없는
여왕들

　이 특수한 세계가 절정에 도달할 때 번지르르하지만 우울한 식객의 한 부류가 등장한다. 이들은 대개 지독히 빈곤하게 살지만, 아직도 닳아 해진 투우사의 적색 망토를 두르고 항상 뾰족한 창을 들고 근엄한 폼을 잡고 다니는 공작들이다. 그들의 자존심은 그들이 모자를 벗으면서 인사를 보내는 왕 앞에서도 꺾이지 않는다. 빈혈증이 생길 만큼 정화된 피를 가졌다는 따분한 인종적 자부심, 신분의식은 주검에도 흐른다는 그들 신분의 배타성, 완전히 가면과 형식이 되어버린 그들의 정신 상태를 벨라스케스는 티치아노[99]가 르네상스 시대의 인간을 두고서 전혀 다른 식의 자부심을 가졌을 때와 마찬가지로 집요하게 묘사했다. 그리고 여성들 역시 여왕이든 동방 출신 기독교도 여성노예이든 어쨌든 완전히 경직된 인형 같았다. 달걀 흰자와 백설탕을 바른 두터운 화장 층은 그들의 표정 일체를 감췄다. **정절지킴이**(*guardia de virtud*)로 불리는 어마어마하게 큰 종 모양의 치마 라이프로크는 그들의 하체를 덮었다. 펠리페 4세의 신부가 스페인의 한 도시로 여행하는 동안 그곳 의원이 명예의 선물로 값비싼 비단 스타킹을 전했을 때, 의전관이 화를 내면서 그것을 바닥에 내동댕이치고는 고함을 질렀다. "귀하는 스페인의 여왕들은 다리가

---

[99]　V. Tiziano(1488~1576): 이탈리아 전성기 르네상스 시대의 대표적인 화가.

없다는 사실을 알았어야 했소."

예수회 신부인 발타사르 그라시안[100]이 1653년에 출간한『손금과   그라시안
처세술(*Oraculo manual y arte de prudencia*)』에 담긴 그 같은 사회계급적 세
계관은 매우 독특한 하나의 기념비를 세운 셈이다. 이 책은 쇼펜하
우어가 독일어로 탁월하게 번역했으며, 생활규칙을 다음과 같이 구
분하여 들려준다. "자신의 계획에 대해선 남이 모르게 하라. 보여주
고 치는 카드놀이는 유익하지도 즐겁지도 않다. 이때는 모두가 비밀
을 간파할 수 있는 것이다." "희망을 품고 살되 결코 완전히 만족하
진 말라. 지나치게 기대하지도 말라." "마치 누군가가 지켜보고 있
다는 듯이 항상 움직여라." "생각은 최대한 적게 하고 말은 최대한
많이 하라." "용서할 수 있는 오류는 내버려 두어라. 왜냐하면 무관
심이 때로는 가장 무거운 충고가 될 수 있기 때문이다." "윗사람을
이길 승리를 조심해라." "유리한 것은 직접 하고 불리한 것은 다른
사람이 하게 하라." "지는 해를 기대하지 말라. 세인들이 우리를 버
리기 전에 먼저 그들을 버려라." "자신을 자신에게도 타인에게도
전적으로 맡기진 말라. 왜냐하면 둘 다 야비한 폭군이기 때문이다."
이러한 격언은 결론에서 놀라운 요약에 이른다. "한마디로 말하면,
성인(聖人)이 되라는 것이다. 이것으로 모든 것을 말한 셈이다. S자
로 시작되는 세 가지가 우리를 행복하게 만든다. 그것은 곧 **경건**
(*santitad*) · **건강**(*sanidad*) · **지혜**(*sabiduría*)이다."

그런데 이런 기묘한 풍토에서 칼데론의 황홀한 언어마술이 만발   엘 그레코
했다. 옆으로 나란히 연결된 컬러 타일(아술레호*azulejo*)과 함께 장식예

---

[100] Balthasar Gracian(1601~1658): 예수회 신부이자 17세기 스페인의 중요한 모
  럴리스트 작가.

술의 작열하는 현란한 색채들은 이 시인의 모자이크식 화려한 비유를 연상시킨다. 예술사에서 독보적인 형태로 서 있는 목재 조각들은 그야말로 야한 색채화, 자연적인 살색, 핏방울, 수정같은 눈빛, 가시 면류관, 은장도, 진짜 비단 의상, 유리구슬로 만든 물방울, 실제 머리카락으로 만든 가발 등을 통해 현실 같은 착각을 불러일으키며, 바로 이로써 모든 예술을 앞지르는 신비스러운 암시 효과를 만들어 낸다. 회화에서는 리베라[101]의 육중한 진지함과 철저한 자연주의가, 그리고 수르바란[102]의 단순하지만 깊은 수도원의 경건함이 최고의 작품을 만들어냈다. 19세기 내내 스페인의 가장 위대한 화가로 통한 무리요[103]를 그들과 함께 거론하는 것은 거의 신성모독에 해당한다. 달콤한 향수 연무와 솜털 구름 위를 떠다니는 것 같은 그의 예술은 비단같이 부드러운 낙천주의와, 많은 관람객에 언제나 깊은 인상을 주는 만능 재주꾼에 어울리는 경쾌함에 기반을 둔다. 스페인 민중 생활을 배경으로 무리요가 그린 그림 중 유명한 그림들은 흥겨운 오페라 무대를 연상시키는 반짝이는 전원 풍경이다. 이 풍경은 무리요가 부르주아의 우상이 되었다고 볼 수밖에 없을 만큼 속물들을 유혹하는, 현실을 채색 왜곡한 것처럼 보인다. 무리요는 스페인의 라파엘로다. 그러나 17세기 스페인 세계의 특색이라고 하면 그것은, 우리가 이탈리아의 라파엘로와 네덜란드의 루벤스를 대조한 바처럼 이번의 경우 의미 있는 예술가 가운데서 가장 표층적인 예술가를 가장 대표적인 인물로 꼽을 수 있는 것이 아니라 오히려 가

---

[101] J. de Ribera(1591~1652): 스페인의 화가. 성화로 유명함.
[102] F. de Zurbaran(1598~1664): 스페인의 화가. 종교화로 유명함.
[103] B. E. Murillo(1617~1682): 스페인의 민속화가이자 종교화가. 특히 종교화에서 인간적인 면을 돋보이게 함.

장 심층적인 예술가를 그러한 인물로 볼 수 있다는 점이다. 그는 곧 엘 그레코[104]이다.

그레코는 바로 당시에 단말마의 고통이 시작되었던 톨레도(Toledo)에서 살았다. 물론 톨레도는 여전히 종교재판과 공회가 열리는 자랑스러운 도시로 통했다. 그는 톨레도의 영혼, 즉 로마 세계교회의 승리와 스페인 세계군주정이 야기한 죽음의 고통을 그려냈다. 그러나 이것만이 그의 그림들에 비교할 수 없는 힘을 부여하는 것은 아니다. 무엇보다 그 힘은 완전한 황홀경, 이를테면 그의 형상 하나하나에서 풍기는 비현실성과 초월성에서도 발휘되는 것이다. 그의 형상들은 생기 없는 몸짓, 기이하게 휘어지고 길게 늘어뜨린 신체, 좀 더 고차원적인 비밀을 알고 있는 듯한 몽환적 눈빛을 취하고 있으며, 완전히 비자연적인, 말하자면 마술적인 공간축소와 빛의 분할을 선보이고 있다. 중력·근사점·원근법과 같은 것들은 그의 그림에서 순전히 부차적이고도 단조로운 것, 심지어 틀린 것으로 비친다. 이 그리스인은 진실을 그려낸 것이 아니라, 칼데론의 선배 알라르콘[105]이 자신의 한 연극작품의 제목으로 말한 바 있는, '수상한 진실(verdächtige Wahrheit)'을 그린 것이다. 그래서 사람들은 수세기 동안 그를 바보로 취급했다. 그도 그럴 것이 그는 오성을 바보짓, 인류의 '궁정광대'로 인식했기 때문이다. 칼데론은 그를 그렇게 불렀다. 그러나 바로 이 때문에 그는 로욜라[106]와 돈키호테(Don Quixote)와 함께 스페인 바로크를 가장 적실하게 표현한다고 할 수 있는 것이다.

---

[104] el Greco(1541~1652): 그리스 태생의 스페인 종교화가.
[105] Juan Ruiz de Alarcón(1581~1639): 멕시코 출신 스페인 극작가.
[106] Ignacio de Loyola(1491~1556): 스페인의 신학자. 16세기 가톨릭 종교개혁에 지대한 영향을 끼침. 프랑스 파리에서 예수회를 조직·설립함.

아직은 바로크에 대해 요약 설명할 단계가 아니다. 그러나 몇 가지 특색은 이미 나타난 셈이다. 다른 여러 폐쇄적 세계관과 마찬가지로 바로크도 현실에 대응하면서 그 모순을 해소하려는 시도 중 하나라고 할 수 있다. 우리는 합리주의를 근대의 중대한 테마로 이해해왔다. 합리주의는 모든 현상을 오성의 독재권력 앞에 무릎을 꿇도록 한다. 그런데 합리주의 때문에 근대 인간의 영혼에 어마어마한 균열이 생긴다. 이 균열은 인간을 가르는 틈이자 이음매다. 중세만 해도 모든 것이 진실하고 현실적이며 신성한 것이었다. 세계는 신앙의 일이기 때문이다. 합리주의는 이 신앙을 갈아엎고 그럼으로써 현실을 갈아엎는다.

그러나 우리가 잠복기라고 칭한 과도기와 준비기에도 삶은 실재의 방향을 잃긴 했지만 해석하고 파악하고 규정할 순 있었다. 우리는 유명론의 승리와 함께 '두 개 영혼의 인간'이 역사에 출현한 것을 목격했다. 그것은 대위법적인 인간으로서 곧 육화된 모순의 조화, 두 개의 극단적 모순과 대립의 통일을 의미한다. 이런 인간은 더 이상 **통일적**(einheitlich)이진 않지만 여전히 **명확**(eindeutig)하다. 즉, 흡사 분수와 같지만 유리수인 것이다. 이제 상황이 변한다. 어떤 공식에도 저항하는 실제로 복합적인 인간이 최초로 유럽 역사의 무대에 등장한다. 말하자면 새로운 어떤 것이 다시 시작된 것이다.

우리는 합리주의를 근대의 문턱에서 유럽 인류 속을 파고든 독극물로 규정했었다. 다음 세기의 전 역사는 이제 이 독소에 대항한 의식적 혹은 무의식적 투쟁이다. 물론 이 같은 투쟁은 다양한 형식을 취한다. 많은 사람이 특히 다행스러운 치료법으로 간주하는 것으로써 그것은 중독 사실을 한사코 부정하는 식이다. 그리고 대개 사람들은 단순히 해독제를 통해 피에서 독소를 제거할 수 있다고 생

각한다. 마지막으로 몸을 이 독소에 적응시키는 우려스러운 수단에
도 손을 댈 수 있다는 것이다.

이 모든 가능성은 근대가 진행되는 가운데 실현된다. 르네상스와
종교개혁은 중독 사실을 부정하는 방식으로 그것을 행하는데, 전자
는 합리주의란 그들에게 최고의 것으로 통하는 바, 즉 예술과 동일
한 것이라고 주장하면서 그렇게 하며, 후자는 합리주의가 신에게서
온 것이라고 설명하면서 그렇게 한다. 그리고 근대가 상당히 진행된
무렵, 즉 18세기 중엽, 소위 '계몽주의'와 함께 시작된 근대의 마지
막 국면은 이 독소에 스스로 적응하면서 이미 하나의 상황이 되어
버린 이 질병에 더 이상 반항하지 않는다. 이에 반해 바로크는 '항생
제'와 해독제에 손을 뻗었다.

우선 바로크는 합리주의를 감각주의로 밀어내려 한다. 그러나 이
둘은 우리가 이 책 1권에서 입증하려 한 바처럼 근본적으로는 동일
한 것이기 때문에 그러한 시도는 썩 유용한 해독제가 아니었다. 그
래서 바로크는 두 번째 출구를 향한다. 이제 현실은 일단 합리적이
거나 그 이상이기 때문에, 그리고 근대의 인간은 이 현실을 달리
볼 수가 없기 때문에 바로크는 이 현실을 부정하면서 그 지위를 실
재의 두 번째 질서로 강등시키는 계략을 쓴다. 이는 현실을 진지하
게 대하지 않고 그것을 갖고 노는 형태로 표현된다. 이는 곧 해독의
예술적 형태이다. 혹은 현실을 두고 진정한 것이 아닌 현혹된 것,
즉 망상으로 설명하는 형태를 띤다. 이는 곧 해독의 종교적 형태이
다. 이 두 가지 형태는 서로 뒤섞일 수 있으며, 명확히 그러한 경향
을 취하기도 한다.

약 반 세대 전에 출간되었지만, 지금까지도 충분히 그 가치를 평
가받지 못하고 있는 지극히 의미 있는 작품이 하나 있다. 그 제목은

허구로서의
세계

대개 '허구로서의 세계(Die Welt als Fiktion)'로 불리지만 실제 제목은
『가상의 철학. 관념론적 실증주의의 체계, 한스 파이힝거(편저)
(Philosophie des als ob. System eines idealistischen Positivismus, herausgegeben von Hans
Vaihinger)』이다. 그런데 제목 자체가 이미 하나의 허구다. 왜냐하면
사실 칸트 연구자인 한스 파이힝거[107] 교수는 편저자가 아니라 저자
이기 때문이다. 그의 기본 정의에 따르면, 허구는 원하는 바의 것의
부재이자 의식된 미혹일 뿐이다. 이런 사유기능의 언어적 표현은
대개 거의 모든 문화세계의 언어에서 다시 보게 되는 합성어 '마치~
인 양(als ob)'과 같은 불변화사이다. 진기하게도 우리는 이제 이처럼
의식된 허위 표상을 통해 아주 종종 새롭고도 올바른 인식을 하게
되는 것이다. 왜냐하면 유해한 진실만 있는 것이 아니라 유익한 오
류도 있기 때문이다. 우리는 그 같은 픽션을 통해 현실의 형편을
제대로 알 가능성을 종종 얻게 된다. 따라서 허구들은 이론상 틀린
것임에도 탁월한 실천적 가치를 지닌다고 할 수 있다. 예컨대 의지
의 자유를 가정하는 것은 우리의 사회적 · 법률적 질서의 불가결한
원리다. 그런데 논리적 도덕의식에서 보면 이러한 가정은 난센스로
비쳐진다. 우리는 자연과학에서 '원자들'에 대한 표상이 자의적이
어서 틀렸음을 알면서도 그것들을 다루는 것이다. 그러나 우리는
이 잘못된 표상들을 성공적으로 다루고 있다. 우리는 이러한 표상들
없이는 일을 잘 해낼 수도 없을뿐더러 목표에 이르지도 못할 것이
다. 예를 들어 '무한히 작은 크기(unendlich kleine Größe)'라는 완전히 모
순적 개념을 (왜냐하면 무한히 작은 어떤 것은 어떤 크기의 부피도
가질 수 없기 때문에) 고려해 볼 수 있다. 그런데 고차방정식의 수

---

[107] Hans Vaihinger(1852~1933): 독일의 철학자.

학과 역학은 바로 이렇듯 개념 같지 않은 개념에 의존하고 있다. 대수학(Algebra)은 수학기호라는 상징은 실수(實數)를 위해 정립된 것이라는 식의 허구에 근거를 둔다. 이 때문에 수많은 학생이 공포의 골머리를 앓는 것이다. 그러나 말을 하는 인간은 저마다 이와 유사한 일을 하고 있는 셈이다. 즉 실제의 사물들에 대해 상징적인 기호들, 즉 어휘들을 대입하는 것이다. 기하학은 가장 단순한 그 기본개념에서부터 이미 허구들, 이를테면 표상할 수 없는 표상들을 전제하고서 이루어진다. 연장 없는 점들, 넓이 없는 선분, 채울 수 없는 공간 따위가 그런 것들이다. 기하학에서 원은 거리를 두지 않은 두 초점으로 이루어진 타원으로 간주한다.[108] 빤한 난센스다. 왜냐하면 거리를 두지 않은 두 점은 그저 한 점일 뿐이기 때문이다. 식물학 · 동물학적 체계 일체를 포함한 모든 학문적 분류도 자의적인 허구들로 구성되어 있다. 그러나 그럼에도 이러한 분류는 각 개별자를 좀 더 정확히 규정하고, 다양한 자연 영역을 조망하는 데 있어 절묘하게 유용한 보조수단이 된다. 역학에서 공중에 떠 있는 반지의 중심은 원의 중앙에 놓이는데, 이 중앙은 분명 완전히 허위적인 허공인 것이다. 기독교 신앙의 기본개념 가운데 하나에는 '보이지 않는 교회'라는 허구가 있다. 사회적 교제의 익숙한 상투어에도 이미 허구의 지배가 나타난다. 예컨대 내가 만일 '귀하의 종으로부터(Ihr Diener)'라고 말을 한다면, 그것은 내가 실제로 귀하의 종입니다를 뜻하는 것이 아니라 마치 그런 것처럼 나를 봐달라는 뜻이다. 사실 수백 가지의 이런 '마치~인 양'과 같은 가상 화법이 없다면 어떤

---

[108] 그런데 기하학에서 타원은 평면상에서 두 초점에서의 거리의 합이 일정한 점의 자취이다. 원은 이런 타원이 변형된 것으로 간주한다.

고등 문화도 불가능할 것이다. 만일 시녀가 자신의 여주인이 사실 집에 있음에도 불구하고 방문객에게 "마님께서는 집에 계시지 않습니다"라고 말한다면, 우리는 그녀가 거짓말을 하고 있다고 생각하지 않는다. 왜냐하면 그런 안내는 여주인이 마치 집에 없는 것처럼 여겨지길 바라고 있다는 뜻도 포함하고 있기 때문이다. 예술·철학·종교·정치·예법·학문 일체가 다소 이 같은 복합적인 허구들에 상당 부분 의존하고 있다. 이 책도 실제는 완전히 다른데도 마치 문화사가 있는 것처럼 바로 그렇게 취급하고 있는 것이다.

바로크의 경우 아마도 독보적인 방식으로 삶 전체가 그 형식 및 활동의 모든 부분에서 원칙적으로 오로지 '마치~인 양'이라는 관점의 지배를 받고 있는 것 같다. 바로크 시대 사람들에게는 모든 사건이 아름다운 가상, 즉 허구로 해소된다. 그들은 훌륭한 배우가 자신의 배역을, 탁월한 검투사가 자신의 상대를 다룰 때처럼 현실을 다룬다. 현실은 그들에게 아무런 해도 입힐 수가 없다. 왜냐하면 그들은 현실이 환영이자 가면놀이이며, 헛소문이자 생활의 거짓이라고 아주 정확히 알고 있기 때문이다. 그들은 현실을 마치 실제적인 것처럼 그렇게만 대할 뿐이다. 이 같은 특수한 바로크의 입장에서 헤르만 바르[109]는 전지 8장에 문화사 전체를 정확히 담아내고 있는, 이미 언급한 바 있는 그의 평론 『빈(Wien)』에서 실제로 적지 않은 바로크 사람들이 탐닉한 죄와 쾌락을 두고 샅샅이 탐색하려 한다. "누가 우리를 제지할 수 있을까? 부당함의 감정이? 도대체 우리가 부당한 짓을 하고 있는가? 그러나 아무튼 우리가 꿈꾸는 것은 그저 (…) 양심에서 자유로워지는 것이다. 당신이 부당한 일을 한 장본인

---

[109] Hermann Bahr(1863~1934): 오스트리아의 소설가 겸 극작가.

이 아니기 때문에 당신은 아무런 책임이 없다. (⋯) 여기서 정당한 짓이란 부당한 짓과 똑같이 망상이다." 그런데 이때의 정당함이란 소인배 지성들에게만 통용될 수 있었다. 이들은 정의를 그때그때의 지배적인 세계상이 자신들의 탐욕과 이기를 언제나 합법적이라고 인정하는 식으로 뒤바뀌게 된다고 이해했던 것이다. 우리가 살펴보았듯이 바로크의 광학은 예술가의 광학이자 종교적 인간(homo religiosus)의 광학이다. 그런데 이 예술가는 자신의 작품은 말할 것도 없고 현존재 전체를 한갓 색채의 환영이자 신기루로 간주할 뿐이지만 자기 나름의 도덕적 책임감만큼은 예민하므로 이 책임감을 통해 자신을 더욱 돋보이게 하며, 속물들의 '진지한' 일거리라는 관점에서 보면 헛될 수 있는 양심적인 것, 헌신과 배려를 다룬다. 그리고 종교적 인간은 역시 현세를 악마의 기만적인 유혹과 위선적인 그림자놀이로 여겨왔지만, 이 현세를 진정한 세계를 준비하는 숙명적 결정의 공간으로 본다. 그래서 현세는 이 진정한 세계의 희화(戲畵)일 뿐이다. '전기 바로크(Vorbarocke)'에 대한 정당한 해석은 예수회가 아니라 이의 숙적에게서 찾을 수 있다. 그는 블레즈 파스칼이다. 블레즈 파스칼은 좀 더 순수하고 좀 더 고상하면서 좀 더 비현실적인 세계의 전령이자 후계자로서 점점 더 빡빡해지고 회색빛이 짙어지는 카오스, 신이 사라져 더 공허해져 더욱 자족해가야 하는 근대의 카오스를 걸었던 소수 사람 가운데 하나였다.

선례를 찾기 어려운 파스칼의 독특한 성격은 그가 당대에서 가장 현대적인 지성이자 동시에 가장 기독교적인 지성이었다는 점에 있다. 그의 경우 특별히 예리한 논리성과 사고력이 특별히 열정적이고 깊고 깊은 종교성과 만나고 있다. 그는 **명료함**(*clarté*)을 자랑으로 삼는 그의 모국이 배출한 명석한 두뇌이자 당대 가장 섬세한 정신분

파스칼 삶의 신화

석가이다. 그에 비하면 데카르트는 단순한 산술가와 탁월한 역학자로만 비칠 따름이다. 그러나 동시에 그는 종교광으로서 거의 히스테릭한 종교가이자 구신자(求神者)이다. 육신을 깡그리 쇠잔케 하는 파토스가 들어있는 그 같은 종교성은 1급 분석 연구자의 정신에서 빚어진 것이다. 그것은 사람의 마음을 뒤흔드는 파스칼의 광적인 심리이며 거의 찾아보기 어려운, 긴장 가득한 멋진 정신의 연출이기도 하다. 니체가 기독교를 논박할 때 언제나 파스칼로 되돌아가는 것도 그냥 그런 것이 아니다. 비록 그가 파스칼을 직접 거명하진 않고 기독교적 가치평가에 따른 유럽 정신의 타락에 대해 거의 일반적으로 언급할 뿐이지만 우리는 그가 표 나지 않게 그를 염두에 둔다는 사실을 포착할 수 있다. 그는 기독교적 사유세계에 반대하여 싸우려면 무엇보다 파스칼에게서 볼 수 있는 사유세계와 대항해야만 한다는 제대로 된 생각을 갖고 있었다. 하지만 우리는 그가 파스칼에게서 볼 수 있는 그런 사유세계와 대항**할 수**가 없다는 점을 감지한 것이 아닌가 하는 인상을 받기도 하는 것이다.

파스칼의 삶의 내력에서 이미 그의 이중 관점을 읽어낼 수가 있다. 그의 삶의 내력은 한편으론 근대 학자의 찬란한 이력을 갖고 있고, 다른 한편으론 다감한 중세적 성담(聖譚)도 품고 있다. 12살 때 목탄과 종이 이외 어떤 수단의 도움도 없이 완전히 혼자 힘으로 유클리드의 정리 대부분을 깨우쳤으며, 16살 때 원추곡선에 관한 논문을 집필했다. 이를 두고 동시대인들은 아르키메데스 이후 그 같은 종류의 글이 나온 적이 없었다고 말할 정도였다. 19살이 되던 해에는 공식을 암기하지 않아도 틀리지 않고 모든 산술적 계산을 할 수 있는 계산기를 고안해냈다. 23살 때, 그는 공백공포(horror vacui)에 관한 신기원적인 논문과 자신의 이름을 달고 행한 공기압의 높이 측정에 관한 유명한 실험들로 학계를 깜짝 놀라게 했다. 이미 그 무렵 그는 학문의 모든 진보가 고차원적 의미에서 보면 무가치하며, 정신의 진정한 과제는 신에 대한 헌신에 있다는 점을 깨닫기 시작한다. 그는 얀센주의자들과 좀 더 깊이 관계를 맺으면서 이페른(Ypern)의 주교 얀센[110]의 교리를 따르는 경건한 학자들과 회합을 가지곤 했다. 얀센은 유작『아우구스티누스(Augustinus)』에서 교황 문화와 스콜라철학은 아우구스티누스의 교리보다 펠라기우스[111]의 이교도적 교리에 더 가깝다는 사실을 입증했다. 아우구스티누스의 교리는 특히 예수회의 이론 및 실천과 충돌한다는 것이다. 이 같은 사상계의 분위기에서 우리가 이미 언급한 바 있는 풍자 산문의 걸작인 파스칼의『시골 친구에게 부치는 편지(Provinzialbrief)』가 나왔다. 회합은 한적한 곳에 위치한 수도원 포르루아얄(Port-Royal) 근처에서 열렸지만, 실제 수도회를 결성하진 않았다. 이 수도원에서 유명한 포르루아얄 학파가 형성되었고, 이 학파는 나중에 파리에도 분파를 두었으며, 당대 학술적·종교적 활동의 중심이기도 했다.

39년을 끌어온 그의 삶의 또 다른 절반을 파스칼은 엄청난 육체적 고통에 시달리면서 보냈다. 물론 그는 이 고통을 가장 우아한 인내심과 냉정함으로, 심지어 밝게 견뎌낸다. 만성적 통증, 두통, 잇몸염증, 불면증으로 고통을 겪으면서도 일체의 안락함을 포기하고 모든 일을 몸소 직접 했다. 심지어 병든 가난한 사람들을 자신의 집으로 데려와 돌보면서 봉사했다. 자신의 질병 때문에 그는 신을

---

[110] Cornelius Otto Jansen(1585~1638): 네덜란드의 로마가톨릭 신학자.
[111] Pelagius(354~?418): 영국의 수도사·철학자·신학자. 인간의 자유의지를 강조하고 원죄, 그리스도의 구원, 세례 등을 부정하여 종교회의에서 이단으로 몰림.

찬양했다. 그가 흔히 말하곤 했던 것은 병이 드는 것이야말로 기독교도에게 어울리는 유일한 상황이라는 것이다. 그래서 그는 다시 건강해질까봐 겉으로 표가 날 만큼 걱정했다. 그의 고통은 사실 보통의 죽어가는 사람들에게는 닫혀 있는 그런 수준의 높이로 그를 끌어올려놓은 셈이다. 고통이 그에게 부여한 무중력의 상태 덕분에 그는 마자랭 시대 프랑스풍의 범속한 욕망의 세계 한가운데서도, 그리고 합리주의적 세기의 훤한 백주의 불빛 아래서도 마술적 · 신비적 존재를 영위할 수 있었다. 그의 생의 마지막 해는 초현실적인 성좌의 광채(Astralglanz)가 둘러쌌다.

파스칼의
정신해부학

파스칼의 철학적 방법은 다음의 명제 속에 담겨 있다고 볼 수 있다. "수학자 · 회의주의자 · 신앙심이 있는 기독교도와 같은 사람이 되어야 한다." 그가 교의가 아니라 의심을 통해 신앙에 도달한 것은 그의 특수한 면모이자 그 시대에 부합한 것이다. 여기서 그는 스피노자의 극단적 적수로 비쳐진다. 이때 그는 수학이 신앙을 해체하는 것이 아니라 오히려 그 기초를 튼실하게 한다는 점을 보여준다. 그의 경우 종교적 진리는 고차원적 수학의 진리와 동일한 위상을 취한다고 말해도 무방할 법하다. 저급한 오성은 그가 이 수학의 진리 개념을 파악하기까지 오랫동안 수학의 진리를 불합리한 것으로 취급해왔다. 그러나 그가 개념파악한 바로 그 순간 오성은 그것을 필연적인 것, 입증되어 논박할 수 없는 것으로 받아들일 수밖에 없었다.

바로 이 대상에 『팡세(*Pensées*)』가 바쳐진 것이다. 아마 이 작품은 프랑스 문학에서 가장 심오한 책일 것이다. 『팡세』는 '인간 연구'를 대상으로 삼고 있다. 자연연구자인 파스칼에게 인간의 영혼은 넓고 유일한 실험실이다. 그는 가장 섬세한 정밀도구들을 들고 인간의 영혼에 접근하여 가장 은밀하고 가장 부드러운 영혼의 움직임을, 가장 어둡고 가장 모순적인 작용을 들추어내어 그 높이와 깊이를 측정하고, 모호하기 짝이 없는 그 뉘앙스를 밝혀 정립한다. 간단히 말해 그는 자신이 정립한 확률론을 심리학에도 적용했던 것이다. 그는 공기의 무게를 잴 때처럼 여기서도 최초로, 겉으로 보기에 계량할 수 없는 것의 무게를 달았으며, 그것을 정밀 연구의 대상으로 삼았다. 아무튼 그 최종결과는 어마어마한 '**덩어리의 불확실성**(*amas d'incertitude*)'이다. "그렇다면 도대체 결국 인간은 자연에서 무엇인가? 무한에 비추어보면 아무것도 아닌 것(Nichts)이며, 아무것도 아닌 것에 비추어보면 하나의 세계이다. 제로(0)와 전부(All) 사이에 있는 중간물인 셈이다. 인간은 이 둘에게서 무한히 멀리 떨어져 있으며, 그 본질은 자신이 솟아오른 그 아무것도 아닌 것과는 동떨어져 있으며, 또 자신이 끌려들어가 있는 그 무한과도 그만큼 동떨어져 있는 것이다. (…) 이것이 우리의 진짜 상황이다. 이 상황은 우리의 인식 범위를 정해진 경계선 안에 가두고 있지만 우리는 이 경계선을 넘어설 수가 없고, 모든 것을 알 수도 없고 모든 것을 무시할 수도 없다. 우리는 광활한 중앙평지에 있으며, 더욱더 불확실하여 항상 무지와 인식 사이를 오락가락한다. (…) 모든 것을 해명하기 위해 무한으로 뻗어 올라가는 탑을 세우고 싶어 안달이다. 그러나 우리의 건물은 무너지고 만다. 깊은 땅은 심연의 입을 벌리고 있다."
"우리는 논증에서 무기력하다. 교조주의를 논박하질 못한다. 우리는 진리의 이념을 지니고 다니지만, 이것으로 회의주의를 논박할 수는 없다. 우리는 진리를 동경하지만, 불확실성만 만날 뿐이다. 우리는 행복을 추구하지만 비참함만을 볼 뿐이다. (…) 그런데 우리의 비참함은 우리의 위대함의 결과이고, 우리의 위대함은 우리의 비참함의 결과이다. (…) 왜냐하면 인간은 자신이 비참하다는 것을 알고 있기 때문이다. 인간이 비참한 것은 자신이 그것을 알고 있기 때문이다. 그러나 그가 위대한 것은 자신이 비참하다는 사실을 알고 있기 때문이다. 도대체 인간은 어떤 종류의 키메라란 말인가! 기적, 혼잡, 모순덩어리 아닌가! 만물의 재판관, 무기력한 지상의 벌레, 진리의 금고, 불확실성의 암실, 우주의 영광과 치욕! 인간이 교만을 떨 때 나는 그를 깎아내릴 것이며, 그가 겸손할 때는 그를 치켜세울 것이다. 나는 인간이 스스로 이해가 가지 않는다는 사실을 알 때까지 그와 오래 씨름할 것이다.”(『팡세』를 딱하게 여긴 볼테르는 그것을 두고 ‘진짜 환자의 수다’라고 논평한다. 이 논평에 대해 한 마디 해보자면, 잘 나가는 18세기의 문장가이자 대변인인 볼테르가 그 ‘수다’를 한번 들어보기만 했더라도 그런 논평이 충분히 납득이 갔을 테지만, 그가 파스칼의 질병을 두고 비난하는 것은 전혀 납득되지 않는다는 점이다. 왜냐하면 이렇게 물을 수 있기 때문이다. 즉, 그 자신은 자신의 ‘생리학적 열등감’, 이를테면 척추측만증, 남다른 허약한 체질, 병리학적 민감성에서 자신의 독창성을 길어내지 않았다면 도대체 어디서 길어냈을까?)

파스칼 인류학의 총화는 다음 명제에 함축되어 있다고 해도 무방할 법하다. “인간은 연약한 갈대에 불과할 뿐이다. 그러나 그는 생각하는 갈대이다.” “따라서 우리 모두의 존엄은 사유에 있는 것이다. (…) 그러므로 잘 생각하는 것, 거기에 도덕의 원리가 있는 것이다.” 그런데 사고력을 잘 사용하면 그리스도에게로 이끌릴 수밖에 없는 것은 불가피한 일이다. “모든 물체, 창궁, 별, 지구와 자연계도 정신 가운데 가장 보잘것없는 정신에도 비길 바가 못 된다. 왜냐하면 정신은 모든 것에 대해 그리고 자기 자신에 대해서도 알지만 물체는 아무것도 모르기 때문이다. 그리고 모든 물체와 모든 정신을 포함하여 이들의 모든 작용도 사랑의 가장 미세한 움직임에도 미치질 못한다. 왜냐하면 사랑은 비교할 수 없는 숭고한 질서에 속하기 때문이다. 어떤 물체로도 가장 보잘것없는 생각 하나조차도 만들순 없을 것이다. 이것이 불가능한 것은 생각이란 다른 등급에 속하기 때문이다. 모든 물체와 모든 정신을 합해도 진정한 사랑의 단하나의 움직임도 산출할 수 없다. 이것이 불가능한 것은 사랑은 다른 등급, 즉 완전히 초자연적인 등급에 속하기 때문이다."

극복자

우리가 이미 때마다 예의주시하는 가운데서 알게 된 사실이지만, 17세기는 과학정신의 승리를 나타낸다는 점에 대해 곧 좀 더 정확히 알아볼 것이다. 모든 분야에서 과학정신은 개선행렬을 벌인다. 이 정신은 자연연구·언어연구·역사연구·정치·경제·군사학을 포함하여 심지어 도덕·문학·종교에까지 그 힘을 뻗쳤다. 이 세기가 형성한 모든 사유체계는 애초부터 일상생활의 모든 문제를 과학적 관찰의 대상으로 삼는 것을 기초로 하거나 일상생활 문제들에서 최고·최후의 목표들을 보았다. 그러나 단 한 인물만은 다른 길을 택했는데, 그 길은 신의 계시를 받은 천재의 길이었다. 그는 모든 이처럼 그렇게 단순히 과학을 추구하진 않았으며, 선택받은 소수처럼 그렇게 단순히 과학을 취하지도 않았다. 오히려 그는 과학을 극복했다. 그는 갈리아 인종이 배출한 가장 위대한 정신인 파스칼이다.

진정한 태양왕

그는 가장 위대했지만 가장 영향력 있는 인물은 아니었다. 그런데 넓이에서는 따라갈 수 있으나 깊이에서는 따라잡을 수 없고, 밝기에서는 필적할 수 있으나 조명도에서는 그렇게 할 수 없는 또 다른 한 사상가가 있었다. 그는 루이 14세의 찬란한 시대, 즉 우리가 이제 발을 들여놓으면 곧 만나게 될 근대 프랑스 사람들을 넘어서서 혁명과 세계대전에까지 이어진 위대한 세기(Le Grand Siècle)를 만들어낸 인물이다. 그래서 그는 비록 그의 삶이 네덜란드의 흐릿한 안개 속에서 조용히 외롭게 흘러갔지만 진정한 태양왕이었던 셈이다. 그와 비교하면 루이 14세는 한갓 도금된 장식 인형에 불과하며, 그가 고안한 연극의 한 등장인물에 불과할 따름이다. 그는 좀 더 꼼꼼히 관찰해야 할 모범이다. 왜냐하면 그는 매우 가치 있는 놀라운 교훈을 주기 때문이다. 즉, 그는 사라지는 것과 지속적으로 영향을 미치는 것, 즉 진정한 의미에서 역사적인 것은 항상, 당대에는 비본질적인 잉여, 심지어 해로운 몽상가로 비치는 몇몇 소수의 인물에 의해서 실현된다는 사실을 인식했던 것이다. 그런데 그의 동시대인들이 주목할 가치가 있는 중심으로 본 것에서 완전히 벗어나 있는 환상적인 것과 특이한 것을 다루는 소수 사람은 오늘날 우리에게도 역시 그런 인물들로 비치기는 마찬가지다. 그리고 또 하나의 교훈은 반대로 그토록 이름을 날리며 소란을 피운 그 중요한 것들이 오늘날은 그 기운이 완전히 꺾여 있을 뿐만 아니라 망각의 저주를 받았거나 경멸과 비웃음의 대상으로 전락해 있다는 사실이다. 간단히 말해, 우리가 인정하려는 것은 위대한 것 일체가 무용하며, 유용한 것은 어떤 것도 위대하지 않다는 교훈, 그리고 역사에서 진정한 세계사는 속세에 낯선 몇몇 몽환·비전·몽상에서 비롯된다는 교훈이다.

우리가 말하고 있는, 일종의 2급의 창작인 이 같은 기적을 생각이 깊은 개념 창작자이자 대인기피증이 있던 귀족 한 사람이 자신도 예견치 못한 채 실현했다. 그는 **기사 르네 데카르트**(chevalier René Descartes), **페론 경**(seigneur de Perron)이다.

02
위대한 세기

그러니까 이성을 사랑하라!
- 부알로(Boileau)

프랑스의 황금시대는 리슐리외와 함께 시작된다. 거구지만 볼품 리슐리외
이 없고, 상상력은 풍부하지만 지력(智力)이 빈곤한 이 국가 지도자
는 탁월한 정치가에게서 볼 수 있는 찬탄할만하면서도 수치스러운
온갖 면모뿐만 아니라 그의 성격의 빛나는 모든 장점과 밉상스러운
악덕의 면모도 동시에 갖추고 있었다. 그는 부르봉가의 절대주의를
실제로 기초한 인물로 통한다. 사실 천재적이지만 불행했던 앙리
4세가 시작하여 천재적인 루이 14세를 능가하는 성공으로 마무리해
야 했던 이 웅장한 '절대주의'라는 건축에서 그는 최고의 작품을
창조한 것이다. 다른 한편, 그는 처음부터 미성년 아들을 대신해서
섭정한 왕태후 메디치가의 마리를 온갖 간계와 폭력을 동원하여 축
출했을 뿐만 아니라 병약해 무능하기 짝이 없는 루이 13세조차도
추기경의 빼어난 정신에 무조건 복종하는 것이 인간적으로 가치 있
는 일로 여기게 함으로써 왕을 허수아비 다루듯 했다. 여기서 내릴
수 있는 결론은 리슐리외의 이 같은 폭력 정치를 추동한 파토스는

충성심이 아니라 국가·교회·경제·예술 따위의 모든 것을 반짝이는 단 하나의 중점에서 조직하려는 프랑스의 전형적인 중앙집권적 의지에서 비롯되었다는 점이다. 그의 승리의 비밀은 바로 그 민족의 성격과 시대의 조류를 그가 깊이 인식한 것에 있다. 귀족적 봉건주의는 죽음에 내몰려 있었고, 부르주아의 자유주의는 아직 산통도 오지 않은 상황이었다. 그래서 왕좌는 유일하게 이용 가능한 권력의 담지자로 비친 것이다. 이것이 시대의 감각이었다. 따라서 리슐리외는 이중의 의미에서 최초의 근대 정치가 중 한 사람인 셈이다. 말하자면 그는 최초로 가장 위대한 정치가 중 한 사람이었던 것이다. 물론 그를 두고 '근대'를 말한다고 해서 그것이 우리 역사관의 정신에서 칭송을 뜻하는 것은 아니다. 그것은 범속한 역사의 정신에서 말하는 칭송의 의미만 담고 있을 뿐이다. 요컨대 그는 사람들이 그의 시대를 제대로 간파하기 전에 벌써 그의 시대가 요구하는 바가 무엇인지 이해했으며, 이런 통찰을 현실로 전화할 수 있는 충분한 추진력과 명민함을 겸비하고 있었던 것이다.

그의 시대 기사들이 그랬던 것처럼 공손하면서도 야만적이고, 호방하면서도 복수심에 들끓는 이 영주는 정치가 허용되지 않은 수단을 쓰는 예술이자 원칙 없는 체계라는 사실도 알고 있었다. 그래서 그는 자신의 내·외적 외교술을 동원하여 온갖 다양한 공리를 지켰다. 저명한 추기경이 빨간 모자를 쓰고 다니는 일은 아주 보기 드문 일이었다. 30년 전쟁이 황제의 승리로 끝나지 않은 것은 대부분이 그의 활약 때문이었다. 가톨릭의 지배세력이 스페인을 제2, 제3의 지위로 전락시킨 것도 그의 작품이었다. 그는 위그노파에게서 그들의 요새를 취하고 대신 그들에게 전면적 종교의 자유와 공직의 허용을 보장하기도 했지만, 교황청 성직 계급의 원심적 역할에 대해서는 교회는 국가에 속하지만 국가가 교회에 속하는 것은 아니라는 원칙에 따라 엄격하게 억압했다. 그는 비록 권력과 존엄의 대표자였지만 그럼에도 당시 힘의 관계에서는 좀처럼 이해할 수 없는 종교적 관용을 베풀었다. 반면 인내해야 할 사람들이 오히려 기묘하게도 인내심을 발휘하지 못하는 행동을 내보였다. 이웃 국가들의 내정에 개입할 때도 그는 '편견 없는' 자세를 취했다. 그가 국왕의 모든 권력을 옹호할 때는 오로지 프랑스 사람으로서만 그렇게 했으며, 반면에 스페인 지배에 대항한 카탈루냐와 포르투갈의 반역자들, 그리고 황제와 제국에 맞선 독일의 영주들, 그리고 영국 왕실에 저항하는 스코틀랜드 사람들을 지원했다. 식민지 개척에서 막대한 몫을 취하려 한 점에서도 그는 완전한 근대 정치가의 면모를 보였다. 마다가스카르(Madagascar)를 장악하기 위해 **동인도 회사**(Compagnie de l'Orient)를 건설하기도 했다. 물론 그것은 미완에 그쳤을 뿐이다. 나중에 콜베르[1]가 동일한 목적으로 동인도 회사를 세우지만, 그 역시 몇몇 변두리 지역만 점유할 수 있었을 따름이다. 아프리카 서부 해안의 경우, 세네갈(Senegal)과 잠비아(Gambia) 사이에 위치한 나라 세네감비아(Senegambia)가 정복되어 생 루이 요새(Fort Saint Louis)가 건축되었다. 남아메리카에서는 수도 카옌(Cayenne)을 둔 프랑스-과야나 정부가 세워졌다. 그런데 가장 많은 이익은 **새로운 프랑스**(France-Nouvelle)로 불린 캐나다에서 거둬들였다. 루이지애나(Louisiana)는 이 세기의 말엽에 가서야 프랑스령에 들어갔다. 전반적으로 프랑스는 식민지 개척에서 당시 별로 성공을 거두지 못했던 것이다. 그도 그럴 것이 이런

---

[1] J. B. Colbert(1619~1683): 프랑스의 정치가. 루이 14세의 재정총감. 중상주의 정책을 펼침.

지역에서는 리슐리외의 중앙집권적 체제가 먹혀들지 않았기 때문이다. 이런 체제는 명목상의 국가 지원으로 현장의 모든 자립적인 활동을 위축시켰으며, 유럽의 모든 식민지 제도가 의존하고 있던 고도의 해상약탈 방식에서는 전혀 쓸모가 없었다. 그 밖의 다른 분야에서도 리슐리외는 콜베르의 선구자였다. 그는 국내산업, 특히 번창하고 있던 섬유제조업을 관세장벽을 통해 보호하려 했고, 새로운 산업분야를 개발했으며, 농업을 장려하고 전 유럽에 모범이 되었던 멋진 가로수 도로를 정비함으로써 교통을 원활하게 했다.

그러나 리슐리외를 정치가로만 평가한다면 온전하게 그를 대하는 것은 아니게 된다. 중요한 모든 국가 지도자와 마찬가지로 그도 행정과 외교뿐만 아니라 정신적 · 사회적 활동에도 자신의 관점을 각인시켰다. 그는 정치활동에서 그랬던 것과 똑같은 원칙을 여기서도 이행했다. 그 원칙들은 총괄 · 조망 · 질서로서 극히 간명한 원칙이었다. 그는 자신의 권위를 기념하도록 추기경 궁전(Palais Cardinal)을 세웠다. 물론 나중에 이 궁전은 왕실 궁전(Palais Royal)으로 이름이 바뀌었지만 흥미로운 역사적 역할을 했다. 여론을 주도하려고 그 자신이 직접 글을 기고한『프랑스 관보(Gazette de France)』라는 잡지를 발행했으며, 프랑스어를 순화하고 개선하려고 **프랑스어 학술원**(Académie française)을 건립했다. 이때부터 이 학술원은 바르게 쓰고 말하는 법을 관장한다. 이로써 프랑스어는 처음으로 명료성과 섬세함과 정확성을 갖는 동시에 다소 기계적인 법칙성과 부자연스러운 획일성을 취한다. 그가 드라마에서 관철시킨 '3일치 법칙'[2] 덕분에 무대장치

---

[2] Drei Einheiten: 연극구성의 3요소인 사건행위 · 시간 · 장소가 단일해야 한다는 프랑스 고전주의 연극의 기본 법칙. 곧 극의 사건줄거리는 일관되게 단일해야 하고, 지속 시간이 하루 24시간 이내여야 하며, 전개되는 장소는

를 좀 더 정확히 조망할 수 있게 되었지만, 그 대신 자연성과 시적인 삶이 주는 다채로움의 감성을 상실하고 말았다. 리슐리외의 지원 아래 최초로 대규모의 살롱도 조성되었다. 재기발랄하고도 아름다우며 상냥한 랑부예(Rambouillet) 후작부인의 저택에서 지성을 겸비한 상류층 귀족들이 회합을 가졌으며, 그곳에서 다음 두 세기간 프랑스 사회생활의 전형적 모습을 보여줄 귀족과 문학의 숭고한 결합이 발전하기 시작한다. 그 같은 부류의 이상은 언어와 생각과 풍습에서 '세련미'를 구현하는 것이다. 그런데 이것이 나중에 아는 척하면서 꾸며대고 거드름을 피우는 행태로 변질되면서 개폼이라는 농담이 생겨나기도 했다. 그러나 본래 이 같은 경향들은 상충되는 것, 즉 고귀한 단순성, 예술적인 검소함, 취향 가득한 사양 따위를 노리고 있다. **질서**(ordre) · **경제**(économie) · **정선**(choix)은 멋진 스타일에 요구되는 기본 속성들이었다. 간단히 말해 우리는 리슐리외의 시대 어디에서든 위대한 세기(Grand Siècle)의 서늘하면서 청명한 공기, 희박하지만 깨끗한 공기를 쐬고 있는 것이다.

리슐리외와 국왕이 거의 동시에 사망했을 때, 또다시 외국 여성인 오스트리아의 안(Anne)이 자신의 미성년 아들을 대신해서 섭정하게 된다. 역시 추기경 한 사람이 특유의 권리를 행사한다. 그러나 이번에는 여왕의 적수로서가 아니라 여왕의 정부(情夫)로서 권리를 휘두른다. 아무튼 마자랭은 일종의 리슐리외의 어설픈 모조품이자 '조연배우'에 불과했다. 물론 그의 외형적인 성공은 리슐리외의 그것보다 훨씬 커보였다. 그는 왕권의 전횡에 맞서 봉건분자들이 최후로 들고일어난 프롱드(Fronde) 당의 봉기[3]를 완전히 격퇴했으며, 베스

마자랭

동일한 장소여야 한다는 통일 법칙을 말함.

트팔렌 평화조약을 통해 숙원이었던 라인 강 경계지역을 프랑스에 양도했고, 남부에서는 피레네 평화조약(Pyrenäischer Frieden)을 통해 피레네 경계지역을 얻었으며, 북부에서는 대단히 중요한 남부 벨기에의 몇몇 요새를 합병함으로써 저지 나라들로 들어가는 막강한 관문을 확보했고, 독일의 서부지역을 부르봉가의 보호령으로 삼아 완전히 프랑스의 영향 아래 두는 라인 동맹(Rheinbund)을 체결했으며, 스웨덴·폴란드·네덜란드·영국과도 유리한 동맹을 체결하여 프랑스를 당시 외교정책의 권력 관계에서 정상에 올려놓았다. 이는 루이 14세 치하에서도 다시는 성취할 수 없는 그런 것이었다. 그러나 그럼에도 거장 리슐리외와 비교하면 그는 한갓 문학 작품의 등장인물처럼 비칠 따름이다. 만족할 줄 모르는 그의 재물 욕심을 충족시키기에 어떤 수단도 충분히 더럽지도 않고 모험적이지도 않을 정도여서, 그는 바로 몰리에르의 작품에 등장하는 인물만큼이나 그로테스크한 것이다. 프롱드 당이 활약하던 시기에 그의 밉살스러움 때문에 날개 돋친 듯이 팔려나간, 그에 관해 악의에 찬 수많은 팸플릿이 발간되었을 때, 그는 그것들을 몽땅 압수해오게 하여 그것들마저 높은 가격으로 몰래 팔아치웠다. 심지어 그는 죽어가면서도 금화의 무게를 다느라고 여념이 없었는데, 그것은 표준가격에 미치지 못하는 금화를 가려내어 판돈으로 쓸 계산에서 그랬던 것이다.

데카르트의
시대

    때는 1661년이었다. 마자랭 사망 이후 많은 사람은 이제 세 번째 고위 성직자로서 재능 많고 교활한 추기경 레츠[4]가 프랑스의 지도자로 임명될 것이라고 믿었지만, 23살의 군주는 이제부터 자신이

---

[3]   일명 귀족의 반란이라고도 함.

[4]   Cardinal de Retz(1613~1679): 프랑스의 성직자. 비망록 작가. 프롱드 당 선동자.

직접 통치할 것이라고 선언해 모두를 당황하게 했다. 이 날과 더불어 루이 14세의 시대가 열렸다. 이 시대를 우리는 바로크 전성기(Hochbarocke) 혹은 아마 가장 적절할 법한데, 데카르트의 시대라고 불러도 무방할 듯하다.

이 위대한 세기의 정신을 온전한 형식으로 보여주었던 중대한 인물의 삶은 자신이 야기한 엄청난 영향과는 짐짓 모순되는 것처럼 보인다. 왜냐하면 겉으로 보기에 그의 삶은 별 요구사항도 없이 거의 관행 형태로 움직이고 있기 때문이다. 데카르트는 당시 귀족의 평범한 성장과정을 밟았다. 예수회 학교에 다녔고, 법학사를 취득했으며, 독일과 보헤미아 및 네덜란드에서 병역을 했고, 로레토(Loretto)로 순례를 떠나기도 했다. 그는 자신의 생애 마지막 20년을 네덜란드에 있는 한 지방의 아주 외딴 곳에서 보냈다. 단지 세계의 중심에 있던 사람들, 이를테면 파리의 리슐리외와 마자랭과는 광범위한 서신 교환만으로 연락을 취했을 따름이었다. 그의 고백에서 보듯 그는 세상에서 명예를 얻고 싶은 마음이 전혀 없었고, 오히려 그것을 두려워했다. 그는 자신이 존경하는 사람 중 한 사람에게 이렇게 편지를 써 보낸다. "원주민들은 원숭이들도 원하기만 한다면 말을 할 수 있지만, 사람들이 강제로 일을 시킬까봐 일부러 말을 하지 않는다고 주장합니다. 나는 그다지 현명하지 못해 이렇게 글 쓰는 일을 단념하지 못하나 봅니다. 그래서 그만큼 나는 침묵을 통해 누릴 수 있는 안정과 평안을 더 이상 취할 수 없는 모양입니다." 그는 방해로만 여기는 세상과는 가능하다면 관계를 맺지 않으려고 했다. 그래서 지배 세력들과는 어떤 충돌이든 피했다. 그는 우주에 관한 자신의 연구가 갈릴레이의 원리는 말할 것도 없고 태양 중심의 원리에도 근거하지 않은 것이지만, 갈릴레이가 새로운 이론의 입장에서 교회와 어떤 차이를 보였기에 소환되게 되었는지 그 내막을 잘 알고서는 자신의 연구활동을 자제하기까지 했던 것이다. 이점을 피상적으로 생각하는 사람들은 진리에 대한 의지와 개인적인 용기가 결핍된 것으로 봐왔지만, 인간으로서의 데카르트가 신성한 로마교회의 아들이자 프랑스 구습귀족이기를 한 번도 포기한 적이 없었다는 사실에 대해서는 망각했다. 그가 기존 질서에 대한 어떤 저항도 기획하지 않았다면 그것은 그가 자신의 출신성분의 목소리에 충실한 셈이다. 그밖에도 그는 세상일로 힘겨루기를 하면서 자신의 거대한 구상이 방해받기보다는 방해받지 않고 그것에 전념하는 것이 더 중요하다고 보았다.

마술적인
좌표교차점

그러나 그럼에도 생전에 이미 많은 반대파와 지지자가 생겨난 것은 그도 어쩔 수가 없었다. 수학자요 자연연구자로서 그가 독보적으로 성취한 업적들은 그에게 세계적 명성을 가져다주기에 충분했던 것 같다. 그는 빛의 굴절법칙을 발견했고, 인간의 눈에서 수정체가 하는 기능을 알아냈으며, 무지개의 수수께끼를 풀어냈다. 천체운동을 해명하기 위해 그가 세운 선회이론(Wirbeltheorie)은 이후의 연구에 의해 역시 방기되긴 했지만, 그의 시대에는 중요한 의미를 띠었다. 그런데 가장 위대한 그의 업적은 해석기하학(analytische Geometrie)의 정립이다. 널리 알려졌다시피, 이 기하학 덕분에 두 개의 변수, 즉 좌표를 주요성분으로 삼고 있는 모든 평면 곡선의 속성을 하나의 등식으로 표현할 수 있게 된 것이다. 이는 후대에 이르러 비상한 성과로 평가받는 완전히 새로운 학문일 뿐만 아니라 대단히 의미심장한 사건이기도 하다. 그것은 바로 대수학 분야에서의 거대한 실험과 같은 것이었다. 곧 그것은 순수 사유, 즉 실제의 존재를 기하학에 적용하는 것이다. 다시 말해 그것은 현실적 사물들의 속성과 실존법칙을 찾아내는 일이다. 또한 그것은 **이 사물들 자체가 거기에 있기 전**에 그 실재성(Realität)을 확증된 선분들의 그물망으로 낚아채는 일이다. 이 그물망에서 그 실재성의 좌표를 구할 수 있고, 이 좌표를 통해 권위 있는 오성은 언제든 그 실재성을 규정할 수 있을 뿐만 아니라 예단까지 할 수 있는 것이다. 이는 비록 가상의 승리일 뿐이지만 물질에 대한 합리주의의 최고의 승리를 의미한다. 데카르트적 인간은 비합리적인 현실에 자신의 **마술적인 좌표교차점**(magisches Koordinantenkreuz)으로 맞서고 있는 것이다. 이로써 이 현실에 주문을 걸어 자신을 따르게 만든다. 이 과정의 상징적 의미는 측량할 길이 없다. 이 의미를 푸는 열쇠는 프랑스 바로크 전체에 달려있다.

이제 형이상학도 수학과 마찬가지로 자체의 어떤 원리들에서 직접 연역한 명제들을 발전시키게 된다. 내가 명료하게 그리고 분명히 표상하는 것들만이 진정한 것이 된다. 따라서 우리는 우리가 자명하게 인식할 수 있거나 이 인식에서 확실히 추론할 수 있는 것만 따라야 한다. 데카르트의 방법은 이런 식으로 엄격히 검증받아 정립된 일련의 추론과 관계가 있다.

데카르트가 세운 최고의 원칙은 **모든 것을 의심한다**(de omnibus dubitandum)는 것이다. 우리가 우리의 세계상을 구성할 때 갖는 감각 인상들은 가끔 우리를 확실히 기만한다. 아니 어쩌면 늘 기만할지도 모른다. 그러나 우리가 모든 것을 의심해도 좋을 자격을 부여받은 경우에조차도 의심할 수 없는 단 한 가지가 있다면, 그것은 바로 우리가 의심한다는 사실이다. 우리의 모든 표상이 허위라고 할지라도 실증적 나머지로 남는 것은 그것들이 표상이라는 사실이다. 모든 것이 착각이라고 할지라도 우리의 착각 자체의 실존만큼은 착각이 아닌 것이다. 내가 모든 것을 부정할지라도 부정하는 그 장본인인 나는 언제나 존재하기 마련이다. 그리하여 데카르트는 **모든 것을 의심한다**(de omnibus dubito)에서 출발하여 **의심한다, 그래서 존재한다**(dubito ergo sum)는 결론 혹은 모든 것을 의심한다는 것은 곧 생각한다는 것을 의미하기 때문에 **생각한다, 그래서 존재한다**(cogito ergo sum)는 결론에 이른다. 곧바로 그는 이 마지막 명제를 세 번째 명제인 **생각하는 존재**(sum cogitans)와 동일시한다. 이때 그는 인간은 자신의 실존을 자신의 사유행위로부터 해명하는 존재일 뿐만 아니라 존재 전체가 자신의 정신 절반을 사유행위에 둔다고까지 주장한다. 데카르트의 경우 세계는 두 개의 실체로 분열된다. 하나는 그 기본속성이 연장(延長: Ausdehnung)에 있는 물체이고, 다른 하나는 그 본질적 속성이 사유를 형성하는 것인 정신이다. 물체는 연장 없이는 존재할 수 없으며, 정신은 사유 없이는 존재할 수 없다. 요컨대 **정신은 항상 사유한다**(mens semper cogitat). 이 명제는 눈여겨볼만한 두 가지 결론으로 데카르트를 이끌어 가는데, 그것은 바로 그와 그의 시대의 성격을 말해주는 것이기도 하다. 첫째, 데카르트의 방법을 필요한 만큼 충분히 조심스러운 자세로 활용하여, 명료하게 그리고 분명히 인식한 것에만 동의할 때 사람은 결코 오류에 빠질 수 없다는 점, 그리고 오류는 인식의 신적 재능을 올바르게 사용하지 못할 때에만 범하게 되는 것이므로 그 책임은 자기 자신에게 있다는 점이다. 둘째, 사유하는 실체는 결코 연장될 수 없고, 연장되는 실체는 결코 사유할 수 없기 때문에 인간의 육체는 영혼과 아무 공통성이 없는 기계이고, 동물은 사유하지 않기 때문에 영혼이 없으며, 복잡한 자동기계와 전혀 구분되지 않는다는 점이다.

이제 우리는 데카르트가 수정처럼 맑은 어투로, 그리고 가끔 거의 연극 같은 감동을 주는 말투로 낭독한 그 같은 철학을 좀 더 면밀히 살펴보기로 한다. 이 철학의 가장 돋보이는 특색은 우선 엄격하면서도 다면적인 방법론과 이의 승리에 대한 열정적 신념에 있다. 논리적인 만능열쇠와 같은 방법이 있다. 이 열쇠를 가진 사람은 세계를 소유한 것이다. 내가 '참된 방법'을 가졌다면 나는 이미 사태를 장악한 것이다. 바로 이것이 데카르트의 핵심적 확신이다. 이 확신은 외경할만한 압도적인 삶의 파토스로 고양되어 라틴 영혼이 밟는 아득히 먼 노정, 이를테면 데카르트로부터 볼테르와 나폴레옹을 경유하여 텐[5]과 졸라[6]에까지 이르는 노정을 규정했던 것이다. 여기서 말하는 방법은 분석적 방법이다. 그것은 주어진 실재를, 혹은 연구대상으로 삼은 그 단면을 우선 그 '분자들'로 분해한다. 이로부터 연역적으로 '올바른' 과정을 거쳐 그 실재로 되돌아가는 것이다. 그것은 세계와 이에 대한 관찰태도 및 그 이상을 교정한다. 그것은 세계에 대한 관찰을 통해 그 세계를 교정하는 것이다. "방법론상 참된 것을 찾으려면 얽히고설킨 모호한 명제들을 계단식으로 좀 더 단순한 명제들로 되돌려놓고는 이 단순한 명제들의 관점에서 출발해야 한다. 그리고 나서 역시 계단식으로 그 얽히고설킨 모호한 명제들에 대한 인식으로 나아가면 되는 것이다." 이는 일단 해부하고 그다음에 구성하는 방식이다. 이 두 가지는 극단의 합리적 · 기계적 기능으로 구성된다. 여기서 수학은 만능과학(Unversalwissenschaft)으로

---

5 H. Taine(1828~1893): 프랑스 역사가이자 비평가. 그는『영국문학사』(1864)에서 인종 · 환경 · 시대를 문학결정의 본질적인 3요소로 제시할 만큼 문학에 깊은 조예를 갖고 있었다.

6 E. F. Zola(1840~1902): 프랑스의 소설가 · 비평가. 유대인 출신 장교 드레퓌스(A. Dreyfus)가 인종차별에 따른 간첩혐의를 받고 유죄선고를 받았을 때 그의 무죄를 증명하기 위해 백방으로 노력한 이른바 '드레퓌스 사건'에서 지식인 현실참여의 모범을 보였다.

통한다. 왜냐하면 수학만이 이 같은 필요를 온전히 충족시킬 수 있기 때문이다. 단지 수학만이 그 대상을 최후의 성분으로 쪼갤 수 있고, 수학만이 논증과 추론의 빈틈없는 사슬을 거머쥐고 최후의 인식 단계에 오를 수 있다. 따라서 근본적으로 모든 것은 수학적 문제일 뿐이다. 요컨대 우리를 둘러싸고 있는 모든 물리적 세계도, 이 세계를 수용하는 우리의 정신도, 심지어 데카르트 체계에서 가장 눈에 잘 띄는 가장 독특한 부분인 윤리도 수학적 문제일 뿐인 셈이다. 데카르트는 자신의 논문 「정신의 정념(les passions de l'âme)」에서 기지 넘치는 예리한 방식으로 인간 정열에 대해 상세히 분석 · 설명하면서 동시에 그것에 맞서 그것을 다룰 길을 제시한다. 그의 동시대인들에게 최고의 찬사를 받은 이 유명한 에세이는 정열의 총계를 일련의 보편적인 기본 형식으로 환원하여 **정념들**(Passionen)에 일종의 **대수학**(Algebra)을 대입해보려는 시도일 뿐이다. 간단히 말해 모든 것은 분석의 문제, 즉 해석기하학의 문제이다. 그렇다면 해석기하학이란 무엇인가? 이는 이미 우리가 말한 바 있는데, 그것은 곧 어떤 사태의 법칙과 형태를 관망하지 않고 찾아내는 기술을 의미한다. 원 및 타원과 포물선의 방정식은 이 모양들이 나타나기 전에 이미 존재했던 것이다. 왜냐하면 이 모양들은 온전히 그 자체로 이 방정식을 뒤따르면서 여기에 논리-수학적 복종을 할 **수밖에** 없기 때문이다. 데카르트는 이 같은 대수학적 방법에 따라 자신의 삶도 정비할 줄 알았다. 우선 그는 이른바 자신의 전기(傳記) 방정식을 구상하고, 그다음에 이 방정식의 이론적 공식에 따라 자기 삶의 곡선을 아주 정확히 구성했던 것이다. 그의 삶의 전개과정에서 우연적이거나 외부로부터 강제된 것은 아무것도 없으며, 모든 것이 자신이 미리 규정한 것들이다. 그는 자신의 삶 전반생(前半生)은 완전히 의식적으로 "세상이라는 큰 책을 읽기" 위해 세계 속으로 들어갔으며, 인생궤도의 그 나머지 기간에 역시 의식적으로 이 세계에서 떨어지기로 결심하는데, 그것은 이 세계에 대해 철학을 하기 위해서였다. 데카르트와 더불어 **연역적 인간**(deduktiver Mensch)이 역사의 무대에 등장한 셈이다.

이 연역적 인간의 첫 번째 기본 확신은 우리가 생각한다는 것만이 현실적이며, 우리가 **정렬되어 있다**고 생각하는 것만이 사실로 사유되며, 내가 명료하게 그리고 분명히 통찰하는 것이 진정한 것이고, **명료하고 분명한 직관**(clara et distincta perceptio)이 올바름의 진정한 기준이 된다는 점이다. 데카르트는 스타일에서도 낮·빛·태양과 같이 표상 영역에 놓여 있는 메타포들을 즐겨 사용한다. 특히 자연 연구자로서 그는 무엇보다 광학의 문제에 집착했다. 아마도 제목이 『세계(le monde)』였던 것 같은 유실된 그의 대작에서 그는 자신의 광학이론의 관점에서 전 우주를 다루었다. 그의 철학 전체를 관통하는 목적은 자신의 유고집에서 밝혔듯이 '**자연의 빛을 통한 진리 탐구**(la recherche de la vérité par les lumières naturelles)'에 있다. 오성의 자연의 빛에서 해명할 수 없는 것이란 아무것도 없다고 한다. 이 빛의 태양 안에 놓여 있지 않은 것은 논증할 가치가 없으며, 좀 더 심하게 말하면 그런 것은 실존하지도 않는다. 빛을 발산하는 것은 풍성한 일광 덕분이며, 맑고 한결같게 밝으며, 그림자와 잔영이 없고 어둠과 모순이 없다. 왜냐하면 자기 자신을 의식하고 확신하는 순수한 오성에는 등급 없는 유일한 확신만이 있기 때문이다. 그것은 인간의 정신이 기어오른 일종의 자오선 고도(Mittagshöhe)로서 일면적이지만 장대하다.

물론 이러한 정점은 투명한 이성의 빛줄기에 들어있지 않은 것은

이성의 태양

모두 무시하고 심지어 부정할 때에만 도달할 수 있을 뿐이다. 따라서 이 같은 세계관 앞에서는 잠재의식적인 것(Unterbewußtes), 반(半)의식적인 것(Halbbewußtes) 따위는 존재하지 않으며, 정의하기 어려운 정신의 운동, 어두운 충동, 비밀스러운 예감들도 없다. 신비에 찬 느낌이 있다면 그것도 투명한 사념의 표현일 때일 뿐이다. 무엇인가를 갈망한다는 것은 그것을 참인 것으로 여긴다는 뜻이며, 무엇인가를 기피한다는 것은 그것을 허위로 여긴다는 뜻이다. 좋은 행실들은 적절한 인식이 그 바탕에 깔려있으며, 나쁜 행실들은 바르지 않은 표상들에서 흘러나온다는 것이다. 우리가 이미 들어온바, 동물과 식물은 그저 자동기계에 불과하다. 그들의 감각은 기계적 법칙들을 순순히 따르는 육체적 활동 이외 아무것도 아닌 것이다. 그도 그럴 것이 사유 없이 일어나는 모든 것은 단순한 물리적 과정일 뿐이다. 데카르트는 그것들은 보지도 듣지도 못하며, 배고파하지도 목말라하지도 않으며, 기쁨도 슬픔도 느끼지 못한다고 서슴없이 말한다. 그것들이 스스로 살아있음을 표현하는 방법이라고는 고작 7시나 8시를 알리는 시계 정도에 불과하다고 그는 말한다. 그는 시종일관 이런 식으로 계속 밀고 나가면서 **인간의** 감성도 정신의 사건으로 보지 않는다. 그에게는 그것 역시 운동현상일 뿐이다. 정열은 그릇된 판단, 즉 바르지 못한 뒤죽박죽 얽힌 모호한 표상에 불과하다. 그래서 그것은 실존할 자격이 없고, 그래서 그것은 명료한 개념들과 확실한 표상들의 능력인 이성을 통해 정복할 수 있고 정복해야만 하는 것이다. 여기서 우리는 그리스 스토아학파에 가깝지만 세속적인 것으로 바뀐 정신적 태도를 보고 있는 듯한데, 그 모양은 그것이 마치 윤리학적 이상으로 17세기의 눈앞에 아른거리고 있는 듯한 모습이다. 요컨대 **생활형식**이 된 명료한 방법론을 통해 자신의 모든 충동을 억제하고 합리화하는 인간은, 통제되지 않는 의지영역인 기본 본능에서 흘러나오는 모든 것을 문명화되지 않은 투박한 것, 몰취미의 야만적인 것, 철학적이지도 않고 미학적이지도 않은 것으로 취급하며, 이성에 복종하지 않는 모든 것을 하위의 **불량 종자**(*mauvais genre*)로 여긴다. 그런데 이쯤이면 벌써 18세기를 예고하고 있는 셈이다. 그것은 곧 이성과 모순되는 것은 모두가 진보의 통로에서 극복될 운명에 처한 미숙한 교양이자 자연의 혼란일 뿐이라는 확신이다.

데카르트의 체계는 모든 개별 영역에서 오로지 자신의 최고 원칙, 형제들이 없는 정신 즉 **생각한다, 그래서 존재한다**는 원칙이 지정한 결과들만을 도출한다. 데카르트가 보기엔 인간 나(Ich)와 전체 세계의 사실은 **사유**를 통해 해명된다. 그런데 인간은 자신의 실존을 자신의 다른 모든 활동에서도 추론할 수 있고, 따라서 예컨대 "**나는 산책한다, 그래서 나는 존재한다**(*ambulo ergo sum*)"고도 말할 수 있다는 가상디[7]의 항변에 대해 데카르트는 인간이 자신이 산책하고 있다는 사실을 확신하는 경우는 그가 그 사실을 표상할 때, 즉 자신이 산책하고 있다는 것을 사유할 때일 뿐이라고 제대로 응수했다. 그러나 데카르트는 사유(Denken)와 존재(Sein)를 상위명제(Obersatz)와 하위명제(Untersatz)의 관계로 설정할 뿐만 아니라 동일성(Identität)의 관계로 두기도 한다. 그리하여 그는 정신의 본질은 오로지 사유에 있을 뿐이며, 따라서 사유된 것만이 현실적인 것이라고 확신했다. 만일 가상디가 쇼펜하우어의 철학이 발 딛고 서 있는 명제, 즉 "**나는 의도한다, 그래서 나는 존재한다**(*volo ergo sum*)"는 명제를 데카르트에게 내밀었다면 데카르트

---

7   Pierre Gassendi(1592~1655): 프랑스의 철학자 · 물리학자 · 수학자.

는 앞의 방식과 같은 식으로 응수할 수는 없었을 것이다. 그도 그럴 것이 만일 내가 나의 의도를 의식할 경우는 내가 그것을 표상할 때 일 뿐이라고 한다면, 이 의도가 나의 실존의 원인자가 될 수 있는가 하는 물음은 여전히 열려있기 때문이다. 이는 내가 생각하고 있다는 사실을 통해 나의 자아(mein Ich)는 존재하고 있음이 나에게 **입증된다** 는 꼴이다. 그런데 데카르트는 이러한 논리적 근거를 형이상학적 근거로 삼는다. 그래서 견강부회할 자격도 가진다. 그도 그럴 것이 위대한 철학자들의 과제는 정확히 추론하는 것이 아니라 자기 시대 의 목소리가 되는 것, 자기 시대의 세계감정을 체계로 만드는 것에 있기 때문이다. 당시 그는 자신이 알고 있는 활동만이 자신의 일이 라고 철석같이 확신했다. 이와 관련하여 데카르트의 제자 휠링크 스[8]는 **"나라는 존재는 현상의 원인자도 아니다**(quod nescis, quomodo fiat, id non facis)"라고 말한다. 생각하는 사람만이 정신을 지니고 있으며, 정 신을 지니고 있는 자는 사유할 수밖에 없다고 한다. 이에 대해 데카 르트의 또 다른 제자 말브랑슈는 이렇게 말한다. **"정신은 늘 사유한 다**(l'âme pense toujours)."

늘 사유하는 이 정신은 형제들이 없다. 이는 데카르트주의에서 특히 두드러지게 나타나는 현상이다. 그것은 곧 시종일관된 합리주 의가 인간을 유배시키는 엄격한 고립이다. 순수 사유의 장엄한 적막 감과 완전한 고립이 지배한다. 데카르트는 이런 고립무원의 상황에 서 자신의 대단한 명제, 즉 **"생각한다, 그래서 존재한다"**는 명제를 정립했다. 그가 마음에 그리고 있는 인간은 자신의 **코기토**(cogito) 하 나만 달랑 갖고서 끝없이 펼쳐진 광활한 세계에 서 있다. 그런데

---

[8] Arnold Geulincx(1624~1669): 플랑드르의 철학자.

이 코기토는 사유하고 정리하며 해명하는 고상한 힘으로서 우주 전체, 즉 신과 인간과 자연, 세계의 부흥과 몰락, 사회학과 천문학 및 물리학, 원자와 선회와 행성들, 국가와 정열과 미덕을 조성케 한다. 그것이 진정 이러한 것들을 원하는지, 아니면 자신에 대해서 알고나 있는지 어떤지는 모르지만, 사유하는 단자로서 데카르트의 인간만큼은 현실적인 것이다. 지각(知覺: Sinneswahrnemung)은 진정한 것이 못되지만, 이 지각을 생각하고 있다는 것만큼은 진짜인 것이다. 해석 기하학에서처럼 실제의 곡선은 진정한 것, 본질적인 것이 아니고, 오성이 찾아낸 그 보편 공식이 진정한 것이다. 감각적 표상들은 '불분명'하기 때문에 그 실재성은 미미할 뿐이다. 감각세계 전체가 하나의 몽상이 아니라고 누가 확신하겠는가? "이 문제를 두고 내가 아무리 깊이 생각해봐도 깨어있는 상황과 꿈을 분명하게 구분해줄 단 하나의 징표도 건질 수가 없다. 이 둘이 너무 흡사해서 아연실색할 정도며, 이 순간도 내가 꿈을 꾸고 있는 것이 아닌지 모르겠다." 여기서 데카르트는 갑자기 진짜 바로크 철학자의 모습을 드러낸다. 그는 감각세계를 제2차의 현실로 전락시킨다. 가설이라고는 하지만 감각세계를 꿈으로 구상하면서 세계 일체를 극단적으로 불신한다. 그가 지배의 속성을 지닌 현실적인 것에 대한 무조건적 인정을 자신의 원칙적 회의주의와 극도의 혁명적 합리주의와 결합시키고 있는 점에서도 그의 바로크적 성격이 드러나는 셈이다. 우리가 이미 암시했듯이 인간으로서 그는 거의 반동적일 만큼 엄격히 보수적이었고, 내심 반종교개혁적일 만큼 고루했다. 사실 종교개혁이란 개인주의적이고 민주적일 뿐만 아니라 데카르트가 알고 싶어 하지도 않은 '**실천**'에서의 '진보'와 자유를 의미하는 것이기도 했다. 그를 두고 보쉬에[9]는 교회에 대한 그의 조심성은 극단적이었다고 증언한다. 데카르트는 자신의 글 가운데 하나에서 직접 어떤 상황에서도 자신이 살고 있는 그 나라의 법과 관습을 준수하고, 자신을 훈육한 종교에 확고하게 매달리며, 사람들과 교제할 때는 가장 널리 통하는 가장 온건한 격률들을 따를 것을 권하면서도 윤리적인 대상을 다루는 것은 거의 피했다. 그 이유로는 다른 사람들을 위한 예절규범을 세우는 일은 권력자들의 몫이라고 했다. 그는 귀족이고 가톨릭 신자였다. 그는 '저항한' 적이 단 한 번도 없었다. 아마 그렇기 때문에 그의 나라의 어떤 시민도 어떤 개혁자도 이토록 무전제적인 철학을 만나본 적이 없을 것이다. 이 철학에서 그의 정신의 바람이 불고 있는데, 이 정신은 너무 자유로워서 자유마저도 경멸할 정도이다.

전기 바로크에서 전성기바로크로의 이행

실제로 그의 철학에 대한 최초의 적수들도 자유 네덜란드의 프로테스탄트 공화정에서 나타났다. 그런데 그가 사망하고 난 뒤 13년째 되던 해에 예수회도 그에게 반기를 들고서 그의 책들을 금서목록에 올리고는 곧바로 프랑스 대학에서 그의 학설을 추방하는 조처를 취했다. 그러나 그럼에도 그의 학파는 멈출 줄 모르고 확산되었다. 이 학파는 우리가 철학의 역사에서 그의 직속 후계자이자 계승자라고 부를 수 있는 '기회 원인론자들(Okkasionalisten)'뿐만 아니라 『사고의 기술(L'art de penser)』이라는 유명한 포르루아얄(Port-Royal) 논리학과 부알로[10]의 모범적인 『시법(詩法)(Art poétique)』을 통해서만 전파된 것이 아니다. 오히려 프랑스 전체가 그의 학파인 셈이었다. 그 선두에는 그의 저작들을 금지한, 바로 태양왕까지 있었다. 국가 · 경제 · 드라마 · 건축 · 사교 · 전략 · 원예술, 이 모든 것에서 데카르

---

[9] J.-B. Bossuet(1627~1704): 프랑스의 주교이자 신학자. 교황권에 맞서 프랑스 교회의 권리를 변호하고 웅변함.

[10] N. Boileau(1636~1711): 프랑스의 비평가 · 시인.

트 냄새가 풍겼다. 그것은 열정의 개념들이 서로 충돌을 일으키는 비극에서도, 그리고 인간 성격의 대수학적 공식들이 전개되는 희극에서도 그랬다. 추상적 방정식을 이루고 있는 베르사유(Versailles) 궁전의 정원에서도, 전쟁 수행에 동원되는 분석적 방법과 국민경제에서도, 행동과 품위 및 춤과 대화 따위와 같은 이른바 연역적 행위예법에서도 마찬가지였다. 곳곳에서 데카르트가 무제한적 권력가로 군림하고 있다. 그래서 거의 오늘날까지도 모든 프랑스 사람은 데카르트의 선천적 제자라고 까지 말할 지경인 것이다. 프랑스 혁명은 부르봉가 사람들의 절대주의를 생각할 수 있는 만큼 철저히 제거했다. 그러나 데카르트만큼은 그 왕좌에서 전복시킨 것이 아니라 그 권력을 최대한 보장해주었다.

루이 14세와 더불어 전기 바로크로부터 전성기 바로크(Vollbarocke)로의 이행이 이루어진다. 그가 독자적으로 통치한 기간은 대략 15년 6개월 정도가 된다. 그의 사망과 함께 로코코(Rokoko)로 알려진 후기 바로크(Spätbarocke)가 시작된다. 우리는 앞 장에서 그가 독재권력을 휘두른 시기에는 수많은 결정적 날들도 있었다는 점에 대해 살펴본 바 있다. 그의 집권 말기도 사정은 마찬가지다. 그는 1715년에 사망했는데, 그해 데카르트의 가장 중요한 제자 말브랑슈도 죽었다. 1713년 프리드리히 빌헬름(Friedrich Wilhelm) 1세가 프로이센에서 권력을 잡았고, 영국에서는 1714년 하노버(Hannover) 가문이 왕좌에 올랐다. 이 두 권력은 중대한 정치적 전환점을 이룬다. 그리고 1716년에는, 우리가 뒤에 살펴보겠지만, 바로크 정신이 가장 집약된 인물인 라이프니츠[11]가 사망했다. 그러므로 태양왕의 죽음은 하나의

---

[11] G. Leibniz(1646~1716): 독일의 철학자이자 수학자. 미적분법의 창시자. '단

의미가 아니라 여러 의미에서 한 역사적 시기의 종말을 나타낸다고
할 수 있다.

루이 14세가 세운 극단적 절대주의는 중심을 요구하는 데카르트
적 이성으로부터 자연스럽게 도출된 셈이다. 이 중심은 모든 것을
방법론상 통일적으로 지배하고 조절하는 것이다. 당시 사람들에게
"짐은 국가다(l'état c'est moi)"라는 말은 후세의 비평가들이 여기에 덧
붙인 그런 뻔뻔한 의미로 통하진 않았다. 국왕은 신과 이성이 정한
현세 좌표계의 중심점이다. 그를 기준으로 하여 모든 것의 방향이
정해진다. 이와 다르게 생각한 사람은 그 시대의 감정에는 그저 대
역죄인으로만 비친 것이 아니라 그보다 훨씬 더 나쁜 것으로 비쳤
다. 말하자면 아무리 생각해봐도 있을 수 없는 사람으로 보였다. 그
시대 감정에 의하면 먼저 국왕이 있고 그다음에 국가가 있다. 그로
부터 국가가 발전한다. 그것은 1차적으로 좌표 교점이 있고, 그다음
에 비로소 실제의 점들과 선분, 그리고 평면이 있게 되는 것과 같은
이치다. 국왕은 국가를 단순히 지배만 하는 것이 아니라 국가를 **만
들어간다.** 자명하게도 바로 여기서 철저한 절대주의적 이론들이 생
겨난다. 그중 가장 명료하고도 가장 인상 깊은 이론은 그 시대 가장
감동적인 설교자이자 가장 빛나는 역사가 가운데 한 사람인 '모
(Meaux)의 귀족' 보쉬에의 글에 표현되어 있다. 그는 『성서의 가르침
에 따른 정치학(Politik nach den Lehren der Heiligen Schrift)』에서 국왕은 총독
으로 지상에 내린 신의 영상이며, 그의 존엄은 신의 존엄의 반사체
이고, 백성 전체의 의지인 국가는 국왕에게서 결정되며, 국왕에게
봉사하는 자만이 국가에도 봉사할 수 있다고 설명한다. 이것이 보쉬

자론'으로 유명함.

에가 가장 깊이 확신하는 것이며, 궁정 신학이나 궁정 정치학으로서 이보다 더 흡족한 것은 없다. 우리가 대다수의 대중뿐만 아니라 그 시대 가장 고상하고 가장 대담한 지성들도 그와 동일한 감정을 지니고 있었다는 점을 간파한다면, 우리는 루이 14세가 결코 과대망상에 사로잡힌 전제군주가 아니라 여론이 그에게 제시한 것, 아니 그에게 떠맡긴 것을 실행했을 뿐이라고밖에 생각할 수 없는 노릇이다. 그는 물리적인 폭력을 수단으로 해서만 통치한 것이 아니라 시대정신의 합법적 대리인으로서도 군림했다. 실제로 그는 홉스가 말한 국가에 해당하는 '죽음을 몰고 다니는 신'이었다. 그의 은총은 축복이었고, 그의 노여움은 죽음이었다. 덧붙이자면, 요리사 중 분명 천재였던 '위대한 바텔(Vatel)'은 (세비녜 부인(Madame de Sévigné)의 진술에 따르면, 그는 국가행정의 모든 잡무를 관장하기에 충분할 만큼의 두뇌를 갖고 있었는데) 콩데(Condé) 공이 국왕에게 베풀 향연을 책임지고 있었는데, 그 연회 준비가 완벽하지 않자 자신의 주방용 식칼로 자살했다. 그런데 그렇게 자살한 이는 그뿐만이 아니다. 콜베르도 치명적인 신경쇠약증에 시달렸다. 왜냐하면 그가 베르사유 궁전 건축이 지나치게 비용이 많이 든다고 이의를 제기했을 때 화가 난 국왕이 그에게 은신처를 마련해야 할 것이라는 눈치를 주었기 때문이다. 보방[12]은 조세개혁과 관련한 예리한 글을 발표했다. 그런데 이 글은 국왕의 분노를 사고는 압류되어 폐기처분되었다. 그리고 열하루 뒤에 그는 주검이 되었다. 요리법에서의 바텔, 재정 담당에서의 콜베르, 요새축조에서의 보방만큼이나 뛰어난 인물이지만 이 **큰 비극**에서 똑같은 운명을 재촉한 네 번째 인물이 있었는데, 그는

---

[12] S. de Vauban(1633~1707): 프랑스 루이 14세 시대의 행정가 겸 전술가.

신중하지 못한 태도 때문에 투박한 경솔함의 실수를 범한 라신[13]이다. 어느 날 저녁 그는 맹트농 부인[14]의 저택에서 자신과 자주 만나길 좋아한 루이 14세와 파리 극장에 대해 담소를 나누었다. 국왕은 한때 그토록 흥행한 희극이 왜 이처럼 깊은 나락으로 떨어지게 되었는지 물었다. 라신은 자신이 보기에 그 주요 원인이 스카롱[15]의 작품이 너무 많이 공연되고 있어서 그런 것 같다고 대답했다. 이 말을 듣자 한때 스카롱의 부인이었던 맹트농 부인은 얼굴을 붉혔고, 고통스러운 침묵이 흘렀다. 국왕도 대화를 중지했다. 그때 이후로 왕은 라신에 대해 두 번 다시 거론하지 않았다. 이 일로 라신은 우울증에 시달리다가 죽었다. 간단히 말하면, 사람들이 국왕에게 내보인 감정들은 맹트농 부인이 루이의 곁에서 보내는 지루한 삶을 더 이상 참고 견딜 수가 없다고 말했을 때 그녀의 남동생이 이 부인에게 들려준 답변으로 과장되지 않게 표현된 셈이라고 할 수 있다. "그렇다면 하느님 아버지와 결혼할 가망이 있는 것 아닌가요?"

루이 14세의 내정

루이 14세가 어디에든 미치는 권력을 휘두르고 강화할 수 있게 해준 외형적 도구들은 근대적 국가장치의 성격을 돋보이게 했을 뿐만 아니라 국가의 통제를 최고 수준에서 달성하게 한 세 가지 요소, 즉 관료·경찰·상비군이다. 세밀하게 등급화하고 조직화된 관료적 위계체계의 그물망이 온 나라를 뒤덮었다. 조세는 즉각 냉혹하게 집행되었다. 국가재정의 원천이 세금이었음에도 국가의 지출비용이 막대했으므로 이 원천은 결국 고갈된다. **인두세**(la taille)가 아주 높았으며, 부당하게 부과되었다. 요컨대 귀족과 성직자는 인두세에

---

[13] J. B. Racine(1639~1699): 프랑스 고전주의의 대표적인 작가.
[14] Madame de Maintenon(1635~1719): 프랑스의 태양왕 루이 14세의 애첩.
[15] Paul Scarron(1610~1660): 프랑스의 시인이자 희극작가.

서 면제되었다. 게다가 절대적으로 필요한 일련의 생필품에 대한 간접세, 특히 악명 높은 **염세**(*la gabelle*)의 부담이 컸다. 국왕이 아무 때나 누구든 소송절차도 없이 감금할 수 있도록 한 **체포영장**(*lettres de cachet*) 역시 공포와 증오의 대상이었다.

루이 14세는 자부심 강한 독재적인 봉건귀족을 국왕의 영광만을 높이는 것을 목표로 삼는 궁정귀족으로 탈바꿈시켜 놓았다. 그는 공직을 수행하는 귀족들, 특히 고위 관직에 있는 귀족들에게 특혜를 주었지만, 이 귀족들은 보잘것없는 권력을 가진 왕실 직원들로서 형식적 명예를 빼고 나면 통상적인 신하들과 별로 다를 게 없었다. 그밖에도 국왕은 재능과 의욕을 보이는 시민들을 많이 채용하여 그들을 행정 최고직에 적잖게 앉히기도 했다. 그래서 생시몽[16] 공작은 그를 두고 자신의 『회상록(Mémoires)』에서 '**공무원의 군주**(*le roi des commis*)'라고 부른 것이다. 이런 식으로 하여 새로이 막대한 영향력을 발휘하는 카스트인 신흥 부호(富豪)(nouveaux riches)도 형성되었다. 이들은 농지매매, 귀족작위의 등록, 성공적인 투기, 귀족 집안과의 혼인 따위로 급속히 신분상승을 했다.

루이 14세가 가장 큰 관심을 보인 것은 군사제도였다. 그 자신은 사람들이 말하는 식의 '군국주의자'는 아니었지만, 애국적인 공명 심을 자극하는 동시에 활동충동을 외부로 돌리는 끝없는 전쟁이 늘 체면을 소중히 여기는 자신의 민족처럼 명예욕과 지배욕에 사로잡힌 불안정한 민족의 경우 가장 확실한 수단이 된다는 것을 알고 있었다. 그가 도입한 군사제도는 이후 프랑스의 모든 정부가 활용했다. 그것은 부르봉가 정부든 자코뱅파 정부든 나폴레옹의 정부든

---

[16] Saint-Simon(1760~1825): 프랑스의 사회주의 사상가.

마찬가지였다. 그리하여 그는 얼마 지나지 않아 자신의 군대를 유럽에서 가장 강력하고 가장 잘 훈련된 군대, 최고의 장비와 최고의 사령관을 겸비한 군대로 만드는 데 성공했다. 튀렌[17]과 콩데, 뤽상부르[18]와 카티나[19]는 누구도 따를 수 없는 전략의 대가들이었다. 당대 최고의 전쟁 고문이었던 보방은 프랑스를 기막힌 요새지대로 둘러쌌고, 전대미문의 포위공격 기술을 펼쳤으며, 폭탄을 투하하는 구포(臼砲)와 최초의 곡사포라고 할 수 있는 도탄사격(跳彈射擊)을 도입함으로써 포술(砲術)을 완성시켰다. 팔츠(Pfalz)의 무법자로 악명을 날린 국방장관 루부아[20]는 군사제도 전체를 개편했다. 무거운 화승총을 편리한 수석총(燧石銃: Steinschloßgewehr)으로 교체했고, 근접전투뿐만 아니라 떨어져서도 사용하기에 적합한 총검으로 창을 대신했다. 그리고 보병을 다시 주력군으로 삼았다. 왜냐하면 경기병도 기총과 칼로 무장한 채 다만 앉아서 싸우는 일종의 보병과 다를 것이 없었기 때문이다. 그들에게 말은 오늘날의 군부대에서 철도가 그렇듯이 수송수단의 역할만 했을 뿐이다. 나아가 그는 단일한 군복을 착용케 한 최초의 인물이었다. 그때까지만 해도 병사들은 복장만큼은 자유선택의 사항이었다. 이 같은 특색에서도 합리적 질서라는 새로운 정신이 삶의 모든 영역에까지 뻗어있음을 목격하게 된다. 군대가 최초로 **주도면밀하게**(exakt) 된 셈이다. 이제 병사는 더 이상 살아있는 유일무이한 개체가 아니라 제복의 대수학적 상징이 덧붙

---

[17] Turenne(1611~1675): 30년 전쟁에서 맹활약한 프랑스의 장군이자 전략가.
[18] F. de Luxembourg(1628~1695): 프랑스 루이 14세 때, 네덜란드 전쟁(1672~1678)과 대동맹 전쟁(1689~97)에서 크게 활약한 장군.
[19] N. Catinat(1637~1712): 프랑스의 육군 원수.
[20] F. de Louvois(1641~1691): 루이 14세 시기의 프랑스 국방장관.

은 냉담한 숫자일 뿐이다. 특정한 병사들을 대신해서, 이제 임의대로 작전을 수행할 수 있게 하는 개념으로서의 병사만이 남아있을 뿐이다. 이는 흡사 베르사유 가로수에는 더 이상 개별 나무란 없고 나무라는 유의 수많은 동질적 기호만이 서 있는 것과 같은 꼴이다. 일렬로 줄선 채 같은 모양으로 다듬어지고, 보편적 형판으로 본뜬 모형을 취하고 있는 것이다.

루이 14세는 통일성에 대한 이 같은 집착을 자신의 종교정책에서도 내보인다. 그의 시대 문학이 그 영예의 대부분을 얀센주의자들에게 빚지고 있었음에도 그가 그들에 대해 단호히 반대했을 때, 그것은 바로 단일성과 정확성에 대한 그의 의지에서 비롯된 것이다. 교황에 대한 그의 저항은 그가 이교도에 대해 간섭할 때와 동일한 계기가 있다. 그는 종교회의를 파리에 소집했고, 이 회의에서 베드로와 그 후계자들은 신에게서 세속적인 권력이 아니라 성직의 권력만 가졌을 뿐이며, 이 권력도 전체 공의회의 높은 권위와 갈리아 교회의 규정과 관례에 의해 제한된다고 선언한다. 그런데 이 갈리아 교회는 프랑스 국민교회로서 성직 임명 때 교황이 어떤 영향력도 행사할 수 없게 했기 때문에 **정치적** 기관으로서 영국의 고교회파와 크게 다르지 않았다. 그러나 유감스럽게도 국왕은 원심력을 가진 모든 종파에 대해서도 투쟁을 벌이면서 낭트 칙령을 폐지하는 조치까지 취한다. 이로써 모든 위그노의 권리를 박탈하고 원한 가득한 탄압을 자행했다. 현명치도 못하고 비인간적이기까지 한 이런 조처로 그는 자신과 나라에 막대한 손해를 입혔다. 유럽에서 공정히 사유할 줄 아는 사람이면 누구나 그에 대해 분노했다. 이 시기로부터 그는 하강곡선을 그리게 된다. 그의 통치 후반에 그의 태양은 점점 더 눈에 띄게 흑점의 반경을 크게 벌리더니만 이내 곧 서서히 흐릿해지기 시작하고는 마침내 잿빛의 우울한 황혼으로 기울기 시작했다. 위그노가 그 나라를 떠나는 것을 금지하는 엄혹한 규정들에도 불구하고 50만 정도나 되는 엄청난 무리가 해외로 떠나는 것을 막진 못했다. 프랑스의 경우 이 손실은 단순히 인구수의 감소가 아니라 그 이상을 의미했다. 왜냐하면 위그노들은 태양왕의 가장 성실한 신하들이자 가장 뛰어난 재주를 가진 신하들이었기 때문이다. 비단·면직·우단과 같은 섬유제조업, 정교한 모자와 장화 및 장갑 생산, 양탄자와 그 레이스 및 테 제조, 시계조립, 레이스 뜨개, 담배 가공, 수정연마와 같은 일들은 거의 전부가 그들의 수중에 들어가 있었다. 그들은 그들의 조국이 오랜 시간 걸려야 회복할, 그것도 그 때의 수준과 똑같을 만큼은 더 이상 회복할 수 없는 그 같은 산업만을 갖고 떠난 것이 아니라, 그러한 산업을 외국으로 이전함으로써 외국을 더욱 경쟁력 있게 만들기도 했던 것이다. 그들은 외국에서도 선원과 엔지니어로 크게 성공하여 할 수만 있는 곳이면 어디서든 자유언론을 조직하려고 했다. 그래서 무엇보다 네덜란드와 같은 곳에서 그것을 조직한 것이다. 이 언론은 감탄의 대상이 되어온 루이 14세 정부의 이기적이고 야만적인 성격에 대해 전 세계에 계몽하면서 이 정부에 대해 가장 불리한 분위기를 조성했다.

베르사유 극장

일상생활도 종교 및 정치 활동에서와 동일한 원리가 지배했다. 만사가 '고양되어' 거창하고도 화려하고 인상 깊은 동시에 '단순하여' 정확하고도 질서정연하며 일목요연했던 것이다. 골목길로 둘러싸인 **루아얄 광장**(*place royale*)은 루이 14세의 주도로 가장 완벽한 기하학적 규칙성에 따라 건설되었다. 르노트르[21]는 조경 설계에 수학

---

[21] A. L. Lenôtre(1613~1700): 루이 14세의 정원사이자 조경건축가.

기호를 넣고 식물의 성장을 컴퍼스와 자로 재면서 관리하는 프랑스 정원양식의 창조자였다. 인공분수도 균형감 있게 설비되었다. 이를 테면 베르사유 궁전의 **라톤 분수**(bassin de Latone)가 그런 것이다. 이 분수에는 일정한 거리를 두고 개구리들이 무리 지어 앉아서 흠잡을 데 없을 만큼 정확히 똑같은 포물선을 그리는 물을 뿜어낸다. 이와 동일한 정신의 숨결은 일찍이 선을 보인, 아마 가장 빼어난 춤일 법한 미뉴에트[22]에서도 감지된다. 그도 그럴 것이 이 춤과 함께 지나치게 경직된 부자연스러움과 꼭두각시놀이 같은 정밀함에 극도의 황홀한 분위기와 생동감 넘치는 활기, 그리고 경쾌함을 결합하는 예술작품이 실현되었기 때문이다. 물론 그 시대 살롱문화 전체에 기본으로 깔고 있는 것이 미뉴에트였다. 미뉴에트는 인사를 할 때 걸음은 몇 발짝 떼고 나서 해야 하고, 허리는 얼마나 숙여야 하며, 어떤 자태를 풍겨야 하고, 개별 상황마다 고개는 얼마나 깊이 숙여 절해야 하는지 일일이 정확히 규정해놓고 있다. 이런 세계에서는 면밀히 계산된 규정을 따르지 않고 우연에 맡긴 것이라고는 아무것도 없다. 삶 전체가 밀리미터 모눈종이의 제도판이자, 규정된 모양의 인물들이 정해진 말을 움직이며 노는 장기판이다.

이 엄격한 정신적 에티켓은 위대한 국왕이라도 면제되진 않는다. 그래서 이것은 왕보다 더 힘이 센 유일한 권력이라고 할 수 있다. 그의 일정은 정확히 정해져 있다. 매시간 특정한 업무에 특정한 의상을 입고 특정한 모임을 갖는다. 근본적으로 보면 이 전제군주는 업무에 따라 선발된 사람들이 옷을 입히고, 또 갈아입히며, 그 속을

---

[22] Menuett: '작다'라는 뜻의 불어 'Menu'에서 유래함. 1650년경에서 1750년경의 유럽의 귀족, 특히 프랑스와 영국 귀족들 사이에서 크게 유행한 3/4박자의 경쾌하고도 우아한 춤곡.

채워놓고, 산책에 데려가며, 침실로 데려가서 잠을 재우는 큰 인형에 불과한 셈이다. 수건 관리과의 책임자 이외 그 누구도 그에게 수건을 건네서는 안 된다. 그의 침실용 변기의 점검은 궁정 그 고유 담당자의 업무이다. 그에게 물 한 컵이라도 건넬 수 있는 사람은 4명으로 정해져 있다. 그의 온종일의 생활은 항상 똑같은 표정을 짓는 항상 똑같은 얼굴을 염증날 정도로 지겹게 마주하는 일이다. 누군가가 프리드리히 대왕에게 프랑스의 궁정의식에 대해 편지를 써 보냈을 때, 그는 자신이 프랑스 왕이라면 자신을 대신해서 궁정을 돌볼 부왕(副王)을 임명하는 일을 자신의 통치 일정의 첫 번째 업무로 삼았을 것이라고 말했다.

궁정 생활은 언제나 똑같은 의사일정의 반복이었다. 아침 8시에 시작하여 저녁 10시에 업무를 마친다. 다음날도 처음부터 다시 시작한다. 이런 식으로 계속된다. 프랑스 전체의 삶이 이처럼 하나의 코미디다. 이 코미디의 간판 주인공이 해야 할 배역, 즉 사람의 기운을 쏙 빼놓는 그 까다로운 배역을 폼나게 잘 소화하려면 깜짝 놀랄 독재와 자기부정이 필요하다. 그런데 루이 14세는 이 어려운 과제를 대단히 뛰어난 대가답게 해치웠기 때문에 아무도 그 고생을 감지하지 못했다. 그는 유럽을 54년 동안 거대한 극장처럼 다루어왔다. 이 극장은 지극히 흥미롭고 매우 화려하면서 기지 넘쳤지만, 지극히 형식적이고 매우 야만적이면서 거짓투성이인 극장이었다.

루이 14세는 고매한 방식을 빌려 사람들이 그에게 경외의 마음을 품게 하고 싶어 했다. 그는 황제를 모방하길 좋아했다. 베르니니가 조각한 화려한 기마상은 그가 세상 사람들에게 어떤 모습으로 비치길 원했는지를 잘 보여주는 것이 아닌가 싶다. 이 조각상에서 그는 당장 명예의 언덕을 차고 오를 태세의 고삐 없는 말을 타고 있는 모습을 취하고 있다. 프랑스의 조각가 지라르동[23]은 이 언덕에 활활 타오르는 불길 모양의 대리석 조각을 세웠다. 이 조각은 루이 14세가 또 다른 새로운 쿠르티우스[24]로서 조국을 위해 자신을 희생한다는 것을 암시한다. 작품을 인위적으로 황폐케 하는 아첨이 너무 노골적이다. 국왕은 자신의 태도에서 전제군주의 면모를 두드러지게 내보이진 않았다. 그는 언제나 전술적이었고 항상 평정심을 잃지 않았다. 기분이 좋지 않을 때도 친근했으며, 오직 천둥의 신 주피터 (Jupiter tonans) 역을 할 때만 분노했다. 특히 부인들에 대해서는 최고의 기사도를 발휘하는 친절을 보였으며, 갓 들어온 식모에게도 모자를 벗고 정중하게 인사할 정도였다. 그는 의기소침하게 하는 것이 아니라 선물을 줄 줄 아는 기술, 상처를 주는 대신 사양하는 기술을 알고 있었다. 그의 감성이 얼마나 부드러웠는지는 왕좌를 찬탈당하고 그에게서 피난처를 구한 영국의 제임스 2세에게 취한 그의 태도가 잘 보여준다. 그는 그를 같은 지위에 있는 군주로 대접했을 뿐만 아니라 심지어 그에게 자칭 프랑스 왕이라고 부르는 것과 백합 문장을 쓰는 것까지도 허용했다. 이 두 가지는 영국 왕들이 프랑스의 상당 부분을 지배한 시절부터 누린 권한이다. 그는 자신을 심하게 모욕한 아주 오만한 사령관 로쟁[25]을 두들겨 패고 싶은 유혹에 빠지지 않기 위해 자신의 지팡이를 창밖으로 집어던지기도 했다. 한 전투에서 한쪽 팔을 잃어버린 어떤 고급장교가 한번은 그에게 "저는 나머지 한쪽 팔도 잃었더라면 좋았으리라 생각했습니다. 그랬더라면 이제 더 이상 전하께 봉사할 일도 없을 테니 말입니다"라고 말했을 때,

---

[23] F. Girardon(1628~1715): 프랑스 바로크 시대의 화가이자 조각가.
[24] M. Curtius: 고대 로마의 전설적인 영웅.
[25] A. Lauzun(1632~1723): 프랑스의 조신이자 군인.

그는 그저 이렇게 대꾸했다. "귀하 때문에 꼭 짐이 다친 것 같아 마음이 아팠네." 그러고는 그에게 뜻깊은 선물을 주었다.

수십 년간 그의 지위가 주는 과로를 견뎌낼 수 있게 해준 것은 그가 유익한 습관을 지니고 있었기 때문이다. 평소 그의 점심은 여러 수프를 담은 네 개의 접시, 그리고 꿩 한 마리와 자고 한 마리, 큰 쟁반에 담은 샐러드, 소스를 바르고 훈제해 마늘과 섞은 양고기, 구워 만든 과자, 과일과 마멀레이드로 이루어져 있었다. 성적인 영역에서도 그는 대단히 왕성한 정력을 발달시켰다. 리젤로트[26]는 이렇게 썼다. "왕은 속옷만 걸치면 정상으로 통했다." 그의 궁정에는 때마다 소개되는 귀족 출신 정부(情婦)들뿐만 아니라 특급 대우를 받는 왕실 출신 남편을 둔 수많은 귀부인도 공식 행사차 출입했다. 그는 자기 주변의 거의 모든 여성과 관계를 맺어 합법적 · 반합법적 · 불법적으로 태어난 아이들의 아버지였다. 그는 라발리에르(Lavallière)와 몽테스팡(Montespan)에게서만 해도 전부 16명의 자녀를 두게 되었다.

루이 14세의 외교정책 루이 14세의 정책은 그의 동시대 사람들뿐만 아니라 후대의 비평가들에게도 신랄한 비난을 샀다. 그의 정책은 잔인성과 야만성, 불법과 비열함의 모범으로 통한다. 네덜란드에 대한 기습공격, 스트라스부르(Straßburg) 약탈, 독일 영토뿐만 아니라 소(小) 피핀 왕[27]과 다고베르트 왕[28]까지 들먹이면서 법의 이름으로 수많은 도시를 흡수한 **합방**(chambres de réunion), 하이델베르크와 만하임의 초토화와 같은 이런저런 수많은 사건이 동시대와 후세대를 격분케 한 것이다. 이 같

---

[26] Liselotte: 팔츠 선제후의 딸 엘리자베트 샤를로테. 루이 14세의 아우인 오를레앙 공 필립과 결혼함.

[27] Pipin der Kleine(714~768): 프랑크 왕국의 왕. 카롤링거 왕조의 창시자.

[28] Dagobert(605~639): 프랑크 왕국의 메로빙거 왕조를 다스린 왕.

은 정책은 자신의 적수를 현혹하고 기만하는 기술과 좀 더 강한 세력이 그것을 중단시킬 때까지 자신의 권력을 악용한 뻔뻔함과 조금도 다르지 않다. 그것은 언제나 정치적 거래로 정의나 윤리의 법정에 소환될 웃음거리로 남아있을 것 같다. 그래서 우리는 이 태양왕의 비행(卑行)을 두고 시비를 걸 생각은 없다. 그저 그의 비행에서 당대의 표정만 읽어내려고 한다. 즉 그 당시 만연한 인간적 야비함과 현혹적인 술책을 읽어내고 싶을 뿐이다.

그의 정치적 프로그램은 펠리페 2세의 그것과 비교해도 손색이 없을 만큼 거창했지만, 펠리페 2세의 그것만큼 실현되지 못한 것도 사실이다. 그가 우선 염두에 둔 것은 벨기에와 네덜란드를 얻고 북해를 장악하는 것이었다. 이는 나폴레옹 3세의 통치 시대에까지 걸쳐 프랑스 사람들이 꿔온 영원한 꿈이었다. 물론 이 꿈이 나폴레옹 1세 때 잠시 실현된 적이 있긴 했지만, 그것은 한순간에 불과했다. 그뿐만 아니라 그는 스페인과 그 복속 지역 일체, 이를테면 서인도 · 밀라노 · 사르데냐 · 나폴리와 프랑슈콩테(franche comté)를 가지고 싶어 했다. 이의 마무리 작업으로 사보이(Savoyen) 지역도 원했다. 독일의 경우 그는 한편으로는 간접 합병을 통해, 다른 한편으로는 예속적인 영주 속국 제도를 통해 서부 전역을 장악하려고 했다. 합스부르크가에 대해서는 자신이 동맹관계를 맺고 있던 터키를 동원했다. 그는 터키에게 빈과 오스트리아를 정복하길 원했다. 그것은 이들이 결정적인 순간에 터키와 압박받는 독일 사이에서 구원의 중재자로 나서서는 그 대가로 황제의 지위를 요구할 수도 있다고 생각했기 때문이다. 이 모든 것을 통해 샤를마뉴(Charlemagne) 제국을 부활시키고 싶었던 것이다. 샤를마뉴 제국은 독일인들과 마찬가지로 프랑스인들도 대단한 자부심을 갖고 있는 제국이다. 그러나 보편군주(Universalmonarchie)의 시대도 보편교회의 시대와 마찬가지로 돌이킬 수 없는 과거지사가 되고 말았다. 결국, 그는 알자스(Elsaß) 일부와 벨기에의 몇몇 국경요새를 포함해 프랑슈콩테만을 취했을 뿐이다.

그의 통치 마지막 국면은 13년간의 대륙전쟁으로 채워졌다. 그것은 유럽의 거의 모든 지역이 참여한 스페인 왕위계승 전쟁이었다. 루이의 최대 적수는 합스부르크 왕가의 적출로서 흐릿한 시선과 밑으로 처진 아랫입술을 가진 황제 레오폴트(Leopold) 1세였다. 레오폴트의 타고난 방탕함과 아집의 혼성이 장점으로 작용하진 못했다. 이들 둘은 각자 가문의 이름을 들먹이면서 자신이 적격자라고 하면서 스페인 왕좌를 요구한다. 바이에른과 쾰른 및 사보이가 프랑스의 입장을 지지했다. 물론 사보이는 나중에 황제 편으로 돌아선다. 그리고 황제와는 포르투갈, 프로이센, 하노버, 그리고 특히 빌렘 반 오라녜(Willem van Oranje)가 동맹을 맺고 있었다. 빌렘은 당시 네덜란드와 영국의 연합군주로서 군림하고 있었기 때문에 태양왕에게는 평생 가장 위험하고 가장 완고한 적수였다. 이 전쟁의 주요 중심지는 남부 독일과 저지대 나라들, 그리고 이탈리아와 스페인이었다. 이 전쟁에서 루이는 처음부터 불리했다. 상대 연합국의 선두에는 당시 가장 탁월한 장수로 알려진 두 명의 야전사령관 말버러(Marlborough) 공작과 오이겐(Eugen) 공작이 서 있었다. 이들은 거의 모든 전투에서 승리를 거뒀다. 게다가 프랑스는 수년 동안 조세부담, 흉작과 기근으로 완전히 기력을 상실한 상태였다. 국왕은 이미 최대의 양보를 담은 평화협정을 결심했다. 요컨대 베스트팔렌 평화조약에서 확정된 영토권을 다시 인정하고, 저지대의 국경요새를 반납할 것, 그리고 레오폴트 1세의 차남 카를(Karl)이 스페인 왕좌에 오르는 것 등을 인정하기로 결심한 것이다. 그러나 동맹군은 편협했고, 도무지 수용할 수 없는 조건들을 달 만큼 아주 오만해져 있었다. 당시에 그 평화협정이 체결되었더라면 레오폴트 황제의 아들 카를이 스페인 및 오스트리아 영지 일체와 신성로마제국 황제의 영위를 나타내는 합스부르크 왕가를 손에 넣어 유럽의 열강에 올랐을 것이다. 그랬으면 그는 곧 카를 6세로서 그의 형의 계승자로 등극했을 것이다. 그러나 바로 실제 상황은 사태를 완전히 뒤집어놓았다. 왜냐하면 그처럼 막강한 권력이 통째로 단 한 명의 지배자 손아귀에 들어가는 것은 합스부르크 왕가와 동맹관계에 있던 국가들도 원하지 않았기 때문이다. 게다가 영국에서는 정치적 전환과 말버러 야전사령관을 소환·해임하는 결과를 초래한 휘그당[29] 내각의 실각 사태가 터졌다. 이 때문에 프랑스는 상당히 유리한 평화조약을 체결할 수 있게 된 것이다. 이로써 스페인에 대한 지배권은 루이 14세의 손자가 스페인 왕좌에 오르고 그 식민지를 소유하는 권리를 갖는 대신, 카를 6세는 벨기에·밀라노·나폴리·사르데냐를, 그리고 영국은 극히 중요한 지브롤터(Gibraltar)와 사보이 시칠리아를 취하는 방식으로 분할되었다. 그러나 그럼에도 이는 프랑스의 패권의지의 심대한 패배이자 태양왕 루이 14세의 시대가 끝났음을 알리는 명백한 신호이기도 하다.

그의 통치 후반 전체에 걸쳐 이미 균일화하는 이성의 나쁜 작용이 감지되기 시작했다. 단일 정권의 태양은 모든 것을 태워 점차

---

[29] 휘그당(Whig partei)이란 말은 본래 17세기 중반 스코틀랜드의 폭도라는 뜻으로서, 1679년 왕제(王弟) 요크 공(후일의 제임스 2세)을 가톨릭교도란 이유로 왕위계승권에서 제외하려고 하는 왕위배제법안이 상정되었을 때 샤프츠버리 백작(초대)을 중심으로 이에 찬성한 의원들을 경멸하여 가리킨 말이다. 이것이 토리당과 더불어 영국 정당의 시초였으나, 당시에는 근대정당 이전의 한 정치그룹에 불과했음.

황량한 사막과 삭막한 황무지로 바꿔놓고 만 것이다. 궁정과 이 궁정을 통해 그를 둘러싼 세계는 위선과 노쇠함과 퉁명스러움, 그리고 프랑스식으로 말하면 가장 용서할 수 없는 것으로 통하는 지루함이 지배했다. 베르사유 궁전의 황금빛은 흐리멍덩하다. 칠이 벗겨져 알록달록하다. 그 모양은 기도하기 시작하자마자 하품하는 꼴을 닮았다. 민중조차 그 모든 것이 맹목적 욕망과 탐욕을 배태하고 있는 과장된 도금형상의 기만적인 쇼일 뿐이라는 사실을 깨닫기 시작했다. 그 위대한 왕이 죽었을 때, 환호성을 내지른 것은 그의 적들뿐만 아니라 그의 신하들도 그랬다. 파리의 담벼락은 비방의 글들이 도배를 했고, 군중은 그의 장례행렬을 뒤쫓아 가며 욕설을 퍼붓고 돌팔매질을 했다. 지방에서는 감사의 예배를 올리기도 했다. 그러나 이미 한 세대 앞서 콜베르도 군대의 비호 아래 매장될 수밖에 없었다.

콜베르주의　　그러나 콜베르는 그 세기의 가장 뛰어난 조직가 중 한 사람이었다. 그의 유일한 업무는 당대의 착각들을 탁월한 방식을 통해 현실로 바꿔놓는 일이었다. 멈출 줄 모르는 그의 활동은 행정의 모든 부문을 포괄한다. 사법과 조세제도를 혁신했으며, 상선(商船)과 군함의 수준을 놀라울 정도로 끌어올렸고, 학문 아카데미와 건축 아카데미를 창립했으며, 천문대와 식물원을 만들었고, 그리고 대서양을 지중해와 연결하는 **미디 운하**(*canal du midi*)를 건설했다. 그런데 그가 성취한 가장 중요한 업적은 그에 의해 정립된 경제체제이다. 이 체제는 중상주의라는 이름으로 그 시대 전체를 지배했으며, 그 원리들이 바로 그의 정신적 자산을 의미했기 때문에 사람들이 그것을 두고 종종 콜베르주의(Colbertismus)라고 규정해왔다. 이 중상주의는 한 나라의 부란 귀금속의 비축량과 관계하기 때문에 들여오는 것은 최대한 많게 하고, 나가는 것은 최대한 적도록 해야 한다는 원칙을 출발점으로 삼고 있다. 이는 흑자 무역수지에 관한 이론이다. 이에 의하면 원료는 가능하면 국내에 남겨두어야 한다. 왜냐하면 그것은 자본을 의미하기 때문이다. 반면에 산업 생산물은 가능하면 수출해야 한다. 왜냐하면 그것을 통해 소득을 얻기 때문이다. 그러나 외국 공산제품의 반입은 막거나 가능한 한 어렵게 만들어야 한다는 것이다. 이는 곧 원료의 수출관세와 가공품의 수입관세를 동시에 높인다는 것을 뜻한다. 이러한 원칙 때문에 식민지들은 강제로 단순한 소비자들로 전락한다. 이들에게는 독자적인 무역과 상품제조가 금지된다. 교역할 때 이들은 다른 곳으로 반출해서는 안 되는 원료들은 그대로 두고 소위 본국에서 생산된 공산제품을 강제 구매할 수밖에 없다. 모국에서는 반대로 제조업이 온갖 다양한 수단으로 지원을 받게 된다. 이를테면 수출 장려금, 독점, 조세면제, 무이자의 국채, 건축부지의 무료 사용, 근면 성실한 기업가에게 부여하는 귀족의 작위 등과 같은 유사한 특혜들이 있었다. 이처럼 프랑스에서는 국가의 감독과 혜택으로 유럽 절반을 감당하는 일련의 산업이 형성되어 번창했다. 주요 특산품으로는 견직물 · 레이스 · 양탄자 · 장신구 등이 있었고, 유행상품으로는 장식가구 · 의상 · 가발 · 향수 등속이 있었다. 사람들은 다른 나라들에서도 열심히 배우려 하면서, 양말은 영국을 모델로 하여 제조했으며, 함석제품의 가공은 독일을, 거울의 제조는 이탈리아의 베네치아를, 모직물 제조는 네덜란드를 모범으로 삼았다. 외부와의 거래를 최대한 차단할 수 있게 하는 논리적 상관관계는 국내관세의 폐지였다. 이는 콜베르가 대대적으로 관철시켜 프랑스 경제를 독일보다 앞서게 하기에 충분했다. 산업을 최대한 부흥시키기 위해 그는 노동시간을 늘리는 일, 거지와 떠돌이로 대변되는 무노동에 대해 경찰력을 동원해 맞서는 일, 다자녀를 둔 가구에 혜택을 주고 미혼자에게는 세금을 징수함으로써 인구를 늘리는 일, 숙련공이 외국으로 나가는 것은 금지하고 들어오는 것은 장려함으로써 국내에 숙련공 수를 더욱 많게 하는 일에도 주의를 기울였다. 그런데 이러한 중상주의는 그가 국가 주도의 체제를 더욱 더 엄격하고도 일방적이게 구축함으로써 나중에는 아주 이상한 술책으로 둔갑하고 만다. 그는 외국으로 더 많은 상품을 내보내기 위해 밀수꾼을 조직했으며, 임금을 인위적으로 낮게 책정하도록 했다. 결국 그는 불쾌한 독재자의 꼴, 흔히는 우스꽝스러운 독재자의 꼴이 되고 말았다. 프리드리히 빌헬름 1세는 피혁제조업을 육성하기 위해 나막신을 금지했고, 프리드리히 대왕은 커피 로스트의 국가독점을 누가 어기고 있지는 않은지 탐지하도록 어디서든 코를 쿵쿵대며 돌아다녀야 하는 자체의 '커피탐정(Kaffeeriecher)'을 임명하기도 했다. 심지어 프리드리히 1세 치하에서는 돼지를 소유하고 있는 자는 누구든 매년 성 요한 축제일에 맞춰 돼지 털을 당국에 갖다 바쳐야 하는 돼지 털 독점 같은 것도 있었다.

이미 존 로크[30]는 이 같은 복지국가에 대해 반대했다. 왜냐하면 그런 국가는 개인의 자유를 침해하기 때문이다. 본래 인간은 자유에 대한 자신의 해체할 수 없는 권리를 지키려고 국가와 계약을 체결했을 따름이다. 그런데 기억해야 할 것은 당시 유럽의 모든 국가가 대체로 농업 국가로서 전체 곡물수요를 자체로 충족시켰고, 가장 중요한 가공 소재였던 양털·견직·아마포와 같은 것들을 자체 땅에서 충분한 양으로 생산했다는 점, 그리고 콜베르 스스로 말했듯이, 그의 조처는 가능하다면 빨리 자신의 발로 설 수 있는 법을 터득

---

[30] John Locke(1632~1704): 영국의 계몽주의 사상가. 경험주의 철학의 원조.

할 수 있게 해줄 받침대에 불과했다는 점이다. 하지만 이 받침대는 결코 받침대로 끝난 것이 아니라 견디기 힘든 지주(支柱)가 되었다. 콜베르주의의 궁극적 결과는 초기의 단기적 외관상의 번영 이후에 찾아온 부채와 빈궁이었다. '흑자 무역수지'는 한갓 이론상의 만족만을 주었을 뿐이고 대중은 굶주림에 허덕였다. 루이 14세의 국가는 문자 그대로 리바이어던(Leviathan)이 되었다. 수많은 전쟁에서 승승장구했음에도 이 전쟁들은 국민의 행복에는 아무 도움이 되지 않았고, 대규모 수출도 소수의 상류층만 부유하게 했을 따름이다. 보잘것없는 몇 가지 원리에 따라 세계체제를 구축하고, 추상적 공식들에 근거하여 현실을 관리하려 하는 연역적 방법은 경제 영역에서도 그 광채와 무기력을 노출시켰던 것이다.

그런데 루이 14세의 실제 명성은 그가 전쟁을 수행하고 궁정을 관리하는 것으로 만족하지 않고 그의 통치기간을 예술의 황금시대로 만들겠다는 좀 더 고상한 공명심을 갖고 있었다는 점에 있다. 그래서 사람들은 그를 아우구스투스와 즐겨 비교해왔다. 어떤 관계에서는 적절한 면도 있지만, 그의 동시대인들이 생각한 만큼 아첨떨면서 그렇게 인정할 수 있는 정도는 아니다. 그도 그럴 것이 그의 치하에서 형성된 것은 사실 화려하게 치장되고 취향에 따라 마음껏 도금된 궁정예술과 지나친 기예 그 이상이 아니기 때문이다. 이러한 기교 예술은 상상력을 질식시키는 것이다. 이를 잘 보여주는 탁월한 의전관은 **취향의 입법자**(*législateur du goût*) 니콜라 부알로였다. 그는 프랑스어 학술원이 어휘의 범위와 그 활용을 규정해놓은 것처럼 무엇을 어떻게 시로 쓸 것인지 독재적으로 확정했다. 그의 미학의 출발점을 형성하고 있는 것도 데카르트식의 **명료하고 분명한 직관**이다. 명료하고 분명하지 않은 것은 아름답지도 않다. 투명하게 하고 정

연극적
결정학

리 · 정돈하는 이성 역시 시문학의 입법자이다. **"모든 것은 상식을 지향해야만 한다**(*tout doit tendre au bon sens*)."** 부알로에게 예술은 데카르트가 철학에서 취하는 것과 동일한 목적을 취한다. 그것은 곧 **진실**(*la vérité*)이다. 그의 시학의 최고 원칙은 다음과 같은 명제에 있다. **"진실만이 아름답다**(*rien n'est beau que le vrai*)."** 포르루아얄의 이름난 일원인 니콜[31]도 **이성**(*ratio*) · **자연**(*natura*) · **진실**(*veritas*)을 예술의 3가지 기본원리로 규정한다. 이는 자연주의처럼 들리지만, 그것과는 정반대이다. 여기서 우리는 자연주의라는 개념이 얼마나 문제적인 것인지 또다시 깨닫게 된다. 위대한 세기의 예술가들은 자신들의 창작품에서 자연의 승리를 보고 있지만, 이 창작품은 자연에 부조리하면서도 숭고한 형태로 폭력을 가하는 모양을 취하고 있다. 그런데 이 수수께끼는 우리가 그들이 바로 데카르트 추종자들이라는 점을 상기하면 아주 쉽게 풀린다. 그들은 자연과 이성은 같다는 등식을 성립시킨다. 이 전제를 인정하면 그들의 작품은 지금까지 우리가 목격한 것 중에 실제로 가장 자연적인 작품이 될 것이다. 그도 그럴 것이 그들의 작품은 가장 이성적이기 때문이다. 그들은 진실을 경험과의 일치가 아니라 논리와의 일치로 이해한다. 이 논리란 직관하고 형태화하는 법칙 곧 인생의 법칙을 의미한다. 이 논리를 추구하는 사람은 '자연스럽게' 행동한다는 식이다.

이런 정신적 태도에서 페늘롱[32]이 내세운 **위대한 단순함**(*grand facile*)과 같은 이념이 나오는 것이다. '캉브레의 백조(Schwan von Cambrai)'로 불리는 페늘롱은 『텔레마코스의 모험(*adventures de Télémaque*)』의 저

---

[31] P. Nicole(1625~1695): 프랑스의 신학자이자 문법학자.
[32] F. Fénelon(1651~1715): 프랑스의 로마가톨릭 대주교 · 신학자 · 신인 · 작가.

자이다. 이 작품은 비록 어린 부르고뉴(Burgund) 공작에게 군주로서의 책임과 과제에 대해 가르치기 위해 쓰인 명백히 교육적인 문학작품임에도 그 시대의 세계를 절묘하게 그려낸 당대 최고의 서사시로 꼽힌다. 관객이 연극을 쉽게 조망할 수 있게 할 필요에서 본래 아리스토텔레스로부터 유래한다고 착각하고 있는 3일치의 법칙이 흘러나왔다. 말하자면 여기서 장소의 통일은 종좌표(Ordinate)를, 시간의 통일은 횡좌표(Abszisse)를, 행동의 통일은 이상적인 곡선을 형성한다. 그뿐만 아니라, 어디서든 이성이 지배하기 때문에 정열도 완화되고 교화될 수밖에 없으며, 구속받지 않는 본성적 활력에 대한 여하한 표현은 아예 회피되었고, 최대의 극단적 상황들도 오성과 예법으로 억제되었다. 비극의 주인공들은 죽으면서도 자신들이 궁정과 데카르트에게 어떤 빚을 지고 있는지 알고 있었던 것이다. 사건의 과정은 야인 셰익스피어의 경우에서처럼 거친 폭발과 갑작스러운 비약으로 전개되지 않고 연쇄추리의 한 고리, 혹은 균일한 무리의 행렬처럼 전개된다. 이때의 작가들은 그 표현에서 보면 뛰어난 결정학자(Kristallographen)이지 광물학자인 것은 아니다. 우리가 아주 자세하고도 명확하게, 그리고 정확하고도 꼼꼼하게 들어온 것은 사물들의 일반적인 형태를 나타내는 용어들일 뿐이지 그 사물들의 강도(强度)·색깔·광택·밀도와 그 현존상태에 대해, 그리고 표본에서 변형한 상태가 어떠한지에 대해서는 경험한 적이 없다. 간단히 말해 그 개별성에 대해서는 듣지 못했던 것이다.

'**위대한 코르네유**'는 여전히 프롱드 당의 작가였다. 호전적이고 용감했으며, 가끔은 거의 과격할 정도였지만 이미 아카데믹한 이성주의자였다. 그의 윤리학은 자기 자신이라는 개인에 대한 인간 전체의 승리에서, 그리고 대체로 국가의 번영을 염두에 둔 이념을 위한

시대정신의
궁정광대

개인의 희생에서 자신의 최고 만족을 찾는 고상한 스토아주의 (Stoizismus)라고 할 수 있다. 데카르트는 정열에 관한 자신의 논문에서 **도량**(magnanimité) 혹은 **관용**(générosité)의 뜻을 지닌 관대한 정념을 "말하자면 모든 미덕의 열쇠이자 정열의 도취를 막아주는 핵심 수단"과 같은 최고의 미덕으로 규정한다. 바로 이 정념은 코르네유의 비극 작품에 등장하는 영웅들도 드러내고 있다. 당시 뛰어난 세 명의 희곡 작가를 물론 문학의 질적 차원에서가 아니라 상호 관계의 차원에서 세 명의 위대한 그리스 비극작가와 대응해본다면, 여러 면에서 고풍스러운 코르네유는 아이스킬로스에, 그리고 여성스럽고 섬세한 라신의 경우 소포클레스에, 문제적이고 심리학적인 몰리에르는 역시 희극작가일 뿐만 아니라 자신에게 강요된 연극형식에 맞서 역시 부질없는 끈질긴 투쟁을 벌인 에우리피데스에 상응한다고 할 수 있을 것 같다. 그도 그럴 것이 페리클레스 시대의 민주적이면서도 회의주의적인 이 그리스인들은 루이 14세 시대의 귀족적이고도 교조적인 이 프랑스인들만큼이나 철저히 보수적이었기 때문이다. 처세의 지혜, 표현의 테크닉, 보고 듣는 기술에서 거의 마지막 경계선에까지 이르렀던 문화의 부유한(그러나 지친) 상속인이었던 에우리피데스는 인디언의 춤이나 마을 서커스에나 꼭 어울릴 법한 계산, 즉 자신의 심리상태에 대한 미분계산을 외부적 수단을 빌려 표현할 필요가 있다고 여겼다. 몰리에르의 조바심 내는 활력, 사람을 기피하는 염세적 분열성, 유광(乳光)을 발산하는 변덕이, 꼭두각시 인형놀이의 감정과 그 모습을 취하는 것을 최고의 영예로 아는 사람들이 출입하는 지루하기 짝이 없는 도금된 살롱에 유폐되어 있었던 것이다. 그 때문에 몰리에르는 겉으로 보면 세 사람 가운데 가장 익살꾼으로 보이지만 실제로는 그중 가장 비극적인 인물인 것이다. 그가 셋 중 가장 위대했다는 사실은 대단한 비평 능력을 갖춘 그의 몇몇 동시대인도 이미 간파하고 있었다. 루이 14세가 이 시대 가장 뛰어난 작가가 누군가 하고 부알로에게 물었을 때, 그는 이렇게 대답한다. "폐하, 몰리에르라고 생각됩니다." "난 그렇게 생각하질 않았는데" 하고 왕이 대응하면서 이렇게 말한다. "어쨌든 그거야 그대가 더 잘 알겠지."

스트린드베리(Strindberg)는 『줄리 아씨(Fräulein Julie)』의 후기에서 이렇게 적고 있다. "인간들을 단순하게 보고 싶은 마음이 위대한 몰리에르에게 여전히 남아 있다. 하르파공(Harpagon)은 수전노일 뿐만 아니라 유수한 금융가, 훌륭한 아버지, 선량한 주민일 수도 있었음에도 그저 욕심꾸러기일 뿐이다." 이러한 비평이 원칙적으로 완전히 옳을 수도 있지만, 이 비평이 바로 몰리에르 자신이 수전노, 우울증 환자, 위선자, 졸부, 뻔뻔한 시녀, 충실한 정부(情夫)를 닮았을 **수도** 있겠다는 사실을 간과한 점에서 그를 제대로 평가한 것은 아닌 것 같다. 그는 모형을 본뜰 수밖에 없었다. 왜냐하면 관객들이 그것을 원했기 때문이다. 그런데 한층 더 놀라운 것은 그가 이런 투박하고 생기 없는 테크닉으로도 변화무쌍하고도 흥미롭고, 독창적이면서도 활기를 돋우는 모형을 선보였다는 사실이다. 그는 자신의 혼란스러운 분열증과 불안한 심리상태를, 오늘날 우리에게 유령과 같은 예감을 불러일으키는 그런 작중인물로 인위적 원시성을 살려 형상화한 것이 틀림없다. 그도 그럴 것이 그는 루이 14세가 그랬던 것보다 더 막강하고 더 독재적이며 더 완고한 어떤 군주의 어릿광대였기 때문이다. 그는 바로 시대정신의 광대였지 않은가! 그러나 그는 그 이상의 의미를 지닌다. 비록 작품 속에 감춰져 있긴 하지만 도덕의 입법자였던 것이다. 이는 기본적으로 모든 천재적 희극작가의 사명이다. 이 사명은 셰익스피어가 해낸 만큼 쇼[33]도 해냈으며, 입센이 해낸 만큼 네스트로이[34]도 해냈다. 이들 모두는 도덕과 풍습의 은밀한 교사들이었다.

회화와 장식 화가들 역시 데카르트의 원칙을 따랐다. 심지어 푸생[35]은 그의 동시대인들에게조차 엄격하게 비칠 정도였다. 그의 특색은 그가 고대의 부조를 통해 화가수업을 쌓았다는 점이다. 그의 형상들은 유형적 얼굴을 취하고 있을 뿐이다. 말하자면 표본실 식물들처럼 그저 종의 표본일 뿐이다. 르네상스 예술이 보여주는 수많은 형상과는 반대로 그 어느 형상도 친숙한 인상이 들지 않는 것이다. 푸생은 박식한 화가로서 고대에 정통한 사람이었다. 그는 풍경을 그림으로 담아내는 지대한 기여를 했다. 그러나 그것을 그는 고고학자로서 그랬다. 그가 그리는 것은 언제나 고풍의 경치다. 연극무대에서는 죽은 로마인들이 라이프로크를 입고 가발을 쓰고 등장하는 반면에 그림을 그리는 아마포에는 살아 있는 자연인이 토가와 반장화를 신은 모습으로 나타난다. 이는 유행하는 의고전주의의 두 가지 표현이지만 상반된 징후를 동시에 보이는 꼴이다.

푸생의 경우 이 모든 것은 수학적으로 계산된 것처럼 보인다. 이는 놀라울 정도로 정교하면서 기하학적인 실루엣을 곁들인 나무들, 결정계에 따라 뚜렷이 균형 잡힌 형태의 각과 평면을 보이는 암석들, 원형의 호수들, 예리하게 각진 산맥들, 체계적인 배치에 따른 정교한 무늬를 구성하는 조화롭게 떠 있는 구름들과 인간 육체의

---

[33] G. B. Shaw(1856~1950): 아일랜드의 극작가 겸 소설가 및 비평가.

[34] J. Nestroy(1801~1862): 오스트리아의 희극작가이자 배우.

[35] Nicolas Poussin(1594~1665): 프랑스의 화가. 프랑스 근대회화의 시조로 통하기도 함.

뚜렷한 선들이 그런 것이다. 그러나 그럼에도 그는 탁월한 방식을 통해 정취를 표현한 강력한 대가였다. 그는 진정한 바로크 화가로서 빛과 전경 처리의 명장인 클로드 로랭[36]의 섬세한 예술을 선도한 가장 강력한 선구자였다. 클로드 로랭의 자연은 현실의 자연이었지만, 그는 그것을 살롱문화에 어울리도록 품위 있게 다듬은 형태로만 그렸다. 그래서 여기서의 자연은 결코 거칠거나 우악스럽지 않으며, 실물보다 훨씬 더 과장되거나 들끓지도 않는다. 그것은 이성과 궁정 예법에 어울리는 정도의 '자연'이다. 또 한편 리고[37]는 궁정화가로서 그 시대의 의상담당 최고 감독이었다. 그는 인물을 그릴 때 얼굴 표정과 몸가짐, 헤어스타일과 복장을 '제대로' 살려내어 그렸다. 그래서 사람들은 서 있거나 기대거나 앉아 있으며, 손을 내밀고 검을 차고 외투를 움켜잡고 있다. 존엄과 자제심을 풍기는 인상적인 신중한 자세를 취하고 있다. 말의 중의적 의미에서 독재자(Selbstherrscher)이다. 모두가 작은 루이 14세인 셈이다.

궁전 건축물도 서로 아주 유사한 외관을 취하고 있다. 외관상 그 건축물들은 거리감을 두게 하는 위엄을 드러낼 뿐이며 국왕의 자태를 돋보이게 하는 데 초점이 맞춰져 있어 그 오만한 단순함 때문에 옹색한 인상을 주기까지 한다. 정면은 비천한 백성에게 보이는 것이기 때문에 장식을 하지 않았다. 그러나 내부공간은 사치스럽게 화려하다. 바닥은 쪽매널마루를 정교하게 깔았고 천정은 정선된 그림으로 장식했다. 벽은 값비싼 다채로운 대리석, 세공된 석고, 우단과 수놓은 비단, 은과 청동, 특히 태양의 상징인 황금으로 광채를 뿜어

---

[36] Claude Lorrain(1600~1682): 프랑스의 화가. 빛의 효과를 세밀히 관찰하여 질서와 균형을 강조하는 화풍을 선보임.
[37] Hyacinthe Rigaud(1659~1743): 카탈루냐 출신 프랑스 바로크 화가.

낸다. 대형 거울이 광채를 더욱 현란하게 빛나게 한다. **국왕의 고급 가구상**(*ébéniste du roi*)인 앙드레 샤를 불[38]은 홈을 가닥 촛대가 달린 콘솔데스크(*guéridons*)와 '상감목세공(象嵌木細工)'의 무늬가 들어간 목단 가구들로 채웠다. 이 가구들은 작은 금속이 붙은 서랍들이 딸려 있고, 그 칠이 진주와 상아처럼 현란한 빛을 발산한다. 파리의 '왕실 가구 제조업'은 궁정화가 르브룅[39]의 지도하에서 미술가구사 상품을 제조하는 전형적 목공소로 발전했다. 1680년 자캥(Jacquin)은 현재 가장 널리 이용되고 있는 인공진주 양식법을 알아냈다. 광대한 공원은 대리석으로 세워진 주상(柱像)들, 이를테면 트리톤(Triton), 나야드(Najade), 아틀라스(Atlas), 지구본 등의 조각상으로 위엄을 드러냈다. 인공폭포수는 쫘 소리를 내며 넓은 돌계단 아래로 떨어져 내렸다. 나무들과 덤불은 꽃병, 삼릉(三稜), 피라미드, 동물 등의 모양으로 손질되어 있고, 대개는 예쁜 방 모양을 취했다. 그밖에도 오늘날의 거의 리프트기에 맞먹을 승강기(ascenseur)가 당시에 발명되었다는 것도 흥미롭다. 물론 이런 승강기는 대형 궁전에서만 사용되었다. 여기에서 당시와 오늘날의 문화 사이에 결정적 차이가 있음을 보게 된다. 당시의 그런 문화는 가장 내밀한 비사회적인 것이어서 새로운 실용적 발명품이 최상류층이 아닌 다른 이들에게도 편리하게 이용될 수 있을 것이라고는 아무도 생각지 못했던 것이다.

뤨리   음악은 극장에서 우선적인 위상을 가졌다. 실제 이름이 뤨리(Lulli)였던 피렌체 출신 장 밥티스트 뤨리[40]는 장중한 오페라 **서정비극**(*tragédie lyrique*)의 창시자이다. 그의 대본작가는 그 시작법에서 위대한

---

[38] André Charles Boulle(1642~1732): 프랑스의 고급 가구 제작자.
[39] C. Lebrun(1619~1690): 프랑스의 궁정화가.
[40] Jean Baptiste Lully(1632~1687): 루이 14세 시절 프랑스 궁정 작곡가.

비극작가들을 능가하는 인물로 스스로를 평가하는 필리프 키노[41]였다. 륄리는 왕의 칙령을 받아 오페라 공연의 격식을 독점할 수 있었다. 그는 이 칙령을 통해 자신의 극장을 제외한 모든 극장에서는 두 명 이상의 가수와 여섯 개 이상의 현악기 사용을 금지했다. 그는 작곡가일 뿐만 아니라 총감독·지휘자·공연 지배인·연출자이기도 했으며, 심지어 공연 열정 때문에 죽을 정도로 자신의 예술에 정신없이 심취하기도 했다. 한번은 공연에서 등나무 지팡이로 미친 듯이 박자를 짚다가 자신의 발에 치명적인 상처를 입히기까지 했다. 그는 행사에서 한갓 곁다리 신세를 면치 못하던 합창을 다시금 온전히 그 가치를 발휘하게끔 하여 멜로디 요소보다 리듬 요소를 우선하게 만들었다. 그가 보기에 음악이란 그저 말의 효과를 강화하여 감성에 따른 음색을 깊고 풍부하게 할 따름이다. 그의 예술은 낭독과 수사학의 가장 아름답고 가장 정확한 형식을 띠고 있다. 그것은 코르네유와 라신에 완벽히 대적할만한 것으로서 이들과 의식적이고 성공적인 경쟁을 통해 그 모습을 드러내고 있다고 볼 수 있을 것 같다. 그의 예술은 근본적으로 순전히 서창(敍唱: 레치타티보) 형식만을 취해 콜로라투라와 아리아는 제외하고 있으며, 대신 무대배경·발레·취주곡·남녀 혼성합창을 배치하는 거창한 무대장치를 썼다. 무대 뒤에서는 해상 폭풍우·전투·천둥·지진·화산폭발·지옥의 비명 소리와 같은 음향효과를 냈다. **고전비극**(*tragédie classique*)이 온전히 선율이 관류하고, 선율을 따라 움직이며, 선율의 지배를 받고 있는 일종의 음악이라고 한다면, 이 시대의 양식의지는 음악에서도 절정을 드러낸다. 요컨대 모든 것이 엄격한 질서와

---

[41] Philippe Quinault(1635~1688): 프랑스의 극작가이자 오페라 대본작가.

명료함, 풍성하고도 맑은 음, 밝고 편안하게 떨어지는 카덴차로 채워져 있다. 이런 음악은 완전히 수학적으로 계산하는 일, 말하자면 데카르트의 균형 정신을 실현하는 일을 의당 완벽히 성취하기 마련이었다.

라로슈푸코

　루이 14세 시대를 오직 오페라와 비극, 건축과 회화, 논문과 설교를 통해서만 평가하려 한다면, 당시 인류는 위엄은 있지만 실물 이상으로 커서 영혼이 없는 따분한 영웅으로 지구에 등장하는 것 같다는 생각에 이를 수밖에 없을 것이다. 이 영웅들의 실제 모습은 2급의 예술과 문학, 이를테면 캐리커처 · 팸플릿 · 풍자 · 비망록 · 일화(逸話) · 격언 등에서만 만나볼 수 있다. 이는 당시 지배적인 세계관의 자연스러운 결과일 뿐이다. 데카르트에 따르면 인간정신의 유일한 활동은 사유에 있고, 그 진정한 생명은 순수 오성의 활동과 아무 상관이 없거나 이 활동과 모순되는 그런 움직임으로만 표현될 뿐이어서 이 시대는 자신의 위대한 대표적 창작물을 통해서는 어떤 심리학도 발전시킬 수 없었던 것이다. 이 같은 심리학은 소위 공식적으로 금지되어 있어 기껏 밀수품처럼 몰래 취급될 수밖에 없었다. 그래서 그것은 언제 닥칠지 모르는 임시검열에도 문제가 없을 포장지로 싼 구속력 없는 사적인 기호품의 형태를 띠게 된 것이다. 그것은 소수의 경탄할만한 딜레탕트의 활동 공간이 되었고, 그들의 작품은 오늘날까지도 살아남아 있다. 누구든 라브뤼예르[42]의 초상화, 생시몽의 회상록, 세비녜 부인의 편지에 대해선 알고 있다. 우리는 실제 생활의 이 같은 풍부한 표현 가운데서 모든 것을 대변해주는 단 한 가지만 끌어내고자 한다. 그것은 곧 라로슈푸코[43] 공작의 '잠

---

[42] Jean de La Bruyère(1645~1696): 프랑스의 수필가이자 모럴리스트.

언들'이다.

라로슈푸코는 근세 최초의 실제 잠언가라고 할 수 있다. 그의 짧막한 문장들은 압축된 윤리적·심리학적 논문들인 셈이다. 여기에는 **기하학적인 정신**(*ésprit géometrique*)도 살아 움직이고 있다. 그것은 곧 칼날같이 예리한 안티테제와 결정학적인 필치로 살아 있는 것이다. 그밖에도 그는 이미 자기 스타일을 가진 살롱의 사교가였다. 그가 착안한 문구들은 재치 넘칠 뿐만 아니라 고급 향수에서 떨어지는 향긋한 물방울처럼 아늑하고 단아하면서 우아하기도 했다. 그것들은 수천의 작은 인생경험이 남긴 향기에서 압출한 것들이다. 그의 철학체계는 아주 단순하다. 심리분석이 모든 것을 성적으로 설명하듯 그는 인간의 모든 행위를 단 하나의 근본충동, 즉 **허영심**(*la vanité*) 또는 **자만심**(*l'amour-proper*)으로 환원시킨다. "우리는 자만심의 왕국에서도 수많은 것을 발견해왔다. 거기에는 아직 미지의 나라들이 남아 있다." "이기심은 온갖 언어로 말을 하고 온갖 역할을 다 한다. 심지어 사욕 없음(Selbstlosigkeit)의 역할까지도 한다." "허영심이 미덕과 관계하지 않았다면 현재와 같은 미덕조차 없을 것이다." 이제 그는 어디서든 허영심의 은밀한 침전물을 연구하면서 그 최후의 은신처를 찾아내어 그것의 가장 민감한 부분을 확인하는 데 성공한다. "사람은 언제나 자신을 두고 선의의 짓궂은 말을 한다." "칭찬을 사양하는 것은 두 번 칭찬을 듣고 싶다는 뜻이다." "우리는 우리를 따분하게 하는 사람들에 대해서는 흔히 관대하지만, 우리가 따분하게 했던 사람들에 대해서는 결코 관대하지 못하다." "철학자들은 삶에 대해 애정을 갖고 대하는지 아니면 공평하게 대하는지 모를

---

43 F. La Rochefoucauld(1613~1680): 프랑스의 격언 모럴리스트이자 작가.

일이다. 애정과 공평, 이 두 가지는 허영심의 한 취향에 불과한 것이다." 미덕도 악습의 한 형식일 뿐이다. "여러 강물이 바다에서 그러하듯 미덕들도 이기심 속에서 방향을 상실한다." "우리가 몇 가지 악습에 우리를 맡기는 데 종종 방해를 받는 것은 그보다 더 많은 악습을 우리가 가지고 있기 때문일 뿐이다." "악습이 우리를 떠나면 우리가 그 악습을 버렸다는 믿음으로 우리는 자위한다." "나이든 사람들이 좋은 말로 교훈을 주는 것은 더 이상 나쁜 본을 보일 수 없다는 말로 스스로 위로 삼기 위해서다." "독약이 해독의 정수이듯 악덕은 미덕의 정수이다. 현자는 이것들을 섞어 완화하여 생활의 악습에 맞서 유용하게 이용한다." "사랑은 그 결과의 수를 두고 평가해보면 우정보다 증오를 더 닮았다." 왜냐하면 "참된 사랑은 허깨비와 같기 때문이다. 세상 사람 모두가 사랑을 말하지만, 그것을 본 사람은 극히 드물다." 라로슈푸코는 견유주의자가 아니라, 정신은 기분 내는 역할을 오래 감당할 수 없다는 점, 참된 **'정신의 예법** (*politesse de l'esprit*)'은 "고상한 것과 부드러운 것을 생각하는" 일에 근거를 둔다는 점, 간계와 배신은 노련함이 부족할 때만 생겨나고 가장 안전한 수단인 속아줌은 다른 누구보다 자신을 더 교활한 사람으로 간주하는 행위라는 점을 확신하면서, 마음의 은밀한 움직임에 신경을 곤두세우는 회의주의자다. 그의 수많은 재담은 극도의 섬세한 숨결을 뿜어낸다. "친구들에게 속아 넘어가는 것보다 친구들을 불신하는 것이 더 큰 수치다." "성급히 빚을 갚는 것은 일종의 배은 망덕이다." "친구들의 불행이 그들에게 우리의 사랑을 보여줄 기회가 될 때 그들의 불행으로 우리는 쉽게 스스로 위안을 삼게 된다." 그는 이처럼 뻔뻔함과 의협심, 가장 노골적인 물질주의와 극도의 예민한 노련함을 뒤섞음으로써 루이 14세 주변을 밝힌 정신적 유성

가운데 가장 정교한 꽃과 같았다. "가소로운 것은 수치보다 더 수치스럽다"는 격언은 베르사유의 빛과 그늘의 모든 세계를 반영한 셈이다. 이러한 문화의 전체 면모를 그는 다음과 같이 표현한다. "각자의 신분에 따라 저마다 비치길 원하는 대로 비치게끔 특정한 풍채와 태도를 취한다. 그러니까 세상은 온통 용모로 되어 있다고 말할 수 있는 것이다." 사실 우리는 이러한 사람들에게서 헛되게도 그들의 진정한 모습과 태도를 구하고 있지만, 어디서든 눈에 보이는 것은 그들의 풍채와 제스처뿐이다.

이 점은 그 시대의 의상이 명확히 드러내 준다. 살롱 복장은 오로지 항시적인 과시용으로서 퍼레이드와 포즈를 목적으로 했을 뿐이다. 재킷은 자수가 화려하게 놓인 대례복(*justaucorps*)에 묻혀 사라졌다. 이 대례복은 통소매와 긴 커프스에 큼직한 단추가 달려 있고 무릎까지 내려온다. 부인들의 의상은 코르셋이 딸린 통이 큰 야회복으로 옷자락을 바닥에 길게 끄는 복장이다. 그 길이는 신분에 따라 2m에서 무려 13m에까지 이른다. 그리고 이 야회복은 엉덩이가 보통 이상 크게 발전한 것으로 보이도록 쿠션을 엉덩이 부분에 넣은 **퀴 드 파리**(*cul de Paris*)의 모양을 취했다. 장화는 버클이 달린 구두에게 자리를 내줬고, 부드러운 하얀 가죽 장갑은 남녀 모두의 필수품이었다. 그런데 이런 모습에서 단연 돋보이는 것은 1625년에 출현하여 1655년에 이미 보편화된 호사스러운 알롱제(Allonge)라는 이름의 가발이었다. 이 가발은 루이 14세의 재상이 말했듯이 "사람을 사자처럼 보이게" 만들었다. 그래서 선호된 색깔은 밝은 갈색이나 황금색이었다. 거의 이 시기에 '파리 날개' 모양의 콧수염이 사라졌다. 세상 모든 사람이 면도를 하고 다녔던 것이다. 알롱제에 버금가는 여성의 가발 대용품은 퐁탕주(Fontange)였다. 이는 레이스와 리본

알롱제

등으로 고수머리 가발을 탑처럼 위로 쌓아올린 머리 장신구로서 그 높이가 1.5m나 될 때도 드물지 않았다.

통상적 견해에 따르면, 이 같은 일이 일어난 것은 루이 13세가 대머리였기 때문에 가발이 생겨났고, 시대에 뒤처지고 싶지 않은 여성들이 퐁탕주에 손을 뻗었으며, 그러자 전 유럽이 '노예근성'에서 이를 모방한 일 따위와 관련 있다. 그러나 이런 관점보다 더 평범하고 더 틀린 경우도 없을 것이다. 우선 우리가 들은 바에 의하면, 당시 유럽의 유행을 지배한 것은 프랑스가 아니라 네덜란드의 풍조이며, 게다가 루이 13세와 같이 소심한 인물은 그의 시대에 특정한 복장을 유행시키기에는 역부족이었다. 프랑스의 문화적 헤게모니는 루이 14세에 이르러서야 겨우 시작된다. 그런데 바로 루이 14세는 자신이 아름다운 긴 생머리카락이 있었던 10여 년 동안에는 가발을 좋지 않게 보았고, 1673년에 이르러서야 가발을 썼다. 대개 군주란 유행을 창조하지 못한다. 시도야 해볼 수 있지만, 그것으로 비웃음을 살 수가 있다. 이를테면 콧수염이 '유행했지만' 오스트리아의 '황제 수염(Kaiserbart)'은 그것을 하고 다니는 사람들에게 포도주 출장 판매상 혹은 노병회(老兵會)의 일원이라는 **낙인을 찍게** 만들었다. 반면에 전혀 볼품없었던 '황제-프리드리히-수염(Kaiser-Friedrich-Bart)'은 사정이 그렇진 않았다. 왜냐하면 당시 그 수염은 실제로 시대정신의 힘을 받아 유행했기 때문이다. 한 가지 더 눈여겨봐야 할 것은 당시 가발은 오늘날의 '남성용 가발(Toupet)'처럼 머리숱이 없는 머리를 가릴 목적으로 사용된 적이 한 순간도 없었으며, 가발을 처음부터 일종의 **의류**로 생각했다는 점이다. 요컨대 그것은 깃이 달린 모자나 견대(肩帶)와 같이 외모를 돋보이게 하는 장식품에 불과했다. 결론적으로 말해 몇몇 동시대인의 대머리에 근거해서 가발의 기원을 찾으려는 것은 세계적 사건이 될 만큼 어리석은 짓이다.

가발은 17세기 인류의 가장 심오한 상징이다. 그것은 높이 오르다가 고립되었다. 나중에 우리는 이것이 그 시대의 두 가지 기본경향이었다는 사실을 살펴볼 것이다. 그것은 부자연스러움을 통해 양식화했다. 물론 이런 가발이 역사에서 새롭게 등장한 것은 아니다. 서남아시아 민족들과 특히 스타일 감각이 최고였던 이집트 사람들은 이미 가발에 대해 알고 있었다. 그들은 심지어 인조 수염까지 사용할 정도였다. 피라미드와 스핑크스를 창조한 그 같은 추상화의 정신은 그들에게 장식용으로 땋은 머리모양과 가슴까지 내려오는 사각 모양의 수염을 하도록 했다. 천박한 19세기는 이집트 예술을 '원시적인 것'으로 취급했다. 이제 우리는 그들 창작물의 파악할 수 없는 위대성과 심오함에 비하면 서구의 예술 전체가 원시적인 것으로 비칠 수밖에 없다는 사실을 서서히 통찰하기 시작한 셈이다. 같은 방식에서 우리는 그러한 민족의 풍습 역시 결코 '야만적이지' 않을뿐더러 '유치하지'도 않으며, 우리에게 낯설지만 우리보다 훨씬 우월할 수 있는 세계감정의 침전물이라는 인식에 도달할 수밖에 없는 노릇이다. 분명 데카르트 시대의 가발만큼이나 이집트의 가발도 '역설적'이다. 각각의 복장이 역설적인 것은 그것이 캐리커처로까지 고양된 이상형의 표현이기 때문이다. 인류는 저마다의 시대에서 자신의 신체적 외관을 돋보이게 하는 이상형을 품기 마련이다. 그리고 각 문화가 역설적인 것은 그것이 대개 형성될 때 '자연'과 조화를 이룬다고 믿지만 어쨌든 '자연'의 대립물이기 때문이다. 예술가의 시각 및 철학자의 공상으로부터 인간 교류의 일상적 형식을 아우르는 모든 문화적 창작물은 역설적이거나, 달리 말하면 '비실용적'이다. 그러나 여분과 목적 없는 것 일체, 부자연스러운 것과

논리적이지 못한 것 일체를 배제하는 생활 질서는 더 이상 문화가
아니라 '순수 문명'일 뿐이다. 그런데 이러한 순수 문명은 거의 상
상할 수 없는 괴물의 성격을 지니며, 지금까지 우리에게 알려진 인
류의 역사에서 목격된 적이 없는 그런 것이다. 그래서 우리는 그것
이 미래에도 세상에 출현하지 않길 단호히 바랄 뿐이다.

커피　　　바로크 전성기를 '특색 짓는 음료'는 커피다. 이 커피는 아랍인과
터키인이 이미 오래전에 알고 있던 것으로서 이 세기의 중엽에 확산
되었다. 최초 유럽의 커피-하우스는 1652년에 런던에서 오픈한 버
지니아 커피-하우스(Virginia Coffee-House)다. 이 커피-하우스는 점차 곳
곳에서 흉내를 냈다. 이는 모든 부류가 계급과 직업에 따라 특정한
커피집을 차리는 풍습이 런던에서 최초로 생겨나게 했다. 교황청
사람들, 청교도들, 휘그당 사람들, 궁정 사람들이 찾는 커피-하우스
가 있었는가 하면, 멋쟁이들, 의사들, 하녀들, 수공업자들을 위한
커피-하우스도 있었다. 윌(Will)의 유명한 커피하우스는 드라이든[44]
이 주변 사람들을 불러놓고 환담을 나누곤 했던 문학카페(Literaten-
café)였다. 그가 그곳에서 어떤 시인의 시를 칭송하고 나면 그 시인은
다음 모임에서 화두가 되곤 했다. 프랑스는 20년이 지나고 나서야
최초의 커피하우스가 생겨났으며, 독일의 경우 80년대 초에 가서야
최초의 커피하우스가 등장했지만, 그 뒤 곧바로 곳곳에서 성황을
이루었다. 예컨대 최초의 빈(Wien) 커피하우스가 유명한데, 이 커피
집은 세르비아의 첩보원 콜쉬츠키[45]가 오스트리아 군대의 활약으로
터키 군대가 물러간 뒤 곧바로 터키에서 노획한 커피 창고를 이용하

----

[44]　J. Dryden(1631~1700): 영국의 계관시인・극작가・비평가.
[45]　G. F. Kolschitzky(1640~1694): 오스트리아 태생의 상인・외교관・스파이.

여 개점한 커피하우스다. 1720년 무렵, 파리엔 벌써 300개나 되는 커피하우스가 있었다. 당시에 벌써 특별실에서는 게임 놀이도 있었다. 당구와 카드놀이가 최고의 인기를 누렸다. 반면에 흡연은 선술집에서만 허용되었다. 당시 커피는 일반 강장제로서 오늘날보다 훨씬 더 중요한 역할을 했다고 말해도 무방할 정도다. 커피는 합리적인 시간을 보내는 데 요긴했다. 왜냐하면 그것은 이른바 **말짱한 정신에 도취 작용**을 일으키는 흥분제 효과가 있기 때문이다. 예컨대 볼테르는 열렬한 커피 애호가였다. 사람들이 말하는 바에 따르면, 그가 하루에, 아니 하룻밤 사이라고 하는 말이 더 맞는 말일 법한데, 커피 50잔을 마시지 않고는 지낼 수도 일할 수도 없었다. 이는 예민하면서도 명석한 그의 필체에 뚜렷하게 반영되어 있다. 커피 이외에도 몇 가지 또 다른 새로운 기호식품도 선을 보였다. 여기에는 과일로 만든 빙수, 1세기 뒤에야 '샴페인'으로 불린 거품포도주 - 이를 생산하는 것은 코르크마개의 발명으로 비로소 가능해진 것인데 - , 초콜릿 등이 있다. 초콜릿은 유럽 사람들이 설탕으로 대용해도 되겠다고 생각했을 그때야 비로소 유럽에 널리 확산되었던 것으로서 멕시코 사람들이 즐겨 마셨던 음료였다. 이 음료는 특히 빈곤한 스페인에서 국민 영양식품이 되었다. 그래서 이것만으로 식사를 대용할 때가 허다하기도 했다. 그런데 술은 차와 커피와 초콜릿으로도 완전히 밀려나진 않았다. 특히 독일 사람들은 난폭한 술고래로 언제나 찬탄과 악평을 동시에 받았지만, 프랑스와 영국 사람들도 그들에게 한참 뒤처지지는 않았다. 남부 나라 사람들은 예전부터 상대적으로 온건한 편이다. 우리가 이미 몇 번 목격했거나 아니면 아직 목격하지 못했다고 해야 옳을 포크도 마침내 유용한 식사 도구로 인식되기에 이른다. 포크 사용을 두고 이 세기의 전반부만 해도 풍자작가들이

폼 잡는 일이라고 놀렸지만, 1650년 무렵 프랑스 궁정에서 공식적으로 포크를 사용하고 곧이어 일반적으로 수용된다. 그때까지만 해도 사람들은 고기를 손으로 집어 먹거나 좀 더 깨끗한 것으로 통한 칼로 직접 입에 가져갔다. 모자를 벗는 것도 또 하나의 새로운 풍습이 된다. 예전에는 인사를 할 때 머리 덮개에 전혀 손을 대지 않고 목례로만 했다. 청결의 문제에서는 최고위층 부류 사이에서도 유감스러운 점이 많았다. 여기서는 결정적인 퇴보를 내보인 것이다. 저물어가던 중세와 종교개혁의 시대만 해도 보편적으로 확산되어 있던 공중목욕탕이 완전히 사라지고 말았다. 개인적으로 목욕할 장소는 거의 전무한 상태였다. 화장실은 대개 손을 씻고 오드콜로뉴[46]로 얼굴을 가볍게 적시는 용도로만 쓰였다. 속옷을 갈아입는 일은 끔찍할 정도로 드물었다. 태양왕의 침대에조차 빈대가 있었다. 그 시대 사람들이 온갖 종류의 향수와 포마드 및 방향 화장품 등을 과도하게 사용한 것도 이러한 상황을 떠올리면 바로 이해가 될 것이다.

역마차 　수송수단은 아직 지극히 원시적이다. 이 세기의 말엽에 이르러서야 비로소 경주마에 필적하는 마차가 등장한 것이다. 격렬한 저항이 없진 않았다. 왜냐하면 많은 사람이 이 마차가 말 사육을 위축시키고 해를 끼치게 될 것이라는 사실을 알았기 때문이다. 그러나 어쨌든 이미 대도시에는 승합마차가 출현해 있었다. 파리에서는 이 마차를 **피야크르**(fiacres)라고 불렀다. 그런데 중간계층은 주로 가마나 들 것을 이용했다. 물론 이것도 처음에는 사람이 물건을 실어 나르는 동물로 이용되는 것이 인간의 품위를 손상시킨다고 해서 비난을 샀다. 신분이 높은 양반들은 마차를 모는 마부에다가 최소한 네 마리

---

[46] Eau de Cologne: 독일 쾰른 산의 물과 향수를 지칭함.

의 말이 끄는 화려한 의전마차를 굴렸다. 그들이 이런 마차를 운영한 것은 대개는 허세와 사치에서 비롯된 것이기도 하지만 열악한 도로 사정 때문이기도 했다. 이 같은 시·공간에서 오늘날의 택시 형태와 같이 정부나 대기업 사장이 투자하여 정기적으로 운행하는 환마(換馬) 정거장이 딸린 '역마차(Fahrpost)'가 차츰 그 모습을 드러냈다. 이 특정한 환마 장소에는 언제나 새 말이 대기하고 있다. 특히 이러한 정거장은 지친 여행객들에게 숙소도 제공한다. 이런 식으로 하여 호텔의 맹아라고 할 수 있는 '역마차 여관'이 생겨났다. 두 명이 앉을 수 있는 최초의 안락한 여행마차 '베를린느(Berline)'가 1660년에 베를린에서 조립되었고, 이것이 전 유럽으로 모방되어 나갔다. 운행속도는 아주 형편없었다. 오늘날 철도로 한 시간이면 갈 수 있는 런던에서 옥스퍼드까지의 소요 시간은 이틀 걸렸다. 그 후 새로 정한 노선으로 13시간 걸렸을 때만 해도 당시로서는 어마어마한 속도감 때문에 '**비행 마차**(*flying-coach*)'라는 소리까지 들렸다. 마차가 뒤집히거나 옆으로 쓰러지는 것은 다반사였다. 그러나 수상교통은 더 성가실 뿐만 아니라 더 안전하지도 않았다. 원거리 항해는 모험으로 통했다. 난파와 해적과의 싸움은 거의 자명한 일로 보여 당시 모든 여행소설의 주요 내용을 이루기도 했다. 비좁고 어두운 공간에서의 숙식과 위생 상태는 아주 나빴다. 오로지 소금에 절인 고기와 밀가루, 말린 채소만으로 제공되는 식사는 질병으로 이어지기 십상이었다. 그래서 길에서 서로 만나게 되면 인사말로 행운이 따랐다고들 했던 모양이다. 18세기 초에 가서야 영국과 대륙을 정기적으로 운행하는 **화물-보트**(*packet-boat*)가 마련되었다. 처음에는 소포와 편지를, 나중에는 사람도 운송했다.

역마차 제도에 이어 신문도 나왔다. 처음 신문은 손으로 쓴 보고 신문서 형태로 신분이 높은 양반들이 특별 통신원들에게서 직접 구독하다가 나중에 '관보(Gazette)'로 거래된다. 최초로 인쇄된 신문은 모든 소식이 집중되는 우체국장들에 의해 확산 · 보급되었다. 이때의 신문은 대개 주간지로 간행되었으며, 논평이나 비평을 뺀 사실 자료만을 담았다. 그도 그럴 것이 신문은 엄격한 검열을 받았기 때문이다. 훨씬 더 자유로운 언론은 팸플릿 문학이 지배했다. 이 문학 장르의 연원은 종교개혁 시대까지 거슬러 올라가는데, 이 장르는 은밀히 보급되었으며, 정치세력에 대해 논의했다. 특히 네덜란드의 비방자들은 유럽의 모든 정부에게 두려움의 대상이었다. 최초의 주간지는 1605년 스트라스부르에서 발간되었으며, 최초의 일간지『매일신문(Daily Courant)』은 거의 100년 뒤 영국에서 발행되었다. 중요한 의미를 지닌 박식한 잡지들도 나왔다. 파리의『학술저널(Journal des Savants)』, 런던의『철학 처방(Philosophical transactions)』, 로마의『문예지(Giornale dei Letterati)』, 라이프치히의『학술기요(Acta eruditorum)』가 그런 것들이다.

벨 　　이 시대의 학문적 활동은 괄목할만한 발전을 성취한다. 파스칼의 비범한 업적들에 대해서는 이미 우리가 들었던 바다. 성서에 대한 스피노자의 비판적 연구들은 파리의 오라토리오회 수도사(Oratorian) 리샤르 시몽[47]에 의해 계승된다. 시몽은 겉으로 보면 철저히 전통의 토대에 서 있지만, 개별 텍스트들의 역사적 설명을 들어보면 극도의 대담성을 내보인다. 그래서 그는 가톨릭 측 신학자들에게서 비난을 샀을 뿐만 아니라 프로테스탄트 측 신학자들에게도 가장 격렬한 비판을 받았다. 이 같은 자립성과 비판적 우월감은 메즈레[48]가 자신의

---

[47]　Richard Simon(1638~1712): 프랑스의 가톨릭 성서학자.
[48]　F. de Mézeray(1610~1683): 프랑스의 역사학자.

『프랑스 역사(Histoire de France)』에서 발전시켜 나간다. 그의 프로그램은 진(眞)과 미(美)의 부알로식 결합이다. 장 마비용[49]은 역사 문헌의 과학적 연구와 관련된 '고문서학(Diplomatik)'의 기초자가 되었다. 피에르 벨[50]은 박식하고도 예리한 『역사적 · 비평적 사전(Dictionnaire historique et critique)』을 편찬했다. 이 책은 당시 쓰인 책 중에 가장 흥미진진하고 가장 재기 넘치는 사전이었다. 국가 · 교회 · 풍습 · 예술 · 과학에 걸친 모든 현상이 이 사전에서 잘 - 벨이 즐겨 쓰는 말로 표현하면 - '해부되어' 있다. 프랑스 계몽주의 일체가 그 뿌리를 둔 철저한 회의학파를 관장하는 것은 바로 분석의 데카르트적 방법이다. 동시에 그의 사전에서는 '부조리하기 때문에 믿는다(credo quia absurdum)'를 오랜만에 다시 한 번 더 최후로 환기시키려는 시도가 엿보인다. 우선 벨은 철학과 종교, 이성과 계시 사이에서 나타나는 모순을 곳곳에서 폭로한다. 성서의 인물, 특히 구약성서의 인물은 성인이 못되며, 반면에 이교도와 심지어 신을 부정하는 사람 중에 흠 없는 위대성을 내보이는 인물들이 있다고 한다. 타락이라는 사실은 오성으로서는 납득할 수 없는 역설이다. 왜냐하면 인간이 자유롭지 않다면 그의 행위는 죄가 될 수 없으며, 자유롭다면 자신의 선행과는 반대되는 죄를 범한 것은 신이 원해서 한 꼴이 되기 때문이다. 그리고 만일 신이 죄를 원한 것이 아니라 그저 막을 수 없었기 때문이라고 한다면 역시 신의 개념에 위배되는 전능하지 못한 꼴이 되는 셈이다. 그러나 벨이 이 모든 생각에서 추론하는 것은 신앙의 무용성이 아니라 이성의 무용성이다. 이성은 종교에 굴복하여 무비

---

[49] Jean Mabillon(1632~1707): 프랑스의 주교이자 문헌학자.
[50] Pierre Bayle(1647~1706): 프랑스 계몽주의 시대의 철학자.

판적으로 무조건 신앙을 가져야 하고, 계시와 결합될 수 없다는 것을 바로 알고 자신의 무기력을 통찰할 수밖에 없다는 것이다. 이러한 면에서 사실 벨은 회의주의자이긴 하지만 종교가 아니라 철학과 관련된 회의주의자인 셈이다. 그러나 그럼에도 불구하고 그는 반작용이 일어나지 않게끔 맹목적 신앙을 지지하기 위해 실증적 기독교에 대한 이성적 항변과 관련된 수많은 자료를 수집했다. 비록 사람들이 그 추론들을 뒤집어놓긴 했지만, 그 풍부하고 예리한 장비들은 남아 있다. 사실 18세기는 이 같은 국면의 전환을 성취했다. 볼테르가 벨을 두고 그의 경우 기독교 문화에 대해 논박하는 내용의 글은 한 줄도 없으며, 회의로 유도하는 글도 한 줄도 없다고 말한 것은 아주 적절했다. 말하자면 벨 자신은 불신자가 아니었지만 사람들로 하여금 불신하게 만든다는 것이다.

현미경 그런데 17세기 그 특유의 명성은 정밀과학의 구축에 있다. 이때는 자연과학의 영웅시대이다. 물론 그것은 실천의 영역에서보다는 독창적이고도 광범위한 이론의 구상 형태로 표현된다. 의학은 상대적으로 가장 발전하지 못한 형편이었다. 몰리에르에게 비웃음을 샀던 파리 학파는 본질적으로 겨우 두 가지 치료법만을 만능치유법(Universalmittel)으로 알고 있었다. 그것은 곧 사혈과 세척이었다. 물론 이러한 치료법의 빈번한 사용이 완전히 부당한 것은 아니었다. 왜냐하면 상류층은 운동 부족과 기름진 음식, 폭음 때문에 대부분이 충혈(充血)에 시달렸기 때문이다. 네덜란드 학파는 종종 반대 효과를 일으키지만 거의 무해한 약초들로 제조된 다양한 약제의 다량복용을 권유하는 '폴리파머시'[51]를 따랐다. 이는 바로크 시대의 과장된

---

[51] polypharmazie: 한 환자에게 동시에 여러 종류의 약제를 함께 쓰는 일

양식으로 표출되기도 했던 것이다. 지나친 과장, 당초무늬, 압도적인 다량의 효과가 그 같은 경향들이다. 기술적(記述的) 자연과학은 이미 광범위한 영역에까지 미쳤다. 존 레이[52]는 광범위한 동물학적 분류학의 창시자가 되었다. 그는 동물을 척추동물과 무척추동물로 구분하면서, 전자의 경우 폐로 숨을 쉬면서 새끼를 낳는 동물과 알을 낳는 동물, 그리고 아가미로 호흡하는 동물로 분류했고, 후자의 경우 연체동물과 갑각류, 조개류와 곤충으로 분류했다. 현미경의 완성은 대단한 의미를 지녔다. 물론 망원경보다는 훨씬 일찍 발명되었지만 이제 비로소 널리 이용되게 된 셈이다. 현미경으로 니어마이아 그루[53]는 잎의 상피에 균열된 막이 있음을 알아냈으며, 레벤후크[54]는 적충류(滴蟲類)를 관찰하면서 망막에서 간상체를 발견했고, 곤충의 복안(複眼)과 수의근(隨意筋)의 가로무늬근을 관찰했으며, 말피기(Malpighi)는 적혈구를 관찰했다. 오늘날도 그의 이름을 본뜬 일련의 해부학적 명칭이 전해지고 있다. 예컨대 상피 아래 점막층을 이루고 있는 세포조직을 말피기조직(malpighisches Netz)이라고 부르며, 포유동물의 신장에 특이하게 뻗어있는 혈관 덩어리를 말피기혈관조직(malpighische Knäuel), 비장(脾臟)의 작은 림프소절을 말피기소체(malpighischer Körper)라고 하며, 신장 기능을 하는 곤충의 후장을 말피기맥관(malpighisches Gefäß)이라고 부른다. 니콜라우스 스테노[55]는 심장이 혈액순환의 중심임을 깨달았다. 지금까지는 간을 혈액순환의 중심으

---

[52] John Ray(1627~1705): 영국의 박물학자.
[53] Nehemiah Grew(1641~1712): 영국의 의사이자 식물학자.
[54] A. van Leeuwenhoek(1632~1723): 네덜란드의 미생물학자이자 박물학자.
[55] Nicolaus Steno(1638~1687): 덴마크의 해부학자・지질학자・신학자. 해부학 연구를 통해 침샘관을 발견했고 심장이 근육으로 되어 있음을 처음으로 확인함.

로 알고 있었던 것이다. 그리고 그는 이하선(耳下腺)의 맥이라고 하는 일명 **스테노 관**(ductus Stenionanus)을 찾아냈다. 올레 뢰머[56]는 최초로 빛의 속도를 측량함으로써 일종의 시간 현미경을 고안하려고도 했다. 크리스티안 호이겐스[57]는 아이슬란드 방해석(方解石)에서 보이는 빛의 이중굴절에 대해 설명했으며, 이미 갈릴레이가 목격하기 시작했지만 잘못 이해하고 포기한 토성의 고리를 찾아냈고, 화포와 추시계를 개발했으며, 결국 그 공식이 $\frac{mv^2}{r}$으로 나타나는 원심력에 대해 연구하기도 했다. 이때 m은 원운동을 하는 어떤 물체의 질량을, v는 속도를, r은 원의 반지름을 나타낸다. 그러나 무엇보다도 그는 19세기 초엽 마침내 뉴턴의 방사설(放射說)을 압도하는 파동설(波動說)의 창시자였다. 요컨대 그는 빛이란 특정한 물질의 진동에 의해서 전달되는 것이라고 가정했다. 물론 이때의 물질은 음향을 확산하는 그런 물질이 아니다. 왜냐하면 음향을 확산하는 것은 공기일 뿐이기 때문이다. 물론 진공상태에서는 어떤 음향 운동도 일어나지 않지만, 빛의 경우 방해받지 않고 계속 전파된다는 사실이 밝혀졌다. 이처럼 공기와는 다른 물질인 '에테르'가 우주를 채우고 있다고 한다. 말하자면 그것은 무한한 천공뿐만 아니라 질량이 있는 물질의 분자들 사이의 공간도 채우고 있다는 것이다. 그것은 완전히 가벼워 무게가 없어서 중력 법칙의 지배를 받지도 않는다고 한다. 이와 반대로 뉴턴은 빛을 발광물체에서 떨어져 나온 미세한 물질로 간주했다. 호이겐스는 작용과 반작용으로 대체할 수 있는 뉴턴의 장력에 대해서도 반대하는 입장이었다.

---

[56] Ole Christensen Rømer(1644~1710): 덴마크의 천문학자.
[57] Christian Huygens(1629~1695): 빛의 파동이론을 최초로 공식화한 네덜란드의 물리학자.

이 시대는 뉴턴을 통해 당시까지 등장한 가장 사변적인 천재 가운데 한 천재를 인류에게 선사한 셈이다. 그는 수학자로서만 아니라 물리학자요 천문학자로서도 혁명을 의미했다. 그는 자신의『광학(Optik)』에서 모든 분광색이 하나로 모일 때 백색광이 형성되며, 색의 속성들은 다양한 광선과 관련 있다는 사실을 보여주었으며, 직접 만든 반사망원경으로 일련의 중대한 천문학적 결과를 제출했고, 자신이 정립한 유분법(流分法)을 통해 무한급수의 기초자가 되었다. 이로써 작은 무한 수와 감지되지 않는 변화들이 정확한 계산의 대상이 된 것이다. 그는 자기 연구의 총합을 모든 것을 포괄하는 중력이론으로 집약했다. 떨어지는 사과를 통해 지구 중심점의 보편적 인력을 깨달은 것이다. 인력은 달 운동의 원인이자 태양을 중심으로 한 지구공전의 원인일 뿐만 아니라 우주에서 일어나는 모든 기계적 과정의 원인이 되기도 한다는 추정이 그의 오랜 연구 과정에서 점차 확신으로 자리 잡게 된다. 그가 자신의 주저인『자연철학의 수학적 원리(Philosophiae naturalis principia mathematica)』에서 내세운 중력의 법칙에 따르면, 인력은 질량과 직접 비례하지만, 거리의 제곱에 반비례한다. 모든 위성은 그 행성을 향해, 그리고 모든 행성은 그 태양을 향해 끌리게 되기 때문에 이 중력의 법칙은 모든 우주에도 적용된다. 이 새로운 이론 덕분에 지금까지 수수께끼로 남아 있던 일련의 우주 현상, 이를테면 타원형 행성궤도의 교란, 달 운동의 불균등성, 썰물과 밀물과 같은 현상도 해명되게 된다. 그런데 뉴턴은 자신의 연구 결과들에서 유물론적 결론을 끌어냈다는 것, 그 사실보다 훨씬 더 위대한 사상가였다. 경이로운 우주의 법칙성은 그로 하여금 원인자이자 조종자인 신을 확실히 신봉하게 만들었다. 심지어 그는 신학자로서 활동까지 하면서 예언자 다니엘(Daniel)과 묵시록에 관한 논문을 쓰기도 했다. 생애 말년에 그는 오로지 종교적 문제들에만 몰두했다. 초인에게나 가능했을 법한 그의 사변적 창조력의 업적들 덕분에 그의 긴 여생 동안 특별한 명예가 주어졌지만, 그렇다고 해서 그가 겸손을 버린 것은 아니다. 웨스트민스터(Westminster) 대수도원에 있는 그의 묘비를 보면 그는 자신의 변화를 통해 복음주의가 요구하는 소박함을 입증해 보였다.

찰스 2세

당시 영국은 경제발전의 첨단에 서 있었다. 크롬웰 체제는 그의 죽음과 함께 와해되었다. 찰스 1세의 아들이 망명지에서 귀국하여 대중적 환영 속에서 찰스 2세로서 등극했다. 그는 과학에 큰 관심을 보였고, 당대 가장 탁월한 자연연구자들이 소속되어 있던 **왕실학회**(*Royal Society*)의 일원으로서 천문학에 집착하면서 그 유명한 그리니치 천문대를 세웠다. 그는 정중하면서도 친절했고, 상냥하고도 박식했다. 그의 공손함은 그가 자신의 죽음의 고통을 견뎌낸 밤을 보낸 후 아침에 벌써 자신의 주변을 둘러 서 있는 사람들에게 자신이 임종 시간을 너무 길게 끌고 있어서 미안하다고 말할 정도였다. 그는 탁월한 무용수이자 구기 선수였으며, 일화의 이야기꾼이자 예술, 특히 연극 애호가였다. 그러나 이 모든 자애로움과 일부 눈부실 만큼 돋보이는 성격에도 불구하고 그 깊은 내면에는 자신의 쉼 없는 향락 욕구만을 충족하려고만 하고, 어떤 원칙도 아랑곳하지 않을 만큼 뻔뻔함과 무례함이 있어, 그는 영혼이 없는 차가운 사람으로 비치기도 했다. 심지어 그가 의회에 참석하는 이유는 즐기기 위한 것이었다. 그는 무릇 정치적 논쟁이라면 코미디처럼 재미있어야 하는 것이라고 흔히 말하곤 했다. 그의 궁정의 방탕함은 런던의 일상적 화두가 되었고, 영국 사람들은 그를 두고 비꼬는 색조가 없진 않은 말투로 '**즐거운 군주**(*the merry monarch*)'라고 불렀다. 어느 날 샤프츠버리[58] 백작이 그를 방문했을 때 그는 웃으면서 이렇게 말했다. "어이, 이게 누구신가, 짐의 신하 중 최고의 난봉꾼 아니신가." 샤프츠버리는 머리를 깊이 조아리며 인사를 하고는 이렇게 응수한다. "예, 전하. 신하 중엔 그렇지요."

물론 그는 복수심에 찬 광인이 아니었지만, 그렇다고 고상한 열정적 확신에 찬 인물도 아니었다. 그는 스튜어트가의 의미 없는 권력암투 행태를 내보이진 않았지만, 그 가문이 지녔던 강렬한 명예욕 같은 것도 취하진 않았다. 자칭 신에게서 왕권을 물려받은 절대적인 왕이라고 여기진 않았지만, 그렇다고 인민의 운명을 책임진 지도자라고 생각하지도 않았다. 근본적으로 그는 아무 특색이 없었던 셈이다. 온정이라고 해봤자 그것은 무관심에서 비롯된 것이고, 너그러웠지만 피상적인 것이었다. 열정이라고는 딱 하나 갖고 있었는데, 그것은 누구에게도 전혀 해가 되지 않는 것이지만 가장 천박한 것이었다. 그것은 다름 아닌 금전욕이었다. 돈을 위해서라면 뭐든 했다. 요컨대 돈이라면 동맹, 개종, 인민의 자유에 대한 허용, 특정 당의 폭압정치에 대한 인정, 관용칙령, 테러행위, 전쟁포고, 평화조약 체결 따위가 먹혀들었다. 그는 됭케르크(Dunkirk)를 매각했고, 자신의 중립, 동맹국들, 심지어 왕의 특권까지도 내놓았다. 돈과 관계된다면 뭐든 내놓은 것이다. 평범하고도 특색 없는 자신의 여흥을 위해서 비록 헤프게 돈을 낭비하기도 했지만, 국가재정의 이성적 지출을 위한 문제가 될 때는 아주 인색했다. 그의 공무원들도 그를 모방하면서, 지금까지 영국에서는 존재하지 않았던 매수 사건에 연루되었다. 장관들은 공무를 수행하던 중에 엄청난 재산을 모았다. 그 외에

---

[58] Shaftesbury(1671~1713): 영국의 철학자.

도 이 정부는 불행했다. 이 정부 아래서 전대미문의 사건들이 터진 것이다. 적의 함대, 즉 라이테르[59] 제독이 이끄는 네덜란드 함대가 템스 강까지 밀고 들어와 영국을 장악할 태세였다. 새로 발생한 공포의 페스트가 나라를 덮쳤고, 큰 화재가 런던 시 전체를 잿더미로 만들어놓았다. 당시에 벌써 로버트 필머[60]로 대변되는 '수동적 복종'의 교훈이 만연했다. 이 교훈에 따르면 왕은 그의 자식들을 지배할 아버지의 권리를 가지지만, 신의 권리를 대신할 따름이기 때문에 자신의 신하들에 대해서는 책임이 없으며, 이 신하들은 그 군주가 하는 행위와 같은 방식으로 저항할 자격이 없다. 그러나 이러한 절대적 복종을 따른 영주는 결코 없었다. 영주들은 적당히 복종하고 적당히 요구하며, 적당한 복종 관계로 일을 시작할 줄 알았던 것 같다.

'명예혁명'   찰스 2세를 이어 그의 동생 제임스 2세가 왕위를 계승했다. 제임스 2세는 그의 형이 임종 때에야 비로소 신앙고백을 한 그 교황청의 열렬한 추종자였고, 그의 형이 결코 취하지 않았던 전제정치의 옹호자였다. 그는 그의 선임자의 나쁜 성향은 모두 갖고 있었지만, 장점은 하나도 겸비하지 못했다. 그도 그럴 것이 그는 남다르게 악하면서도 머리는 나빴고 고집은 완고했기 때문이다. 그는 종교가 다른 사람들과 정치적 적대자들을 대법관 제프리스[61]의 지원을 받아 극악무도하게 처리했다. 그는 그의 비행 때문에 200년이 훨씬 지난 지금도 영국에서 악명을 떨치는, 피에 굶주려 환장한 그로테스크한

---

[59] M. A. de Ruyter(1607~1676): 네덜란드의 제독.
[60] Robert Filmer(1589~1653): 영국의 정치사상가. 왕권신수설을 주장하는 저술을 남겼음.
[61] G. Jeffreys(1648~1689): 영국의 대법관. 가혹한 형의 언도로 악명 높음.

괴물로 통한다. 그는 정복자 윌리엄 이후 등극한 그의 선임자들이 처형한 배신자 전체를 통틀어서보다 그가 처형한 배신자가 더 많은 것으로 악명 높다. 분명 제임스 2세는 헨리 8세처럼 사디스트였고, 그밖에도 그는 성도착증 환자였다. 애첩들을 각별히 못생긴 인물로만 고른 것이다. 그중 아주 영민했던 캐서린 세들리[62]는 언젠가 한번 그를 두고 이렇게 말했다. "내게 뭔 매력이 있어 그를 끌어당기는지 모르겠다. 그는 나를 손톱만큼도 예쁘게 보지 않는다. 왜냐하면 내가 아름답지 않기 때문이다. 그런데 그는 오성이라고는 없기 때문에 내 오성을 알아볼 수도 없다." 그가 공박하는 수법이라고는 누군가 그에게 이의를 제기하면 동일한 주장을 똑같은 말로 다시 한 번 반복하고서 자신이 이 논쟁에서 승리했다고 믿는 식이다. 나중에 여왕이 된 그의 딸 앤(Anne)도 그렇기는 마찬가지였다. 말버러 공작은 그녀가 아버지의 기질을 물려받았다고 말한다. 물론 여기서 그녀의 유전성 기질에 대해 설명할 필요는 없을 것 같다.

그가 3년간 한 일은 결국 그의 신하 가운데 가장 충성스럽고 가장 인내심 많은 이들까지도 격분케 함으로써 '**명예혁명**(glorious revolution)'을 불러일으키게 만들었던 것이다. 그의 사위 빌렘 반 오라녜가 휘그당과 토리당 사람들의 일치단결된 소환요청에 의해 왕좌에 올랐다. 영어 캔트의 개념에서 보면 혁명에 대한 권리와 수동적 복종의 의무를 서로 조화롭게 할 수고라고는 필요가 없는 일이다. 신학자들은 아무튼 종교가 왕에 대한 어떠한 저항도 금지하고 있지만, 성서의 계율이 예외 없이 유효한 것은 아니라고 설명한다. 말하자면 어떤 경우에는 계율을 위반해도 된다는 것이다. 요컨대 살인하는 행위

---

[62] Catharine Sedley(1657~1717): 영국왕 제임스 2세의 애첩.

는 금지되어 있지만, 이 보편적인 법도 전쟁에서는 예외를 두고 있으며, 맹세하는 행위도 금지되어 있지만, 진실을 보강하기 위해 법정에서 증인은 선서를 하게 하는 것을 의무로 정해놓기도 한다. 무신론적인 영주에게 대항하는 것도 역시 허용된다는 것이다. 구약성서는 그러한 여러 사례를 보여주기도 한다. 또 다른 신학자들은 백성들이 제임스 2세에 대항해 들고일어난 것이 아니라 오히려 제임스 2세가 신에 대항한 것이라는 점을 입증하기도 했다. 이를테면 제임스는 황제의 것을 황제에게 바치려 하지 않은 인물이 되어 신의 계율을 저버렸다는 것이다. 그런데 만일 제임스가 황당한 편협성과 졸렬함 그 자체로 그렇게 효과적이게 빌렘 반 오라녜를 지원하는 꼴이 아니었더라면 빌렘도 소기의 목적을 달성하지 못했을 터이다. 그밖에도 이 새로운 왕-빌렘은 영국 사람들에게 외국인으로 비쳤을 뿐만 아니라 그 냉정함과 내성적 태도 때문에도 선임자들만큼 사랑을 받진 못했다. 그러나 제임스의 딸인 그의 부인이 실제로 영국의 합법적인 여왕이었음에도 그에게 완전히 복종한 상황이 그가 어려운 자리를 맡은 부담을 덜게 했다. 게다가 그는 당대 가장 탁월한 외교관이자 야전사령관 가운데 한 사람이었다. 평생을 네덜란드인으로 산 그는 루이 14세를 숙적으로 여겼으며, 언제나 돈에 목말라 하는 찰스의 태도와 제임스의 절대주의적·가톨릭 경향 때문에 지금까지 프랑스의 영향을 입어온 영국의 정치에서 일대 혁신을 일으켜, 프랑스를 상대로 이미 우리가 언급한 바 있는 거대한 동맹을 체결했다.

문명의 외형 면에서 보자면 당시 영국은 유럽의 다른 나라들보다 더 많이 발전한 것도 아니었다. 여행환경이 열악했다는 점에 대해서는 이미 지적한 바 있다. 마차여행은 진창 때문에 속도가 느려 힘이

들었고, 마차여행에 필요한 튼튼한 말을 채우려면 비용도 많이 들었다. 기마여행을 할 때만 빨리 다닐 수 있었다. 도시의 도로는 너무 비좁아 마차가 거의 통행할 수 없을 정도였다. 그래서 상품의 운송은 대개 개가 끄는 광차(鑛車: Rollwagen, 뚜껑 없는 수레)를 이용할 수밖에 없었다. 반면 여관은 시설이 좋아 전 세계에 소문이 나 있었다. 우편 수송은 당시 사정을 고려할 때 놀라울 정도로 정확·신속·확실했다. 그때까지만 해도 귀족 대부분이 **신사**로서 시골 농지에 살았다. 번화가 외곽의 조명 상태를 두고 말하자면, 1685년에서야 비로소 에드워드 헤밍(Edward Heming)이라는 이름의 개인 사업가가 런던에서 열 집 건너 한 집 앞에 자정까지 등을 켜놓기로 연간 계약을 체결한 점을 감안하면 그 상황을 추측할 수 있을 것이다. 대부분의 시골집은 아직 목재 구조물이었고, 방에는 벽지도 바르지 않고 양탄자도 없었으며, 송연과 맥주 반죽으로 칠해져 있었다. 독한 맥주는 시골 양반들의 일상 음료이기도 했다. 얼마나 마시곤 했던가는 당시 규정을 보면 알 수 있다. 그리고 당시 규정에 의하면 군사재판도 아침 6시부터 낮 1시까지만 사형을 선고할 권한을 갖고 있었다. 이에 미루어 분명 추측할 수 있는 것은 점심때가 지나고 나면 책임 있는 판결을 더 이상 내릴 수 없다는 점일 것이다. 남자들은 정신적 분야에는 별로 관심이 없었고, 주로 사냥과 도박과 정치에 집착했다. 여자들의 교양은 엘리자베스 시대와 비교해보면 훨씬 천박할 만큼 퇴보해 있었다. 당시만 해도 음악과 수학 및 고어(古語)에 능통해 있었던 반면에 이제는 정서법(正書法)에 맞게도 잘 쓰지 못하며, 고작 하는 일이라고는 뜨개질을 하고 소설을 읽는 정도였다.

　한편 런던은 당시에 벌써 영국 전체 인구의 1/10에 해당하는 50만 명이 거주하는 대도시를 형성했다. 이는 그다음으로 컸던 두 도시인

브리스톨(Bristol)과 노리치(Norwich)가 채 3만 명도 안 되는 주민을 둔 것과는 아주 대조적인 것이다. 대화재 이후 런던은 크리스토퍼 렌[63]의 지휘 아래 부드러우면서 독창적인 르네상스 양식을 살려 훨씬 더 화려하고 안락하게 재건되었다. 그렇긴 하지만 당시 영국은 정치적으로뿐만 아니라 예술적으로도 일종의 프랑스 위성국이었다. 극작가이자 극장관리인이기도 했던 윌리엄 데이브넌트[64]는 루이 14세의 취향이었던 고전적 음악을 많이 곁들인 화려한 환상적 바로크 연극무대를 모방하여 무대를 개조했다. 심지어 그는 셰익스피어의 연극조차도 중간 중간에 여러 음악을 삽입한 **드라마 오페라**(*dramatic opera*)로 개작하기도 했다. 당시 계관시인 존 드라이든은 대중의 그때마다의 욕구에 언제나 아주 능숙하게 대응하는 차갑고도 뛰어난 언어예술로 부알로와 코르네유와 라신을 모방했다. 새뮤얼 존슨[65]까지도 그는 흡사 아우구스투스처럼 벽돌의 도시를 찾아내어 대리석 도시를 후세에 남겼다고 평가할 정도였다. 그러나 시간이 경과하면서 셰익스피어의 거친 벽돌이 드라이든의 견실치 않은 공허한 대리석의 화려함보다 훨씬 더 아름답고 견고하다는 점이 드러났다. 그런데 빌렘 시대를 기술한 역사가인 토머스 라이머[66]는 당시에 이렇게 설명한다. "원숭이가 셰익스피어보다 자연을 더 잘 이해하며, 비비 같은 원숭이도 셰익스피어보다 더 많은 취향을 갖고 있다. 말이 히힝 하는 소리, 강아지가 으르렁대는 소리가 셰익스피어의 비극

---

[63] Christopher Wren(1632~1723): 영국의 유명한 건축가. 1666년에 일어난 런던 대화재의 부흥활동에 참여하여 왕실관계 건설총감으로도 활약함.

[64] William Davenant(1606~1668): 영국의 시인 겸 극작가. 영국 가극의 시조로도 통함.

[65] Samuel Johnson(1709~1784): 영국의 시인 및 평론가.

[66] Thomas Rymer(1643~1713): 영국의 왕실 역사편찬가.

적 파토스보다 훨씬 더 생생하다."

청교도들은 항상 극장을 의심하더니만 결국 그것을 금지했다. 그러나 스튜어트가가 복권되었을 때 자연스럽게 반동이 등장했다. 지금까지 금지되었던 오락들이 모두 되살아났을 뿐만 아니라 사람들은 이러한 오락들을 가능한 한 최대한 풀어줄 것을 요구했다. 지금까지 보인 얌전떨기와 위선적 태도만 버린 것이 아니라 성실과 경건조차도 위선 떨기의 가장 확실한 징표이자 치욕으로 간주했던 것이다. 그래서 영국의 희극은 대단히 특이한 형태를 취했다. 유쾌한 엘리자베스 시대에조차 여자가 배우로 등장하는 것이 금지되었는데 이제는 여자들이 아내의 역할을 떠맡았다. 특히 자극을 유발한 것은 그들로 하여금 엄청나게 야한 음담을 말하도록 하는 것이었다. 희극작가들 전 세대가 야하기 짝이 없는 외설로 무대를 넘치게 했다. 이런 유의 거의 모든 작품의 주인공은 이런저런 유혹을 쫓아다니는 탕아였다. 예컨대 위철리[67]의 『시골 아낙네(The Country-Wife)』에 등장하는 주요 인물은 바깥양반들의 신임을 얻기 위해 환관으로 자칭하는 남자이다. 이제 수많은 그 변이형은 사방의 처녀가 어떻게 그에게 유혹되는지 보여준다. 물론 이 처녀들은 이 남자가 속인 자신의 신체적 결함 때문에 어떤 곤란도 겪지 않는다는 사실을 깨닫고는 매우 당황한다. 그러나 주지하다시피 속물들에 의해 쓰인 문학사는 예외 없이 왕정복고시대의 희극을 두고 그 음란성을 문제 삼아 아주 부당하게 평가했다. 하지만 이 시대 희극에는 진정한 분위기, 재기발랄한 음모, 유창한 대화가 넘쳐났다. 이러한 희극에서 영국의 사회희극이 시작되었던 것이다. 이 희극은 셰리든[68]과 골드스

---

[67] W. Wycherley(1640~1716): 영국의 극작가이자 시인.

미스[69]를 거쳐 와일드[70]와 쇼에 이르도록 발전하면서 영국에 가장 위대한 국제적 명성을 가져다준 것 가운데 하나가 된다.

로크 '명예혁명'의 철학자는 신학에서 자유 '관용주의 신도들'의 구심이었고, 정치에서는 의회 입헌주의의 문제를 대변한 존 로크였다. 그는 자신의 글,『관용 서신(*Letters for toleration*)』에서 종교를 사적인 문제로 다루며,『시민정부에 관한 논고들(*Treatises of civil government*)』에서는 국가권력의 분할이 윌리엄 3세에 의해 공포된 '권리장전'에서 실제로 표현된 바처럼 국가권력을 국민과 왕 사이에서 분할할 것을 요구한다. 그리고 자신의『교육사상(*Thoughts*)』에서 자연에 부합하는 교육을 사회봉사 활동을 위한 실천적 준비과정으로 이해하면서 지지한다. 그는 그의 유명한『인간오성론(*Essay concerning human understanding*)』에서 지금까지 일관되게 관철되어온 경험주의의 체계에 대해 이렇게 요약한다. "이성과 인식의 소재 일체는 어디에서 기원하는가? 이에 대해 내가 한마디로 답하면 그것은 경험에서 온다는 것이다." 선천적으로 주어진 이념들은 없다. 이는 아이들의 성장과정에서 목격된다. 아이들은 개별적인 경험들을 통해 추상화하는 법을 서서히 배우는 것이다. 인간의 정신이란 밀랍 조각, 닦여 있는 칠판, 군데군데의 틈을 통해 보이는 외부의 형상들을 받아들이고 그것들을 붙잡아두는 힘을 지닌 어두운 공간 등과 같은 인상들을 접수하는 능력과 다름없다. 지각은 이것이 우리의 대상들과 관계하는 것인가 아니면 우리의 상태와 관계하는 것인가에 따라 외적인 것과 내적인 것이 된다. 로크는 전자를 **감각**(*sensation*)이라고 부르며, 후자를

---

[68] R. B. Sheridan(1751~1816): 아일랜드의 극작가이자 정치가.
[69] O. Goldsmith(1728~1774): 아일랜드 출신 영국 시인·극작가·소설가.
[70] O. Wilde(1854~1900): 영국의 극작가이자 소설가.

반성(*reflexion*)이라고 칭한다. 내적인 것과 외적인 것을 포함한 모든 지각은 단지 표상들일 뿐이며, 따라서 우리는 그저 그 특성만 알 수 있을 뿐 사물의 실체를 인식할 수는 없으며, 그 현상들은 알 수 있으나 그 본질에 대해서는 알 수 없다는 것이다. 이런 상대적인 지식도 우리의 행동을 조절하고 생활의 필요를 충족시키기에 충분하다. 신의 존재는 세계의 실존과 그 상태로부터 바로 해명된다는 것이다. 윤리학의 명제들은 수리학의 명제들만큼 정확히 입증될 수 있다고 한다. 로크는 최초로 **진짜 영국** 철학을 만들었다. 이 철학에는 결정적인 민족적 특징이 모두 집합되어 있는 셈이다. 그것은 이신론적이면서 도덕적이고, 민주적이면서 실용적이다. 그것은 '건강한 인간오성', '황금률', '사실 진리'의 승리를 의미한다. 우리는 그 다양한 변종에서도 그러한 철학을 왕왕 다시 만나곤 하는 것이다.

영국은 동시대 절대주의에서 해방된 유일한 유럽의 대국이었다. 반면 독일에서는 절대주의가 거의 무비판적으로 수용되어 있는 상황이었다. 자신의 지배자가 아무리 보잘것없을지라도 그에 대해 취하는 독일인들의 비굴한 태도는 끝이 없는 지경이었다. 한 저널리스트는 헤센(Hessen)이라는 작은 공국의 영주 에른스트 루트비히(Ernst Ludwig)에게 이렇게 편지를 썼다. "만일 신이 신이 아니라면 높고 높으신 폐하 말고 더 적합한 신이 또 어디 있겠습니까?" 공무원들을 두고 크리스티안 볼프[71]가 들려주는 바에 따르면, 그들은 군주의 조수들로서 '작은 영주들'일 뿐인데, 사람들은 그들 앞에서 비굴하게 굴었다. 군주는 국가의 전능한 권력이라는 이론 덕분에 만사에 개입하고, 마치 폭군적인 가부장이나 학급담임처럼 시민들의 사생

토마지우스

---

[71] Christian Wolff(1679~1754): 독일의 철학자.

활 일체를 감독하고 교정할 자격과 의무를 가지고 있다고 생각한다. 당시 독일의 유일한 학술 잡지인 『학술기요』는 공무원들이 영주들의 권리와 행위와 관련해서는 어떤 비판도 하고 싶어 하지 않았다는 점을 전해준다. 길에서 군주를 만났을 때는 무릎을 꿇어 인사를 했고, 심지어 비어 있는 군주의 마차 앞에서도 무릎을 꿇을 정도였다. 당시 수많은 궁정관직이 있었다. 여기에는 시종 · 목사 · 의사 · 마구간 감독 · 수렵대장 · 의전관 등이 포함된다. 자영업자들도 궁정제빵사 · 궁정재단사 · 궁정제화공 · 궁정정원사 등으로 불리는 것을 최고의 명예로 생각했다. 시민들이나 민중과 같은 귀족이 아닌 사람들 일체는 그저 궁정에 돈이나 대고 병사와 잡역부로서 일하기에 적합한 '서민들'로서 멸시받았다. 이들을 실제로 '끔찍한' 대상으로 보진 않았고, 그저 다른 유의 피조물로만 여겼을 뿐이다. 말하자면 그들에게는 그들에게 어울리는 또 다른 의무와 또 다른 권리를 (좀 더 정확히 말하면 아무 권리도 없지만) 갖고 있다는 것이었다. 매콜리[72]는 루이 14세가 자신의 신하들을 희생시키는 데도 서슴없었다고 아주 적실히 지적하고 있다. 그도 그럴 것이 루이 14세는 기껏 신하들을 마치 우편마차를 끄는 지친 말이나 배고파서 울고 있는 작은 부리 울새(Rotkehlen)를 대할 때 갖는 감정으로 바라보았기 때문이다. 독일에서도 이러한 관점들이 관류한 것은 프랑스화의 결과 가운데 하나라고 크리스티안 토마지우스[73]는 말한다. "프랑스식 복장, 프랑스식 식사, 프랑스식 가재도구, 프랑스식 말투, 프랑스식

---

[72] Macaulay(1800~1859): 영국의 역사가 · 정치가. 17세기 말의 명예혁명을 중심 테마로 하여 『영국사』를 편찬했고, 자유주의 사관에 입각하여 17세기의 진보파 휘그당을 지지함.

[73] Christian Thomasius(1655~1728): 독일의 철학자이자 진보적인 교육자.

관습, 프랑스식 범죄, 심지어 프랑스의 질병까지 끊임없이 유행하고 있다." 이 같은 토마지우스는 당시 독일의 정신적 조류에 맞선 몇 안 되는 대표자 가운데 한 사람이다. 그는 고문과 마녀재판을 가장 먼저 그리고 가장 정열적으로 반대한 인물 중 한 사람이며, 독일어로 집필하고 독일어로 강의한 계열의 최초 학자였고, "솔직하고 유쾌하면서도 진지하며, 이성적이면서 합법칙적인 사상을 담은, 혹은 모든 것, 특히 새로 나온 책을 매달 소개하는" 최초의 독일 대중잡지의 발행인이기도 했다. 여기서 그는 언제나 다소 과장되면서도 서툰 어투로, 수없이 많은 프랑스적 잔재가 뒤섞인 어투로 말하긴 했지만 수많은 위트와 직관, 그리고 놀라울 정도의 대담함을 선보이면서 자신의 민족과 그 시대의 온갖 폐해, 이를테면 교수들의 소심함과 교만함, 성직자들의 불관용적 행태, 의사들의 협잡, 법조인들의 견강부회, 대학생들의 예절 없는 태도, 상인들의 속임수, 수공업자들의 태만, 귀족들의 파렴치함 등등에 맞서 거의 반세기 동안 싸웠다. 그가 줄기차게 요청한 것은 "교양 있게 행동하고 친절하도록 노력하라"는 것이다. 그의 유일한 가치기준은 "생활에 유용함"이다. 이로써 그는 이러한 원칙을 지키려고 싸우는 일에 여전히 용기와 독창성을 둔 시대에서 독일 계몽주의의 아버지가 된 셈이다. 그리고 동시에 그는 최초로 정신적인 문제를 누구에게나 분명하고 자극이 되는 형식으로 다루었기 때문에 독일 저널리즘의 아버지가 되기도 했다. 그를 제외하고는, 광신과 과도한 면밀성을 추구한 신학 정신에 효과적으로 맞서 싸우고, 형제애와 소박함의 실천적 기독교 정신을 민중에게 전파하려고 애쓴 경건주의자들의 노력, 그리고 강단의 주인으로 불리는 아브라함 아 산타클라라[74]의 유려한 설교들에 대해 언급하는 것도 별로 가치가 없을 것이다. 그에게는 아직도 약탈·살해·강간, 그리고 순간을 사는 야수적인 인간의 원시적 재치를 담고 있는 30년 전쟁이 살아 숨 쉬고 있다. 그는 그 시대의 풍습을 지지하면서 독일어를 자신의 신념들로 불태우고 자신의 은유들로 폭행했으며, 자신의 설교를 통해 살해자로 만들었다.

대선제후 그 같은 시·공간에서 브란덴부르크-프로이센 연합 국가가 최초로 부상하는데, 이 국가를 유럽의 한 열강으로 끌어올린 인물은 대선제후(der Große Kurfürst)였다. 그는 교활한 정책을 통해 프로이센 공국을 폴란드 봉군에게서 해방시켰으며, 그가 지배하는 영토에서 각 계층을 진압하여 절대군주제의 초석을 놓았다. 이때 그는 법을 훼손하면서 무자비한 폭력을 행사하는 것도 서슴지 않았다. 나라 안에서는 자신의 권력을 강화하려고, 그리고 항상 위협하는 스웨덴의 거대권력으로부터는 안전을 지켜내려고 **상비군**(miles perpetuus)을 창설했다. 엘베(Elbe) 강과 오데르(Oder) 강을 잇는 프리드리히-빌헬름-운하를 건설했으며, 탁시스(Taxis) 가문의 우체국보다 훨씬 더 빠른 자체의 우체국을 설립했고, 조세제도와 교육을 개혁했다. 뒤스부르크(Duisburg) 대학의 설립을 통해 고등교육을 강화했다. 농경 목축과 간척사업을 장려했으며, 자신의 중심도시를 확장하고 도시 미화작업, 특히 성(城) 부속 도서관을 통해, 그리고 '보리수 아래'라는 이름을 달고 있는 궁전 다리 앞의 수목공원을 통해 미화작업을 시행했다. 그는 곧 그의 계승자의 수중에 떨어질 소규모 해군을 창설했으며, 기니(Guinea)의 황금해안에 인접한 요새를 둔 상업식민지의 토대까지 마련했다. 종교정책에서 그는 엄청난 관용을 선보였다. 개혁을 주도

---

74 Abraham a sancta Clara(1644~1709): 바로크 시대의 유명한 오스트리아 설교자. 본명은 요한 울리히 메겔를레(Johann Ulrich Megerle).

하긴 했지만, 루터 추종자들과 가톨릭 신도들뿐만 아니라 소치니파(Socinian) 및 재세례파(Mennonit) 교도들에게도 완전한 자유를 허용했으며, 그의 '포츠담 칙령'은 쫓겨난 모든 사람을 그의 보호망 아래로 들어오게 하는 계기가 되었다. 이로써 특히 수많은 위그노가 국내로 이주하게 되는데, 이들은 기능공과 건축가, 공장장과 금융가로서 아주 유용한 활동을 했다.

분명 그는 당대 가장 강력한 정치적 인물 가운데 한 사람이었다. 프린츠 오이겐 그러나 당시는 주로 국가 단위의 활약이 가장 눈에 많이 띄는 현상이었다. 특히 프린츠 오이겐[75]이 그러한 현상의 하나였다. 그는 애초 자신의 볼품없는 외모와 소심한 성격 때문에 성직이 제격인 것 같았지만, 이 세기의 가장 빛나는 야전사령관 가운데 한 사람이 되었다. 첸타(Zenta)와 페터바르다인(Peterwardein), 회흐슈테트(Höchstädt)와 투린(Turin), 오데나르데(Oudenarde)와 말플라케(Malplaquet) 전투에서 거둔 그의 승리는 유럽을 깜짝 놀라게 했으며, 합스부르크 군주에게 이탈리아와 네덜란드, 헝가리와 지벤뷔르겐(Siebenbürgen), 세르비아와 왈라키아(Walachei)를 갖다 바쳤다. 동시에 그는 가장 멀리 내다볼 줄 아는 가장 세련된 외교관이었다. 만일 사람들이 그가 제시한 신중한 제안들을 따랐더라면, 거대한 정치적 급변을 앞둔 스페인 왕위계승 전쟁에서 이후의 어떤 왕들보다 황제에게 훨씬 더 유리한 입장을 취한 루이 14세와의 평화조약도 성사되었을 것이다. 그는 합스부르크 왕국이 식민지와 해상권을 갖기만 한다면 대강국으로 계속 군림할 수 있을 것이라는 점을 알았던 오스트리아의 유일한

---

[75] Prinz Eugen(1663~1736): 사보이 출신의 오스트리아 야전사령관. 근대 유럽 역사에서 가장 성공적인 군사령관의 한 사람.

정치가이기도 했다. 그래서 그는 오스텐데(Ostende)와 트리에스테(Trieste)에 중심항구를 둔 거대한 함대를 구축하고 싶어 했다. 그밖에도 그는 예술과 학문을 실제로 애호했다. 이는 그 당시 대부분의 권력자들처럼 공명심이 아니라 진정한 욕구와 깊은 이해에 바탕을 두고 있었다. 그가 수집한 매우 가치 있는 주화와 보석, 그림과 동판화는 그의 성숙한 전문성과 돋보이는 취향을 증언해주는 셈이다. 라이프니츠의 주저인 『단자론(Monadologie)』은 그에게 바쳐진 것일 뿐만 아니라 우선 그의 자극에서 비롯된 것이라고도 한다. 오스트리아 바로크의 두 천재적인 건축가, 즉 피셔 폰 에르라흐(Fischer von Erlach)와 루카스 폰 힐데브란트(Lukas von Hildebrand)는 그를 위한 저택을 지었다. 전자는 우아하면서 경쾌해 보이는 도시궁전을, 후자는 공원과 연못으로 신비롭게 조화를 이루는 교태 넘치면서도 주도면밀한 여름 궁전 벨베데레(Belvedere)를 건축했다. 프린츠 오이겐은 진짜 바로크 사람이었다. 그는 위대한 운명의 조정자에게서 항상 볼 수 있는 특징인 숭고한 냉정성, 그리고 인생을 욕망할 가치가 있는 흥미로운 것으로 만드는 것들, 이를테면 정신을 마취시키는 듯 혼미하게 하는 다채로운 것들에 대한 은밀한 동경을 품고 있었다. 그는 박식하여 방향을 잘 잡는 강한 정신의 소유자이면서도 문제적 자연의 향기에 둘러싸여 있었다.

스웨덴의
크리스티네

스웨덴의 크리스티네(Christine) 여왕도 아주 독특한 하나의 현상이다. 그는 17세기에 가장 많이 거론된 인물 가운데 한 사람이었다. 외모가 아름답진 않았지만 흥미로웠다. 그 부자연스러운 남성적 태도와 성벽은 어디서든 주목을 끌면서 그녀가 혹 양성(兩性)의 존재가 아닌가 하고 추측하게 만들기도 했다. 그래서 한번은 그녀가 마차를 타고 가던 중에 일부러 마차를 뒤집히게 만들었고, 이때 스커트가 위로 올라갔지만 그대로 둔 채, 급히 달려오는 하인들에게 이렇게 말한다. "당황하지 말고 더 가까이 다가와 내가 양성적 존재가 아니라는 사실을 확인하도록 하여라." 그녀는 열정적인 기수이자 검객이며 사냥꾼이었다. 머리는 항상 단발머리를 했으며, 스스로를 시바의 여왕에 비교하길 좋아했다. 학문, 특히 수학과 천문학에 대해 가장 많은 관심을 보였다. 그녀는 8개 국어를 할 줄 알았다. 파스칼과 서신을 주고받았으며, 데카르트의 도움을 빌려 아카데미를 설립하려고 그를 궁정에 초청했고, 수많은 명상록을 직접 쓰기도 했다. 그녀는 마녀재판을 폐지한 최초의 여왕이었다. 곧이어 그녀는 로마로 가서 가톨릭으로 개종하기 위해 왕좌를 포기하기까지 했다. 자신의 지위에 대한 감정은 동시대인들조차 깜짝 놀랄 만큼 대단히 광적인 형태를 보였다. 자신의 책『크리스티네 여왕 이야기(*Histoire de la Reine Christina*)』는 신에게 바친 것으로서, 여기서는 이 세상 누구도 그러한 영예를 누릴만한 자격이 없어 보인다. 편지에서 그녀는 이 세상 누구보다 더 위대하며, 현세의 피조물은 모두 자신 발아래에 서 있는 것처럼 느낀다고 여러 번 말했다. 자신이 만들게 한 기념메달 중 하나를 보면, 앞면에는 그녀의 얼굴이 주조되어 있고 뒷면에는 "**그러나 아무래도 결코 작아지지 않는 법이다**(*non sit tamen inde minor*)"라는 글자와 함께 태양이 새겨져 있다. 그것은 태양이 지구와의 거리 때문에 그 위대성을 상실하지 않듯이 그녀가 자신의 왕국과의 거리 때문에 자신의 위대성을 상실하는 것은 아니라는 것을 함의한다. 병리현상에 가까운 이 같은 자만을 카를 12세의 경우에도 반복하면서 스웨덴에 손해가 되는 최대의 환상적인 결과를 초래했다.

이 시기 가장 중대한 사건 중 하나는 러시아가 세계사에 개입한 표트르 대제 사건이다. 이 사건은 한 개별 인물과 관련 있다. 표트르 대제[76]가 즉위할 때까지 러시아는 기독교-동방 국가였다. 덧붙이자면 러시아가 일신교로 개종할 때 주로 회교도적 알코올 금지 조처가 기독교에 기우는 데 결정적 영향을 끼쳤다. 터키가 콘스탄티노플을 점령하자 그리스 정교회는 그 중심지를 모스크바로 옮겼다. 이로써 러시아는 동로마제국의 유산을 물려받은 것이다. 그러나 그 유산은 군주에 대한 신격화, 터무니없을 만큼 까다로운 궁정예법, 빈번한 궁중 쿠데타와 소요에 의한 왕권교체, 성직권력, 기괴하고도 웅대한 건축예술의 형태 등으로 비잔틴 제국에 그 모습을 이미 이전부터 드러냈던 바다. 동시에 250년 동안 이어져 온 몽골족의 지배는 이후의 모든 국면을 거쳐 오늘에 이르기까지 그 역사를 규정해온 비굴한 노예근성의 정신을 그 국민들 사이에 양산해 놨다. 그도 그럴 것이 소비에트 권력도 좌익 전제정치일 뿐이기 때문이다. 그러니까 볼셰비즘의 경향은 경작지를 수백 년 동안 공동체의 녹지로 여긴 예전부터 러시아 농민들 사이에서 준비되어온 셈이다. 러시아 평원의 단조로움과 단일성 속에도 러시아 사람들의 인내하는 수동성과 공산주의적 성향이 그 상징과 기초를 드러내고 있다고 할 수 있다. 15세기 말엽 중대한 정치적 세력 팽창이 시작되었다. 1480년 이반(Ivan) 대제는 타타르족의 굴레를 떨쳐내는 데 성공한다. 그러나 대략 두 세대 뒤에 이반 뇌제는 카잔(Kasan)족과 아스트라한(Astrachan)족을 정복한다. 같은 세기에 시베리아 정복이 시작된다. 1650년에 이미 태평양까지 다다랐으며, 1667년 폴란드령 우크라이나의 대부분이 러시아에 넘어간다.

---

[76] Pyotr I(1672~1725): 러시아 로마노프 왕조의 황제. 육·해군 강화, 중앙집권화, 농노제도 강화와 같은 서유럽화를 추진하여 러시아를 강국으로 만드는 근대화를 취함.

느리지만 쉬지 않고 남쪽과 동쪽으로 세력을 확장하면서 점차 터키·페르시아·인도를, 그리고 중국마저도 삼킬 것만 같던 이 민족에게 표트르 대제는 이제 서구로 방향을 틀 태세를 강력히 내비쳤다. 그의 인생목표는 '유럽을 향한 창문'을 내는 것이었다. 스웨덴·덴마크·작센-폴란드와 그 자신이 발트 영유권을 둘러싸고 벌인 지루하고도 변화무쌍했던 전쟁에서 그는 리보니아(Livland)와 에스트란트(Estland), 잉게르만란트(Ingermanland)와 카렐리아(Karelien)를 수중에 넣었다. 이로써 그는 발트 해를 획득하여 스웨덴을 해양의 제2강국으로 전락시켰다. 이 전쟁 기간에도 그는 상트페테르부르크의 기초를 다지고는 이를 자신의 수도로 삼아 공장·병원·병영·도서관·극장과 기타 서구적 기관들을 갖추게 했다. 사실 그는 선대에 근위대에서 두각을 나타냈던 슈트렐리츠(Streliz) 가문이 그가 통치하는 동안 일으킨 여러 봉기뿐만 아니라 자신의 가계를 비롯하여 불만을 드러낸 귀족들이 도모한 음모들을 유혈진압함으로써 전제정치(Zarismus)의 원조가 되었다. 그는 바로 이 같은 폭력을 동원하여 나라 전체에 유럽식 문화를 관철하고자 했다. 외국의 장교들과 상인들, 학자들과 예술가들을 불러들였고, 수염을 기르는 것과 동양식 의복을 입는 것을 금지했으며, 지금까지 사람들이 세계 창조에 근거하여 셈한 방식 대신 율리우스력을 도입했으며, 라도가 운하(Ladoga-kanal)를 건설했고, 수도원의 수를 제한했으며, 여성들을 하렘의 생활에서 끌어냈고, 귀족들에게 외국학습여행을 명령했으며, 백성들에게는 새롭게 편재된 학교에 다니도록 강제했다. 멀리 내다보는 눈으로 공포를 조성하는 이 같은 모든 장엄한 업적에도 불구하고 그는 항상 광란의 발작과 간질 경련에 시달렸으며, 마치 한 벌의 옷밖에 없는 양 수수한 스타일의 유럽풍 의상을 입었다. 그는 늘

셋을 달고 다녔다. 그것은 그의 어깨에 앉은 원숭이, 얼굴을 찡그린 궁중의 익살광대, 직접 증류한 화주를 담고 있는 이상야릇한 형상의 무늬가 들어가 있는 술병이다.

표트르 대제가 화급히 시도한 개혁은 크게 보면 러시아 사람들에게 행운이진 않았다. 그들은 이제 겨우 중세에 입문하여 고도로 발전한 바로크 세계의 생활조건 속으로 준비되지 않은 채 억지로 미끄러져 들어간 꼴이었다. 이 또한 근본적으로 보자면 데카르트 정신의 승리인 셈이다. 표트르주의(Petrinismus)는 이 정신을 취하여 미리 정해진 공식에 따라 한 세대 사이에 대도시를 조성했고, 신권정치의 농민국가를 관료적인 해양국가로 바꾸어놓고 야만적인 동양의 백성을 문명화하여 서구화했다. 예카테리나 여제와 이후 대부분의 러시아 전제군주는 이처럼 비유기적인 유럽화의 전도된 프로그램을 추진했다. 그러나 그 최후의 결과는 볼셰비즘이다. 레닌도 이 사실을 너무나 잘 알고 있었다. 그는 표트르 대제를 자신의 정치적 선조로 여기면서 그를 두고 국왕 출신의 최초 혁명가로 규정한다. 이런 이유에서 그는 페트로그라드(Petrograd)라는 도시의 이름을 바꾸는 것에 대해서도 반대했던 것이다. 표트르주의와 레닌주의는 러시아인의 영혼에 자행된 유일 거대한 폭압의 시작과 끝을 의미한다. 이로써 이 민족의 발전에는 치유할 수 없을 법한 깊은 단절이 생겨난 것이다. 말하자면 벌 받지 않고서는 천 년을 넘기지 못한다고 할 수 있다. 지금도 러시아인은 유럽의 민족계보 안에서 보면 중세 사람인 것 같다. 그렇기 때문에 러시아에만 진정한 표현주의가 있고, 러시아에만 진정한 집단주의가 있으며, 러시아에만 톨스토이[77]

---

[77] L. N. Tolstoi(1828~1910): 러시아의 대문호. 개혁가이자 사상가. 러시아의

와 같은 예언자와 도스토옙스키[78]와 같은 성인이 있다는 식이다. 그러나 그밖에도 표트르 대제 때부터 러시아에는 근대의 모든 '근대성(Modernität)'이 존재했기에 그때 이후로 러시아 영혼의 활동이 전대미문의 심각한 정신 질환을 겪는다. 이 요동치는 사태를 어렴풋하게 인식하면서 볼셰비키들은 진정 러시아적인 것이지만 당연히 더욱 가공할만한 새로운 비극의 시작을 의미하는 바의 것인 그 영혼을 쉽게 말살할 특별한 수단에 손을 뻗었다.

다시 한 번 과거로 시선을 돌려보면 두드러진 특징으로서 다음과 같은 모습이 떠오를 것이다. 요컨대 약 반세기 동안 유럽은 태양왕의 그늘에 둘러싸여 있었다. 그러나 러시아·프로이센·영국과 같은 주변국에서 새로운 세력들이 은밀히 강화되었다. 루이 대왕이 자신의 일과를 마쳤을 때, 세계는 완전히 달라져 있었다. 데카르트와 베르니니식 바로크

그러나 물론 프랑스가 문화의 절대적 헤게모니를 잡은 시기에도 프랑스의 바로크와 여타 유럽의 바로크 사이의 차이를 구분해야만 할 것이다. 이미 이 책 1권에서 우리는, 라틴 혹은 의고전주의 양식이라 부를 수도 있는 이탈리아 전성기 르네상스의 양식 원리들을 고스란히 전수하여 지속적으로 보존해온 유일한 나라가 프랑스였다는 점을 강조한 바 있다. 일정한 크기와 명암 및 비율을 엄수하는 생활경향은 시류에 따른 변화를 겪으면서도 정통 프랑스의 정신형태로 남은 데카르트주의에서 그 가장 완벽한 표현력을 획득했던 것

고전적 리얼리즘의 대표자.

[78] F. M. Dostojewski(1821~1881): 러시아의 소설가 및 언론인. 인간 심성의 가장 깊은 곳까지 꿰뚫어보는 심리적 통찰력으로, 특히 영혼의 어두운 부분을 드러내 보임으로써 20세기 소설 문학 전반에 심오한 영향을 끼침. 대표작으로는 『죄와 벌』·『카라마조프가의 형제들』 등이 있음.

이다. 그런데 앞 장에서 본 바로크는 결코 불굴의 합리주의가 아니다. 거기에는 도취와 연무, 여명과 어둠에 대한 소리 없는 의지가 살아있으며, 이성의 태양이 그 빛을 내려보내지 않는 영혼의 지하 세계에 대한 은밀한 동경이 살아 숨 쉰다. 그래서 프랑스의 바로크는 순수한 바로크가 아니며, 프랑스 바깥의 데카르트주의도 순수 데카르트주의가 아니다. 프랑스는 그 기본 논점에서 보면 전성기 르네상스에서 시작하여 4세기 동안 의고전주의를 취하고 있다. 칼뱅파와 예수회, 바로크와 로코코, 혁명과 낭만주의에서 언제나 승리한 것은 **명료함**(*clarté*)이다. 그래서 루이 14세가 집권하던 시기에는 프랑스를 토대로 삼은 데카르트주의가 정신생활의 고유색을 이루었던 반면에 다른 여러 나라에서는 그저 투명한 도료에 불과했다. 다시 말해서 프랑스의 경우 데카르트주의는 시대가 변해도, 그리고 바로크 시대에도 공통분모를 형성하며, 시류는 그것의 변형된 지표 역할을 했을 뿐이다. 반면 여타 유럽에서는 이와 반대로 바로크의 정신이 공통분모였다. 따라서 지배적인 데카르트주의도 여기서는 한갓 유행의 한 지표로만 나타날 뿐이었다. 세계감정이 프랑스에서는 바로크로 채색된 의고전주의인 반면에 다른 여러 나라에서는 데카르트 사상으로 내화된 비합리주의다. 이는 베르니니 사상(Berninismus)이라고도 말할 수 있다. 물론 이 경우 이러한 형식으로 처리하기에는 사실 훨씬 더 복잡하다. 왜냐하면 한편으로는 당시 프랑스인들이 그들 영혼의 한구석에서 보면 진짜 바로크 사람들이지만, 다른 한편으로는 모든 동시대인에게 합리주의는 프랑스의 문화 권력을 통해 주조된 것일 뿐만 아니라 애초 근대 인간의 가장 강렬한 정신 성분의 하나로 탄생한 것으로도 비쳤기 때문이다.

세계의 허구   개별 민족들과 시대는 그들이 세계를 실재(Realität)로 보는가 아니면 가상(Schein)으로 보는가 하는 관점에 따라 구분된다. 전자는 모든 자연민족(Naturvölker)이 해당하는 경우다. 그들의 경우 세계는 한편으론 극복해야 하고 다른 한편으론 참고 견뎌내야 하는 대상이다. 로마 사람들도 그렇게 반응했다. 그런데 로마 사람들은 유일하게 완전히 실재론적인 문화민족이었던 것 같다. 당연한 이야기지만 두 번째 그룹 - 세계를 가상으로 보는 그룹 - 에는 수많은 변종이 있다. 이들은 세계를 예술작품으로, 말하자면 **미적**(schön) 가상으로 구상한다. 그것은 추한 것을 들어내고 육중한 것을 배제한 미화된 세계로 나타난다. 이는 그리스 사람들이 그랬던 것이다. 혹은 **논리적**(logisch) 가상으로 구상하여 도식화하여 선분으로 나눈 단순화한 세계가 있다. 이는 이집트 사람들이 그랬던 것 같다. 혹은 단순한 환각으로서 **병리학적**(pathologisch) 가상으로 나타나기도 한다. 이 경우는 인도 사람들에게 해당할 법하다. 혹은 초자연적·초월적 힘들이 출현하는 무대로서 **마술적**(magisch) 가상을 구상하기도 한다. 이는 우리가 앞의 책에서 살펴보았듯이 중세의 세계관이다.

이 모든 변이형태는 바로크에서 어느 정도 통일되어 나타난다. 우리가 이미 설명한 바처럼 바로크는 존재 전체를 놀이로 삼으면서 그것을 미적으로 꾸민 것이다. 실재를 순수 논리의 권력 앞에 굴복시키려 했으며, 세계를 꿈으로 해소하면서 세계를 신의 극장(theatrum Dei)으로 받아들였다. 이렇듯 개별적 관점들이 완전히 서로 다르게 나타나는 것 못지않게 통일적 형태를 취하는 하나의 문화를 구성하기도 했다.

그 모든 형태의 삶을 담아내고 있는 이러한 문화로 엄격히 묶어 주는 가장 강력한 클립 가운데 하나는, 우선 그들의 기하학적 정신뿐만 아니라 환상에 대한 의지도 드러내는, 형식에 대한 그들의 극단적 숭배라고 할 수 있다. 여기는 데카르트의 합리주의와 베르니니의 비합리주의가 교차하는 지점이다. 양쪽의 경우 물질에 대해 형식의 승리를 구가하고, 심지어 물질을 단순한 형식으로 환원하려는 열정적 의지가 살아 있다. 바로크는 세계사에서 형식에 가장 친화적이고 가장 강력한 힘을 부여할 뿐만 아니라 형식에 가장 얽매인 가장 형식적인 시대 중 하나이기도 하다. 그 외적인 현상에서 벌써 빳빳하게 폼을 재는 태도를 추구하는 모습이 나타난다. 이의 가장 강력한 상징으로는 가발이 있다. 이런 복장을 하고서는 재빠른 몸놀림과 충동적 행동은 아예 불가능하다. 걸음걸이와 몸짓, 감정표현과 자세 따위 일체가 모눈종이와 같은 정방향의 그물에 포획된 것처럼 보인다. 그래서 즉흥적 연설이나 글쓰기 같은 것도 없다. 개개의 가능한 동기가 미리 부여되어 있고, 이 동기에 어울리는 특정한 어법도 주어져 있었다. 이와 다른 어법을 사용하면 사람들이 독창적이라고 생각한 것이 아니라 취향과 예술적 감각이 결핍된 것으로 여겼다. 이와 반대로 규정된 규칙을 가장 충실히 따르는 사람은 정신이 가장 풍요로운 사람으로 통했다. 그도 그럴 것이 정신을 갖는다는 것은 형식을 도와 형식이 승리하게 돕는다는 것을 의미하기 때문이다. 하이힐, 긴 조끼, 통소매와 큰 단추, 이 모든 것을 포함하여 이와 유사한 의상의 품목들은 품위와 위엄의 외적 인상을 강하게 풍기기 위한 것이라고들 한다. 이런 이유로 당시는 비만조차 유행했다. 비만의 전형적 현상이 처진 볼과 이중의 턱에 아주 붉게 달아오른 머리, 항아리 모양의 하체, 굼뜬 팔놀림, 머리는 뒤로 세운 채 아래로 처진 배를 하고서 걷는 조심스러운 걸음걸이, 지쳐 열정이 사라진 얼굴표정을 하고 있는 것이라고 한다면, 우리는 바로크 시대 사람들에게 이상으로 비친 신체 유형이 어떤 것인지 정확히 간파한 셈이다. 뚱뚱한 사람들의 거동은 일부러 그런 것이 아니어도 종종 꾸민 것 같은 행태를 보이기도 한다. 그런데 이러한 사람들은 그런 효과를 실제로 **원하기도** 하고 혹은 그 이상을 원할 수도 있다. 우리의 눈으로 보기엔 꾸민 태도의 시작이지만, 그들의 눈에는 그것이 예법의 시작인 셈이다. 손잡이를 큼직한 단추로 왕관 모양을 낸 지팡이는 가발이나 연미복 혹은 꾸민 태도가 그랬던 것과 유사한 역할을 했다. 그것은 도구가 아니라 장식품으로서 살롱에서도 바닥에 내려놓지 않았다.

　그 같은 형식은 어느 정도 학습될 수 있기 때문에 모든 것은 근면과 학습을 통해 습득할 수 있거나 적어도 고도로 의식화된, 따라서 학문에 엄격히 기초한 기교적 완벽성의 대상으로 삼아야 한다는 관점이 당시에 확립됐다. 이때가 컴퍼스와 자로 잰 것 같은 '정밀한' 예술작품, 이를테면 회화·정원 손질·희곡·논문과 시의 전성기였다. 그런데 이때 오성이 하는 가장 강렬하고도 가장 본질적인 기능은 분석하는 것, 즉 해체하고 분류하고 나누고 **고립하는** 것에 있다. 사실 눈여겨봐야 할 점은 이 시기에는 각각의 개별자들만 존재했다는 특이한 사실이다. 사람들은 단순한 관계만을 맺을 뿐 실제의 유대관계는 형성하지 못했다. 길드들은 극단적으로 세분화되어 서로 아주 엄격하게 구분된다. 이를테면 빵을 굽는 사람은 케이크를 구울 수 없고, 대장장이는 못을 제작할 수 없으며, 재단사가 모피를 팔아서는 안 된다. 안장장이와 마구제조인, 구두장이와 슬리퍼 제조자, 모자 만드는 사람과 깃털 장식가는 서로 구분되었다. 신분의 위계질서가 극도로 강조된다. 궁정 출입이 일반 사람들에게는 완전히 제한되었다. 궁정은 다시 권력을 완전히 회복한 군주가 **절대적으로** 지배한다. 이러한 상황은 국가가 완전히 독립적인 개별 인간들의 자발적인 연합에 의해 구성된 것이라고 보는 사회이론이 형성되게 한다. 나아가 꼼꼼한 자연해명(Naturerklärung)이 보편적으로 인정받기에 이른다. 이런 자연해명은 물리적 사건 일체를 고립적인 가장 작은 단위 분자들의 운동으로 해소한다. 역시 이 시대의 가장 강력한 업적인 중력이론은 당시 생활감정을 가장 잘 대변한다고 볼 수 있다. 뉴턴의 천체는 저절로 움직이는 것이 아니라 신비한 원격의 힘에 이끌려 공허한 공간으로 고독하게 이동한다. 뉴턴이 **원격작용**(actio in distans)에 대해 특별히 가르치지 않았지만, 그것을 신봉하는 일이 그 개념을 그의 체계에서 유추하는 모든 학파를 지배하고 있기 때문이다. 그리고 뉴턴이 원자들은 연결 불가능한 무한히 작은 공간에 의해 떨어져 있다고 생각한 점도 배제할 수 없다.

회화의 경우 상반된 세계감정을 드러내고 있다고 말해도 될 것 같지만, 그것은 한갓 그렇게 비칠 뿐이다. 우리는 앞 장에서 바로크가 윤곽을 흐릿하게 한다고 말한 바 있다. 사실 바로크는 윤곽을 애매모호하게 만들었다. 그러나 그것을 완전히 용해시키진 않는다. 그림 속의 모양들을 더 이상 칼로 잘라낼 수가 없다. 윤곽을 아른거리게 하는 빛의 아우라는 **터치라인**까지는 아직 가진 않았지만, **경계 구역**으로 더욱 고립된다. 바로크 화가들의 빛은 여전히 그 빛이 감싸고 있는 대상들과 결부되어 있다. 그래서 그 빛은 사물들과 완전히 동떨어진 자립적인 외광(Freilicht)이 아니다. 각 대상은 단자(Monade)로서 신비로운 빛줄기 속에서 모호하고도 무한한 '극소'의 형태로 나타나지만, 자체로 작은 우주이다. 이 대상이 다른 대상들과 맺는 조화는 르네상스에서처럼 예술가에 의해 미리 완전히 결정된 것이지만, 이전보다 좀 더 유동적이고 좀 더 문제적이며, 좀 더 신화적이고 '좀 더 종교적'이다.

당시 처음으로 학문의 반열에 오른 분야도 있었다. 그것은 곧 기계학(Mechanik)이다. 이는 매우 흥미로운 일이다. 왜냐하면 어떤 사태를 이치에 맞게 완벽히 설명한다는 것은 곧 기계적으로 해명한다는 뜻이 되기 때문이다. 당시 시대 앞에 아른거린 이상은 기계적 원리를 생명과 세계의 작동 방식 전체로까지 확대 적용하는 것이었다. 그것은 기계장치처럼 세계를 분해하여 그 부분들을 세세하게 설명하고, 그리하여 그 모든 운동을 계측하려는 것이었다. 이는 그 시대 사람들에게 기계적 꼭두각시의 외관과 행동이 모범으로 작용한 것과 관련 있다. 이 모범은 말 그대로 실행되었다. 라이프로크, 옷자락, 조끼, 커프스, 가발이 철사로 빳빳한 모양을 잡은 것이다. 이로써 아마 우리는 바로크 정신을 해명할 열쇠를 거머쥐게 된 것인지 모른다. 그 플라톤적 이데아는 **꼭두각시**(Marionette)다. 3차원의 인간 신체가 주는 인상을 선분의 효과로 나타나게 하려는 빳빳한 의상들, 컴퍼스로 잰 것처럼 깊은 곡선, 의도적으로 각을 세운 움직임, 서 있든 앉아 있든 항상 반듯한 경향을 드러내는 기하학적 태도, 얼굴에 찡그린 것 같은 인상을 주는 어마어마한 부피의 가발, 이 모든 것은 무심코 자동인형을 연상시킨다. 데카르트의 경우 인간의 신체는 기계와 같다는 주장을 내세우기도 했다. 그리고 몰리에르는 이런 기계적인 심리상태를 연극으로 만들었다. 그의 등장인물들은 그가 바깥에서 작동시키는 유령과 같은 자동인형들이다. 이는 대화의 처리에서도 그대로 나타난다. 그래서 짧은 문장과 대구법, 또박또박 자르는 스타카토 기법이 선호된다. 장면 어디에서든 목격되는 언쟁들은 누구나 알고 있듯, 하나의 펌프에 매달려 있는 시끄러운 어릿광대 둘을 상기시킨다. 한 명을 아래로 누르면 다른 한 명이 위로 벌떡 일어선다. 그 반대로 해도 마찬가지다. 사건줄거리도 완전히 기계적인과율을 따른다. 환상적이면서도 그로테스크하다. 왜냐하면 실제 생활에서 그렇게 되지 않음에도 정확히 맞아떨어지도록 기능하기 때문이다. 그것은 체스에서 산술적으로 획책된 인과율과 같다.

방금 몰리에르의 사례에서 보듯, 정신과 영혼의 부재 상태를 꼭두각시 개념과 곧바로 연결 짓는 것은 지극히 잘못된 것일 수도 있다. 클라이스트[79]는 꼭두각시 연극의 문제에 대해, 범상치 않은 예리한 통찰로 1810년의 소고, 「꼭두각시 연극에 대하여(Über das Marionettentheater)」에서 의미심장하게 다루었다. 여기서 그는 꼭두각시의 경우 정신이 항상 운동의 중점을 이루는 것이기 때문에 꼭두각시는 대부분의 사람 이상으로 균형과 운동성 및 경쾌함을 지니고 있다고 말한다. "기계공은 철사를 수단으로 해서 중점 이외 다른 어떤 점도 관장하지 않는 반면에 여타 멤버는 마땅히 주어진 역할, 죽어 있어야 할 땐 죽어 있고 그저 추처럼 움직여야 할 땐 그렇게 하면서 중력의 단순한 법칙을 따른다." 기계적인 꼭두각시 경우에도 인체의 구조 그 이상의 자태를 품고 있다. 심지어 사람의 경우 꼭두각시의 수준에 오르는 것만도 안 될 때가 있는 것이다. 그는 다음과 같은 말로 결론을 내린다. "유기적인 세계에서 그렇듯이 반사가 어두워져 흐릿해지는 만큼 그 속의 우아한 자태는 더욱 빛을 발하면서 더욱 당당하게 비친다. 오목거울에 비친 상을 아주 멀리 했다가 갑자기 우리 코앞에 들이댈 때 (…) 바로 그렇듯이, 인식도 아주 멀리까지 미쳤을 때 그 우아함을 만나게 되는 법이다. 마찬가지로 이러한 우아함은 아무 의식이 없거나 무한한 의식을 가진 그

---

[79] Heinrich von Kleist(1777~1811): 19세기 독일의 뛰어난 극작가. 대표작으로는 『깨어진 항아리』가 있음.

런 인간의 신체구조, 즉 꼭두각시나 신의 경우에서 가장 순수하게 빛나게 된다." 아마 신들도 바로크의 인간이 되길 바랐을지도 모른다. 이들은 자신들의 '무한한 의식', 요컨대 거의 고통스럽기까지 할 만큼 예리하고 투명한 사유에서 이상적인 꼭두각시를 창조했던 것이다. 이 꼭두각시를 두고 언젠가 보링어[80]는 "한편으로는 추상이, 다른 한편으로는 가장 강렬한 표현이" 결합되어 있다고 강조한 바 있다. 말하자면 이 꼭두각시는 가장 추상적인 형상인 동시에 가장 격정적인 형상을 취하고 있다. 바로크 인간의 수수께끼는 바로 이 역설에 집약되어 있고 또 여기서 풀린다.

그러나 이제 각 사람은 완전히 홀로 살았기 때문에 자신의 고유한 삶도 지금까지 들어본 적이 없을 만큼 미세·정교하게 가꾸었다. 각자 자체의 우주였다. 물론 그것은 소우주였다. 바로 당시에 현미경이 소우주의 의미를 담은 것도 결코 우연이 아니다. 무한 미립자의 새로운 왕국이 등장한 것이다. 이 세계는 무한히 작은 세부적인 것들에 대해 애정 가득한 시선으로 심취할 때 모든 것을 취할 수 있는 그야말로 아연실색하게 할 것들로 충만해 있다. 미적분도 같은 맥락에 있는 것이다. 그런데 좀 더 중요한 것이 있다. 그것은 심리학의 영역에서도 미세한 것에 대한 예측력이 생겨났다는 점이다. 구가 수많은 원추의 합에서 개념파악되듯이, 당시 사람들은 인간의 영혼도 수없이 많은 작은 표상의 총괄로 개념파악하기 시작했다. 일종의 영혼-현미경이 생겨난 셈이다. 물론 이것은 종종 정신적 근시로 변종되기도 한다. 아주 작은 잎사귀와 같은 조그마한 것, 미니모형과 앙증맞은 것에 대한 과도한 편애가 바로크 인간의 피 속

극소의 인간

---

[80] W. Worringer(1881~1965): 독일의 예술사가.

에 흘렀다. 딱딱하기 그지없는 기념비의 예술, 말하자면 가장 열정적인 황홀함과 가장 부드럽고 가장 섬세한 자극을 표현하는 수단이 되는 조형예술에 유례없는 감흥을 불어넣는 일은 자질구레한 것들에 대한 이 같은 병적인 성벽과 관계가 있었다. 시선을 돌리는 곳에는 뒤죽박죽 섞여 있는 주상(柱像), 단추, 상자, 장식 꽃, 조가비, 실에 꿴 과일 다발이 보인다. 자연도 요리조리 다듬어져 장식 효과를 낸다. 정원은 인공폭포, 테라스, 인공동굴, 단지들, 유리 공, '기묘한 분수' 따위로 채워져 있다. 의상은 레이스·테·브로케이드 등으로 치렁치렁하게 장식물을 달았다. 일상적인 대화를 나눌 때도 말을 교묘하게 꾸며 장난치거나 꼬치꼬치 따졌다. 심지어 얼굴에도 장식을 했다. 미용 반점은 필수품에 해당한다. 이 시대의 세계상은 온통 **'미세 지각들**(perceptions petites)**'**, 말하자면 무한히 작은 표상들로 짜인 모자이크다. 사람들 각자는 자체 완결된 창문 없는 단자로서 정밀하게 짜인 우주 안에서 자신의 특정한 자리에 위치할 뿐이다. 이 우주는 미리 예정된 대로 자신의 기계적 궤도를 시계장치처럼 돈다. 그래서 그것은 모든 세계 가운데 최상의 세계로 통한다. 그도 그럴 것이 가장 감탄할만하고 가장 화려하면서도 가장 인공적이며 가장 명민한 것은 바로 잘 가는 시계라고 사람들이 마음 깊이 확신하고 있기 때문이다.

라이프니츠   이미 눈치챘겠지만, 우리는 라이프니츠의 철학에서 가져온 몇몇 개념을 사용했다. 사실 라이프니츠의 단자론만큼 바로크의 의미를 더 깊고 완벽하게 밝혀주는 것도 없다. 여기 지금 우리 앞에는 외부적 우연들에서 벗어나 자신의 가장 깊은 내면적 본질의 핵에서 사물을 포착한 그 시대의 그 사람이 서 있다. 라이프니츠는 그 문투에서 보면 가장 완전한 바로크 사람이며, 정신을 일종의 바늘 같은 것으로 자극한 점묘파의 철학자였고, 그 성격은 오늘날의 단어 의미로 말하면 '바로크적'이라고 할 수 있을 만큼 기묘하고 이상했다. 그 외모에서 특징적인 것은 머리에 비둘기 알만한 혹을 왕관처럼 쓰고 있는 완전 대머리였다. 유례를 찾아보기 어려운 다면성에 기초한 다양한 그의 업무활동은 그의 힘을 한 가지 큰 일에 집중하게 내버려두지 않았다. 그런데 이런 면모야말로 진짜 바로크적인 것이다. 디드로[81]는 그가 독일인들에게는 플라톤과 아리스토텔레스 및 아르키메데스가 그리스인들에게서 누린 바로 그런 명예가 된다고 말하며, 프리드리히 대왕은 라이프니츠 그 자신이 바로 온전한 아카데미라고 말한다. 이는 라이프니츠가 보초병으로도 쓸모없는 인간이라고 표현한 그의 아버지의 견해와는 완전히 다른 것이다.

그는 뉴턴과는 별도로 미분법을 두 번째로 찾아냈으며, 그것을 멋지게 발전시켜 이에 근거하여 $\frac{mv^2}{2}$ 이라는 운동에너지의 공식을 만들어냈다. 이 공식에서 그가 간파한 것은 운동에너지의 양은 우주에서 언제나 동일하다는 사실이었다. 그는 채광업과 지질학 연구에도 매진하여 지구의 태고사에 관해 기술했으며, 인(燐)의 표기 문제에도 가담했다. 회중시계를 개량하고, 바람에 역주행할 수 있을뿐더러 수면 아래서도 운항할 수 있는 배를 만드는 일에 착수하기도 했다. 벨프 가문(Welfenhaus)의 사서(史書)로 일하기 시작하면서 방대하게 수집된 중세의 역사 자료들과 국제법상의 원전들을 정리했다. 그밖에도 그는 일련의 훌륭한 정치적 제안서를 쓰기도 했다. 그중에는 루이 14세에게 보낸 제안서도 있다. 이때 그는 탁월한 역사적 안목을 갖고서 이집트 정복 계획안을 왕에게 제출했다. 이 계획안은 125

---

81 Denis Diderot(1713~1783): 프랑스 계몽주의를 이끈 프랑스 계몽사상가.

년 뒤 나폴레옹에 의해 마침내 실행되기도 했던 것이다. 그리고 그는 광범위한 프로그램과 서신을 통해 라틴 교회와 그리스 정교회의 통합, 가톨릭과 프로테스탄트의 통합, 루터파와 개혁파의 통합을 위해 노력했으며, 베를린 · 드레스덴 · 빈 · 상트페테르부르크에 학술 협회를 설립하려고 애썼다. 이와 더불어 그는 자신의 가장 큰 꿈으로서 유럽에 학술공화국을 설립하고자 했다. 그가 왕성한 관심을 보이지 않은 것이라고는 아무것도 없었다고 말해도 무방할 것 같다. 한번은 혼잣말로 이렇게 말한 적이 있었다고 한다. "이상하게 들릴지는 모르지만, 나는 내가 읽고 있는 모든 것에 동의한다. 왜냐하면 사물들이란 게 얼마나 다양하게 파악될 수 있는지 너무 잘 알고 있기 때문이다." 이처럼 존재하는 모든 것에 대한 관대한 휴머니즘적인, 그러나 근본적으로는 인위적인 인정에, 비교할 데 없는 그의 보편성과 그의 철학 전체가 뿌리를 내리고 있다. 그는 그 시대 뛰어난 수많은 사람과 서신을 교류했는데, 이 가운데는 아르노[82] · 보쉬에 · 말브랑슈 · 벨 · 게리케[83] · 홉스 등도 포함된다. 그가 극도로 신경을 써서 3번이나 다듬고서 보낸 편지들을 포함하여 이름난 학술잡지, 특히 『학술기요』와 『학술저널』에 실었던 논문들에도 그의 철학이 깊이 스며들어 있다. 평생 그는 자신에 관한 책은 단 한 권 출간했다. 그것은 『신의 선과 인간의 자유 및 악의 원천에 관한 에세이(*Essais de théodicée sur la bonté de Dieu, la liberté de l'homme et l'origine du mal*)』다.

프리드리히 대왕은 라이프니츠의 과장된 영민한 체계를 두고 철학적 소설이라고 불렀다. 그것은 수많은 부문으로 이루어져 있으면

---

[82] A. Arnauld(1612~1694): 프랑스의 신학자. 얀센주의의 주요 신학자로 통함.

[83] O. von Guericke(1602~1686): 독일의 과학자 · 발명가 · 정치가. 진공 물리학을 정립함.

서도 하나하나 완전히 독립적인 형식으로 구성된 광범위한 건물의 형태를 취하고 있다. 그러나 온갖 장식으로 치장되어 있다. 물론 여기에는 오성에서 태어난 심오한 비합리주의도 포함된다. 라이프니츠 철학의 선두에 파우스트적 말투를 갖다놓아도 무방할 듯하다. "태초에 힘이 있었다." 힘은 모든 정신과 육체의 기본 본질을 이룬다. 그런데 힘의 본성은 힘이란 활동하고 있고 늘 활동적이라는 것, 그리고 이 활동을 통해 자신의 고유성을 드러낸다는 것을 의미한다. 그러므로 힘은 생명이라는 개인성을 의미한다. 따라서 세계에는 무용한 것도 없고 죽은 상태로 있는 것도 없다. 어떤 물질의 각 부분도 저마다 "식물들로 꽉 찬 하나의 정원이거나 물고기들로 꽉 찬 연못"으로 볼 수 있다고 한다. "식물의 각 가지들, 동물의 각 사지들, 액체 물질의 각 물방울들은 언제나 다시 그 같은 정원과 그러한 연못을 형성하게 된다." 라이프니츠가 '단자'라고 부르는 이 같은 세계의 각 단위는 '작은 세계(un petit monde)', '우주의 살아 있는 거울(un miroir vivant de l'univers)', '집중된 우주(un univers concentré)'를 의미한다. 여기에는 그 안으로 들어갈 수 있는 창이 없다. 이 단위는 자신의 힘, 즉 '능동(actif)'에서 우주의 상을 만들어내는 거울이다. 이 단자들은 다양한 층을 이루고 있다. 투명하고 명확한 표상의 차이들과 의식의 수준들이 있는 만큼 수많은 단자가 있는 것이다. 이처럼 무한히 미세한 것들로 나열되는 것들 속에서는 비약도 반복도 없다. "동일한 하나의 도시를 두고 다양한 측면에서 보면 그것이 언제나 다르게 그리고 다른 입체로 비쳐 보이듯이, 단 하나의 세계를 조망할 뿐인데도 수없이 많은 단자를 통해 보면 마치 단자들의 다양한 관점에 따라 수없이 다양한 세계가 있는 것 같은 가상이 생겨날 수 있다." 이 같은 라이프니츠의 '관점(points de vue)'은 원근법과 명암의 사용이

라는 새로운 기술이 투입된 바로크의 그림을 최초로 화폭에 담아낼
수 있게 했다.

  그러나 아무튼 가장 위대하면서 가장 풍성한 결실을 맺은 라이프
니츠의 구상은 무의식적인 표상들에 관한 그의 이론이다. 그는 단순
한 표상과 의식적인 표상, '**지각**(perception)'과 '**통각**(apperception)'을 구
분한다. 이 구분에 대해 그는 파도소리를 예로 들어 설명한다. 쏴아
거리는 바닷물 소리는 개개 파도의 부딪힘으로 구성된다. 이 같은
개별 소리 각각은 듣기에 너무 작다. 그래서 우리가 그것을 느끼긴
하지만 인지되진 않으며, 지각하긴 하지만 통각되지는 않는다. 개별
파도의 운동이 불러일으키는 이러한 느낌은 약하고 흐릿해서 알아
차릴 수 없을 만큼 작은 표상이다. 마찬가지로 우리의 정신활동 속
에도 베일에 싸여 잠자고 있는 흐릿한 표상들이 있다. 이 표상들은
깨어있는 의식의 광환(光環) 속으로 들어오기에 너무 작다. 그것들은
가시적인 자연을 구성하는 아주 작은 기본 물질들이 하는 것과 동
일한 역할을 한다. 그것들은 우리의 정신활동의 원자들인 셈이다.
바로 이 '미세 지각들'은 각 개인에게 고유성을 띠게 하는 원인들이
며, 어떤 사람을 다른 사람들과 구분되게 한다. 그 지각들 하나하나
는 우리의 영혼 속에 흐릿한 흔적을 남긴다. 그것은 우리가 알아챌
수 없을 만큼 소리 없는 양태로 일회적 성격을 띠고서 연쇄작용을
일으킨다. 여기서 데카르트의 심리학을 넘어서는 라이프니츠의 발
걸음은 어마어마한 것이다.

시계로서의
세계
  이런 식으로 극소에서 극대로, 최저에서 최고로 발전하는 세계에
서는 남아도는 것, 해로운 것, 부당한 것이라고는 있을 수 없다. 그
렇기 때문에 우리는 '세계 중 최선의 세계'에 살고 있다는 것이다.
바로 그래서 자신의 본질이 진(眞)이자 선(善)인 신도 모든 가능한

세계 중에 이 세계를 선택했다고 한다. 세계는 단자들, 즉 개인들로 구성되어 있지만, 개인의 본성에는 제약성이 있기 때문에 이로부터 실존뿐만 아니라 악의 필연성도 생겨난다. 여기서 악이란 제약 혹은 불완전, 물리적 제약이나 도덕적 불완전을 의미할 뿐이다. 불완전성이 없다 해도 세계가 완전하진 않겠지만, 오히려 이 때문에 결코 불완전하지 않은 것 같다. 세계 속의 악은 그림에서는 그늘, 음악에서는 불협화음에 비교될 수 있다. 떼어놓고 보면 혼란스럽고 시끄럽게 비치지만, 전체의 부분으로서는 아름답고 조화롭게 울리는 것이다. 이에 대한 논거는 우리가 이 책 1권에서 상기했듯이, 아우구스티누스에게서 볼 수 있다. 신은 완전한 존재를 창조할 수 없었기 때문에 차츰차츰 완전해져 가는 그런 존재를 창조한 것이다. 말하자면 완전한 존재가 아니라 완전해질 수 있는 존재를 창조한 셈이다. 가장 위대한 예술가도 자신의 질료에 묶여있기 마련이다. 신은 도무지 불가능한 절대적으로 선한 세계가 아니라 최선의 세계, 즉 가장 가능한 세계를 창조한 것이다. 이 세계에서 모든 것은 신의 지혜로 미리 결정되어 있고, 신의 창조력을 통해 조화를 이루고 있다. 모든 것을 관장하여 예정된 이와 같은 조화를 통해 세계는 예술작품으로서 그 모습을 드러내는 것이다. 그런데 라이프니츠는 이런 사유과정에서 진정한 바로크식 전환을 취한다. 요컨대 그는 이런 예술작품을 시계장치와 동일시한다. 이로써 그는 동시대 철학의 주요 문제 가운데 하나인 육체와 영혼의 일치 문제를 해명하려 한다. 영혼과 육체는 언제나 정확히 같은 시간을 가리킬 만큼 잘 작동하는 두 개의 시계와 같다는 것이다.

얼핏 보면, 라이프니츠에서 정점을 이루는 이 같은 바로크는 마치 르네상스의 경향을 단순히 계승하고 있는 것처럼 비칠 수도 있다. 그도 그럴 것이 바로크가 존재를 더욱더 논리화하려는 것처럼 보이기 때문이다. 사실 바로크가 기계화한 점에서는 그 이상으로 나간 셈이다. 그러나 바로크는 르네상스보다 훨씬 더 편협하고 모순적이며 더 모호하다. 르네상스에 비하면 바로크의 정신활동은 훨씬 미로 같고, 훨씬 더 은밀하며, 훨씬 더 모호하고 난해하다. 그래서 훨씬 더 '음험하다'고까지 말하고 싶다. 바로크는 쉼 없이 만족할 줄 모르고 양극단, 즉 기계적인 것과 무한한 것 사이를 표류한다. 무한한 것은 바로크로서 참아내기 힘들었던 순전히 기계적인 세계에 대한 대응물로 고안한 것이다. 이로써 마침내 바로크는 자신을 극소한 것으로 느끼게 된 것이다.

빌플린[84]은 '예술사의 근본개념'에 관한 자신의 중대한 연구에서 이렇게 말한다. "바로크는 한 번은 했어야 할 결정적인 말을 하길 기피한 것 같다." 바로크는 그렇게 할 용기가 없었고, 그것에 연루될까봐 두려워했다. 바로크가 자신의 결정판을 보여주길 꺼린 것은 자체 경건성의 결과인 동시에 자유충동의 산물이기도 하다. 유대인이 신의 이름을 감히 입에 담지 않으려는 것과 마찬가지로 바로크 사람들도 자연 · 삶 · 예술의 최후 수수께끼를 일의적인 틀에 밀어 넣는 것을 주저한 것이다. 겉으로 보기에 뚜렷한 윤곽을 지닌 투명한 바로크의 용법들 이면에는 언제나 해명되지 않은 것과 해명할 수 없는 것이 남아 있었다. 우주는 엄격한 수학적 법칙에 따라 움직이는 메커니즘이지만, 아득한 곳에서 작용하는 신비적인 힘도 여전히 존재한다. 인간의 영혼은 시계장치다. 그러나 이 장치는 우리의 깨어있는 관찰로는 잡히지 않는 비합리적인 **미세 지각들**로 구성되

---

[84] H. Wölfflin(1864~1945): 스위스의 예술사가.

어 있다. 인간의 형상은 전과는 비교가 안 될 만큼 사실에 가깝게 그려진다. 그러나 또다시 파악할 수 없는 수천의 의미를 띠는 은은한 빛이 형상을 감싸고 있다. 인간의 거동은 인형극에서처럼 정밀하지만, 동시에 마술적 비현실성도 내보인다. 이렇듯 바로크 사람은 밝은 빛 아래 질서정연하게 걷는 가장행렬처럼 우리 곁을 지나고 있다. 그런데 이 행렬은 자신의 진짜 얼굴을 자신과 우리 앞에서 가리고 있다. 바로크를 둘러싸고 있는 그 고상한 미학적 매력은 여기에 근거를 두고 있지만, 이 매력은 근세의 초기 및 그 이후에 발전한 시대 너머에까지 발산된다. 근세는 자신의 고압적 지성에도 불구하고 삶이 하나의 비밀이라는 사실만큼은 이해하고 있다.

03
바로크의 단말마

현재는 과거와 거대한 미래로 충만하다.
— 라이프니츠

와토   1684년에 태어나 1721에 폐결핵으로 요절한 앙투안 와토[1]는 거의 800점의 그림에서 사람들이 로코코의 시대라고 부르는 이른바 지적이면서도 유치하고, 경쾌하면서도 지친 세계의 향기를 힘 있고도 섬세하게, 탁월한 기교를 살려 자유분방하게 뿜어냈다. 그를 떠올리지 않고는 이 시대를 생각할 수 없다. 로코코와 와토는 거의 치환 가능한 개념이 되었다. 아마 2급 예술가라면 누구도 자기 주변의 덧없는 삶을, 헛뿌리는 빛의 효과를 빌려 이토록 죽은 기호로 옮겨놓는 데 성공하지는 못했을 것이다. 우리에게 시간적 거리보다 정신적 거리의 차원에서 훨씬 더 멀리 떨어져 있는 것 같은 그 사람들이 마치 우리의 동시대 사람들, 혹은 가까운 친인척들이나 되는 양 그림 속에서 영원히 죽지 않는 마술의 잠에 빠져 있는 듯하다.

---

[1] Antoine Watteau(1684~1721): 프랑스의 화가 및 판화가.

이 기묘한 사실을 심리학적으로 설명하려고 할 때 간혹 사람들은 와토가 외국인이자 프롤레타리아트였다는 점을 지적한다. 사실 그의 예술작품에서 종종 목격되는 것은 제2고향의 사람들인 '이주민들'이 원주민들보다 더 조명도 많이 받고 인상 깊게 그려져 있다는 점이다. 이와 관련해서는 한 가지 예만 들어도 충분할 것이다. 이를테면 네스트로이나 지라르디[2]보다 더 비엔나 정신을 진정으로 대표하는 인물도 찾기가 힘들 것이다. 그런데 이 똑똑한 두 사람의 이름이 이국적인 이름을 취하고 있다. 와토 역시 당시 파리의 아른거리는 매력과 황홀한 아름다움에 대해 자신의 시선을 좀 더 예리하게 다듬을 수 있었던 것은 그가 지방도시 출신의 가난한 지붕기와공의 아들이었다는 사실과 무관하지 않다. 즙액이 떨어질 듯 생생한 자연 묘사는 농부나 지주들보다는 오히려 대도시 사람들과 커피하우스에서 커피를 마시는 사람들이 해내곤 했다. 그리고 가장 열정적이고도 가장 감성적인 사랑의 서정 시인들은 간혹 돈 후안(Don Juan)의 후예들이었다. 와토도 사랑에 빠졌다. 불행하게도 경쾌한 분위기와 당연한 향락의 세계와의 이중적 사랑에 빠진 것이다. 그것은 차가우면서도 부드럽고, 향기 풍기고 햇살 내리쬐는 산의 정상에서 느낄 수 있는 풍토이다. 여기서 특권층 사람들이 자신들의 신성한 코미디를 연출했다. 그는 이 향연의 합법적인 주역이 아니라 한갓 그들의 관람객이자 방문객일 수 있다는 점을 알고 있었고, 그래서 그는 **연회장 연인들**(*fêtes galantes*)을 그린 탁월한 **화가**(*peintre*)가 되었던 것이다.

아직 덧붙일 얘기가 하나 더 남아 있다. 와토 역시 신체와 정신에서 '정상'이 아니었다. 병들어 몰골이 흉했다. 허약했고 볼품이 없

2　Alexander Girardi(1850~1918): 오스트리아의 배우이자 오페레타 테너 가수.

었다. 왼손잡이에 표정이 우울했다. 이미 우리는 이 책 1권의 서두에서 신체적·정신적 결함이 종종 빼어난 업적의 원천이 될 수 있는 일련의 범례를 제시해 보이려 한 적이 있다. 전쟁 영웅, 이를테면 아틸라와 카를 대제, 나폴레옹과 프리드리히 대왕은 몸집이 작았으며, 바이런은 다리를 절었고, 데모스테네스는 말을 더듬었으며, 칸트는 등이 휘었고, 호메로스는 장님이었으며 베토벤은 귀머거리였다. 와토 역시 이 같은 '생리학적 열등감'에서 자기 색채의 기적을 창조한 것이다. 그는 단아함을 지닐 수 없었지만, 이 단아함을 빼고는 다른 어떤 것도 형상화할 수가 없을 지경이었다. 말하자면 예술 작품을 통해 자신의 자연적 결함을 보상하려 한 셈이다. 그것도 극단적인 형태로 말이다. 그는 체념한 듯 사라져 가는 사람처럼 소리 내어 웃는 경쾌함을, 무덤을 향해 비틀거리며 걷는 사람처럼 춤을 추는 듯한 생에 대한 긍정을, 질병을 들이마신 사람처럼 황홀한 존재에 대한 쾌락을 설파했다. 이는 절망적인 만성질환을 겪는 와중에 장밋빛 낙관주의를 드러내는 폐렴 환자가 보이는 예술이다.

그런데 이로써 우리는 문제의 독특한 해결점에 도달한 셈이다. 이렇듯 와토는 당대의 온전한 거울이었다. 그도 그럴 것이 자신의 운명과 개성에서 당대를 고스란히 웅변하는 상징이기 때문이다. 그는 죽어가고 있었고, 그의 삶과 창작활동 전체가 결핵 환자가 중병 중에 갖는 쾌적감의 표현이었던 셈이다. 로코코도 죽어가고 있는 시대였으며, 그 삶의 쾌적함도 마치 폐렴 환자가 죽음을 속여 넘겨 보려고 취할 때와 같은 일종의 마지막 갈망과 다름없다. 그 뺨의 선홍색은 고의로 찍은 연지이거나 결핵성 반점이다. 로코코는 바로크의 단말마와 병적 쾌감의 표현이다. 바로크의 일몰, 이는 와토가 가장 많은 애정을 갖고 그림에 담으려 한 하루 중 시간이었다. 사랑하며 죽어가는 것, 이것이 와토와 로코코 전체의 형식이다.

로코코는 바로크와 정반대로 **오락적인**(zersetzend) 양식이다. 이 양 식은 순전히 회화적이고 장식적이며, 장난어린 소품으로 치장된 것으로서 쪽머리·조가비·덩굴의 다발로 모든 것을 뒤덮었다. 여기서는 음습한 모티브가 지배적인 경향을 띠었다. 지금까지의 웅장한 형식들이 묘하게 부패하여 해체되기 시작한다. 저녁의 서늘한 바람이 스치고 지나가는 곳마다 하루의 끝을 알리는 죽어가는 남빛과 부드럽게 타오르는 장밋빛을 드러냈다. 흙빛의 가을 분위기가 사람들 머리 위로 퍼지고 있었다. 겉으로 봐서 완전히 빛바랜 것을 선호하는 경향이 나타났다. 그것은 벌꿀 같은 노란색과 녹차 색, 짙은 회색과 선홍색, 보랏빛과 갈색이었다. 이러한 데카당스 양식은 지쳐 창백한 형태를 띠며, 특히 여성스러운 모양을 취한다. 여자들이 그렇듯 아주 유치하면서도 대단히 외설적이다. 그것은 베일에 가려진 부인들의 거실 풍경을 닮았다. 향수 냄새를 풍기며 진하게 화장한 모습이다. 번들거리지만 과자 껍데기에서 나는 광택처럼 보인다. 남자의 깊이와 견실함이 없고, 남성적 무게와 고루함도 없다. 둥둥 떠다니면서 이리저리 춤을 추는 듯하다. 그래서 중력의 법칙에서 거의 해방된 건축술을 발휘하는 기적을 성취한 것 같다. 항상 많은 말을 쏟아내면서 웃음 짓지만 그 웃음에 한 가지 의미만 있는 것은 아니다. 흥겹지만 톡 쏘아 변덕스럽고, 맛을 제대로 내면서 재치를 보이지만 교태를 부리며, 일화와 소설 같지만 정곡을 찌르고, 수다를 떨면서도 민첩하며, 회의적이면서도 대중적이고, 코믹하면서도 풍속적이다. 프리드리히 대왕, 혹은 바흐와 볼테르와 마찬가지로 그 시대 여인상의 기둥들도 실물보다 훨씬 더 큰 양식적 형태를 취했다.

말하자면 후기 바로크는 전성기 바로크와는 달리 친근감이 있다. 그것은 가장 고상한 의미에서 말하면, 그저 좋은 느낌을 주려고 곱게 꾸미고 세련되게 하려고 번거로울 만큼 기이한 과장된 이름을 붙이는 실내 장식공의 양식이다. 온갖 상상력과 배려 끝에 구성된 이 독특한 건물은 더 이상 화려한 궁전이 아니라 **자그마한 집**(*la petite maison*)이다. 그것은 공적 행사에 쓰이는 물품보다는 온갖 매혹적인 사적인 사치품을 구비한 별장이다. 이전의 건축물과 비교해보면 다소 억제되어 있고 묵직하며 개성적이다. 루이 14세 치하에서 사람들은 그저 공공의 삶을 살았을 뿐이다. 요컨대 궁정을 위해, 궁정을 통해 살았다. 말하자면 왕의 눈에 띌 때, 왕의 눈에 들어올 때에만 인정을 받은 것이다. 따라서 가장 심오한 사유에서부터 가장 가벼운 인사에 이르기까지 모든 생활의 표현 일체가 퍼레이드를 위해 마련된 것이고 베르사유 궁전에서와 같은 효과를 계산한 것이었다. 이 같은 50년간의 전시행정에 지쳐 이제 사람들은 뒷전에 밀려난 것, 방치된 것이지만 자신의 것인 **친숙한 것**에 대한 희열을 새롭게 평가하기 시작했다. '에르미타주(Eremitage)', '몽르포(monrepos)', '솔리티드(solitude)', '상수시(sanssouci)'와 같은 작은 저택의 이름은 이미 달라진 취향을 함의하고 있다. 그 모양은 이제 더 이상 목성만큼 거리가 멀게 느껴지게 하거나 이맛살 주름을 짙게 잡게 하는 그런 것이 아니라 마음을 끌고 애정이 가며 긴장을 풀어주는 듯했다. 실내 가구도 더 이상 묵직한 재료의 값비싼 장식물로 수놓은, 등받이가 높고 딱딱한 호화로운 안락의자가 아니라, 비단보 덮개가 있는 소파에 푹신한 쿠션이 들어간 의자, 그리고 은은한 금색 테를 두르고 있는 하얗게 유약을 칠한 소형 테이블이 등장했다. 이러한 안정적인 가구도 좀 더 차분한 느낌을 주는 은으로 금을 대신하게 하거나 분위기가 좀 더 평범한 빛을 발하게 함으로써 더욱 부드럽게 하려고 했다. 가능한 한 바로 직설적인 것을 피하고, 빛바랜 흐릿한 혼합색, 이를 테면 자단이나 제비꽃, 튤립 줄기처럼 부드럽고 섬세한 재료를 선호 했다. 재산목록 품목도 그 소유자의 주관적 특성을 드러내면서 이들 의 개인적 목표에 활용되기 시작한다. 당시 선보이기 시작한 일련의 새로운 가구가 그러한 특색을 드러낸다. 예컨대 '깜짝 상자(*boîtes à surprises*)', 재치 있게 짠 비밀 서랍과 기발한 기계장치가 딸린 책꽂이 겸용 책상, '하루의 행복(*bonheur du jour*)'이라는 귀여운 이름을 달고 있는 부인용 책상이 그러한 것들이다. 생활용품 일체가 방향처리 되었고, 에나멜이 칠해진 향로는 질 좋은 향기로 실내를 은은하게 채웠다. 선도적인 예술가들은 이런 세세한 것 하나하나에 신경을 썼으며, 이런 세부적인 것의 조화를 통해 예술적 운치와 쾌적함에 적합한 극히 섬세한 분위기를 전체적으로 조성할 줄 알았다. 와토는 유행 풍조를 스케치하고 회사 간판을 그렸으며, 부셰[3]는 연애용 편 지지, 식탁 좌석배치 명찰, 업무용 서류에 쓰이는 그림의 초안을 그 렸다.

로코코 인테리어는 파스텔과 자기 분야에서 빼어난 기술을 선보 임으로써 특별 점수를 받았다. 사실 당대의 정신적 태도, 이를테면 부드럽게 퍼지면서 입김을 내뿜듯 흐릿한 특성, 즉 보들보들한 벨벳 톤에 적합한 특성을 표현하는 데는 파스텔 화법보다 더 좋은 기법 도 없었다. 게다가 이 기법은 은은한 초상화에 특히 잘 어울렸다. 유럽의 자기는 강성왕 아우구스트 2세(August der Starke)에게 연금술사

파스텔 화법
과 자기

---

[3] F. Boucher(1703~1770): 프랑스 로코코 시대 미술의 전성기를 대표하는 화 가.

로 붙잡혀 있던 작센의 요한 프리드리히 뵈트거[4]가 1709년에 처음으로 생산했다. 실제로 그러한 착안은 일종의 연금술로 전개되었다. 그도 그럴 것이 이 새로운 물질이 전 대륙을 휩쓸었기 때문이다. 그 기술을 기초로 하여 곧바로 세워진 마이센(Meißen) 지방의 자기 수공업은 값은 싸면서도 예쁜 실용적인 식기를 전 세계에 공급하면서 질그릇과 주석 식기뿐만 아니라 은그릇마저도 식탁에서 밀어냈다. 독일 자기기술의 대가는 요하임 켄들러[5]였다. 그가 선호한 남녀 목동, 실물 크기의 새·원숭이·강아지 등과 같은 작품들은 고상한 세계의 사람들에게 감탄을 자아내게 했다. 강성왕 아우구스트는 이 새로운 예술에 완전히 매혹되어 자기 재산의 절반을 그 같은 작품 수집에 쏟아 부어 성 하나를 자기 작품들로 가득 채울 정도였다. 빈에서도 벌써 1718년에 국영 자기공장이 세워졌다. 이후 독일 수공업의 강력한 경쟁자로 떠오른 상대는 퐁파두르(Pompadour)의 발의에 따라 세브르(Sèvres)에 설립된 공장이다. 영국에서는 조사이어 웨지우드[6]가 자신의 이름을 본뜬 자기의 창안자가 되었다. 그는 이 자기를 무엇보다 고대의 걸작 꽃병을 모방하는 형태로 개량했다. 결국, 유럽은 말 그대로 자기 열풍에 휩싸인 것이다. 자기로 촛대와 샹들리에, 시계와 벽난로, 꽃다발과 가구장식만 제조한 것은 아니었다. 방 전체와 마차에도 자기를 박았고, 실물보다 훨씬 큰 기념비도 자기로 만들어 세웠다. 이로써 이 미묘한 예술은 그 자기 재료에

---

[4] Johann Friedrich Böttger(1682~1719): 독일의 유명한 연금술사이자 도공. '뵈트거 도기'로 유명함.

[5] J. Jochaim Kändler(1706~1775): 독일의 조각가이자 도공. 자기 인형의 창시자.

[6] Josiah Wedgwood(1730~1795): 영국의 도예가. 도자기 제조에 혁명을 불러옴.

의해 정해진 용도와는 거리를 취했으며, 동시에 그 시대를 함축적으로 생생하게 표현했다. 그도 그럴 것이 광택 나면서도 우아하고, 앙증맞으면서도 매력적이고, 깨지고 부서지기 쉬운 소형 작품에 적합한 그 비상한 질료야말로 로코코의 정신을 웅변해주는 것이기 때문이다.

뵈트거가 자기 제조술을 알아내기 전까지는 자기를 중국에서 들 중국풍
여왔다. 그래서 마이센의 상품들도 한동안 중국산으로 사칭되기까지 했다. 이는 그저 장사 속셈에서가 아니라 시대정신에 그 연유가 있었다. 왜냐하면 중국은 로코코 사람들에게 지혜와 예술의 모범국가로 통했기 때문이다. 이 세기의 벽두에 '중국풍(Chinoiserie)'이 유행했다. 동아시아형 조형물, 꽃병과 조각품들, 벽지, 칠그릇, 견직물 등이 그러한 것들이다. 수많은 소설은 학식 높은 지도자들을 둔 표정이 밝은 행복한 민중이 파라다이스의 삶을 영위하고 있는 그런 동화의 세계로 독자를 안내했다. 볼테르를 위시한 역사가들은 중국을 훌륭한 풍습과 종교 및 행정 체계를 갖춘 이상향(Dorado)으로 칭송했다. 정원에는 보탑(寶塔), 차실(茶室), 종각과 흔들리는 대나무 다리가 배치되었다. 변발조차도 중국의 영향으로 보인다. 당시 특별히 이목을 끌었던 공작도 중국풍의 영향으로 보이지만, 동시에 그것은 진정 로코코를 대변하는 동물이라고 할 수 있다. 그것은 기묘한 장식효과를 발휘하며, 자족적이면서도 연극적이고, 나들이복장이면서도 풍속적인 형태를 취하고 있다.

이미 새로운 정신이 지배하기 시작한 1765년에 디드로가 부셰를 소형 시대
두고 한 말은 로코코에도 그대로 적용된다고 할 수 있다. 그것은 '지극히 작은 무언극'의 형식을 취하고 있다. 벌써 볼테르는 자신의 시대를 '소형의 시대(le siècle des petitesses)'로 불렀다. 실제로 모든 영역

에서 매력적인 작은 것들이 선을 보였다. 바로크는 떠들면서 광고를 해댔던 반면에, 로코코는 속삭이면서 은근히 알린 것이다. 둘 다 당초무늬 모양을 취하고 있다. 그런데 이 무늬가 바로크의 경우 열정적인 외침이라면 로코코의 경우 겸양을 떠는 귀여운 의문부호에 불과하다.

프랑스의 전성기 바로크에서는 규칙이 전횡을 부렸다. 그래서 규칙위반은 정신에서 일종의 범죄로 통했다. 이제는 거꾸로 기괴함과 재기발랄함이 서로 뒤섞였다. 데카르트 시대에는 모든 가치의 우선적 기준이 정확성과 균형이었다. '로카이유 양식(genre rocaille)'을 두고 말하자면 변덕스러울 만큼 예상치 못한 것, 자의적인 것, 역설적인 것에 대한 편애가 지배한 형식이라고 할 수 있다. 이 형식을 좇은 사람들은 그 철학에서는 거의 절반은 무신론자였지만 예술에서는 완전 무신론자였다. 그들을 사로잡은 것이라고는 언제나 일탈, 비약, 전환과 같은 것이다. 이탈리아의 한 귀부인이 한번은 맛있는 빙수를 먹고 나서는 이렇게 말했다고 한다. "이게 죄가 아니라니 참 유감이군요." 비합법적인 것, 비정상적인 것에 대한 애착이 도착증으로까지 전개되는 일이 드물지 않았다. 아마 이 같은 능동적·수동적 편태(鞭笞) 성도착증(Flagellantismus)이 당시만큼 널리 확산된 시대도 없을 것이다. 그 증세는 바로 집단이상심리(Massenpsychose)로 변질되었다. 그런데 이런 혹은 이와 유사한 현상들 앞에서 상기해야 할 것은 고도의 문화 일체가 도착증 경향을 띠며, 모든 문화에는 도착적인 요소가 잠복하고 있다는 점이다. 문화란 자연의 대립물이며, 일단 형성된 문화는 자연의 대립물로 남게 된다. 우리는 이러한 사실에 대해 이미 앞 장에서 가발의 문제를 취급하면서 언급한 적이 있다. 문화의 노화 현상들을 보면 당연히 그러한 사실은 확실해진다. '정상적인' 개연성의 영역은 채워지지만, 상상력은 그 영역을 넘어서려 하는 법이다. 새로운 왕국의 이집트 사람들도, 알렉산더 대왕 시절의 그리스인들과 황제시대의 로마 사람들도 '건전한' 상황을 향유하진 않았다. 특히 로마 말기의 '방탕 생활'은 로코코 시대를 상기시킨다. 마르티알리스[7]는 이렇게 말한다. "나는 이미 오래전에 도시 곳곳을 누비면서 안 돼요 라고 말하는 여자가 있는지 물어왔다. 한 여자도 안 돼요 라고 하지 않는다. 그렇다면 아무도 순결하지 않은가? 수많은 사람이 순결하다. 그런데 도대체 순결한 사람들이란 어떻단 말인가? 그들은 좋아요 라고 하지 않지만 아뇨 라고도 말하지 않는다." 유베날리스[8]는 많은 여성이 새신랑이 들어설 대문에 장식으로 달아놓은 푸른 나뭇가지가 마르기도 전에 벌써 이혼할 생각을 하고 있다고 주장한다. 볼테르도 '이혼(Divorce)'이라는 제목 아래 이와 비슷하게 썼다. "갈라섬은 결혼과 동시에 시작되는 것 같다. 그럼에도 불구하고 나는 결혼이 이혼보다 나이를 몇 주 더 먹었다고 생각한다." 로마 사람들이 즐긴 사디즘적인 원형경기장의 오락과 쌍벽을 이루는 것을 꼽는다면, 사회적 물의를 일으킨 사건의 범인을 처형하는 장면을 파리의 최고 상류층 사람들이 구경거리로 삼은 풍습이다. 목격자들의 확신에 따르면 수많은 부인이 그 장면을 보면서 오르가즘을 느꼈다는 것이다.

사람은 지루함이라면 특히 참지 않으려 한다. 그래서 프랑스 문화에서는 완전히 새로운 비약이 일어난다. 급기야 18세기에 진짜 **정신**(esprit)이 탄생하는데, 그것은 곧 거품이자 동시에 포도주인 샴

---

[7] M. V. Martialis(?40~?104): 스페인 출신 고대 로마 시인.
[8] D. J. Juvenalis(?50~?130): 고대 로마의 시인. "건강한 육체에 건강한 정신!" 이라는 격언으로 유명함.

페인 정신(Champagnergeist)이라고 할 수 있다. 그러나 그것은 어떠한 상황에서도 '자극적'이고 현란하며, 향을 풍기면서 들끓고자 하는 거의 병적인 욕망과 같은 것이어서 근엄함과 품위, 진지함과 심오함마저도 사라지게 한다. 영혼의 전 영역이 바짝 메마르게 되어, 오만스럽게 기피되거나 경박스럽게 홀대를 받는다. 작별을 고하고 있는 바로크로부터 뻗어 나오는 광채는 부패할 때 나오는 인광(燐光)이다.

사람들은 이제 더 이상 애써 층을 지었거나 분류한 체계와 묵중하게 끌고 다니는 연쇄 사슬에 의거해서가 아니라 톡 쏘는 간결한 반박문, 다면체로 이루어진 재담, 우스운 풍자, 신랄한 팸플릿, 칼날같은 경구에 의거하여, 혹은 '순간의 시(poésies fugitives)'나 반짝이는 박편에 어떤 이념을 부여하는 서정시적 경구와 같이 하찮은 것에 의거하여 생각한다. 대화와 장편소설 및 단편소설을 철학의 그릇으로 삼았다. 면밀하고도 심원한 몽테스키외[9]도 자신의 소설『페르시아인의 편지(Lettres Persanes)』를 통해 음란한 하렘의 이야기라는 다채로운 장을 선보였다. 반 푼짜리 교양인들, 살롱의 출입자들, '대중', 특히 부인들을 포함한 누구에게든 이해되고자 했던 것이다.

이런 면모는 초상화에서도 엿볼 수 있다. 학자들은 더 이상 책과 펜을 들고 안경을 낀 모습으로 그려지길 원한 것이 아니라 웃음을 머금은 나태한 범인(凡人)으로서 자신들을 그리게 했다. 그들의 작품에서 환상을 깨는 기술적인 보조수단이라고는 보이지 않게 했던 것이다. 이 같은 초상화는 이제 더 이상 오일 · 잉크 · 작업실 따위의 냄새를 풍겨서도 안 되며, 멋있고 편리한 가벼운 장신구처럼 되었

---

[9] Montesquieu(1689~1755): 프랑스 계몽사상가 및 정치 철학자.『법의 정신』(1748)을 통해 삼권분립을 주창함.

다. 그것은 거창한 사교계의 호사스러운 향락생활에서 남아돌지만 없어서는 안 될 수많은 것 중 하나이다. 학문의 정원이 중세에는 신성한 영역으로서 속인들의 시선에서 멀리 떨어져 있었고, 르네상스에서는 라틴어 지식이라는 철조망으로 울타리를 두른 반면에 18세기에는 일반이 이용할 수 있도록 개방되었으며, 누구든 기분전환과 휴식 및 교훈을 얻을 수 있는 공공시설로 전환되었다. 이 시설물을 이용한 사람들은 귀족과 시민, 남자와 여자, 성직자와 평신도였다. 물론 민중에게는 아직 출입이 허용되지 않았다. 이는 그들을 경멸해서가 아니라 특별한 연유에서 비롯된 것이다. 말하자면 아직은 그 존재에 대해 알려진 것이 별로 없었기 때문이다. 그러나 바야흐로 이 사회계층도 그 정원을 아주 드물기는 하지만 이용할 날이 다가오고 있었다. 민중은 이 정원을 교회처럼 신을 고상하게 숭배하는 장소로 개간하지도 않을 것이며, 엄격한 학문처럼 확장하고 풍요롭게 하면서 세밀하게 분할하지도 않을 것이고, 속세를 위한 철학자들처럼 보편적 유흥지로 용도변경하지도 않을 것이며, 오히려 약탈하면서 그 울타리를 허물 것이다. 그곳에서 모은 재료를 목재 무기로 이용하여 자신의 적수를 위협할 것이고, 결국 그것을 거대한 연료로 활용하여 세계를 불길 속에 던져 넣을 것이다.

이 시대가 과학과 철학을 구미 돋우는 음료처럼 들이마시는 멋진 자극제로 삼을 수 있었을 때 자명해지는 것은 다른 모든 분야에서도 이와 달리 진행될 수 없었다는 점이다. 사람들은 인생을 중단 없는 쾌락으로 삼고자 하는 꿈만을 가졌을 따름이다. 드 라 베뤼(de la Verrue) 부인은 이렇게 말했다. "안정을 위해서라면 이미 이 땅에서도 파라다이스를 준비하고 있다." 사람들이 비용은 치르지도 않고 즐기려 한다. 노동의 산고 없이 풍요의 과실을 향유하려 한다. 책임없이 사회적 권위의 광채를 취하려 하며, 사랑의 고통 없이 사랑의 기쁨을 누리려 한다. 그래서 꼴사납게 낙인찍힐 수 있는 대단한 정열은 피하고, 사랑과 달콤한 향기를 풍기는 크림 정도를 먹는다. 늘 애교스럽지만 진지한 사랑에 빠지지는 않는다. 크레비용[10]의 아들은 이렇게 적고 있다. "서로 사랑하지 않으면서 서로를 취한다. 서로 증오하지 않으면서 서로 갈라선다." 사랑과 증오는 열정이며, 이 열정은 불편한 것으로 통할 뿐만 아니라 정신의 결핍에 대한 증거로도 통했다. 수많은 상황을 고려하지 않고 사랑을 즐기려 한 것이다. 이때의 사랑은 혀끝에서 금방 녹아 없어지면 또 다른 두 번째의 취향으로 대체될 달콤한 사탕과 같은 것이다.

애정행각은 사랑을 즐겨 모방하고 정해진 규칙을 따르는 전아한 사회적 유희가 된다. 말하자면 사랑이 **소인극**(Liebhabertheater)이 된 것이다. 곧 그것은 모든 것이 예시되고 예정되어 있는 연출된 코미디 같다. 여자에게는 변덕스러운 여자 군주의 배역이, 남자에게는 연모의 정을 품은 기사의 역할이 배당되었던 셈이다. 개별 상황들, 이를테면 구혼 · 망설임 · 청허(聽許) · 행복 · 권태 · 이별을 연출하는 말과 몸짓이 정해진 것이다. 그것은 오랜 전통과 예술을 통해 창출된 완전한 시나리오였다. 여기에는 각자 정해진 자리가 있고, 모든 것이 허용되지만, '장면 연출'만큼은 허용되지 않는다. 왜냐하면 자신의 상대방에게 진지한 감동을 자아내게 하려는 것은 측은하게도 재치와 훈련이 결핍되어 있다는 점을 입증하는 꼴이 되기 때문이다. 질투도 장난의 성격 그 이상은 곤란한 것처럼 취급된다. 골도니[11]는

---

[10] Crébillon fils(1707~1777): 프랑스의 소설가.
[11] Carlo Goldoni(1707~1793): 이탈리아의 극작가.

이렇게 말한다. "질투는 아주 오래된 진정한 열정이다."

　그러나 이 같은 온실에서의 사랑은 후덥지근한 비합법적인 분위기에서나 번창한다. '가정생활'을 떠올리게 만드는 것은 무엇이든 좋지 않은 양태로 분류된다. 임신은 여지없이 비웃음을 사며, 그래서 어쨌든 피하려고만 했다. 그럼에도 임신을 하면 가능한 한 오래 숨기려고 했다. 결혼생활에서의 사랑은 터무니없는 고리타분한 일로 비쳤으며, 좀 심하게 말하면 몰취미로 통했다. 상류사회에서는 부부들이 집에서도 서로에 대해 '므슈(Monsieur)', '마담(Madame)' 하고 불렀다. 남자와 마찬가지로 여자에게도 성실한 결혼생활이란 바로 멋없는 일로 비쳤다. 아무튼, 부부가 서로 다른 색을 발산하는 그런 결혼생활도 묵인됐다. 정부(情夫)를 두지 않은 여자는 정조가 있는 것이 아니라 매력이 없는 여자로 취급되며, 정부(情婦)가 없는 남자는 무능력자나 파산자로 취급받았다. 이처럼 허용되지 않은 행복을 즐기는 일에서 부인들에게 완전히 유리한 환경이 조성됨으로써 부인들은 그들이 보낸 사랑의 밤의 흔적을 점차 노골적으로 드러내기 시작한다. 화장으로 눈 주변에 까만 원을 그렸고, 피곤한 표정을 짓고 하루 종일 침대에 누워 있기도 했다. 반면에 이렇게 공격을 받은 상황을 누구든 반어적인 놀라움으로 받아들이는 것이 생활에 필요한 방식이 된다. 이때 남편은 이러한 상황을 이해하고 의연한 태도로 대응하는 것이 숙제처럼 주어진다. 위트와 호의, 태연함으로 이 역할을 수행하면 할수록 그만큼 더 확실하게 모든 이에게서 동정을 살 수 있었다. 주지하다시피 볼테르는 에밀리 뒤 샤틀레(Emilie du Châtelet) 후작부인과 로렌에 있는 이들의 성 시레이(Cirey)에서 거의 15년을 함께 보냈지만, 후작이 불평을 늘어놓았다는 소문이 난 적이 없었다. 그의 인내심이 훨씬 더 컸던 셈이다. 그런데 어느 날 볼테르도 젊은 작가 생랑베르(Saint-Lambert)에게 홀딱 반한 에밀리에게 배신을 당하지만, 볼테르가 할 수 있는 것이라고는 그들의 편에 서서 자신의 연적에게 아버지뻘 친구가 되어주는 것뿐이었다. 그런데 이러한 상황이 아무런 결과 없이 끝난 것은 아니다. 이제 그것은 모파상[12]이 자신의 최고 단편소설 가운데 한 소설의 주제를 형성할 수 있게 한 재미있는 로코코 소극을 발전시켰다. 볼테르는 이렇게 설명한다. "아버지는 결혼을 신고하는 사람이다. 우리는 아이를 뒤 샤틀레 부인과의 합작품으로 등록할 것이다." 당장 뒤 샤틀레의 남편을 시레이 성으로 초청하고, 그 남편도 곧 성에 도착하여 즐거운 나날을 보낸다. 뒤 샤틀레 부인은 그에게 대단한 애정을 표현했고, 이로써 그의 남편도 결과를 얻었다. 출발 직후에 그는 자신의 하객들에게 자신은 아이를 기대하고 있다는 점을 공포할 수 있었다. 이 이야기 전말의 핵심 흥밋거리는 아마 그 관련 당사자 모두가 서로에 대해 코미디를 연출했다는 점에 있을 것이다. 이 같은 생활의 소극은 당시 매일 일어났던 일이다. 예컨대 프랑스의 어떤 기사가 자신의 정부가 자신을 배신한 현장을 목격했을 때 하는 다음과 같은 말보다 더 흥미를 끄는 희극적인 결말도 없을 것이다. "참으로 경솔하십니다, 부인! 저와 다른 사람이 있을 것이라고는 생각지 않으셨군요!"

공공연한
정부(情夫)

모든 여성은 적어도 정부를 하나쯤은 둘 수밖에 없었다. 그렇지 않으면, 사회적으로 볼품없는 사람으로 취급받았다. 이탈리아에서는 많은 부인이 아예 혼인계약서에 특정한 한 명의 정부를 두겠다는 조건을 달기도 했다. 가끔은 두 명을 명기하는 경우도 있었다.

---

[12] G. de Maupassant(1850~1893): 프랑스 자연주의 대표 작가.

이미 오래전에 다른 계약서에 정부로 명기된 바 있는 정혼할 남자도 이러한 계약서에 아무 이의도 달지 않았다. 몽테규(Montague) 부인은 자신이 빈에서 부친 그 유명한 편지에서 그곳에서는 누구든 어떤 부인에게 그의 두 남자, 즉 남편과 공식적인 정부를 함께 초대하지 않고 부인만을 연회에 초청하는 것은 심한 모욕에 해당하는 일이라고 보고하고 있다. 그런데 몽테규 부인을 놀라게 한 것은 이 풍습이 대륙 너머에까지는 공공연히 확산된 것이 아니라는 사실이다. 우리가 나중에 좀 더 거론하겠지만, 영국에서는 일찍이 시민적 요소들이 지배함으로써, 고유한 의미에서의 영국식 로코코마저도 화두로 삼을 수 없게 했던 것이다.

앞서 말한 정부(情夫), 이를테면 프랑스에서는 '프티 메트르(petit maître)', 이탈리아에서는 '카발리에르 세르벤트(cavaliere servente)'로 불렸으며, 가끔 사제도 끼어 있었던 그 정부는 자신의 여주인을 그림자처럼 수행했다. 다른 곳을 방문하거나 산책할 때도 수행했고, 극장과 교회, 무도회와 도박놀이에도 동행했다. 마차 옆에 동승했고, 가마 옆에서 걸었으며, 양산을 펼쳐 들었고, 부인의 강아지와 그녀가 흠모하고 있는 가장 위험한 자신의 연적을 돌봐주었다. 아침에 잠을 깨워 주었으며, 발을 위로 걷어주었고, 초콜릿을 가져다주었으며, 그다음에는 세면을 할 때 노련하게 도와주며, 잠자리에 들 때까지 수행했다. 다소 멀리 떨어져 사는 정부도 아침 문안 접견을 하면 부인의 특별한 사랑을 받았다. 이런 접견 방식은 나중에 아침 목욕 때로 바뀌기도 한다. 이런 풍습은 로코코 시대에 세숫대야를 거의 사용하지 않은 만큼 아주 특이한 현상으로 보인다. 베르사유에는 목욕탕이 단 하나도 없었고, 괴테 시절만 해도 수영은 정신 나간 짓으로 보았다. 당시에 나온 목욕하는 부인과 처녀에 관한 수많은 그림은 이에 대한 반증이라기보다는 성욕에 대한 상상을 자극하는 용도로만 쓰였을 뿐이다. 수프 접시 정도의 크기와 깊이를 가진 당시의 세숫대야가 가소로울 만큼 작았다는 점을 생각해보면, 온갖 것을 상상하게 만드는 뚜껑 달린 그 이상야릇한 용기에는 물을 담지 않았을 것이라고 사람들은 추측한다.

성적 데카당스

별다른 편견 없이 어디든 세워두었던 당시의 음란한 조형물들에서 세숫대야 못지않게 흔히 등장하는 또 다른 부속품이 있었는데, 그것은 곧 그네였다. 그네는 당시 처음으로 보편적으로 유행했다. 그것은 사실 일련의 전형적인 로코코 풍경을 보여주는 셈이다. 그것은 곧 유희적인 것, 꾸민 유치함, '외기'에 대한 각성된 감각, 남자의 호의와 여자의 교태 따위와 관련 있다. 그리고 그네는 간지러움을 동반한 현기증을 일으키는데, 이는 일종의 최음제 같은 작용을 일으킨다. 그밖에도 당시 해롭지 않다고 할 수 없는 여러 자극제를 서슴없이 남용하기도 했다. 온 세상이 '사랑의 알약'을 복용하거나 '발포고(發疱膏)'나 기타 유사한 흥분제를 사용했다. 이런 현상들과 이와 유사한 현상들에 근거하여 로코코가 특히 강한 성욕의 시대였을 것이라고 추론하는 것은 잘 모르고 하는 짓이다. 오히려 성욕이 저조했으며, 그저 사랑의 기쁨을 포기하고 싶지 않았을 뿐이다. 로코코 사람들의 모든 감성과 복장이 사랑의 문제와 그 테크닉을 풍부·세련·강화하는 일에 바쳐졌다는 사실은 바로 이 같은 영역에서도 창조적인 힘을 잃어가고 있었다는 점을 뚜렷이 보여줄 따름이다. 더 이상 내용이 아니라 형식이, 사태가 아니라 방법이 주요 문제로 부상하는 순간은 언제 어디서든 데카당스의 시작을 의미한다. 중세가 온통 신에 대한 직관으로 들끓으면서 그 삶을 마감하고 있을 때 스콜라철학은 그 지고한 견강부회와 첨예함을 전개했으며,

그리스 철학이 거둘 수 있는 모든 성공을 취했을 때 바야흐로 고전
적인 분류학자들이 출현했다. 아이스킬로스[13]와 셰익스피어는 연극
평론가가 아니었다. 연극 평론은 알렉산드리아파와 낭만파에 이르
러서야 실현되었던 것이다. 그러나 다른 한편 제대로 인정해야 할
것은 예술과 과학 및 삶의 질서에서의 바로 이러한 몰락기가 이에
합당한 섬세함과 복잡성 및 심리적 예감을 발전시키곤 한다는 점이
다. 로코코의 경우에도 성욕에서 두각을 나타낸 천재는 없었지만,
당시 대단히 재치 있으면서도 기초적인 학문으로 형성될 사랑의 기
술에서 빼어난 기예들은 있었다. 이 분야에서 두 명의 남녀 명장의
선두에는 그 삶이 신화가 된 퐁파두르와 그 이름이 유개념으로까지
높아진 카사노바[14]가 있다. 반면에 리슐리외 공작과 같은 인물은 전
체 종의 대표자로 통한다. 비록 그가 92살에 이르러 죽을 때까지
매일 사랑의 편지를 담은 두터운 소포를 받았지만 – 그중에는 아예
열어보지도 않은 것도 흔히 있지만 –, 66살이 되는 그해에 그는 자
신의 인생 최초의 그리고 유일한 패배를 경험한다. 투르네(Tournay)
성에서 아름다운 부인 크래머(Cramer)에게 헛된 구애를 한 것이다.
그런데 이 사건이 너무 기묘해서 그 스스로 전 세계에 설명할 정도
였다. 그리고 한번은 그가 최고 귀족층의 두 부인이 그를 둘러싸고
벌인 권총 대결의 대상이 되기까지 했다.

로코코가 여권 시대였다는 사실도 성욕이 특별히 강하게 전개된
원인은 아니다. 오히려 그것은 다른 두 계기에 연유한다. 우선 20여
년 사이에 고조된 남성들의 여성화에 그 원인이 하나 있다. 아르헨

흉한 반창고

---

[13] Aischylos(BC ?525~BC 456): 고대 그리스의 3대 비극작가 중 한 사람.
[14] G. G. Casanova(1725~1798): 스페인계 이탈리아의 문학가이자 모험가이며
      엽색가.

홀츠[15]는 이렇게 말한다. "남자들이 어느 시대보다 더 여성을 닮았다." 그러나 다음의 계기로는 로만 민족의 나라들에서 사회생활이 점차 웅장한 형식을 취한 것에 있다. 사교성이 최고로 발전한 문화가 지배하는 곳에서는 늘 여자들이 지배한다. 르네상스 시대에도 동일한 원인에서 여성성이라는 사회적 우세권이 연원했다. 다만 르네상스는 명확히 남성의 시대였으며, 그래서 그 여성적 이상은 사내 같은 여자였다. 로코코의 경우 완전히 반대로 여자가 전혀 여성스럽지 않고 완전히 유치하게 보일 뿐이다. 자기로 만든 인형을 완벽히 의식적으로 지향하는 취약성의 이상(Fragilitätsideal)이 지배한다. 건강은 재미없는 일, 힘은 천민적인 것으로 통했다. 코르네유와 콩데의 시대만 해도 일종의 육체적 · 정신적 완성이 귀족적 이상으로 통했던 것인데, 이제 이것이 '민감성'의 이상으로 변한다. 과민성과 우아한 허약, 삶의 무능력과 병약함이 강조된다. 루이 14세 치하에서 등장한 아름다운 반창고(Schöheitspflästerchen)가 이제는 마침내 사교적인 외관을 지배하는 성분이 되어 실제로는 흉한 반창고(Häßlichkeits-pflästerchen)로 불리게 된다. 이제 그것은 외관의 균형을 깨는 목적을 추구하며, 이로써 로코코의 성격에 부합하는 비대칭 경향을 따른다. 그러나 동시에 그것은 미적 결함, 즉 얼굴에 사마귀 점이 있는 듯 꾸미고, 모든 여성을 혐오 미인으로 만들어 여성에게 전도된 새로운 매력을 부여하는 과제를 안고 있었다. 여기서도 병적 특성을 드러내는 셈이다. 이것이 나중에는 도를 넘어 취향 상실로까지 나아간다. 애교의 점으로 얼굴에 온갖 모양의 별과 십자가와 동물 형상을

---

[15] J. W. von Archenholz(1741~1812): 프로이센의 장교이자 역사 교수 및 저널리스트.

붙였으며, 남은 부위에는 반짝이를 발랐다. 위풍당당한 모양의 가발 퐁탕주가 1714년에 이미 한물갔으며, 1730년경에 **르 크라포**(le crapaud)라고 불리는 머리 다발 모양의 가발이 쇄도했다. 그 다발은 이 세기가 시작할 때부터 점점 더 작아지기도 했다. 남성들의 고수 머리 가발은 이제 앙증맞은 비단 리본으로 감싼 부드러운 작은 자루 속에 휴대하고 다녔다. **꼬리**(la queue)라는 뜻의 변발은 이 세기의 중엽에 일반화했고, 군대에서는 좀 더 일찍 도입했다. 우아한 화장실의 필수품으로 꼽힌 파우더는 진짜 머리에든 가짜 머리에든 상관없이 사용하기가 몹시 까다로웠다. 관행상 사람들은 파우더를 먼저 천정으로 집어던져 자신의 머리 위에 떨어지게 했다. 이때 얼굴은 수건으로 감쌌다. 카우니츠[16]는 가능하면 골고루 가루가 뿌려지도록 하기 위해 아침에 하인들을 줄 세워놓고 그 사이로 걸으면서 머리에 파우더를 뿌리게 했다. 브륄(Brühl) 백작은 상시로 파우더를 묻혀놓은 가발을 1,500개나 두고 있었다. 프리드리히 대왕은 이렇게 말한다. "머리 없는 한 사람에게는 너무 많은 것이다." 그 용모도 항상 두꺼운 파우더 층으로 덮여 있을 수밖에 없었다.

로코코의 파우더는 바로크의 가발 알롱제만큼 '극단적 유행'을 부린 것은 아니지만, 자체로 의미심장한 상징을 담고 있다. 로코코 시대에 남자가 마흔 살을 넘기게 되면 살 만큼 살았다는 식이며, 여자의 경우는 훨씬 더 빠르다. 결혼도 오늘날보다 훨씬 더 일찍 치러졌다. 대개 여자애들은 열네다섯 살에, 남자애들은 스무 살에 결혼했다. 볼테르는 자신이 쓴 편지에서 마흔다섯 살이 되던 해의 자신을 두고 노인네라고 불렀다. 그의 정부 샤틀레는 마흔 살에 아

로코코의
비극적인
마스크

---

[16] Kaunitz(1711~1794): 오스트리아의 정치가이자 외교가.

이를 기대했으므로 볼테르를 이해불능의 인물로 간주하기도 했다. 이 거대한 변화에 순응하는 기준들이 있긴 하지만 이는 항상 시대정신에 깊이 뿌리를 둔다. 사실 우리 앞 세기의 말에만 해도 30대의 부인은 무도회에 출입하는 어머니로 통했지만, 오늘날은 나이 50살이 되어야 댄스교습소를 출입하는 것이다. 프랑스 풍속극에서는 80대가 인생과 사랑을 달관한 관객의 눈으로 바라보는 공론가로 등장한다. 마흔을 넘긴 인물이 그런 경우는 아주 드물다. 오늘날의 영화에서는 50대를 뻔뻔한 호색한으로 그리길 좋아한다. 로코코는 스스로를 늙었다고 여겼다. 동시에 로코코를 채우고 있는 것은 그럼에도 사라져가는 청춘을 붙잡으려는 노인네의 필사적인 갈망이다. 그래서 동일한 회색 머릿결로 연령 차이를 지우려 했던 것이다. 로코코는 스스로 병들어 빈혈증세가 있다고 느꼈다. 그래서 창백함과 빈혈증을 감추기 위해 파우더로 하나같은 모양을 취하게 했다. 백발에 젊은 얼굴 혹은 젊게 화장한 얼굴은 흔들리고 있는 로코코 영혼의 상징인 셈이다. 그것은 그 시대의 **비극적인 마스크**(tragische Maske)이다. 그도 그럴 것이 모든 시대는 저마다 알든 모르든 그 모든 속심을 하나로 모으는 특정한 성격의 마스크를 쓰기 마련이기 때문이다.

남성복은 까다로운 사내아이의 복장이다. 부드러운 비단 재킷, 반바지와 무늬장식을 새긴 구두, 주름 장식이 많은 자보(Jabot)와 레이스가 달린 소맷부리, 번쩍이는 금빛·은빛 자수, 그저 장난감일 뿐인 장식용 검 따위가 그 같은 복장에 속한다. 이런 복장의 분위기는 정교하면서도 고상하고 여성적이다. 유향수(乳香樹) 열매와 목서(木犀) 잎, 살구, 바닷물, 라일락, 볏짚 등속의 색깔을 선택하며, 때로는 모험적인 야릇한 빛깔을 만나게 된다. 새로운 황록색이 **거위 똥**(merde d'oie)이라고 불렸으며, 황갈색은 새로 등극한 왕위계승자의 명예를 기리는 뜻에서 '**황태자의 똥**(caca Dauphin)'이라고 했다. 그리고 **벼룩**(puce)의 빛깔과 관련된 여러 묘한 말도 있다. 이를테면 벼룩의 대가리, 벼룩의 뒷다리, 벼룩의 배, 심지어 유열(乳熱: Milchfieber)을 일으키는 벼룩과 같은 것이 그것이다. 수염은 18세기 내내 완전히 사라져서 우리 시대의 최근까지 그랬던 것처럼 수염이 없어서 배우를 알아보지 못한 것이 아니라 확실히 바로 콧수염 때문에 알아보게 되었던 것이다. 말하자면 콧수염은 강도를 표현할 때처럼 특수한 목적에 이용되는 것이다.

여성의 외모에서 가장 중요한 것은 소녀처럼 가녀린 허리다. 그래서 고래수염으로 된 코르셋으로 허리를 조였다. 이 코르셋은 '뾰족한 가슴 부분'에서 긴 예각을 형성했다. 이로써 연약하기 짝이 없는 날씬한 허리가 더욱 돋보였다. 가련한 부인들은 이른 아침부터 바라는 대로 말벌의 모양이 될 때까지 15분 간격으로 끈으로 허리를 조이기 시작한다. 그 팡팡한 모양 때문에 닭 **광주리**(panier)로 불린 육중한 라이프로크는 대비를 통해 상체가 더욱 유연해 보이게 하는 목적만 있었다. 역시 고래수염으로 안을 빳빳하게 치받아 올렸다. 이 재료에 대한 수요가 엄청나서 유럽의 고래잡이들로 통하는 네덜란드 사람들에게는 멋진 새로운 일감을 제공한 셈이다. 이미 우리는 스페인에서 라이프로크를 '정절 지킴이'로 만난 적이 있다. 그러나 이번에는 그것은 발이 드러나게 하며, 뜻하지 않게도 왕왕 그 벌거벗은 하체를 보이게 하는 (왜냐하면 로코코에서는 부인용 슬립이 금지되어 있었기 때문에) 섹시한 가리개 역할을 했던 것이지 정절용은 아니었다. 라이프로크 위에 비단 연회복을 걸쳤다. 이 연회복에는 꽃장식, 레이스, 리본, 생화나 인조 꽃 등으로 치장했으며, 간혹 그림들을 달기도 했다. 예컨대 포르투갈 여왕의 의상에서는 원죄

의 전말과 관련된 아담과 이브, 사과나무와 뱀을 볼 수 있다. 1720
년에 유럽을 정복하여 농부의 아내들과 하녀들을 포함하여 온 세상
사람들이 다 입었던 그 라이프로크가 점점 더 큰 형태를 취함으로
써 그것을 입은 사람은 몸을 옆으로 해야 문을 통과할 수 있을 지경
이었다. 걷기가·거의 불가능할 정도로 아슬아슬하게 높은 하이힐도
불편하긴 마찬가지였다. 집에 있거나 작은 모임에 나갈 때는 라이프
로크 대신 다소 헐렁하면서 볼록한 아드리안느(Adrienne)를 입었다.
물론 이 복장에는 조끼형 코르셋도 포함된다. 이 세기의 벽두에는
우아하게 무늬를 넣은 산보용 지팡이를 부인들이 들고 다니는 것이
풍습으로 자리 잡는다. 사교에 없어서는 안 될 또 하나의 소지품으
로는 부채가 있다. 이것이 지금은 완전히 노리개처럼 접이용 부채로
발전한 것이다. 새로운 고안물은 접을 수 있는 우산이다. 좀 더 오래
된 야외용 양산을 일컬어 **파라솔**(parasol)이라고 하는 반면에 우산은
파라플뤼이(parapluie)라고 불렀다. 의상 전체가 어린아이들의 복장을
쏙 빼닮았다. 머리 다발과 깃발, 애교 점과 장식용 검, 부채와 삼각
모자로 장식하고 다녔을 뿐만 아니라 화장도 하고 파우더도 뿌렸다.
부인들은 남자들에게 무릎을 굽히며 인사를 했고, 남자들은 부인들
의 손등에 입을 맞추었다.

거울 탐닉　사람들은 기념비를 통해, 그 활동의 성격이 들어있는 어떤 대상
을 영원자의 손에 맡기는 우스꽝스러운 풍습을 좋아한다. 요컨대
시인에게는 종이 두루마리를, 발명가에겐 바퀴를, 바다의 영웅에겐
망원경을 들려주는 것이다. 유사한 방식으로 각 문화시대는 특정한
도구를 특별히 대표적인 것으로 취급할 수도 있다. 예컨대 여명기
근세의 인간을 소개할 때는 나침반, 그리고 바로크의 인간은 현미
경, 19세기의 인간은 신문, 오늘날의 인간은 전화기와 관련지어 소

개해야 할 것이다. 그러나 로코코의 인간은 **거울**과 함께 그래야 할 것이다. 이 거울은 당시 사회생활 전체와 함께하고 있다. 사교 공간들은 방문자의 전신을 비춰주는 어른 키 높이의 베네치아풍 거울로 채워져 있었다. 수많은 일상용품에는 언제나 작은 손거울이 붙어 다닌다. 벽이 온통 화려한 샹들리에와 작은 발광체들로 반짝였다. 온갖 모양과 크기의 거울 유리가 반사되었다. 어떤 경우에는 방 전체가 이런 유리로 도배되기도 했다. 보는 이의 모습을 온갖 형태로 비춰주는 이 같은 밀실 유리방이 굉장히 선호되었다. 거울에 대한 이런 탐닉은 여러 가지를 말해준다고 볼 수 있다. 그것은 가장 가깝게는 허영심 · 자애(自愛) · 나르시시즘뿐만 아니라 실제로 진정한 자성의 욕망으로까지 승화된 자기관찰 · 자기분석 · 자아문제로의 침잠도 엿보게 한다. 로코코는 고전적인 편지 및 회고 문학, 자기표현과 중요한 고백, 심리학의 개막을 알리는 시대다. 이 새로운 학문은 18세기가 취한 성과 중 하나이다. 우리는 자기 이해와 정신의 해명에 대한 욕구가 그 세대가 진행되는 동안 점점 더 강화되어 그 세기 말엽이면 벌써 거의 현대적 수준에까지 도달했음을 살펴보고자 한다. 로코코 인간의 거울은 또 다른 것을 상징하기도 한다. 그것은 가상, 환영, 사물들의 다양한 외피에 대한 사랑을 나타낸다. 그렇다 해도 그것은 '피상'을 나타내기보다는 극단적인 예술가성, 즉 정련된 기예(Aristik)를 의미한다. "삶은 다채로운 반사경에 들어 있다." 이는 파우스트의 격언으로서 니체의 말을 믿어도 된다면 그리스 문화의 주도 모티브이기도 하다. "오, 이 그리스 사람들! 그들은 살아간다는 것의 의미를 알고 있었다. 그렇게 하는 데는 피상과 주름과 외피에 용감하게 머물면서 가상을 숭배하는 일이 필요하다. (…) 이 그리스 사람들은 피상적이다. 물론 이 피상성은 **깊이에서 나온 것**이 아니겠는가!"

증류기가 화학자에게, 흑판이 교사에게 꼭 필요한 도구이듯, 거울이 없어서는 안 될 필수 도구를 의미한 직종이 있다. 그것은 곧 배우이다. 이로써 이제 우리는 로코코의 가장 깊은 핵에 도달한 셈이다. 그것은 극장의 세계를 의미한다. 재기발랄한 변장, 멋진 속임수, 변화무쌍한 코미디에 대한 정열이 로코코에서만큼 열정적이었던 때는 이전에도 이후에도 없었다. 존재방식 자체가 은폐와 음모, 모호한 농담과 비밀로 이루어진 상시적 축제였을 뿐만 아니라 일상생활에서도 무대가 지배적인 요소를 형성했다. 그것은 고대의 강단이나 오늘날의 스포츠 경기장과 같은 것이다. 곳곳에 아마추어 극장이 있었다. 그것은 궁정과 마을, 성과 부르주아의 저택, 대학과 유아원에도 있었다. 거의 모두가 멋지게 연기를 했다. 이 같은 연극 열정은 그 시대의 가장 심오한 의지가 무엇인지 가장 강렬하고도 가장 명확하게 보여준다. 그것은 곧 자신의 영혼을 드러내고 싶어 하는 열망의 마지막 표현이라고 할 수 있다. 대개 이런 연극술을 일종의 '매춘(Prostitution)'이라고 규정하는데 그것은 타당한 말이다. 그런데 바로 여기에 연극이 어떻게 그렇게 많은 사람에게 저항할 수 없는 매력을 발휘했는가 하는 주된 연유가 있는 것이다. 말하자면 '매춘'이 굉장한 매력을 발휘한 셈이다. 인간은 매음하려는 타고난 심층적 경향을 갖고 있다. 요컨대 자신을 들추어내어 적나라하게 보여주려 하는 법이다. 다만 그것을 거의 충족시킬 수 없을 뿐이다. 사실 그런 노출증은 태곳적 디오니소스 숭배의 뿌리이기도 하다. 이 의식에서 남자들과 여자들이 도취되면 몸에서 옷을 뜯어냈다. 그런데 그리스 사람들은 이런 행위를 부끄러움을 모르는 망아적인 축제가 아니라 '성스러운 광란(heilige Raserei)'으로 규정했다. 이를 심리학적인 의미로 바꿔보면, 모든 냉소주의에 내포되어 있는 눈여겨볼만한 암시가 들어있는 표현으로, 삭은 고기 맛과 같다고 할 수 있을 것 같다. 일상생활에서 국가와 사회가 인간에게 제시하는 과제는 직접 자신을 노출하지 말고 가능한 한 교묘하게 접고, 항상 보자기와 면사포를 쓰라는 것이다. 바로 극장에서처럼 커튼은 항상 아래로 쳐져 있고 딱 한 번 위로 올라간다. 비전문가들의 틀린 관점에서 보더라도, 가면과 의상과 가장의 영향력이 미치는 바로 그 지점에서 인간은 평소 어떤 곳에서보다 더 솔직하고 정직하고 꾸밈없는 모습으로 뛰어 나오는 법이다. 이것이 연극술의 본질을 구성하는 그 '매춘'의 진정한 의미이다. 영혼의 면갑이 바닥에 떨어지면 그 가장 내면적인 본질이 확연해진다. 비밀의 담지자가 의도하든 않든 그것은 드러나기 마련이다. 극장은 대부분의 사람이 생각하는 그 이상의 의미가 있다. 그것은 다채로운 피상, 단순한 극장이 아니라 무언가의 개봉이자 구출이며, 우리 현존재에서 마술적인 어떤 것이다.

여권(女權)사회와 연극정치가 로코코를 그 시대 전반에 걸쳐 규정해왔다. 그러나 그 시대를 시기적으로 명료하고도 통일적이게 구분하는 것은 가능하지 않다. 흔히 1715년에서 1723년까지 지속된 섭정의 시대를 두고 말할 때는 **섭정 스타일**(Style Régence)을 거론하며, 다음으로 그 세기의 중엽에 이르기까지, 그리고 그 이후를 두고 말할 때는 **루이 15세 스타일**(Style Louis Quinze)과 본질적으로 변발 양식과 동일한 **루이 16세 스타일**(Style Louis Seize)을 거론하곤 한다. 로코코는 그 첫 번째 국면에서는 자유분방하여 대담하게 해체하는 성격을 담고 있다. 그 격렬함에서는 의기양양한 바로크의 활력이 여전히 남아 있었던 셈이다. 그러나 이후 그 생활표현이 점점 더 지친 기색을 드러내고 더욱 창백해지면서 금박으로 처리된다. 그것은 고대 양식을 모방한 '변발' 형식에서 사지의 완전한 마비와 노약의 상태로까지 굳어진다. 일찍이 사람들은 변발과 로코코를 단순히 동일시했다. 이는 전혀 근거 없는 일이다. 오히려 변발 일체가 진정 로코코와 관련되는 일인지 묻는 일은 여전히 가능할 것 같다.

우리는 사람들이 루이 14세의 죽음을 두고 쌍수를 들고 환영했다고 들어왔다. 전제정치와 위선 행위와 같은 이중의 압박이 그 땅에서 사라졌을 때 평민과 협잡꾼, 궁정과 귀족을 포함한 온 세상이 안도의 한숨을 내쉬었던 것이다. 마시용[17]은 태양왕 루이 14세의 주검을 앞에 두고 이렇게 조사를 시작한다. "하느님만이 위대하십니다, 형제 여러분. 신께서 지상의 왕들에게 죽음을 선고한 이 마지막 순간이 특히 위대한 것입니다." 영국에서 청교도 세력이 전복된 후에 그랬듯이 프랑스에서도 장기적인 궁핍과 구체제의 후원에 대응하여 사람들은 다른 것으로 보상하고 싶어 한다. 즉 쾌락을 삶의 유일한 군주로 끌어올리고, 일체의 미덕과 품행방정을 위선 떨기로 간주한 것이다. 루이 14세는 그의 인생의 마지막 몇 해 동안 그의 가족을 포함하여 수많은 불행을 경험했다. 그에 이어 그의 직접적인 왕위계승자들이 차례로 죽어나갔다. 여기에는 그의 미성년 증손자까지 포함된다. 그래서 그의 조카인 오를레앙 공작 필립(Philippe d'Orléans)이 섭정정치를 한 것이다. 필립은 베르사유 궁이라는 극장에서 '순수한 처녀' 역할을 맡았고, 가공되지 않은 편지로 지금도 생생한 명성을 누리는 '리젤로트'[18]의 아들이었다. 전승되는 유머에 따르면, 다음과 같은 말이 그녀의 비문으로 새길 글로 추천되었다

---

[17] J. B. Massillon(1663~1742): 프랑스의 가톨릭 주교. 유명한 설교가.
[18] Liselotte: 팔츠 선제후의 딸 엘리자베트 샤를로테. 루이 14세의 아우인 오를레앙 공 필립과 결혼함.

고 하는데, 근거가 없어 보이지는 않는다. "여기 모든 업보의 어머니 잠들다." 그도 그럴 것이 공작은 오늘날에도 통속소설에 등장하는 '탕아'의 전형이기 때문이다. 재능이 탁월하고 매력적일 만큼 사랑스럽지만 사사건건 의심하며, 모든 행동의 유일한 원칙을 자기 자신의 만족에서만 구할 만큼 뻔뻔했다. 루이 14세는 아주 적절하게도 그를 '허풍쟁이 탕아'라고 부르곤 했다. 사실 루이 14세도 괴벽이 있어 일종의 기이한 것, 요컨대 진짜 로코코의 스타일일 뿐만 아니라 진짜 프랑스적인 경향과 관련 있는 것을 숭배했다. 그도 그럴 것이 프랑스 사람들은 자신의 장점과 마찬가지로 악습도 강조하는 것, 소위 극도로 과장해서 연기하는 것을 좋아하기 때문이다. 바로 이런 까닭에 프랑스 국민은 이 섭정에게 관대하여 그에 대한 나쁜 추억은 마음에 두지도 않았다. 군주에게는 '**방탕아**(roué)'라는 표현도 유보해둔다. 따라서 그의 망아 행실에 함께한 동료들은 기껏 '부랑자', '모든 악습에 맞물려 돌아가는 자들'로 규명될 뿐이다. 이러한 집단으로 하여금 항상 새로운 방탕을 꾸미게 만드는 그 세련된 기교는 기막힌 파리의 화젯거리를 형성한다. 그리하여 생클루(Saint-Cloud)에서 열린 '**아담의 축제**(fêtes d'Adam)'에 입장권을 얻는 것이 모든 부인의 명예였다. 결국, 정열적인 연애관계는 이 섭정을 자신의 딸인 다혈질의 아름다운 베리(Berry) 공작부인과도 결합하게 만들었다. 물론 이런 짓은 별로 상스러운 일도 아니었다. 그도 그럴 것이 당시 바로 이 같은 최상류층에서 벌어지는 근친상간은 기이한 일이 아니었기 때문이다. 예컨대 7년 전쟁 때 내무대신으로서 중요한 역할을 한 슈아죌(Choiseul) 공작도 자신의 누이 그라몽(Gramont) 공작부인과 관계를 맺었던 것은 널리 알려진 사실이다. 다른 계층의 관점에서도 성관계의 관습적 경계는 별로 문제시되지 않았다. 이는 그 시대의 노쇠한 성격과도 부합한다. 아마 로코코 시대만큼 미성년 강간이 널리 확산된 시대도 없을 것이다.

이 같은 방탕한 생활의 한 일화는 서명이 필요한 서류가 그 섭정에게 전달되었을 때 섭정이 취하는 태도에서도 볼 수 있다. 그는 이미 너무 취한 상태여서 도무지 서명할 수 없는 지경이다. 그래서 그는 파라베르(Parabére) 부인에게 그 종이를 내밀면서 이렇게 말한다. "그대가 서명해라, 창녀여!" 그녀는 자신이 그렇게 할 자격이 없다고 응수한다. 그러자 그는 캉브레(Cambrai) 대주교에게 말한다. "그대가 서명하시게, 포주여!" 그도 거부하자 이번에는 존 로[19]를 향해 이렇게 권유한다. "서명하시게, 사기꾼!" 그러나 그도 서명하려 하지 않는다. 그때 이 섭정은 이렇게 말한다. "여기 멋지게 관리되는 왕국이 하나 있지. 그건 창녀, 포주, 사기꾼, 술고래가 통치하는 왕국이라지." 그런데 여기서도 그가 약간 허풍쟁이 노릇을 하는 것처럼 보인다. 왜냐하면 여러 맥락에서 볼 때 그의 통치는 그의 선임자와 후임자의 그것보다 훨씬 나았기 때문이다. 그는 예수회 회원들을 궁정에서 몰아내고 얀센주의자들에게 호의적인 태도를 취했으며, 루이 14세가 물려준 200억 리브르(Livre)의 국채를 갚았고, 제해권을 취할 능력을 갖추었으며, 그의 스승인 음탕하지만 영악한 추기경 뒤부아(Dubois)의 도움을 빌려 평화정책을 펼쳤다. 그의 치하에서는 검열탄압과 임의체포가 완전히 중단되었다. 특히 그는 실제로 점잖고 대단히 영민한 사람들과 마찬가지로 개인적인 공격은 마음에 두지 않았다. 볼테르가 자신의 처녀 희곡 『오이디푸스(Oedipe)』에서 왕

---

[19] John Law(1671~1729): 스코틀랜드의 경제학자. 화폐개혁론자. 최초의 금융 은행가.

과 이오카스테(Jokaste) 사이에서 벌어진 근친상간 관계를 그리면서
공작과 그의 딸의 관계를 넌지시 비판하는 믿을 수 없는 대담성을
보였을 때, 공작은 당연히 그 내막을 훤히 알면서도 좌석에 요동치
않고 앉아서 박수갈채를 보내고는 이 젊은 작가에게 거액의 연금을
약속했다.

방금 위에서 언급한 존 로 사건은 프랑스가 혁명 전에 경험한 최 로의 파산
대의 공적인 파국 가운데 하나이다. 부유한 스코틀랜드 사람으로서
핸섬하고 노련하며, 우아하면서도 재력도 아주 탄탄한 금융의 귀재,
로는 국영은행과 거대 민간은행의 자본은 귀금속의 비축으로만 표
현되는 것이 아니라 은행의 거래를 통해 관리되는 자원의 가치와
노동력으로도 표현된다는 자체 타당한 생산적인 생각을 품고 있었
다. 따라서 은행은 대중의 신용에 호소하면서 완전히 현금으로 보증
하지 않아도 되는 은행어음을 발행할 권리를 부여받게 된다. 이러한
원리에 입각하여 1716년에 설립된 그의 민영태환은행(Privatnotenbank)
은 물론 나중에 왕립은행으로 전환되긴 하지만, 설립 3년 차에 벌써
그 잔고의 40%를 배당금으로 분배했다. 캐나다와 루이애지나를 착
취한 과정으로 규정되지만, 아무튼 그에 의해 회생한 '동인도회사
(Compagnie des Indes)'는 프랑스 전체의 저축을 자신들 – 인도회사에 투
입하도록 유혹했다. 이 회사의 '미시시피 주식'이 액면가의 20배 내
지 40배로 뛰어올랐을 때, 투기 열기가 한계선을 넘었다. 당시에 모
험적인 **'산업 기사**(chevalier d'industrie)'의 전형이 탄생했다. 사실 그 능
력이라고는 순전히 종이 위에 있는 것에 불과했을 뿐이다. 1719년
에 로는 조세 전체를 빌려 국가재정을 일거에 건전화하겠다고 제안
했다. 1720년에 그는 재무장관에 임명되었다. 결국, 그가 수많은 은
행권을 유통시켜 이 은행권이 프랑스에서 가용할 수 있는 총 현금

의 80배를 능가할 지경이었다. 그러나 식민지가 가져다준 것은 아무것도 없었고, 대중은 의심하기 시작했다. 국영은행에서 예금인출이 쇄도했다. 국영은행의 어음은 그 발행 가격의 10분의 1, 인도회사의 주식은 25분의 1로 줄었다. 1721년에는 은행파산을 선고하는 일 이외에 남은 것이라고는 아무것도 없었다. 로는 베네치아로 도망하여 그곳에서 8년 뒤에 형언할 수 없는 가난에 시달리다가 죽었다. 끔찍한 물가고가 발생했고, 프랑스 전체가 파산했다. 로의 파산이 『파우스트』 2부에서 활용되고 있다는 것은 주지의 사실이다. 이 작품에서 로의 파산은 **메피스토펠레스**(mephistophelisch)의 거래로 묘사된다. 왜냐하면 파우스트가 아니라 메피스토가 황제까지도 헷갈리게 만든 종이 사기의 장본인이기 때문이다. 종이를 진짜 돈과 바꾸려 하는 잘 속는 다수가 **바보**로 의인화된다. "갈망하는 사람이면 누구든 알아야 한다. 여기 이 종잇조각은 왕관 천 개의 가치가 있다. 이 쪽지에는 황제의 땅에 매장되어 있는 헤아릴 수 없이 많은 보화가 확실한 담보물로 잡혀있다. 곧 캐게 될 풍부한 보물이 보상될 터이니 이제 걱정할 일이 없는 것이다." 이렇듯 로의 계획들도 악마의 장난 같은 속임수였다. 그가 발행한 증서의 담보는 동화 속의 가짜 보물이 아니라 실제 토지와 물건의 가치를 의미한다. 다만 이 가치들이 무능한 세력에 의해 적절하게 결실을 맺지 못했을 뿐이며, 자체 건전한 신용원칙이 개념 없는 탐욕스러운 정부의 무절제 때문에 엉망진창이 되었던 것이다. 게다가 그러한 시스템은 경제에 대한 당시 대중의 이해력을 능가했다. 대중은 그것을 감당할 만큼 아직 성숙하지 않았고, 실제로 아둔하게 바보처럼 행동했다.

루이 15세

루이 15세도 그 행동방식을 미루어보면 여지없는 로코코의 영주였다. 포만하면서도 삶에 굶주려 하고, 경박하면서도 우울한 모습을 취하며, 젊음과 늙음이 뒤섞여 있다. 그의 직접 통치는 거의 루이 14세만큼이나 길다. 다만 관리는 자신의 추밀원과 애첩들에게 전적으로 맡겼다. 첫 번째 10년과 두 번째 10년 동안은 플뢰리[20] 추기경에게, 그리고 세 번째 10년간은 프랑스에서 막강한 권력을 행사한 대주교에게 맡겼다. 루이 15세 때 섭정의 왕성한 방탕함이 메마른 악행으로 변한다. 루이 15세는 지성적이었지만 공작만큼 그렇게 오래 영민하지는 못했다. 게다가 그의 영혼에는 경건의 가식과 방종함이 혼합되어 있었다. 일말의 양심도 없었지만, 그는 예수회 회원들이 궁정에서의 지위를 회복하려고 무슨 짓이라도 할 것 같은 느낌에서 비롯된 지옥에 대한 만성적 공포에 시달렸다. 우선 마이(Mailly)를 비롯한 다섯 누이는 차례로 그에게 총애를 받는 행운을 쥐었다. 1745년에 그는 당시 젊음과 아름다움이 절정을 이룬 퐁파두르를 알게 되었다. 부르주아 금융자본가 집안 출신인 그녀는 궁정의 정치 모리배들에게 격렬한 공격을 받았지만, 권태증에 빠진 왕을 20년 동안 사로잡는 데 성공했다. 그녀는 말을 탔고 춤을 췄으며, 그림을 그리고 부식 동판화를 찍었으며, 노래를 불렀고 시를 멋지게 낭송했다. 의미 있는 새로운 모든 현상을 읽고 평가했다. 여기에는 드라마·철학·소설·국가론 등이 포함되는데, 이들에 대한 조예가 아주 깊었다. 특히 그녀는 매일 자신을 새롭게 단장할 줄 아는 재능을 갖고 있었고, 자기 인생의 반려자를 즐거움으로 감쌀 줄도 알았다. 언제나 새로이 놀랍고도 매혹적인 핵심을 거머쥘 줄 알았다. 천성이 부드러워 사랑스럽지만 약간 따분한 왕비와는 사이가 아주 좋았다. 왕비에게 애정의 비법을 가르쳐주기까지 할 정도였다. 나중에 그녀

---

[20] A.-H. de Fleury(1653~1743): 루이 15세 치하 재상이자 추기경.

는 유명한 그 '**사슴정원**(Parc aus Cerfs)'에서 왕에게 미모의 처녀들을 소개하기도 했다. 그녀의 뒤를 이어받은 여성은 잔 뒤바리[21]였다. 잔 뒤바리는 바보 같고 평범한 인물이었지만 바로 그 상스러운 퇴폐취미 때문인지는 몰라도 형언할 수 없는 성적 매력을 발산한 모양이다. 특히 실눈으로 음탕한 눈짓을 하는 그 매력 앞에서 당할 재간이 있는 사람은 아무도 없었다.

법복귀족   이런 식으로 궁정이 유흥을 즐기고 부르주아가 매년 교양을 더 쌓고 부유해져간 반면에, 시골사람들은 룸펜 상태로 오두막 생활을 했다. 이들은 영국의 한 경제학자가 확신한 것처럼 10세기의 농업 상황에 처해 있었다. 그들이 감당해야 할 높은 세금과 고된 부역은 오늘날은 상상조차 할 수 없는 일이다. 그들은 삶의 의미를 완전히 상실하여 땅을 묵은 상태로 방치하고 곡식 추수를 포기할 정도였다. 귀족들은 자신들의 고유한 법과 생활관습을 가진 인종으로서 여타의 프랑스 주민과는 달리 일도 하지 않고 세금도 내지 않았으며, 대의기구에 봉사하는 일 이외 어떤 의무도 이행하지 않았을뿐더러 왕의 기분을 맞춰주는 일을 제외하고는 어떤 법도 따르지 않았다. 그 땅의 모든 재물, 모든 명예, 모든 여자가 그들의 것이었다. 강성왕 아우구스트 2세와 아름다운 아우로라 폰 쾨니히스마르크(Aurora von Königsmark)의 아들인 모리츠(Moritz) 궁내대신이 헛되게도 여배우 샹티이(Chantilly)에게 구애를 했지만, 샹티이는 오페라 작가인 파바르(Favart)와 결혼을 하고 싶었기 때문에 그 구애를 거절했다. 그러자 모리츠는 그녀가 그의 애첩이 되어야 한다고 명령하는 왕의 칙령을

---

[21] Jeanne du Barry(1743~1793): 루이 15세의 최후의 애첩. 프랑스 혁명에서 단두대의 이슬로 사라짐.

얻으려고 애썼다. 이 실패에 대해 그녀를 고발하는 것 외에 달리 할 수 없었던 이 영광의 기사는 당시 상황의 성격을 잘 말해주는 두 번째 스캔들 사건에 휘말렸다. 역시 이 사건의 중심에는 유명한 여배우였던 아드리엔 르쿠브뢰르(Adrienne Lecouvreur)가 있었다. 그녀는 여러 해 동안 그와 애정 관계를 맺어왔지만, 나중에 이 유명한 대신과 역시 사랑에 빠지게 되는 부용(Bouillon) 공작부인에게 독살된다. 그런데 그 여배우의 죽음에 대해 어떤 조사도 하지 말라는 지시를 받은 경찰국장은 시체를 관에 넣지도 않고 매장하여 석회로 덮도록 했다. 그러는 사이에 전능한 절대주의가 해체되기 시작한 몇 가지 조짐이 이미 당시에 보이기 시작한다. 프랑수아 1세 이후로 파리는 왕이 거주하는 수도로서 점점 더 중심적인 위상을 갖게 된다. 마침내 '**궁정과 도시**(la cour et la ville)'가 프랑스와 동일시되었다. 이는 마지막 두 루이 왕의 지배 기간에도 변하지 않았다. 그러나 궁정과 도시라는 이 두 권력분자가 이 세기의 초엽에 서로 분열되기 시작하여 점점 더 적대적인 라이벌 관계에 들어서게 된다. 루이 14세만 해도 자체의 모든 정신적 자원, 이를테면 예술과 웅변, 연극론과 철학, 국가론과 경제이론을 담고 있는 도시를 궁정에 복무하게 했다. 라신과 몰리에르, 부알로와 부셰가 일종의 왕실 공무원이었던 셈이다. 그러나 루이 15세 치하에서 도시는 해방·자유정신·반항의 도가니가 된다. 도시는 파리 의회와 판사협회를 저항의 핵으로 삼았다. 이들 직위는 프랑스 왕들의 상시적인 재정 궁핍 때문에 사고파는 것이 가능했고 그 직위가 세습되기도 했기 때문에 궁정으로부터 완전히 독립적이었다. 이들은 '법복귀족'으로서 왕좌와 예수회에 반대하는 막강한 도당을 형성했고, 동시에 부유한 상인의 딸들과 결혼함으로써 부르주아로 채색된 금권의 지배체제를 형성했다. 플뢰리가 사망한 뒤 궁정은 외교정책에서뿐만 아니라 국내정치에서도 그 권위를 완전히 상실했다. 프리드리히 대왕은 프랑스의 통치체계를 두고서 재치 있을뿐더러 적절하게도 그 성격을 규정한 바 있는데, 그것은 오페라 공연에서 막이 완전히 다 내려오지 않아 무희들의 발이 보이는 꼴과 같다는 것이다. "파리 내각의 전모는 머리 없는 다리 꼴이 아닌가!" 이는 참을성 많은 프랑스 사람들의 왕정주의에 대한 절묘한 표현인 셈이다. 당시 그들이 모시고 있던 왕은 무뚝뚝하고 품위도 없었지만 그럼에도 1744년 생명이 위독한 질병에서 회복된 이래 30년 동안 '친애왕(le Bien Aimé)'이라는 별명을 달고 다녔다.

강대국들의
협주

유럽 역사 중 이 시기의 시·공간에서 프랑스는 음란하면서도 생식불능인 모사꾼 역할밖에 못했다. 스페인 왕위계승 전쟁 이후 외교술에서 '유럽의 균형'과 '강대국들의 협주'와 같은 개념이 유행하기 시작한다. 이를 두고 마치 기존의 국가체제가 주도하는 어떤 중심적인 목소리도 없는 잘 구성된 하나의 오케스트라인 양 생각한 것이다. 그러나 자명하지만, 이 표어들은 진정한 평화 애호와 정의의 사랑이 아니라 다른 나라들이 더 크지 못하게 하려는 시기와 질투에서 비롯된 것이므로 전쟁을 막지 못하고 오히려 전장만 확장했을 따름이다. 그리하여 동맹 전쟁은 예전보다 규모가 훨씬 더 커진 형식을 취했다. 개별 국가들 사이의 전쟁이 아니라 동맹 간의 전쟁이었다. 물론 이 동맹은 참가국 가운데 어느 한쪽이 결정적 승리를 거두게 되면 이내 해체되었다. 프랑스-합스부르크의 근본적 대립은 존속되었으며, 스페인과 스웨덴은 열강에서 떨어져 나갔다. 이들을 대신하여 러시아와 프로이센이 등극했다. 영국은 오랜 경험에서 비롯된 노련한 외교술과 고차원의 정치적 성숙함 덕분에 유럽에서 이미 중재 재판관 노릇을 했다.

이 세기 2/3의 기간에 걸쳐 일어난 영토 주권의 변경은 슐레지엔 지역의 소유권 변동을 제외하면 철저히 우연적이고, 이해관계 없이 일어난 사건이다. 그것은 어떤 정신에 입각하지 않고 자의적으로 이루어진 영토분할이었던 셈이다. 오스트리아는 파사로비츠(Passarowitz) 평화조약에서 베오그라드를 포함한 세르비아 지방과 작은 지역인 왈라키아(Walachia)를 얻었지만, 20년 뒤에 다시 모두 되돌려주어야만 했고, 당시 사르데냐를 주고 사보이 공작에게서 받은 나폴리와 시칠리아는 부르봉가의 구역으로 물려주었다. 대신 파르마(Parma)와 피아첸차(Piacenza)를 얻었지만, 이 지역도 새로이 건립된 제3차 부르봉 왕조 때문에 곧 잃고 만다. 오스트리아 왕위계승자 마리아 테레지아의 남편 프란츠 폰 로트링겐(Franz von Lothringen) 공작은 토스카나(Toscana) 대공이 되었다. 반면 그 자신의 왕국은 폴란드 왕위를 요구한 스타니슬라스 레스친스키(Stanislas Leszczyński)의 수중에 떨어졌다가 그의 사망 후 프랑스에 넘어갔다. 위트레흐트 조약에서 잃어버린 변방 지역들을 회복하려 한 스페인의 펠리페 5세의 노력은 영국 · 프랑스 · 오스트리아 · 네덜란드의 4국 동맹으로 좌절되었다.

황제 카를 6세가 자신의 통치활동 가운데 가장 중요한 목표로 삼은 것은 자신의 딸이 자신이 가진 모든 세습영지의 군주로서 아무 탈 없이 권력승계를 보장받을 수 있는 인준을 실질적으로 성취하는 것이었다. 그는 유럽의 모든 열강과 교섭을 하면서 어디서든 약속을 받아냈다. 물론 이 약속은 그의 사망 직후 당장 깨지고 만다. 그리하여 그가 치른 가장 위험한 전쟁 중 하나로 합스부르크 국가를 몰아넣은 이른바 8년간의 오스트리아 왕위계승 전쟁이 발생했다. 이때 문제는 제국의 거의 완전한 분할이었다. 상대방들이 서로 체결한 비밀 '분할협정'에 따르면 바이에른은 보헤미아와 오베르오스트리아(Oberösterreich)를, 작센은 변경 방백의 영토인 모라비아(Mähren)와 니더오스트리아(Niederösterreich)를, 프랑스는 벨기에를, 스페인은 이탈리아를 영토로 취했다. 합스부르크의 영토는 본질적으로 수도 오펜(Ofen)을 포함하여 제국의 동부 절반으로 줄어들었다. 그러나 적어도 세상 사람들이 눈여겨 봐왔던 프로이센만큼은 평화조약에서 영토를 다소 환수했다. 처음 이 계승전쟁은 오스트리아에는 파국적인 손실을 입혔다. 동맹국들은 린츠(Linz)와 프라하(Prag)를 점령했고, 바이에른의 선제후는 보헤미아의 모든 계층의 충성서약을 받고서 카를 6세로서 신성로마제국 황제에 등극했다. 그러나 곧 반전이 일어난다. 그는 오스트리아와 헝가리 사람들이 점령한 지역에서만이 아니라 그 자신의 나라에서도 추방된다. 이제 사람들은 그를 두고 이렇게 말한다. "이제 케사르는 없다(et Caesar et nihil)." 그가 죽은 후 그의 아들은 오스트리아에 대한 일체의 상속 요구를 철회한다. 마리아 테레지아의 남편인 합스부르크가 사람이 다시 신성로마제국 황제의 자리에 올랐다.

소국의
절대주의

이 모든 정치적 사건에서 인민들의 감정과 소망은 아무런 역할도 하지 못했다. 이른바 그저 중요한 것은 개별 군주들 사이의 사적인 갈등, 혼인관계, 분할구역에 대한 탐욕, 계약과 계약파기, 개인적 야망과 속셈 등이다. 이미 우리는 프랑스의 절대주의가 전 대륙의 영주들과 신하들에 의해 모방되었다는 점에 대해 언급한 바 있다. 특히 독일에서는 기괴할 정도로 한없는 노예근성이 개진된다. 그런데도 기껏 문제가 되는 것은 소공국일 뿐이라는 식이었다. 뷔르템베르크의 한 목사는 자신의 공작에게 이렇게 보고한다. "지고하신 폐하의 돼지가 천하기 짝이 없는 저의 감자들을 먹어치웠습니다." 소공국의 영주들은 저마다 베르사유를 모방하려는 우스꽝스러운 공명심을 갖고 있었다. 그래서 이탈리아식 오페라, 프랑스식 별장, 꿩사육장, 사열할 군대를 두기 마련이었다. 고상한 애첩을 두는 것도 없어서는 안 될 일이다. 이는 엄중한 풍습의 조건과 같아서 이를테면 프로이센의 프리드리히 1세와 마찬가지로 많은 이들은 가짜 소실이라도 두는 것이 필요하다고 생각할 정도였다. 어느 작은 도시의 한 시민은 갓 결혼한 영주가 젊은 신부와 함께 지나가는 것을 보고는 감동을 받아 이렇게 말한다. "이제 우리 영주님께서는 아름다운 애첩 없이는 지낼 수가 없게 되었구먼." '강성왕'이라는 별명이 단순히 궁정의 아첨에서 비롯된 것은 아니었던 아우구스트 2세는 300명이 넘는 서자를 두었다. 이들 중 하나인 오르셀스카(Orselska) 백작 부인은 그의 애인이 되었다. 뷔르템베르크의 레오폴트 에베르하르트(Leopold Eberhard) 공작은 다섯 명의 애첩 사이에서 태어난 13명의 아이들과 편견 없이 차례차례로 결혼을 했다. 이런 식의 사건을 두고 누구도 감히 비판하려고 들지 않고, 신처럼 군림하는 이런 작은 나라의 궁정에서 벌어지는 어떤 일도 별 무리가 없는 것으로 여겼으며, 그때그때의 비합법적인 왕비들의 영명축일을 민속축제처럼 기념했다. 사람들은 영주가 시민의 딸과 즐기는 것을 명예 높은 일로 보았다. 백성들의 삶에 대한 지나친 간섭도 자연스럽게 받아들여졌다. 수많은 사냥은 농작물에 엄청난 피해를 주었고 종종 곡물을 못 쓰게 만들었으며, 궁정 연회를 준비할 때는 가끔 주민 절반이 동원되기도 했다. 그 비용은 대개 토착인의 징발과 그 노동력으로 충당했다. 그런데 노동력을 실제로 향상하기 위한 일이라고는 아무것도 없었다. 18세기 독일에서는 스무 사람 중에 성직자가 한 명, 거지가 다섯 명 꼴이었다.

당시 독일의 정신적 수도는 라이프치히였다. 라이프치히는 대목
장과 유수한 독일 대학의 중심지이자 예술에 민감한 폴란드-작센의
왕들과 서적상의 메트로폴리스이고, 유행을 선도하는 상류층의 '사
교 도시'로서 너무나 유명한 '플라이스 강변의 아테네(Pleiß-Athen)'로
승격되었다. 그러나 그럼에도 당시 작센에서 생겨난 모든 것은 순전
히 **코레페티토르 문학**(Korrepetitorenliteratur)에 불과하다. 그것은 수업을
받아 기교를 단련하고, 잘게 썰고 두드려 다듬을 만큼 치밀하며,
교정 광기에 사로잡힌 듯 염증이 날 정도로 반복되는 진부한 원시
성을 지칠 줄 모르고 교정한다. 이목을 끄는 하나의 현상은 목사의
아들이자 교수였던 크리스티안 퓌리히테고트 겔레르트[22]였다. 그는
허약체질이지만 상상력은 뛰어났다. 또한 흠잡을 데 없는 순수한
스타일의 성격이었다. 사람들에게 영향을 준 것에는 그의 소설과
희극, 노래와 기도서뿐만 아니라 수많은 청중을 앞에 두고 그가 행
한 '도덕 강연'과 광범위하게 교류한 그의 서신도 포함된다. 이 교
류에서 그는 감성이 풍부한 교육적인 고해신부로서 세상 모든 사람
을 두루 보살피려 했다. 프리드리히 대왕은 그를 두고 이렇게 말한
다. "그는 고트셰트[23]와는 완전히 다른 사람이다." 그리고 "그의 시
는 부드럽고 달콤한 쿨랑[24] 맛이 난다." 이는 그의 성격을 탁월하게
규명한 것이라고 할 수 있다. 이처럼 뛰어난 그의 대중성은 그가
해롭지 않은 자신의 지혜를 달콤하게 속삭이듯 부드러우면서도 이
해하기 쉬운 형식을 빌려 표현했기 때문이다. 그가 독자들을 대하는

---

[22] Christian Fürchtegott Gellert(1715~1769): 독일 계몽주의 작가. 민중교육가.
[23] J. Ch. Gottsched(1700~1766): 독일 계몽주의 시대의 비평가. 독일어의 통일
   과 순화에 정진함.
[24] Coulantes: 와인 종류의 하나임.

방식인 기묘한 부드러움이 그를 이상적인 여성문학 작가로 만들었다. 그의 유머는 약간 썰렁하기까지 하다. 그것은 마치 할아버지가 아이들 방에서 농담을 하는 것과 같다. 그가 자신의 작품 중 여분으로 여겼지만 출중한 작품으로 통하는 그의 우화들은 애초 '초등학생을 위한' 쉬운 독서용으로 쓰인 것이 아닌가 하는 인상을 불러일으킨다. 그의 존재의 기본 특성은 감동을 주긴 해도 약간 피곤하게 하는 노처녀의 성격(Altjüngferlichkeit)이다. 이는 글라임[25]이 사랑을 노래하는 자신의 모든 시에서 그려낸 노총각의 전형을 빼닮았다. 물론 '대부 글라임'을 중심으로 모인 '아나크레온파(Anakreontiker)'는 오히려 연애를 좋아했으며, 그 기술이 몹시 서툴렀지만 예절은 발랐다. 사랑을 제대로 알고 사랑에 빠진 것이 아니라 그저 아이의 영혼을 가진 모호하고도 서툰 연애 감정으로 사랑에 빠졌을 뿐이다. 또한, 그들은 제대로 취한 것이 아니라 장미꽃으로 꾸민 포도주 병만 봐도 일어날 수 있는 도취의 단순한 관념으로도 이미 취했다. 따라서 칸트가 아나크레온풍의 시는 대개 어린애들의 말장난을 아주 닮아 있다고 말한 것은 전혀 틀린 말이 아닌 것이다.

고트셰트는 자신의 이론적 주저 『독일비평시론 소고(Versuch einer kritischen Dichtkunst vor die Deutschen)』가 출간되었던 대략 1730년부터 문학의 절대적인 집정관의 지위에 오른다. 이 저작에서 그는 자연모방에 관한 아리스토텔레스의 교의와 '즐거움과 유익함(delectare et prodesse)'이라는 호라티우스의 문학적 요구, 이 두 가지를 간명하게 포착해서 가르쳤다. 그러나 10년도 채 못 되어 그는 시의 주요 대상을 비범함

---

[25] J. W. L. Gleim(1719~1803): 독일의 시인. 우아한 사랑의 희열과 기쁨을 노래한 18세기 중엽의 시인일파인 아나크레온파의 대표.

과 경이로움에서 찾은 스위스의 보드머[26]와 브라이팅어[27]에 의해 문학 집정관의 지위를 잃고 만다. 이들은 이렇게 말했다. "그런데 기적 같은 것이야말로 언제나 개연적이기 마련이다." 이 같은 이상이 그들은 이솝 우화에서 가장 완벽히 구현되어 있다고 생각했다. 기본적으로 이 두 집단의 관점이 겉보기에 격론을 벌이는 것만큼 서로 다른 것은 아니다. 그들은 그저 적의가 있는 형제일 뿐이다. 말하자면 그 세부적인 판단과 좀 더 구체적인 상세묘사에서만 서로 하나가 되지 못할 뿐 예술을 대하는 그들의 생뚱함과 더 잘 아는 척하는 태도와 삭막한 속물성에서는 완전히 서로 맞바꾸기 할 수 있을 정도다. 물론 이 스위스 사람들이 세운 분명한 공로는 오만하고 고루하며 교활한 예술 독재자 고트셰트를 실각시킨 점에 있다. 그래서 1765년에 청년 괴테는 그에 대해 이렇게 보고할 수 있었다. "라이프치히 전체가 그를 경멸했다."

한동안 고트셰트는 독일 연극사에서 중요치 않다고 할 수 없는 역할을 한 노이버린[28]에게도 문학의 양심으로 통했다. 물론 나중에 그녀는 그와 사이가 벌어져 그를 패러디한 작품을 무대에 올리기도 했다. 이때의 주인공은 머리에 황금종이를 두르고 손에는 차안등(遮眼燈)을 들고서 오류를 찾고 있다. 노이버린은 귀엽고 영리하고 활달하면서도 교양이 없지 않았지만, 모든 스타가 감독까지 겸했을 때 그렇듯이 지나칠 만큼 권력욕이 강했고 독선적이었다. 물론 그녀는 가장 좋아한 남장 역할로 무대에 서기만 한 것은 아니다. 이른바

---

[26] J. J. Bodmer(1698~1783): 스위스 태생의 독일 비평가이자 시인.
[27] J. J. Breitinger(1701~1776): 스위스 태생의 독일 작가이자 문헌학자.
[28] C. Neuberin(1697~1760): 여배우이자 연극 감독. 여배우로서는 남장 역할을 하는 것을 특히 선호했음.

라이프치히 학파(Leipziger Schule)의 창립자로서 그녀는 성실하면서 정확한 시연을 통해 그 구성원들에게 '신뢰'를 얻었다. 세심하게 시낭송을 했으며, 완숙하게 잘 다듬은 '우아한' 자세를 취했다. 공개된 무대에서 그녀가 어릿광대를 상징적으로 화형한 일은 유명하다. 그녀는 고트셰트의 수많은 작품을 복제하고 프랑스 연극을 개작하는 일 외에도 겔레르트와 홀베르[29]의 작품들과 레싱[30]의 처녀작을 무대에 올리기도 했다. 그러나 시간이 지나면서 그의 극단의 인기는 점점 줄어들었고, 가장 매력적인 단원들과 함께 그녀도 실패의 길을 걸었다. 그녀의 연극은 시대에 뒤처졌다. 그녀는 친구들의 도움을 빌려 간신히 생계를 꾸려나갔다. 그 사이에 바로크의 즉흥소극이 슈트라니츠키[31] · 프레하우저[32] · 쿠르츠(Kurz) 등으로 구성된 '한스부르스트 왕조(Hanswurstdynastie)'라는 극단을 통해 빈에서 최고의 전성기를 누렸다. 겉멋만 든 공허한 고트셰트-노이버린 계보보다 훨씬 더 예술적이고 인간적이며, 심지어 훨씬 더 품위 있기까지 한 이 위대한 전통은 근본적으로 빈 연극기법으로 오늘날까지도 보존되고 있으며, 의고전주의 · 낭만주의 · 자연주의 등과 같은 모든 조류를 흡수하면서 오랫동안 살아 남아왔다. 이 전통은 라이문트[33]와 네스트로이, 지라르디와 팔렌베르크[34]와 같은 현상에서 그 계승자

---

[29] L. Holberg(1684~1754): 덴마크의 철학자 · 극작가.

[30] G. E. Lessing(1729~1781): 독일 계몽주의 시대의 극작가이자 평론가. 시와 회화의 차이를 말하는 평론 『라오콘』과 연극론 『함부르크 희곡론』이 유명하다.

[31] J. A. Stranitzky(1676~1726): 오스트리아의 배우 겸 치과의사.

[32] G. Prehauser(1699~1769): 오스트리아의 희극배우.

[33] Ferdinand Raimund(1790~1836): 오스트리아의 배우이자 희곡작가.

[34] Max Pallenberg(1877~1934): 오스트리아 출신 가수 겸 배우이자 코미디언.

를 둔 셈이다.

그 시대는 클롭슈토크[35]가 여전히 최고의 명성을 누리고 있었다. 그의 시가는 감성이 풍부한 '치품천사(熾品天使)'를 열광케 했다. 이미 사랑과 우정을 광신적으로 숭배하고, 감성의 첫 반응이 나타나는 키스와 눈물로 '성스러운' 영혼의 동맹을 체결하기 시작한다. 사실 서서히 변화하는 시대에 대한 반은 잠재의식적인 충동을 표현하는 데 있어 그만큼 천부적인 시인도 없었다. 그의 시들은 그 앞에 구름커튼이 쳐져 있는 장엄한 풍경을 펼쳐낸다. 그 윤곽은 흐릿하지만 보이긴 한다. 가끔 유황 냄새가 풍기는 하늘에서 뇌성을 동반한 번개가 번쩍인다. 분위기가 온통 짙은 안개에 가랑비가 내리는 을씨년스러운 풍경이다. 혼란스럽고 불안하며, 계속 몸을 굳게 만들지만, 완전히 새로운 것이다. 그도 그럴 것이 분위기를 비현실적이고 불명확한, 모호하고도 비합리적인 형태로 드러내는 이 같은 시인이 실로 오랜만에 처음으로 등장했기 때문이다. 이후 사람들은 더 이상 새로움을, 더 이상 신비스러운 암시를 느끼지 못하고, 종종 이해할 수 없는 것으로, 더 자주는 지루함으로 용해되는 회색의 단조로움과 무딤만을 느낄 따름이다. 실러는 순수한 감상적 문학에 관한 자신의 논문에서 이렇게 말한다. "솔직히 고백하면, 이 시인의 글을 실제로 꾸밈없이 자신의 애독서로 삼을 줄 아는 사람의 머리가 약간 걱정된다. (⋯) 다만 다소 격앙된 감정의 정서 속에서 그를 찾아내 느낄 수 있을 것이다." 청년 실러에게도 어느 정도 감동을 준, 이렇듯 클롭슈토크에 대한 세간의 보편적 현상은 명암작용, 이를테면 18세기 첫 50년 동안 독일이 드러낸 앙상하기 짝이 없는 교조적

---

[35] F. Klopstock(1724~1803): 독일의 서사 및 서정시인.

인 문학관에 대한 반사작용에 근거하면 쉽게 설명된다.

고트셰트가 시와 시학을 위해 입안한 것을 크리스티안 볼프는 철 크리스티안 볼프
학을 포함한 모든 학문분야에 도입했다. 그는 라이프니츠의 사상
가운데 가장 심오하고 가장 독창적인 부분은 빼고서 그 사상을 대
중의 구미에 맞게 만들었다. 그는 그의 사상을 별다른 양념 없이
멀건 죽의 형식으로 강연했지만, 동시에 산뜻하게 분류한 완결된
체계로 정립했다. 이 체계와 관련해서 라이프니츠는 천재적인 만큼
난해하기도 했던 것이다. 볼프는 이 두 성격 가운데 어느 하나도
비난거리로 삼을 수 없었다. 그의 자기 확신적인 점액질, 이를테면
모든 것을 말하고 모든 것을 설명하려는 그의 무모함은 그를 독일
전체에서 추앙받는 무서운 담임교사로 만들어놓았다. 한 세대 동안,
이를테면 1715년에서 1745년에 이르기까지 강단에는 대부분 볼프
추종자들뿐이었다. 그런데 의사, 법학자, 목사, 외교관, 부인들과 세
인들조차 '볼프처럼 행하는' 것을 시류에 맞는 일로 보았다. 그리하
여 볼프의 공리에 근거한 '진리의 확산(Ausbreitung der Wahrheit)'을 위한
모임들도 생겨나, 볼프식 유행철학에 대한 동시대적 풍자는 다음과
같은 타이틀을 달기도 한다. "가장 최선의 가장 새로운 가장 자연적
인 방법인 수학적 방법에 따라 충실하게 교육받은 제화점의 직공."
볼프는 논리학과 형이상학, 목적론과 도덕, 물리학과 생리학, 자연
법과 국제법, 경험적인 심리학 및 합리적인 심리학과 관련된 총 30
권이 넘는 두툼한 전집을 펴냈다. 그런데 경험적인 심리학은 영혼이
외부 경험에 어떻게 현상하는지 다루며, 합리적인 심리학은 영혼이
실제로 어떠한지 인식한다. 그는 교과서를 처음에는 독일어로 썼다
가 나중에는 라틴어로도 썼다. 이는 **'보편적인 인류의 교육자**(praeceptor
universi generis humani)'로서 교과서에 국제적 확산을 담보하기 위한 것

이었다. 이 작업으로 그는 독일어 순화와 철학 용어 개발에서 사소하다고 할 수 없는 공을 세웠다. 관계 · 표상 · 의식과 같은 용어가 그에 의해서 비로소 주조되었다. 영국에는, 그리고 일부 대륙에도 고객을 머리부터 발끝까지 흠잡을 데 없을 만큼 현대적으로 산뜻하게 변신시켜주는 이른바 '장신구점(outfitter)'이 있었다. 이와 비슷한 일을 볼프는 자기 시대의 독일 시민들을 위해 정신 영역에서 이행한다. 다만 시민들로 하여금 그다지 화려하게 치장하지 않게 할 뿐이다. 전신을 치장하지만 따분해서 아무 도움도 되지 않을 만큼 너무 검소하게 하여 도무지 세련된 현대적인 느낌이 들지 않는다. 그것은 많은 돈을 들이지도 않고 치장하여 도시 사람들의 시선을 끄는, 교외에서 도시로 구경 나온 사람의 차림을 닮았다.

볼프 철학의 주요 기본사상은 놀라울 정도로 평범하다. 이에 따르면 모든 일의 궁극 목적은 인간에게 달려있다. 신은 인간을 통해 세계를 창조할 때 세운 중심의도를 성취한다. 즉 그것은 신을 인식하여 숭배하게 하려는 의도이다. 따라서 그로테스크한 방식으로 드러나는 모든 현상은 얼마만큼 인간에게 유용한가 하는 관점에서만 그 가치가 평가될 따름이다. 예컨대 태양이 자랑스러운 것은 이것의 도움을 빌려 자오선을 찾고, 태양시계를 만들고, 어떤 장소의 넓이를 잴 수 있기 때문이다. 일광이 이로운 것은 "우리가 이것 덕분에 우리의 업무를 편하게 이행할 수 있기 때문이다. 어떤 저녁에는 어두워서 전혀 그럴 수 없을 때도 있고, 또 어떤 저녁에는 적어도 불편할 때가 있다. 이럴 때는 비용을 들여야 일을 할 수 있다." 별들도 우리에게 이로움을 준다. 말하자면 별 덕분에 우리는 밤에도 길거리에서 뭔가를 볼 수 있는 것이다. "낮과 밤의 교차가 이로운 것은 사람들과 동물들이 밤에 잠을 청함으로써 원기를 회복할 수 있기 때문이다. 또한, 밤은 낮에는 할 수 없는 일, 이를테면 새잡기와 고기잡이와 같은 몇몇 일을 하는 데 도움이 된다." 이러한 사유과정 일체가 다음과 같은 심원한 문장으로 요약된다. "태양이 저기 있다. 그것은 이 땅에서 변화들이 일어나게 하기 위함이다. 땅이 여기 있다. 그것은 태양의 존재가 목적이 없도록 하지 않기 위함이다." 그러나 그럼에도 볼프의 적대자들은 순박하기 짝이 없는 프로이센 왕에게 이 유치한 철학이 국가를 위태롭게 한다고 비방하는 데 성공했다. 이들은 볼프의 철학이 숙명을 가르치며, 이 숙명이 바라는 바대로 하면 '장신의 친위대'가 무사히 탈영한다는 식으로 왕을 이해시켰다. 그래서 당시 할레(Halle) 대학의 교수였던 볼프는 "교수형을 면하고 싶으면 48시간 이내 왕의 전 영토를 말끔하게 청소하라"는 명령을 프리드리히 빌헬름으로부터 받았다. 물론 프리드리히 대왕이 즉위한 직후에 곧바로 그는 의기양양하게 복권되지만 슈타인하우젠[36]이 적절히 지적했듯이, 결국 "온통 볼프 색 일색이었지만 그는 텅 빈 강의실에 대고 강의를 하게 되었던 것이다."

볼프의 추방에 역시 할레 대학에 그 활동의 중심을 두었던 경건주의가 무관하지 않은 것은 아니다. 경건주의는 그 시대 내내 반은 비합리주의적인 지류와 저류를 형성했다. 이 같은 조류는 그 세기의 두 번째 50년 동안 강력하게 그 영역을 넓혔다. 경건주의는 권력욕이 강하고 체계화된 프로테스탄티즘 안에서는 마치 15세기의 부패하여 녹슨 교회의 신앙 내에서 신비주의가 그랬던 것과 유사한 저항적 입장을 취했다. 경건주의가 하나의 긍정적 측면에서 보면 여성운동이었고, 일기장과 '각성', 영혼의 고백과 '교화적인 서신'과 같

경건주의

---

[36] Wilhelm Steinhausen(1846~1924): 독일의 석판화가.

은 종교적인 문학을 산출한 점에서도 신비주의를 닮아 있다. 그러나 깊이에서는 신비주의와 비교할 수가 없다. 그 강력한 주형은 헤른후트파(Herrnhuter)의 독일 분파처럼 보인다. 헤른후트파는 라우지츠(Lausitz)의 친첸도르프(Zinzendorf) 백작의 관할지역인 후트베르크(Hutberg)로 이주해온, '모라비아 형제들'로 불리는 추방된 후스파의 경건한 결사체의 이름을 본뜬 것이다. 이때 창립된 '십자가 순교신학(Kreuz- und Bluttheologie)'은 십자가에 못 박히는 구세주의 피의 죽음을 종교적 체험의 유일한 내용으로 삼고, 흥분되고 정제된 감성의 느낌으로 그 죽음을 맞이하게 한다. 그런데 이러한 감성은 종종 극단적인 몰취미로 치달아 부부가 동침하는 장면의 그림 앞에서도 아무렇지도 않은 반응을 취한다. 경건주의의 영국 분파는 경건을 방법론상 실험하고 가르치려 한 감리교도들에 의해 형성되었다. 이 분파는 옥스퍼드 대학의 존·찰스 웨슬리 형제[37]의 지도 아래 미국으로 전파되었다. 그곳에서 이들은 환상적이면서 정열적인, 때로는 거침없는 설교를 통해 특히 하층 대중에게 아주 깊은 인상을 남겼다.

벨칸토 　이 모든 정신운동과도 오스트리아는 거의 아무런 접촉이 없었다. 카를 6세는 성품이 온화하고 선량했지만, 정신과 기질이 둔감하면서 차갑고 굼떴다. 정책판단에서는 머뭇거리고 불확실하여 항상 양면성을 띠었다. 말하자면 관리자로서는 부지런했지만 생각하는 일에서는 게을렀던 것이다. 불편한 문제를 앞에 두고서는 알아들을 수 없는 투덜대는 말로 대꾸하곤 했다. 관습·종교·헌법의 문제에서는 오랜 전통을 고집불통으로 고수했다. 그의 궁정에서는 스페인

---

[37] John(1703~1791)·Charles(1707~1788) Wesley: 감리교운동을 창시한 영국의 성직자이자 감리교 전파와 찬송가 작사가로 유명하다.

풍의 검은 복장과 스페인풍의 경건한 의식이 여전히 지배하고 있었다. 최고위층 귀족들도 무릎을 꿇고 그에게 인사를 했으며 식사 때 무릎을 꿇고서 그의 시중을 들었다. 그는 자신의 삶의 고정관념, 즉 '국본조칙(國本詔勅: Pragmatische Sanktion)'에 전력을 쏟았다. 그러면서 금융과 군대조직은 엉망진창의 상태로 만들어놓았다. 헛되게도 늙은 오이겐 공작이 온 세상에 호소하지 말고 오히려 10만의 내각을 조직하라고 권유했다. 그는 대단한 연극 애호가였다. 당시 유럽이 관람한 연극 중에 아마도 가장 화려한 무대장치를 갖춘 연극을 공연하게 했으며, 스스로도 음악가이자 작곡가였고 가문의 연주회와 오페라 공연에 자주 협연하기도 했다. 이탈리아어가 심지어 구어로서 유행하고 있던 빈 궁정에는 당시 강세를 누린 이탈리아 음악이 당연히 압도적이었다. 그곳에 오랫동안 머문 당대 최고의 음악이론가와 최고의 오페라 작곡가도 있었다. 그들은 자신의 유명한 작품 『그라두스 아드 파르나숨(Gradus ad Parnassum)』에서 엄격한 대위법과 푸가(Fuge) 유형의 작법을 가르친 요한 요제프 푹스[38]와 3세대에 걸친 작곡가들에게 이 텍스트를 전수한 피에트로 메타스타시오[39]다. 메타스타시오는 탁월한 음악성을 겸비한 오페라 대본작가였다. 그가 쓴 시구들은 이미 그 자체로 멜로드라마였으며 반주를 하는 오케스트라를 주도적으로 끌어나갈 정도였다. 따라서 그의 경우 텍스트와 음조는 어느 한쪽의 우세를 두고 갈등을 벌인다거나 평행선을 긋는 일도 없으며, 오히려 동일한 문제의 양면을 모두 보여주는, 즉 이상

---

[38] Johann Josef Fux(1660~1741): 오스트리아의 작곡가이자 음악이론가. 후기 바로크 시대의 교육자.
[39] Pietro Metastasio(1698~1782): 이탈리아의 시인. 18세기 유럽에서 가장 인기 있었던 오페라 대본작가.

적 통일을 형성한다고 할 수 있다. 여기에 그의 독보적인 위치가 있는 것이다. 이는 특히 모든 예술을 음악으로 받아들이고 삶 전체를 작은 오페라로 여긴 시대에 더욱 그랬다. 그의 손길이 닿은 모든 것은 통일된 형태로 반짝이는 살롱의 빛깔을 띤다. 산뜻하면서도 원만하고, 세련되었으면서도 부드럽게 빛나며, 매력적이지만 의도적으로 모호한 형태를 취한다. 그의 오페라에서 처음으로 세 파트로 구분되는 창법이 등장한다. 쳄발로 몇 개의 협연에 시를 낭송하는 **레치타티보 세코**(*recitativo secco*), 극적인 지점에서 음악이 오케스트라의 협찬에 가창이 곁들여져 웅장해지는 **레치타티보 아콤파냐토**(*recitativo accompagnato*), 그리고 끝으로 그 시대의 취향에서 흔히 '철학적이게' 되기도 하는 서정적인 아리아가 그것이다. 그의 경우 주로 서정적 아리아가 중심을 이루며, 앙상블의 악절은 아주 사소한 역할만 한다. 대개 연애사건과 정치사건으로 구성된 줄거리는 그 인위적인 구분과 나눔이 아주 복잡한 형태를 드러내지만 그 경과와 해결의 부자연스러움은 극히 원시적이다.

이탈리아풍이 너무 강해 수많은 음악가는 자신의 이름을 이탈리아식으로 표기하는 것이 유리하다고 여겼다. 이를테면 로세티[40]는 그 실제 이름이 뢰슬러(Rösler)였으며, 라이트메리츠(Leitmeritz) 지방을 그 본(本)으로 하고 있었다. 명성 높은 대가인 벤투리니(Venturini)는 그 실명이 미스리베체크(Mislivecek)였다. 곳곳에서 유행한 것은 무엇보다 **귀를 즐겁게 하는 것**(*titillazione degli orecchi*)을 목표로 한 **벨칸토**(*bel canto*)였다. 이는 이탈리아에서 수입한 브라부르 아리아(Bravourarie)라

---

[40] F. A. Rosetti(1750~1792): 본명은 프란츠 안톤 뢰슬러(Franz Anton Rösler). 고전주의 시대 보헤미아의 작곡가이자 더블베이스 연주자.

는 장르다. 그 콘서트의 이탈리아 주역 배우들을 두고 프리마돈나와 거세된 가수(Kastrat)라고 일컫는다. 그리고 아마티[41], 과르네리[42], 스트라디바리[43]와 같은 이름은 그때 이후로 현악기의 제조 부문에서 두 번 다시 얻지 못할 장인의 명성을 뜻하게 되었다. 1711년 피렌체 사람 바르톨로메오 크리스토포리[44]는 다른 모든 현악기를 점차 뒷전으로 물러나게 만든 일명 해머피아노(Hammerklavier)로 불리는 **피아노 에 포르테**(piano e forte)를 발명했다. 그리고 정가극(正歌劇) **오페라세리아**(opera seria)와 함께 **오페라부파**(opera buffa)가 출현했다. 이의 가장 유명한 표본으로는 페르골레시[45]의 『마님이 된 하녀(Serva padrona)』가 있다. '뷔퐁주의자들'[46]의 영향 아래 있던 루소[47]는 자신에게 빛나는 성공을 가져다줄 최초의 코미디 오페라 『마을의 수호신(Le devin du village)』을 썼다. 그는 역시 파리에 살았던 나폴리 출신 뒤니[48]와 함께, 이 같은 분야에서 새로운 장르의 창시자였던 셈이다. 말하자면

---

[41] Amati: 이탈리아 크레모나(Cremona) 지방에 기점을 두고 16/17세기까지 성행한 바이올린 제작 가문.

[42] Guarneri: 이탈리아의 바이올린 제조업자 안드레아 과르네리(Andrea Guarneri: 1687~1745)의 이름에서 유래함.

[43] Stradivari: 이탈리아의 안토니오 스트라디바리(Antonio Stradivari: 1644~1737)와 그의 아들 프란체스코가 만든 바이올린과 그 밖의 현악기를 지칭함.

[44] Bartolomeo Cristofori(1655~1731): 이탈리아의 악기 제조가.

[45] G. B. Pergolesi(1710~1736): 이탈리아의 작곡가.

[46] 'Buffonisten': 프랑스의 박물학자 뷔퐁(Georges-Louis Leclerc, Comte de Buffon: 1707~1788)의 추종세력을 말함. 뷔퐁은 지질의 역사를 시기별로 재구성했으며, 이로써 멸종된 종의 개념을 정립하여 고생물학 발전의 토대를 마련함. 지구가 태양의 충돌에서 떨어져 나온 혜성이라는 '뷔퐁의 충돌설'이 유명함.

[47] J. J. Rousseau(1712~1778): 프랑스의 계몽사상가. "자연으로 돌아가라!"는 격언이 유명함. 대표작으로는 『사회계약론』과 『인간 불평등의 기원』 등이 있음.

[48] E. R. Duni(1708~1775): 이탈리아의 작곡가.

이들은 **드라마페르무지카**(*dramma per musica*)의 싸늘한 정열을 기품을 살리면서도 재미있게 만들었고, 부자연스럽게 소리 지르는 아리아를 대신하여 애교어린 감흥을 돋우는 샹송을 내세운 것이다. 가장 진지한 오페라의 영역에서도 장 필리프 라모[49]는 오케스트라 색채주의자로서 알록달록한 것과 반짝이는 것을 편애하는 로코코 사람들의 취향을 살려냈다. 물론 이 취향이 프랑스에서는 극복하기 어려운 륄리의 전통 때문에 상당히 완화되긴 했다. 라모는 이 전통이 취하는 표제음악의 경향을 전수하여 풍성한 환상과 기품을 가미시켜 더욱 풍요롭게 만들었다.

　주지하다시피 헨델조차도 가장 성숙한 나이에 들어서야 비로소 이탈리아의 영향에서 벗어났다. 그는 바흐가 악기 영역에서 그랬듯이 성악 영역에서 푸가 예술형식을 그 정상까지 밀고 나갔다. 그의 숱한 합창곡 중, 특히 거의 합창만으로 구성된 『이스라엘(Israel)』은 문학이 오랫동안 간과해온 대상을 최초로 예술적으로 형상화했다. 그 대상은 대중, 즉 민중이다. 물론 민중이 주인공으로 등장하는 연극은 한참 뒤에 한 극작가가 시도하는데, 민중은 최초 『텔(Tell)』을 통해, 아니 좀 더 정확히 말하면 『직조공들(Webern)』을 통해 집단 주체로서 주인공으로 무대에 오르게 된다. 반면 바흐는 독일 부르주아 계급의 각성시키는 힘, 요컨대 경건주의의 신에 대한 단호한 사랑과 깊은 내면성을 선율로 살려내 불멸의 것으로 만들었다. 그의 기념비적인 궁정예술에는 바로크의 비약성과 무거움이 로코코의 친근성 및 자기성찰과 결합되어 있다. 이 두 측면에서 헨델은 덜 문제적이

---

[49] Jean Philippe Rameau(1683~1764): 바로크 시대 프랑스의 중요한 작곡가이자 음악이론가.

지만 훨씬 더 선율적인 성격이 강해서 심리학자에 가깝다면 바흐는 형이상학자(Metaphysiker)에 더 가깝다고 볼 수 있다. 따라서 이들은 각자 라이프니츠와 칸트에 연결된다고 할 수 있을 것 같다. 이는 헨델이 많이 찾고 칭송받는 대가로서 만인을 위해 자기 창작물의 대우주를 세웠다고 한다면, 바흐의 경우 소시민의 좁은 공간 안에 살면서 자신의 내면에 아주 강력한 보편왕국을 건설했다는 점에서도 그런 것이다. 말하자면 라이프니츠와 헨델이 전 세계에 자신들의 세계를 강요했다면, 칸트와 바흐는 자신들의 세계 안에서 전 세계를 감싸 안은 것이다. 그러나 바흐와 헨델의 공통점은 그들의 모든 작품을 채우고 있는 철저한 게르만 민족의 기질이다. 이 거대한 이중의 태양이 당시 정신의 왕국에서 독일이 성취한 불멸의 명성 가운데 하나를 형성하고 있다. 이들 외에 이러한 명성을 형성한 또 다른 한 인물이 있는데, 그는 바로 프리드리히 대왕이다.

칼라일은 이렇게 말한다. "이 나라에 존재하는 가장 유능한 인물을 찾아보라. 그를 상석에 앉히고 그에게 복종하고 그를 숭배하라. 그러면 이 나라에서 이상적인 통치를 체험할 것이다." 이는 단순하면서도 적절한 처방 같지만 올바르면서도 단순한 처방을 곧이곧대로 따르는 일도 거의 극히 드문 일이 아닌가! 최상의 사람, 가장 명석하고 가장 지혜로운 사람, 가장 강하고 최고의 무장을 갖춘 사람, 가장 광범위하게 전·후를 살필 줄 아는 눈을 가진 사람, 세상 모든 빛이 집중된 빛의 초점을 가진 사람이 늘 선두에 서기 마련이라는 것은 너무나 자연스러운 일일 것이다. 한마디로 말해 그런 두뇌가 명령하면 그것은 너무나 자연스러운 일일 것이다. 가장 단순한 인간 개인의 경우에서 어떻게 그런 두뇌를 볼 수 있겠는가! 그런데 아마 이렇게 자명한 평범한 일이 인류사의 단면에서 우리에게 정확히 알려진 것만 해도 수십 번 출현했을 것이다. 3000년 사이에 고작 수십 번 말이다! 이렇게 드문 경우 중 하나가 프리드리히 대왕이다.

아버지 　1740년은 프로이센과 오스트리아뿐만 아니라 러시아와 로마에서도 정권이 교체되는 해였다. 여제 안나(Anna)의 권력을 그의 조카 아들인 미성년의 이반 6세가 승계했고, 클레멘스 12세를 베네딕트 14세가 이었다. '**교황 람베르티니**(*il papa Lambertini*)'로 통한 베네딕트 14세는 18세기에 가장 인기 높은 교황으로서 근본적으로 성실하고 학식이 깊었으며, 성격이 밝고 겸손했으며, 동시대의 문학에 열정적인 관심을 보이기도 했다. 편견이 없어서 볼테르 같은 이도 그에게 자신의 비극 작품 『마호메트(Mahomet)』를 헌사할 정도였다. 가끔 사람들은 프리드리히가 그의 성공의 가장 중요한 부분에서 당시 자신에게 권력을 넘겨준 특별한 남자에게 빚이 있다고 주장하면서 이 둘을 필리포스[50]와 알렉산더[51]의 관계로 설정하곤 한다. 이 이상야릇한 관점은 여러 다른 부분에서는 서로 완전히 대립하는 두 가지 경향으로 대변된다. 하나는 호엔촐레른가의 모든 사람을 천재로 만들고 싶어 하는 프로이센의 공식 역사편찬의 경향이며, 다른 하나는 편협하긴 역시 마찬가지로서 왕들 가운데서 어떤 천재도 용인하지 않으려는 사회주의적 역사서술의 경향이다. 그러나 사실 프리드리히 빌헬름 1세가 자기 아들의 손에 쥐여준 것은 정치의 **도구**, 즉 군대뿐이었다. 말하자면 정치사상이나 철학사상 같은 것은 눈곱만큼도 물려주지 않은 것이다. 반면 아마 아들보다 더 위대했을 법한

---

[50] Philippos: 고대 그리스 마케도니아 왕.
[51] Alexander: 마케도니아 왕 필리포스의 아들로서 그리스·페르시아·인도에 이르는 거대한 대제국을 건설하여 그리스 문화와 오리엔트 문화를 융합한 헬레니즘 문화를 형성함.

필리포스는 자기 행동의 전체 윤곽을 위대한 알렉산더에게 그려 보여주었다. 그는 어느 정도 알렉산더 시대의 특징을 보인 시인이었으며, '아시아의 대왕(König von Asien)'은 그저 그의 뛰어난 주연배우에 불과했을 따름이다.

그러나 프리드리히 빌헬름에게 프로이센의 역사에서 적절한 위상을 부여하려는 사람들도 그에 대해 늘 모순투성이의 판단을 내렸다. 이를테면 배려심이 있지만 거칠고, 안목이 밝지만 고루하며, 화를 잘 내지만 헌신적이라는 것이다. 그를 변덕스럽고 역설적인 인물의 한 전형으로 보는 것이 어쩌면 가장 적확할지도 모른다. 확실히 그의 특색은 전 유럽이 그를 인정하기 한 세대 전에 벌써 그가 자신의 군대에 변발을 도입한 점에서 잘 드러난다. 분명 그는 세습적인 절대주의의 이념을 희화화할 만큼 혁신적이었다. 그는 조세와 병역, 국민경제와 국민보건 제도뿐만 아니라 의복과 주택, 독서와 오락, 신부의 간택과 직업의 선택, 요리의 종류와 교회의 출석 빈도수 등의 문제에 대해서도 정비했다. 그는 자신의 나라에서 호의적이면서도 엄격하고, 의무에 충실하면서도 고루한 아버지로서 자식들을 오해하여 잘못 다루는 데에 아버지의 권리를 남용하기도 했다. 이런 마당에 '아버지에 대한 증오(Vaterhaß)'가 강하게 표출된 것도 놀랄 일은 아닌 것이다.

그는 지나치게 악한 성격도 아니었고 그렇다고 지나치게 선량한 성격도 아니었다. 선량한 성격이 약간 부족하지만, 그 중간적 성격이었던 것 같다. 그러나 그의 가소로운 결점들, 이를테면 여하한 정신적 · 예술적 노력에 대해 보이는 그의 조야함과 증오 및 질투는 그 분야 사람들을 대역죄인보다 더 용납하지 않으려는 부류에게서나 볼 수 있는 그런 것들이다. 그리고 그의 겸양의 미덕, 질서에 대한 사랑, 근면, 개인적 무욕(無慾)은 누구도 행복하지 못하게 만들었다. 그가 군대를 위풍당당한 수준으로 끌어올렸지만 이에 대해 누구도 고마워하지 않았다. 그도 그럴 것이 그런 일도 그의 변덕의 발로였을 뿐이기 때문이다. 그의 경우 군대는 수단이 아니라 자체 목적이다. 그는 군대를 마치 거대한 장난감처럼 개인적인 사유물로만 취급했다. 그는 강성왕 아우구스트 2세가 자기 제품을 수집하고, 람베르티니 교황이 멋진 인쇄물을 모을 때처럼 장신의 청년을 모병했다. 프로이센의 징집방식은 그 비열함 때문에 악명이 높다. 여기서도 여느 때와 마찬가지로 그토록 성실한 영주는 거침없었다. 생각할 수 있는 온갖 미끼를 통해 늘 새로운 근위보병이 모집되기 마련이었다. 그것은 부인들과 도박과 알코올과 여타의 현혹적인 것으로 실현되었다. 이 모든 것이 통하지 않을 때는 잔혹한 폭력을 동원했다. 기동연습은 모범적일 만큼 정확했다. 프로이센의 군사 퍼레이드는 시계장치처럼 하나같은 모습을 취했다. 강철 같은 훈련을 겸비한 강철 포대는 분당 10발의 포를 쏠 수 있는 무장력을 갖추었다. 이같은 '엄격한 군사훈련'이 없었다면 프리드리히 대왕은 자신의 교묘한 전략과 웅장한 정책을 실제로 펼칠 수 없었을 것이다.

반전제주의자 　프리드리히 대왕은 거의 모든 점에서 자기 아버지와 정반대였다. 그것은 '군국주의'에 대한 관계에서도 마찬가지였다. 아주 사적인, 따라서 신빙성이 아주 높은 수많은 그의 고백록에 근거해서 보면 그가 전쟁을 기피한 것이 분명하다. 그러나 전쟁이 불가피하다고 여겼을 때는 그 무엇도 그를 막지 못했다. 이때는 그 누구보다 더 강력하고 공격적이었다. 그는 전쟁을 '천국의 징벌'이라고 부르면서 인류가 이 전쟁에서 해방될 수 있는 시대를 자신이 직접 경험할 수 없는 것을 유감으로 생각한다. 아무튼 결코 그는 군주정체주의자가 아니었다. 18세기의 왕, 그것도 가장 강력하고 가장 많은 승리를 취한 왕을 두고서 이런 얘기를 하는 것은 참으로 기이해서 도무지 믿을 수 없는 소리로 들릴지도 모른다. 그러나 이와 관련해서는 추호도 의심할 수가 없다. 평생 그는 왕관을 쓴 자신의 모든 동료를 심할 정도로 경멸하는 시선으로 바라보았다. 궁정의 풍습 및 제도와 관련된 모든 것을 신랄하게 조소했으며, 자신이 왕관을 쓰고 있는 것도 좀 더 고차원적 선택이라든지 법률학적 타당성과 같은 감정하고는 손톱만큼도 관계없는 일이라고 생각했다. 물론 그는 자신이 죽을 운명을 타고난 대부분의 사람보다는 형편이 조금 더 낫다는 것을 알고 있었다. 그러나 바로 이런 연유로 왕으로 존경받고 싶지는 않았던 것이다.

프리드리히 빌헬름은 일생 동안 정통 신앙의 의미에서 경건한 사람이었다. 그래서 온갖 외교적인 술책과 문학의 민감성을 경멸했다. 무뚝뚝하고 거칠며, 천성적으로 건강했으며 천성적으로 성실했다. 그의 평생 요구사항도 지극히 단순했고, 순박할 만큼 명료했다. 반면 프리드리히 대왕은 엄밀히 구분하자면 무신론과 겨우 구별될 뿐인 절대적 회의감을 갖고서 모든 실증적 종교를 경멸했고, 예술과 철학 작품을 다른 어떤 실용적 활동보다 더 우위에 두었다. 외교술에서는 아무도 도달할 수 없는 화폐위조의 대가처럼 행동했으며, 고상한 삶을 즐기는 데 있어서는 탁월한 미식가 같았다. 이때 문제는 보통사람의 감각에서 '건강'이 아니다. 오히려 그것은 대단히 예민하고 복잡하며 모순투성이의 성격을 담고 있는 아주 불안정한 내적 균형과 관련된 일이다. 물론 그의 감성도 아주 부드럽고 예민했다. 모든 천재와 마찬가지로 그도 '생리학상 열등성'을 갖고 있었고 정신적 질환을 겪었다. 그리고 또 모든 천재와 마찬가지로 이 정신질환을 비대할 정도로 발전한 자신의 도덕적·지적 능력을 통해 극복한다. 흔히 사람들은 그가 일을 좋아하고 의무감에 사로잡힌 것은 아버지로부터 물려받은 성격 탓이라고들 한다. 그러나 이 천재의 근면성은 보통사람의 그것과는 전혀 다른 것이다. 요컨대 보통사람의 근면성은 기계적인 질서정신과 활동충동에서 발동한다. 마치 그것은 자연의 벌이 취하는 생활본능과 같은 것으로서 고상한 사명에 대한 거의 광적인 헌신, 특유한 마술적인 운명에 대한 숭고한 책임감에서 비롯되는 것이다.

철학자   프리드리히 대왕이 어떤 거대한 근본사상에 평생 이끌렸다는 점이 그를 당대 누구도 극복할 수 없는 영웅으로 만들었으며, 동시에 그의 왕위 경쟁자들과는 반대로 그의 모든 세부적인 활동도 사상과 정신 및 감성에서 더욱 풍부하게 작동하도록 했다. 그 근본사상은 바로 왕은 철학자여야 하고, 철학자는 왕이어야 한다는 플라톤적 요청과 관련이 있다. 월터 페이터[52]는 플라톤과 관련하여 쓴 자신의 책에서 이렇게 말한다. "철학을, 그것도 플라톤의 철학을 열정적으로 장려한 황제 마르쿠스 아우렐리우스[53]는 바로 그의 본성이 철학적 관점으로 채워져 있었기 때문에 전쟁 때나 평화 시기에 로마의 백성들을 위해 아주 훌륭하게 봉사할 수 있었던 것이다." 그와 같은 군주가 역시 프리드리히 대왕이었다. 오직 이 점에서만 당시 유행어였던 '계몽된 절대주의'의 진정한 의미도 살아나는 셈이다. 그만이 이 개념을 깊은 의미로 이해했으며, 그만이 그것을 생생한 현실로 구체화했다. 절대주의가 무제한적인 지배를 의미한다면, 계몽은 빛

---

[52] Walter Pater(1839~1894): 영국의 문예이론 비평가이자 수필가.
[53] Marcus Aurelius(AD 121~ AD 180): 로마의 황제이자 철학자. 『명상록』이 유명함.

의 확산을 의미한다. 이 같은 공식은 빛이 지배하고 가장 강력한 정신이 명령하고 가장 밝은 두뇌가 지시해야 한다는 뜻일 뿐이다. 이러한 이상을 현실로 번역하게 하는 외적인 형식들을 두고 이 자리서 논하고 싶지는 않다. 그것들은 별로 중요하지 않으며 그저 표면적인 복장의 문제일 뿐이다. 이상과 같은 통치자가 스스로를 황제나 고위성직자, 제국의 수상이나 인민위원으로 부르든 말든 그가 늘 합법적인 왕이 될 수 있는 것은 바로 그가 철학적인 왕이기 때문이다.

프리드리히 대왕은 관용을 통해 자신이 진정한 철학자임을 보여 천재 주었다. 우리는 이러한 관용을 자유사상으로도 자유주의로도 이해하지 않는다. 사람은 자유로운 지성일 수 있지만, 대부분의 자유사상가가 그렇듯 다른 유의 세계관에 대한 이해심이 없는 대단히 부자유스러운 정신을 가질 수도 있다. 이런 식의 계몽사상가들은 자신들이 경멸하는 반동분자들 못지않게 자신들의 편협한 일면적 교리에 포로가 된 자들이다. 세간의 자유주의도 그렇기는 마찬가지다. 자유주의는 자유주의자들에 대해서만 자유로울 따름이며, 자유주의의 시선에서 여타의 다른 모든 사람은 완고한 이교도이자 눈먼바보다. 자유주의자들의 의지에 반하는 이들에게는 더 나은 세계의 관점을 강제로라도 집어넣어야 한다고 보는 것이다. 이는 물론 프리드리히 대왕의 시대에 계몽주의가 작동한 것과 아주 유사한 전형적인 방식이다. 18세기에는 지도적인 위치에서 낙후한 사람들을 자신들의 행복 지표에까지 끌어올리는 것을 사명으로 여긴 진보의 독재자들을 어디서든 만날 수 있다. 표트르 대제와 카를 12세, 예카테리나 2세와 요제프 2세, 플뢰리 추기경과 로베스피에르[54], 그리고 수많은 다른 이들도 확고한 이념에 따라 움직였다. 이러한 이념은 퐁발[55] 후작이 진짜 계몽의 공포정치를 실현한 포르투갈에까지 쇄도했다. 이런 권력자들 역시 뒤집어 생각하면 음흉한 사람들일 따름이며, 다만 관용이 평균적인 인간성에는 본질적으로 완전히 적대적이라는 심리학적인 사실을 새로이 확인시켜줄 뿐이다. 그러나 프리드리히 대왕이 관용적인 것은 자유사상가로서가 아니라 천재로서의 그의 기질과 관련 있다. 천재는 모든 것을 관용한다. 그도 그럴 것이 천재는 생각할 수 있는 모든 인간적 표본과 정신적 충동을 잠재적으로 지니고 있고, 창조적인 상상력을 갖고 있어 여하한 것들에도 적응할 수 있기 때문이다. 프리드리히 대왕은 일체의 낯선 개별성과 이 개별성이 지닌 법칙을 쉽게 인정할 만큼 진정한 관용을 내보였다. 그래서 그는 반동조차도 관용할 정도였다. 그는 프로테스탄티즘이 우세한 독일의 수장으로서 예수회에 대해 신성로마제국 황제가 그랬던 것보다 훨씬 더 큰 관용을 베풀었다. 신성로마제국 황제는 수도원을 철폐한 반면에 그는 불탄 가톨릭교회를 재건하도록 했다. 이때 그는 개인적 선입견이 전혀 없었던 것이 아니라 그의 개성에 아주 예리하고도 명료한 프로필을 줄 정도로 대단히 경직된, 지독히 주관적인, 매우 일면적인 확신에도 불구하고 다른 사람들의 모든 관점을 충분히 이해하고 실제로 그것이 실행되는 것도 용인했다. 언제나 어떤 추상적 원칙들과 직접적인 영혼의 근본체험에서 출발했다는 점에서 그는 확실히 일종의 유심론자이자 이데올로그였던

---

[54] M. F. M. I. Robespierre(1758~1794): 프랑스의 혁명 정치가. 자코뱅파의 지도자로서 혁명적 민주주의를 수립하려 했으나 정부군의 습격으로 체포되어 파리에서 처형됨.

[55] S. J. de Pombal(1699~1782): 포르투갈의 정치인. 계몽적인 전제주의 정치를 실현함.

셈이다. 그런데 이 같은 균형감각은 그에게 고도로 발달한 정신적 유연성을 형성하게 했으며, 그의 실험에 현실성을 부여해준 '실험 조건들'을 언제든 활용할 능력을 겸비하게 해주었다. 그는 이론의 문제에서는 지독히 집요하고 보수적이었다. 그러나 이 못지않게 이론을 생활에 적용하는 일에서는 활달했으며 진보적인 재능을 갖추고 있었다. 사실 이러한 이중적 기질은 유익한 모든 사상과 행동에 있어 기본전제가 되는 것이다.

돋보이는 그의 천재적인 본질적 특성은 거침없는 진솔성에 있다. 이는 일반 사람들이 보기에도 기이한 현상일 뿐만 아니라 특히 왕좌에서는 이해하기가 거의 불가능한 현상이라고 할 수 있다. 진리에 대한 그의 관계에서도, 모순투성이지만 좀 더 고차원적 의미에서 보면 그의 존재의 통일성도 드러난다. 정치가로서 그는 전 세계를 기만하는 일도 주저하지 않았으며, 심지어 눈속임과 표리부동의 태도에서 자신의 모든 적을 능가한 점에서 자부심을 느끼기까지 했다. 그러나 그럼에도 그는 허황된 위선과 무용한 가면이 판을 치던 시대 한가운데서 지금까지 살아온 사람 중 가장 정직한 사람 가운데 한 사람이었다. 그도 그럴 것이 그의 경우 비진실성은 주로 자신의 직분을 행사해야 할 때 취한 일종의 전문적인 용법이었을 뿐이기 때문이다. 그러나 그가 실제로 진지하고 중요하게 여긴 문제들 앞에서는 어떤 매수로도 통하지 않는 진리에 대한 애정과 가차 없는 자아비판이 따랐다. 이런 연유에서 그는 출신과 지위, 재능과 활동을 통해 여타 사람을 훨씬 능가했음에도 후세 사람들에게 어떠한 역사적 후광도 없이 거의 사적인 인물로만 기억될 뿐이다. 아직도 그를 우리에게 더욱 밀착시키는 일련의 애틋한 작은 특성이 더 있다. 예컨대 약간 쑥스러우면서도 감동을 주는 사실이 있다. 이 위대한 군주이자 전략가는 자신의 이름에 걸맞은 유일한 명성은 작가로서의 그것일 것이라고 설명한다. 그는 출정 중에도 자신이 쓴 시를 열심히 다듬었으며, 1류급의 모든 문사 앞에서 자신은 그들의 예술적 재능에서 뭔가를 배우는 학생이라고 생각했다. 그가 실천하고 남겨 놓은 그 모든 것이 우리로 하여금 더욱 그에게 개인적 애착을 느끼게 한다. 예컨대 그가 사냥을 싫어했다는 것이 왕답지 않아 매력적으로 다가오는 것이 아니겠는가! 이러한 일도 완전히 '사적인' 것으로만 작용할 따름이다. 야심 차고 재기 넘치는 그의 본성은 민감한 핵심처럼 중대한 통치행위에서 지극히 일상적인 대화에 이르는 그의 모든 삶의 표현을 함축하고 있다. 그가 내린 사면조치들조차 스위프트[56]와 볼테르에게나 어울림 직한 그런 기지 넘치는 착상이었다. 이를테면 한번은 그가 성물을 훔친 이에게 무죄 판결을 내린 적이 있었다. 그 도둑은 성모 마리아가 자신에게 은화를 직접 주었다고 변명했고, 가톨릭 당국도 그것이 전혀 허무맹랑한 소리가 아닐 수 있다고 규정했다. 물론 프리드리히 대왕은 무죄 판결을 내리는 대신 앞으로는 그가 성모 마리아로부터 어떤 선물도 받아서는 안 된다는 엄격한 조건을 달았다. 또 한 번은 자신의 말과 수간을 범한 한 병사에 대한 조서에서 이 돼지는 보병으로 보내야 마땅하다는 말로 끝을 냈다. 성숙한 성인이 될 때까지 그가 벌인 이 같은 온갖 유의 악동 짓도 그저 속 편하게 이루어졌을 뿐이다. 매콜리는 그를 두고서 그가 없이는 악동의 특성을 알릴 방법이 없다고 말한다. "어떤 조신이 옷 자랑을 하면 그 값비싼 옷에 기름을 떨어뜨렸

---

[56] J. Swift(1667~1745): 아일랜드의 작가. 『걸리버 여행기(Gulliver's Travels)』가 널리 알려져 있음.

다. 돈에 집착하면 돌려받는 것보다 더 많은 것을 지불할 수밖에 없도록 하는 장난을 쳤다. 우울증이 있는 조신에게는 자신은 수종증이 있다고 위로한다. 특정한 곳으로 막무가내로 떠나려고 할 때는 그 여행을 포기하게 하는 한 통의 협박성 편지라도 날려 보낼 태세다." 이러한 일에서 프리드리히 대왕은 독보적인 존재였다. 한편 그는 자신의 군대를 가장 강력한 군대로, 자신의 행정관청을 가장 유능한 관청으로, 자신의 국가를 당대 유럽이 가장 두려워할 존재로 만들 태세였다. 여기서 저명한 매콜리는 악한 기질을 읽어낸다. 그러나 오히려 우리는 그 같은 특성 덕분에 인간적인 위대성이 비로소 인간적인 것이어서 괜찮은 것이 아닌가 하고 생각하고 싶다. 사실 그러한 특성은 진정한 천재적 성격을 타고난 사람이면 누구에게든 없지 않은 법이다. 그리고 그런 특성은 악의적인 것으로서가 아니라 삭막하지 않은 유치함, 그리고 모든 것을 받아들이는 것 같지만 어느 것도 진지하게 받아들이지 않게 하는 독자적이고 예술적인 놀이충동과 같은 것으로 표출된다. 수많은 일에서와 마찬가지로 이런 점에서도 프리드리히 대왕은 볼테르를 닮았다. 이들 사이에 교환한 서신에 기록되어 있는 그 특별한 우정은 18세기 역사의 여러 장에서 가장 영민한 장에 해당한다. 말하자면 프랑스의 후추와 프로이센의 소금이 서로 의존하면서 그 가치를 상생시키는 절묘한 내적 혼합이 이루어진 셈이다. 그런데 이 혼합이 너무 맵고 얼얼해서 이후 속물마다 그 혼합 맛에 매운 눈물을 흘릴 도리밖에 없었다.

　이 같은 왕이 지닌 곤혹스럽고도 역설적인, 그러나 명료하고 투명한 성격을 대면한 민주적인 역사가에게 '폭로할' 것이라고는 아무것도 남아있지 않은 법이다. 그는 자아비판을 때로는 실제의 자기 자신보다 더 나쁘게 평가할 정도였다. 그는 자신이 추동한 정책의

호기심에서
출발한 영웅

계기가 공명심이었다고까지 아주 공공연히 말한다. 그는 황태자로서 터키를 상대로 한 전쟁에 관해 소식을 들었을 때 마치 배우가 자신의 차례가 다가올 시간에 떨듯이 심장이 두근거렸다고 설명한다. 무대 측면에서 모습을 드러내자마자 그는 벌써 첫 장면에서, 유럽의 감독진이 그에게 부여한 간단한 에피소드의 조연이 아니라 그 시대의 주연배우로서 완전히 새로운 대본으로 즉석연기를 할 결심을 드러낸다. 1740년, 그는 자신의 친구 요르단(Jordan)에게 이렇게 편지를 썼다. "정열의 불덩어리 내 청춘, 명예 욕망, 솔직히 너에게만큼은 아무것도 감추고 싶지 않은데, 호기심, 한마디로 말해 은밀한 본능이 내가 맛본 평온의 달콤함에서 나를 떼어냈다. 내적 만족, 이를테면 신문에 난 내 이름을 언젠가 역사 속에서 읽게 될 것이라는 기대에서 오는 만족이 나를 유혹했던 것이다." 그러고 나서 한참 뒤, 역사적 기념이 될만한 일에서 그는 1740년 때 한 결심에서처럼 "유명해지고 싶은 욕망"이 역시 결정적이었다고 반복한다. 이 욕망 역시 배우가 염두에 두는 그것과 같은 것이다. 이 왕은 심리학적인 호기심, 일종의 연극적 열정, 그리고 신문에 났으면 하는 불타는 욕망에서 전쟁의 포화 속으로 들어간 것이다. 그런데 그는 이 사실을 공공연히 시인한다. 이처럼 천연덕스러운 솔직함, 기괴한 교태, 우아하면서도 순박한 공명의 욕구가 진짜 로코코를 나타내는 것이다.

비극적인
조소가

프리드리히 대왕은 진지한 사람이 아니었다고 말한다면 이상하게 들릴지도 모른다. 우리는 '진지한' 사람을 바로 현실에 골몰하는 사람, 즉 '실천적인' 사람 혹은 유물론자로 이해한다. 그리고 진지하지 않은 사람을 우리는 삶을 위에서 내려다볼 줄 아는 정신적인 사람으로 이해하는 것이다. 말하자면 이런 사람은 삶을 때론 해학적(humoristisch)으로 또 때론 비극적으로 대하지만 절대 진지하지는 않다. 해학적인 측면과 비극적인 측면, 이 둘은 동일한 뿌리를 두고 있으며, 양극을 형성하기 때문에 동일한 세계감정에 대한 상호보완적인 표현인 셈이다. 존재를 진지하게 대하지 않는 태도는 해학적인 관점과 꼭 마찬가지로 비극적인 관점과도 연관되는 것이다. 둘은 세계를 공허와 무상함으로 보는 깊은 확신을 발판으로 삼고 있다. 그러므로 프리드리히 대왕이라는 인물이 그의 시대 소수의 비극적 인물에 속하며, 동시에 미묘한 반어로 둘러싸여 있다는 말도 나올 법한 것이다.

그러나 인생의 말년에 그는 늙은이 프리츠(Fritz)로서 다른 모든 위대한 인물, 이를테면 괴테와 칸트, 입센과 톨스토이, 미켈란젤로와 렘브란트가 그랬듯이 완전히 비현실적인 유령과 같은 형태를 취하며 초월적인 투명인간처럼 살면서 이미 절반은 다른 세계의 시민처럼 행동했다. 무시무시한 고독이 그의 주변으로 확산되면서 "노예들을 지배하는" 일에 지쳐 자신의 그레이하운드 옆에 묻히고 싶다고 했다.

분명 그는 중대한 결점이 있었지만, 인류의 총아들 역시 결점이 없지 않았다. 온 시대가 그에게 환호를 보냈다. 그도 그럴 것이 그는 누구보다 더 강했지만, 더 인간적이었으며, 더 지혜로우면서도 더 바보 같았기 때문이다. 케사르와 돈키호테, 햄릿과 포틴브라스[57]가 한 사람 안에 모두 들어있는 꼴이다. 스위스에는 그가 전투에 패했을 때 화를 참지 못해 병이 난 사람들도 있었다. 그와 동맹을 맺기까지 했지만 대륙으로의 권력팽창을 실현하진 않은 영국에서는 그의 승리를 국가축제로 환영하기까지 했으며, 파리에서는 그에게 반대

---

[57] Fortinbras: 셰익스피어의 작품 『햄릿』에 등장하는 인물.

하는 당파를 결성하는 것이 사회적으로 불가능했다. 그리고 러시아에서는 왕위계승자인 표트르의 지휘 아래 그를 기념하는 성대한 궁정파티가 열렸고, 심지어 나폴리와 스페인에서는 그를 그린 그림을 팔기도 했다.

정치가　　덴마크의 베른스도르프[58] 장관은 프리드리히 대왕 이전의 프로이센을 신체발달의 단계에서 식욕이 왕성한 비쩍 마른 젊은이의 몸에 비교했다. 볼테르는 그런 단계의 프로이센을 '변방왕국'이라고 조소했던 것이다. 사실 역사책에 기록된 지도를 보면 본질적으로 둘로 쪼개져 있는 해안 지역과 서쪽의 작은 몇몇 나라로 구성된 국가가 그러한 형태로 살아남기란 불가능하다는 사실을 깨닫게 된다. 어떤 정치적 조직체에도 무력으로 자신을 확장할 권리가 없다고 말할 경우에만 프리드리히 대왕이 슐레지엔으로 손을 뻗은 것에 대해 분개할 수 있을 것이다. 영토의 1/3을 더 확장하고, 인구를 절반 이상 더 늘림으로써 프로이센은 비로소 내륙을 발판으로 한 확고한 안정성을 확보한 것이다. 사실 그런 발판 없이는 열강은 꿈도 꿀 수 없는 일이었다. 이런 맥락을 이해할 때에만 프리드리히가 그 같은 유혹을 뿌리칠 수 없었던 이유도 충분히 이해할 수 있는 일이다. 그러나 그는 프로이센의 굶주린 몸체에 슐레지엔을 합병한 순간부터 스스로 배가 부른 것으로 여겼다. 1745년 드레스덴(Dresden)에서 그는 꼭 그럴만한 상황만 오지 않는다면 앞으로는 고양이 한 마리도 포획하지 않을 것이라고 밝혔다. 그는 자신의 군사 이력이 이제 완결된 것으로 본 것이다. 이는 분명 성실하게 지켜진 것으로 생각된다. 그가 7년 전쟁, 말하자면 세 열강을 상대로 한 전쟁은 달리 어쩔 수

---

[58] A. P. Bernsdorff(1735~1797): 덴마크의 정치가.

없어 치른 것이 아니지 않는가 하는 것은 그저 정신이 오락가락하는 사람이나 주장할 수 있을 뿐이다. 아무튼, 그 자신도 정신이 박약하지 않았기 때문에 그에게 가장 좋은 기회로 비친 바로 그 순간에 당연히 그는 그 전쟁을 시작했다.

'잔혹한 기습'과 1740년의 '불성실한 조약파기' 따위와 같이 밑도 끝도 없는 소문들이 기록되고 인쇄되었다. 프리드리히가 국본조칙에 대한 의무를 지고 있었다는 것은 오스트리아가 날조한 거짓이다. 황제는 프리드리히 빌헬름에게 자신을 지지해준 대가로 라인 공국을 계승하도록 인준했었다. 그러나 10년 뒤 그는 빌헬름에 맞서 프랑스 · 영국 · 네덜란드와 공동보조를 취해 그가 그 인준 요구를 포기하도록 강요한 것이다. 프리드리히 대왕은 오스트리아가 완벽히 무장할 때까지 기다리지 않고 오히려 슐레지엔을 한겨울에 점령했다. 이는 당시의 교전 수칙에서 보자면 전대미문의 사건으로서 지금까지의 관습으로써는 도무지 생각할 수 없는 그의 용기와 독창성에 대한 증거일 뿐이지만, 오스트리아를 두고 보면 둔함과 게으름의 징표일 따름이다. 단순하지만 그래서 의표를 찌르는 그의 논리는 우선 그 땅을 점령하고, 그다음 철수를 놓고 협상을 벌인다는 것이었다. 그는 자신의 장관 포데빌(Podewil)에게 이렇게 편지를 썼다. "내가 그대에게 문제의 해결책을 주겠소. 유리한 위치에 있을 때는 그것을 자신에게 유용하게 활용해야 할까요, 그러지 말아야 할까요? 나는 나의 군대와 모든 것을 이용할 준비가 되어 있소. 이를 이용하지 못한다면 나는 좋은 것을 손에 들고서 그 용도를 모르는 꼴이 되고 마는 것이오. 그런데 그것을 철저하게 이용하면 사람들은 내가 내 이웃을 능가하는 우월성을 멋지게 이용할 줄 아는 노련함이 있다고 말할 것이오." 1743년 그는 자신의 비망록 초안 서문에서 회고조로 이렇게 말한다. "나는 제 민족들의 기존 관습이 우리 시대에까지 적법한 것으로 취급해온 정책을 변호하진 않을 것이다. 그저 간단하게 나는 폭력의 망상과 남용을 정당하게 해주는 실천을 이행하는 것이 내가 보기에 모든 영주에게 마치 의무처럼 통하게 된 그런 이유에 대해 말하고 싶을 뿐이다. 솔직히 말한다면 영주의 이웃들은 그의 공정성을 감언이설로 기망하려 하며, 그에게는 그저 덕성이 됨직한 것도 잘못된 편견과 그릇된 추론으로 결점처럼 보이게 만든다. 가만히 생각해보면 이러한 관점과 여타 많은 것이 나로 하여금 영주들의 습관에 나를 맞추게 했던 것이다. (…) 결국 끔찍한 필연을 선택하여 자신의 백성이나 자신의 약속을 포기하도록 강요받는 일을 목격하게 된다. (…) 여기서 군주는 자기 백성의 안녕을 위한다면 자신을 희생할 수밖에 없는 노릇이다." 2류급 영주라면 유감스럽게도 부정할 수 없는 현실인 이같이 섬뜩한 도덕적 딜레마를 놓고 이토록 깊고도 명백한 객관성, 꾸밈없는 고매한 객관성을 견지하며 말할 수나 있었을까? 그러한 영주라면 이런 비극적 갈등이 있다는 사실을 눈치라도 챘을까? 그의 다양한 삶의 국면과 관련된 이와 유사한 수많은 고백에서 감동적인 삶의 비극의 숨결이 우리에게로 불어오고 있다. 미리 정해놓은 순수 직관의 세계에 대한 정신의 형식을 좇는 천재는 운명에 복종하듯 자신을 희생할 흐릿한 실천의 지대 속으로 미끄러져 들어가는 것이다. 이처럼 믿음이 가지 않는 책략가이자 서슴없는 현실정치가의 정신이 현실로 비쳤다. 그런데 참으로 사람들이란 특이한 것이다. 요컨대 자신들 가운데서 인간의 의무를 나눠 가지지만 그 의미가 무엇인지 알고 그것으로 고통을 겪는 사람이 등장하면 그가 자신들보다 더 위대하고 더 훌륭하다고 말하진 않고 오히려 그가 성인군자가 아니라고 헐뜯기 일

쑤이다.

덧붙이자면 사람들은 프리드리히 대왕의 내적 본질뿐만 아니라 그의 대외정책 체계도 대개 완전히 왜곡되게 평가해왔다. 사실 그는 오스트리아의 '숙적'이 결코 아니었다. 우리가 들어왔던 것은 합스부르크가의 왕정이 오스트리아 왕위계승 전쟁 시작 때부터 가공할 만한 위기에 빠졌다는 점이다. 그런데 당시 그는 자신과 오스트리아의 단독강화조약을 통해 이 왕정을 구제한 인물이다. 클라인-슈넬른도르프(Klein-Schnellendorf) 협정 때문에 오스트리아가 출정시킬 수 있었던 유일한 군대는 바이에른과 프랑스에 맞서 마음대로 할 수가 없었다. 프리드리히 대왕은 향후 프랑스가 형언할 수 없는 힘의 우위를 점할 수도 있을, 오스트리아의 완전한 분쇄(Zertrümmerung)를 진지하게 고민하지도 않았다. 그는 늘 그랬듯이 슐레지엔만 원했을 뿐이다. 그런데 마리아 테레지아는 슐레지엔 점유를 완강히 고집했다. 그가 합병해도 정당했다는 – 대개 늘 피정복자들이 호소하는 모호한 '국제법'의 환상이 아니라 문화사라는 상급 판단기관에 기대서도 그렇긴 하지만 – 것은 아주 분명한 사실이다. 이는 이후 프로이센-슐레지엔의 정신적·도덕적 상태를 오스트리아 여타 지역의 그것과 비교해보면 쉽게 이해가 된다. 그가 성취한 대외정책의 가장 중요한 업적 중 하나는 세 번의 전쟁을 치르면서 요구하여 얻은 슐레지엔과 마찬가지로 그 가치를 충분히 인정받지 못한 것으로서 서프로이센에 대한 무혈 합방이다. 이를 통해 그는 자신의 왕국을 처음으로 명실상부한 북구의 열강으로 끌어올렸다. 이는 근대 유럽의 역사에서 가장 의미 있는 '구획정리' 중 하나가 된다.

그는 이 나라들을 모범적으로 관리했다. 그의 역동적이고도 적합한 개혁 조처는 모든 분야로 뻗쳐나갔다. 그는 프로이센 보통법

(Landrecht)의 창시자였으며, 일반-초등학교-근무규칙 이행을 통해 공부를 독려하고, 넓은 늪지와 습지 지대를 간척하여 농업을 장려하고, 중요한 운하건설을 통해 상업교역을 촉진시켰다. 반면 새로운 국도를 닦지는 않았다. 이는 수레꾼들로 하여금 억지로나마 지방에 더 오래 머물면서 더 많은 것을 소비하도록 하기 위함이었다. 여기서 그는 시대정신에 취해있었던 셈이다. 우리는 이미 앞 장에서 프로이센과 여러 다른 나라에서 중상주의가 과도하게 범람했다는 점에 대해 알아본 터다. 프리드리히 빌헬름 1세는 여러 모직물 판매가 손해를 보지 않도록 하려고 장례 날짜를 길게 잡는 것을 금지했으며, 당시 많이 유행한 날염 처리된 영국산 면직물 행상인들에게는 목에 칼을 차게 하는 벌을 내릴 것이라고 협박했다. 프리드리히 대왕도 1752년 자신의 『정치적 유언(Politisches Testament)』에서 이렇게 말한다. "상업과 가내공업 활동에서 근본적으로 금지할 것은 돈을 나라 밖으로 가져나가는 것이다. 예전에는 외국에서 가져온 그 모든 것을 이제는 국내에서 생산할 것이다." 그러면서 그는 공직자가 외국 온천장을 찾는 것을 금지했으며, 백성들에게는 외국 여행을 할 때 총경비를 지정된 금액만큼만 소지하도록 했다. 모든 가계는 소금을 구입할 때 최소한의 금액만을 사용할 수 있게 할 정도로 세밀한 규제조항이 따랐다. 결혼할 때 왕실 도자기공장에서 만들어진 상품만 이용하게 했다. 그런데 이 같은 독재에는 유익한 측면이 없진 않다. 국내산 명주실 생산을 위해 광활한 뽕나무 대농장이 조성되었고, 홉 및 감자 농사가 국가관리 안에서 눈부시게 발전한 것이다.

나폴레옹은 이렇게 말한 바 있다. "천재는 근면이다." 이러한 천재의 정의도 바로 프리드리히 대왕에게 딱 어울린다고 할 수 있다. 믿을 수 없는 말로 들릴지는 모르지만, 이 나라에서는 바로 그 한 사람의 두뇌와 노동력이 실로 모든 것, 이를테면 가장 거창하고 가장 투박한 것에서부터 가장 작고 가장 섬세한 것에 이르기까지의 그 모든 것을 산출했다. 수천 명 감독관의 눈에서 최후의 실타래까지 포함하는 국가기구 전체가 조정되고 있다는 사실을 목격하는 것은 동시대인들에게는 교훈적이면서도 역설적으로 가슴 조이고 소름 끼치게 하는 광경일 수밖에 없다. 여기서 대왕은 천재의 근면만 아니라 다면성도 입증해 보였다. 이런 관점에서 그를 율리우스 케사르에 비교해도 지나친 말은 아닌 셈이다. 이 천재적인 인간은 뭐든 할 수 있고 모든 것을 알고 모든 것을 이해한다. 그는 결코 전문가가 아니다. 그는 주어진 환경이 바로 그에게 요구하는 것을 충족시킬 수 있다. 특정한 것에 '붙박이지' 않는다. 그는 삶의 박식가이다. 자신이 포착한 것을 자신의 힘으로 밀고 나간다. 이 힘이 당장 승승장구하는 형태로 전개되도록 하려면 일시적인 적용영역에서도 항상 불가분의 동일한 힘이 되어야 하는 것이다.

이런 연유에서 가장 깊은 적의를 품은 그의 적들조차도 특별하다고 인정하는 프리드리히 대왕의 업적들 역시 그의 전체 인성과 별개의 것일 수가 없다. 흔히 사람들은 이 총사령관의 활동을 특정한 전문지식과 한정된 전문 재능의 표현으로 취급한다. 그래서 이를 충족시키는 데는 몇몇 군사학교를 졸업하면 충분하다는 식이다. 그러나 의학을 공부했다고 해서 훌륭한 의사가 되기엔 충분치 않으며, 색깔의 활용에 대한 지식이 있다고 해서 위대한 화가가 되는 것이 아니듯이 위대한 총사령관은 인간의 영혼, 세계의 전개, 그리고 알 가치가 있는 모든 것 일반에 대한 깊고 깊은 인식 없이는 생각할 수 없는 노릇이다. 그런 사람은 일종의 예술가여야 하며, 특히 철학자여야 한다. 우리는 앞 장에서 프린츠 오이겐이 그와 같은 인물이

전략가

었다는 점에 대해 이미 들은 바가 있다. 예술가이자 철학자인 인물에 부합되게 당대 가장 위대한 이 사상가가 자신의 주요 저작을 집필했으며, 물론 아무 의미가 없지는 않은 이 저작을 자신에게 '헌정하진' 않았지만, 문자 그대로 그런 맥락에서 집필한 것은 사실이다. 율리우스 케사르는 키케로의 친구였을 (비록 키케로가 그의 정치적 적수이긴 했지만) 뿐만 아니라 작가적·철학적 재능에서 그를 능가하기도 했다. 몰트케(Moltke)를 두고 말하자면, 우리가 뛰어난 사상가를 다루고 있다는 점을 확인하려면 그의 두개골을 살펴보기만 하면 될 것이다. 알렉산더 대왕은 자신의 아버지가 그리스 전체에서 가장 넓은 두뇌, 가장 많은 것으로 채워져 있는 두뇌의 소유자인 아리스토텔레스를 스승으로 지정해준 중대한 사실에 아주 많은 빚을 지고 있다고 누가 말할 수 있겠는가? 나폴레옹과 같은 사람의 활동과 셰익스피어와 같은 사람의 그것을 원칙적으로 구분한다는 것은 의미가 없는 일이다.

그렇긴 하지만 누가 나폴레옹과 같은 인물보다 셰익스피어와 같은 인물이 되고 싶어 하지 않겠는가? 다채로움으로 충만한 세계사 전체를 자신의 작전군단으로 만들 수 있다면 우둔하고 고리타분한 보병부대를 지휘하고 싶은 사람이 누가 있겠는가? 절대 실망하게 하지 않을 빛나는 이상을 사령부의 지시에 맡겨야 한다고 해서 누가 자신의 내면적 운동을 고집불통에 추하고 매사에 실망을 주는 현실에 맡기고 싶어 하겠는가? 인간의 영혼을 이끌 수 있고, 도보 행군(Fußmarsch) 대신 사유 행군(Gedankenmarsch)을 지시할 수 있다면, 누가 인간의 육신을 조종하고 싶어 하겠는가?

위대한 실천가들의 비극은 삶에 붙박여 있는 시인의 비극과 같은 것이다. 우리는 율리우스 케사르를 그의 생애 마지막 몇 년 동안 괴롭힌 대단히 역겨운 삶 때문에 그가 눈치를 채고서도 죽음을 향해 걸어간 일에 대해 알고 있다. 위대한 알렉산더의 이상한 질투는 왜소한 아킬레스에 집착하게 했다. 사실 그의 질투는 아킬레스가 아니라 호메로스를 향한 것이 아니었겠는가! 그런데 프리드리히 대왕이 볼테르와 같은 사람이 아니라 모페르튀[59]와 같은 사람이었다면 자신의 왕좌와 군대, 그리고 자신이 정복한 모든 것과 승리도 기꺼이 즐거운 마음으로 포기했을 것이다.

그는 전쟁을 비준하지 않았다. 전쟁을 운명이 그에게 정해준 자신의 창조적 활동의 장소로 여기고 안타까운 심정으로 견뎌냈다. 그의 마음 바닥에는 누구 하나도 자신을 존중하지 않는다는 생각이 자리 잡고 있었다. 그러나 아무튼 일종의 진정한 인류의 선사시대로만 보이는 지금까지의 역사가 주는 교훈에서 봐도 그는 우리 인간종이 지닌 생물학적 기능을 공공연히 발휘했다. 그가 온갖 상황 아래로 이끌려 갈 수밖에 없었던 와중에도 최상의 경우라면 천재성이 그를 안내했을 때이다.

그 시대의 전략은 흡사 신학·약학·시학처럼 점차 정신이 결여된 형판(型板)과 딱딱한 틀로 경직되어 갔다. 1753년까지의 작센 선제후국 복무규칙이 전해주는 바로는 전투는 피해야만 하고 전쟁의 목표는 '명민한 전술'로 성취되어야 한다는 것이다. 물론 이 전술도 결국에는 전투로 귀결되었지만 흡사 가연성 물질이 하루하루 아주 오랜 기간에 걸쳐 쌓이다가 자체로 폭발하듯이 우연과 기계적인 방식으로 그렇게 되었다. 프리드리히 대왕도 전투를 극단의 비상시에

---

59 P. P. M. de Maupertuis(1698~1759): 프랑스의 수학자. 최소작용의 원리를 발견함.

만 사용할 수 있는 '구토제'로만 보았을 뿐이다. 그러나 그는 이 구토제의 사용을 좀 더 깊이 좀 더 냉정하게 생각해야 할 대상으로 취급했다. 역시 그도 원칙적으로는 당시 유행하던 횡대전술을 고수했다. 이 전술은 전체 보병을 단위별로 조밀하게 밀집시켜 마치 연병장에서 열병식을 할 때처럼 박자에 따라 전진하게 하며, 개개 전사에게 어떤 개별 동기도 허용하지 않는다. 전투 방식이 아주 단순하다. 요컨대 적대적인 두 부대가 서로 정면으로 부딪혔다. 현대전의 의미에서 예비부대라는 개념은 아직 없었다. 프리드리히 대왕은 이제 일종의 예비부대를 형성할 생각에 이른다. 말하자면 적합한 때에 결전을 치르기 위해 한쪽 측면 부대를 우선 후면에 남긴 것이다. 이런 전술은 프리드리히 시대에는 극히 독창적이었지만, 역사에서 완전히 새로운 것은 아니다. 그것은 2000년을 훌쩍 뛰어넘으면 에파미논다스[60]에 연결된다. 에파미논다스 이전 견줄 바 없는 모범적인 대가들로서 스파르타 사람들이 주로 의존한 전술로는 모든 전선의 전투가 동시에 시작되는 것이었지만, 에파미논다스는 자신의 군대를 동일한 열수(列數)로 배치하지 않고 일종의 쐐기 형태로 좌·우를 강화했다. 이로써 그는 그리스 사람들끼리 벌인 전투 중 가장 크고 가장 많은 성과를 낸 전투 가운데 하나인, 라케다이몬(Lakedämon) 사람들을 상대로 한 레우크트라(Leuktra) 전투에서 승리를 거뒀다. 이런 '사선(斜線) 전투대형'은 그 사령관에게 공격 지점을 선택할 수 있게 함으로써 전투에서 주도권을 잡게 했다. 다만 그것이 효력을 온전히 발휘하려면 기습작전이 필요했다. 그도 그럴 것이

---

[60] Epaminondas(BC 410~BC 362): 고대 그리스 테베의 정치가이자 군사전략가.

그런 전투대형은 프리드리히 대왕과 같이 정신과 성격이 강하고 판단이 빠른 인물만 취급할 수 있었기 때문이다. 그렇다고 해서 늘 승리가 보장되는 것은 물론 아니었다. 이 방법을 보강하려면 그가 가장 탁월하게 발전시킨 기병공격과 결정적인 장소에 대한 집중된 화포공격도 필요했다. 그러나 이 모든 혁신에서 바로 혁명적일 만큼 본질적인 것은 혁신조치들로 표현된 강력한 공격정신이다. 이제는 온갖 어렵고 까다로운 작전을 수행하려고 전쟁을 치르는 것이 아니라 오로지 승리하려고 전쟁을 치렀다. 이 단순하고도 자명한 생각도 그 시대에 사라지고 말았다. 조금 과장한다면 프리드리히 대왕 이후 바야흐로 근대 역사에서 공격적인 전투가 나타난 것이라고 말할 수 있을 것 같다. 그의 부대는 기막힐 정도의 기동력을 선보이기도 했다. 이로써 그는 당대 기적과 같은 인물이 되어 그 세기가 끝날 무렵 나폴레옹도 깜짝 놀랄 전형적인 영웅이 되어 있었다. 그는 발로리 (Valory) 후작에게 이렇게 말했다. "내게는 세 가지 원칙이 있소. 그것은 강력하게, 신속하게, 그리고 곳곳에서 동시에라는 것이오." 사실 이 원칙에는 그의 모든 전략이 함축되어 있다. 냉정한 숙고와 상황에 대한 주도적인 장악력을 동반한 신속함을 통해 그는 늘 자신보다 약간 더 우물쭈물하는 적들에게 승리를 거둔 것이다. 이런 기동력을 그는 비록 애국적이진 않지만 적어도 '프리드리히처럼' 생각하는 그의 예하 부대들에도 적용할 수 있었다. 이들 부대와 함께 그는 로스바흐(Roßbach)와 로이텐(Leuthen) 전투에서 자신보다 두 배 이상으로 훨씬 더 강했던 적을 눌렀다. 이 전투는 근대 전쟁사에서 독보적인 기념비를 이룬다. 그의 집권 5년 만에, 요컨대 호엔프리트베르크(Hohenfriedberg) 전투 이후로 그는 대왕이라고 불리게 되었다.

프리드리히 대왕의 경우 바로크와 계몽이 기묘하게 혼재해 있다.

이러한 징후는 그의 시대를 담지하고 있는 셈이다. 이는 로코코로 규정하는 바의 바로 그러한 정신의 상태를 의미하는 것이기도 하다. 정밀과학의 영역에서도 아직 본질적으로는 거대한 바로크의 전통이 지배하고 있었다. 그것은 이론을 우선시하는 경향을 띤, 실험과 발명에 대한 반쯤 장난기 어린 희열과도 관련 있다. 우리는 다만 가장 중요한 성과 가운데 독특한 성격을 드러내는 몇몇 범례만 주목하고자 한다. 1709년 리스본(Lissabon)의 사제 로렌초 구스만(Lorenzo Gusman)이 최초로 풍선을 띄워 올렸다. 그러나 이 풍선은 왕의 궁전 한 외곽 언저리 부분에 이르러 터져버렸다. 1716년 요한 밥티스트 호만[61]은 유럽, 아시아, 아프리카와 남아메리카는 전체가, 그리고 오스트레일리아와 북아메리카는 절반이 나오는, 유명한 『거대한 아틀라스(*Großer Atlas*)』를 편찬했다. 같은 시기에 파렌하이트[62]는 수은온도계를 만들었으며, 대략 10년 뒤에 레오뮈르[63]가 에틸알코올 온도계를 발명했다. 1727년 스테판 헤일즈[64]는 식물생리학의 기초자료라고 할 수 있는 『식물의 정역학(*Statik der Gewächse*)』을 출판했다. 여기서는 이미 근압(根壓)과 즙액운동의 현상이 명료하게 인식된다. 이에 따르면 정확한 구적법(求積法)의 원리에 따라 수액의 양이 결정되는데, 식물들은 수액을 토양에서 흡수하여 공기 속으로 발산함으로써 그 양을 조절한다는 것이다. 1744년 트랑블레[65]는 담수폴립

---

[61] Johann Baptist Homann(1664~1724): 독일의 지리학자이자 지도제작자.

[62] D. G. Fahrenheit(1686~1736): 독일의 물리학자. 최초의 표준온도계를 만듦. 화씨온도를 나타내는 기호 F는 그의 이름(Fahrenheit)의 첫 글자를 딴 것임.

[63] A. F. de Réaumur(1683~1757): 프랑스의 물리학자이자 동물학자.

[64] Stephen Hales(1677~1761): 영국의 생리학자·물리학자.

[65] A. Trembley(1710~1784): 스위스의 박물학자. 담수 히드라, 특히 클로르히드라에 관한 연구로 유명함.

(Süßwasserpolyp) 실험을 통해 많은 이목을 끌었다. 그는 지금까지 식물로 분류됐던 이 생물이 동물로 볼 수 있을 뿐만 아니라 거의 믿을 수 없을 정도로 놀라운 재생능력도 겸비했다는 사실을 증명했다. 그는 이 생물을 서너 조각으로 자르거나 양분하고, 심지어 장갑처럼 뒤집어놓기도 했다. 그런데 이 모든 조처도 이 생물이 다시 생명력이 있는 복잡한 본래의 표본으로 재생되는 것을 방해하진 못했다. 1년 뒤 리베르퀸[66]은 장융모(腸絨毛: Daumzotte)의 구조와 기능에 관해 기술했다. 1752년 인쇄업자이자 신문 발행인이었던 벤저민 프랭클린[67]은 전기의 첨단작용에 관한 자신의 연구에 근거하여 피뢰침을 발명했다. 그를 두고 나중에 달랑베르는 이렇게 말할 정도였다. "그는 하늘로부터 번개를, 폭군에게서는 주권을 탈취했다." 모페르튀는 북극 탐험여행 끝에 지구가 극성 타원형임을 깨달았다. 람베르트[68]는 광도측정 기술을 개발하고, 혜성궤도를 규명했으며, 지도제작 기술을 혁신했다. 동판조각가 뢰젤 폰 로젠호프[69]는 자신이 '수충(水蟲)'이라고 부른 아메바의 특이한 운동을 발견하고 이에 관해 기술하면서 화려한 색채를 가미한 동판화로 구체화하기도 했다. 보렐리[70]는 근육이 달라붙어 있는 뼈를 지레라고 규정했으며, 발리오니[71]는 혈액순환을 수압기의 가동에, 호흡기관을 송풍기에, 내장기

---

[66] J. N. Lieberkühn(1711~1756): 독일의 물리학자.
[67] Benjamin Franklin(1706~1790): 미국의 정치가 · 외교관 · 과학자 · 저널리스트. "시간은 돈이다!"라는 격언으로 유명함.
[68] J. H. Lambert(1728~1777): 독일의 물리학자 · 천문학자 · 수학자 · 철학자.
[69] A. J. Rösel von Rosenhof(1705~1759): 독일의 미니어처 화가 · 박물학자 · 곤충학자.
[70] G. A. Borelli(1608~1679): 이탈리아 르네상스 시대의 물리학자이자 수학자.
[71] G. Baglioni(1566~1643): 이탈리아 초기 바로크 시대의 화가 겸 예술사가.

관을 여과기에 비유했다. 뛰어난 식이요법을 도입했을 뿐만 아니라 오늘날도 그 자신이 이름을 붙인 건위제로 유명한 프리드리히 호프만[72]도 인간의 신체를 기계장치로 본 반면, 게오르크 에른스트 슈탈[73]은 '애니미즘'이라는 정반대의 입장을 취했다. 그런데 슈탈은 '연소이론(Phlogistontheorie)'의 창시자이기도 하다. 이 이론에 의하면 물체가 탈 때, 그리고 부패하거나 발효할 때 물체에서 빠져나가는 연소(燃素: Phlogiston)가 있기 때문에, 즉 '가연성의 원리'가 작동하기 때문에 물체는 처음보다 더 가벼워진다. 하지만 상기해보면 이미 보일은 사람들이 나중에 산화(Oxydation)라고 이름을 붙인 과정에서 무게가 증가한다는 사실을 증명한 바가 있다. 물론 이러한 현상의 원인을 몰랐던 것은 1771년에 이르러서야 프리스틀리[74]와 셸레[75]가 산소를 발견했기 때문이다. 그래서 슈탈도 인정할 수 없었던 것이고, '열화학'의 원리들이 논란의 여지 없이 거의 그 세기 전체를 지배한 것이다. 그 시대의 지도적인 생리학자인 알브레히트 폰 할러[76]는 의학 전체를 자극 이론에 입각하여 정립하면서, 질병 일체는 일상적인 자극의 가능성을 높이기도 하고 낮추기도 하기 때문에 자극을 강화하거나 약화하는 약을 처방할 수 있다고 가르쳤다. 물리학은 여전히 뉴턴의 영향 아래 있었다. 뉴턴의 유명한 추종자는, 대학의 사강사(私講師, Privatdozent)였던 젊은 철학박사 임마누엘 칸트였다. 그는 1755년 이래 '칸트-라플라스 이론(Kant-Laplacesche Theorie)'에 대부

---

[72] Friedrich Hofmann(1660~1742): 독일의 의학자이자 유명한 의학 저술가.
[73] Georg Ernst Stahl(1659~1734): 독일의 의사·물리학자·화학자.
[74] Joseph Priestley(1733~1804): 영국의 신학자·자연주의 철학자·화학자.
[75] C. W. Scheele(1742~1786): 스웨덴의 화학자.
[76] Albrecht von Haller(1708~1777): 스위스의 생리학자.

분 수용된 천체의 생성에 관한 이론을 책으로 출판하기도 했다. 이 이론에 따르면 세계는 본래 우주 연무로 이루어져 있다. 그 비중의 차이 때문에 이 연무는 점차 나뉘어 어떤 덩어리가 형성되고, 이 덩어리는 더 큰 부피 덕분에 더 작은 분자들을 끌어당기는 힘을 발휘하여 점점 더 커져 나간다. 이때 마찰 때문에 계속 불꽃이 발생하여 태양이 형성된다. 이 태양의 세력권 안에 있는 물체들은 태양 속으로 떨어짐으로써 태양을 더 크게 만들거나 인력을 가진 태양의 고유한 원심력이 평형을 유지함으로써 태양의 둘레를 회전한다. 모든 천체의 처음 상태는 용액의 불덩어리이며, 이 불덩어리가 계속 열을 방사함으로써 방울로 떨어지는 상태로 되었다가 결국 굳어지는 단계로 넘어간다. 우리의 지구도 이러한 방식으로 형성된 한 고차원적인 별세계 가운데 하나일 뿐이다. 우주의 발전은 영원히 지속되지만 개별 천체의 생존기간은 한계가 있다. 어느 날 혹성이 태양 속으로 곤두박질칠 것이며, 이 태양도 언젠가는 꺼질 것이다. 그러나 이 같은 기계론적인 우주론도 칸트를 무신론으로 이끌지는 않고 오히려 그것을 가장 치명적으로 논박하게 한다. 바로 이러한 우주론에 내재한 엄격한 법칙성이야말로 신의 존재를 가장 극명하게 입증해준다는 것이다.

이 시·공간에서 가장 풍성한 결실을 본 자연과학자는 복잡한 『자연의 체계(Systema naturae)』를 구상한 스웨덴 사람 카를 폰 린네[77]였다. 그의 주요 업적은 '이중 학명'을 엄격히 관철한 점에 있다. 말하자면 그는 모든 식물과 동물의 이름을 두 가지 라틴어 이름으로 쓰게 했다. 즉 유와 종으로 표기토록 한 것이다. 예컨대 개·늑

문란한
식물들

---

[77] Karl von Linné(1707~1778): 스웨덴의 박물학자.

대 · 여우는 **개과의 친족**(*canis familiaris*), **개과의 늑대**(*canis lupes*), **개과의 여우**(*canis vulpes*)로 표기했고, 오이와 멜론은 **박과의 오이**(*cucumis sativus*)와 **박과의 멜론**(*cucumis melo*)으로 표기했다. 그는 학명에 명료하고도 적합한 설명을 절묘하게 곁들였다. 광물들도 그 외적 형태와 내적 구조, 그 강도와 광학적 반응에 따라 분류했다. '플로라'는 (이 표현도 그에게서 시작된 것인데) 자웅 두 꽃의 식물로서 꽃술의 수와 길이와 모양에 따라 좀 더 세밀하게 분류하는 데 이용했다. 그는 수술과 암술이 같은 식물에 있는지, 아니면 상이한 식물에 있는지 혹은 자웅 두 꽃으로 혼재해 있는지 자웅이화 식물을 표본으로 하여 구분했다. 그리고 그가 이해한 은화식물(隱花植物)은 너무 작아서 그 꽃과 열매를 좀처럼 지각할 수 없는 식물에 속한다. 이러한 구분법은 그 외설적인 속성 때문에 수많은 공격을 샀다. 여러 수꽃술이 공동의 씨방을 내연의 관계로 하여 사는 식물에 대한 이야기가 극히 외설스러운 것이다. 이처럼 선정적인 상태를 두고 사람들은 그것이 꽃에 대한 비방일 뿐만 아니라 그토록 수치스러운 매음을 허용치 않을 신에 대한 능멸이기도 하다고 했다. 상트페테르부르크 출신의 한 생물학자는 그처럼 수치스러운 체계는 공부하는 젊은이들이 접하지 못하게 해야 한다고 썼다. 린네는 원숭이와 함께 인간을 영장류로 분류하여 또 한 번 세상을 깜짝 놀라게 했다. 그러나 여타 대부분의 경우 그는 전혀 다윈주의를 따르지 않고 다음과 같은 말로 성서적 창조사의 관점을 표방했다. **"현재의 종은 최초 세계에 존재했던 것과 같은 종이다."**

깨어나는
자연 감각

당시 '계몽된', '실용적인' 사상, 즉 자연과학에 기초한 자유로운 경향의 사상의 본거지는 영국이었다. 의미심장한 기구인 프리메이슨 조직도 영국을 그 출발지로 삼았다. 1717년 **프리메이슨 단원들**

(freemasons)이 그 최초의 대(大)로지(Großloge)를 형성했다. 그들의 명칭은 프리메이슨 단원들이 노동조합 차원의 결합에서 나왔다는 사실과 관련 있다. 그들의 이상적 목적은 보편적 관용과 실천적 인간애를 구현할 솔로몬 사원을 건립하는 것에 있었다. 그러나 좀 더 설명할 훨씬 더 중요한 사실이 있는데, 그것은 영국이 근대적 자연감각의 탄생지라는 점이다. 1728년 랭글리[78]는 자신의『원예술의 새로운 원리들(Neue Grundsätzen der Gartenkunst)』에서 '영국식 정원'이라는 최초의 프로그램을 구상했다. 여기서 그는 자연을 불구로 만들어 영혼을 없애는 기하학적인 베르사유 공원 전통에 단호히 맞서 나무를 직선으로 줄 세우는 것을 더 이상 허용치 않고 불규칙한 정원만을 용인하려고 한다. 곧 그것은 야생으로 성장하는 덤불, 작은 숲 단지, 홉 농원, 방목지, 암벽과 계곡 따위를 말한다. 그런데 이 모든 것은 - 여기서도 여전히 진짜 로코코의 감정이 읽히는데 - 인공적으로 조성될 수밖에 없는 노릇이다. 울타리 안의 사슴과 노루는 자유로운 자연생활이라는 착각을 유발할 수 있고, 인공 조성된 고적지, 심지어 캔버스에 그려진 큰 산조차도 야생의 낭만을 불러일으킬 수 있다는 식이었다. 달라진 징후가 있긴 하지만, 여전히 바로크의 원리, 이를테면 자연에서 극장식 장식을 취한다는 원리가 지배했다. 이 같은 이념은 윌리엄 켄트[79]의『꾸민 농원(fermes ornées)』에서 일부 실현되었다. 프랑스 출신으로서 최초로 영국을, 그것도 대단히 예찬한 몽테스키외는 영국에서 귀향한 후인 30년대 초에 자기 가문 저택의 공원을 영국식 정원으로 개조했다. 깨어나는 자연 감각은 당시

---

[78] B. Langley(1696~1751): 영국의 조경사. 건축 저술가.
[79] William Kent(1685~1748): 영국의 저명한 건축가 · 조경건축가 · 가구 디자이너.

선호되었던 '**전원 무도회**(*bals champêtres*)'와 이른바 '농장'이 증언해주는 셈이다. 이러한 것을 통해 상류층의 부인들과 남자들은 포도주점 주인, 농민, 사냥꾼, 어부 행세를 하면서 '단순한 전원생활'을 놀이처럼 즐겼다. 썰매 타기도 재미있는 놀이였다. 시인 클롭슈토크는 '얼음지치기'를 노래하기도 한다. 여름엔 우아한 부인들이 챙이 넓은 목동의 밀짚모자를 친숙하게 썼다. 우선 중요한 것은 자연과 놀아나는 것이었기 때문이다. 본질적인 측면에서 보자면, 산세의 풍광과 고적에 대한 숭배에도 불구하고 사람들이 염두에 둔 것은 낭만적인 자연이 아니라 감동적인 향연을 열 수 있는 전원적인 자연이었다. 그것은 어린 양떼가 노닐고 작은 개울이 흐르며 사람들의 발끝에 부드럽게 눕는 초원의 자연이다. 당시 자연풍광에 낼 수 있었던 최대의 찬사는 '아늑함'이라는 표현이다. 게다가 이 같은 관점 한가운데를 관통하고 있는 것은 탐욕스러운 합리주의와 실용주의다. 사람들은 시골의 자연을 특히 입맛 돋우는 채소와 영양가 높은 우유, 그리고 신선한 달걀을 공급하기에 좋아한다. 고산지대는 싫어했다. 1755년까지만 해도 새뮤얼 존슨은 영국인들이 세계의 기적이라고 찬탄한 그의 『사전(*Dictionary*)』에서 산악을 "병적인 기형이자 지표의 부자연스러운 종기"라고 말하면서 스코틀랜드의 고산지대를 다녀온 후 이렇게 썼다. "꽃이 피어있는 목장과 물결이 이는 밀밭에 익숙한 눈은 절망스러울 만큼 황량한 이 넓은 지대 앞에서 아연실색할 지경이었다." 이는 바로 빵과 버터를 제공하는 지대만을 즐거운 마음으로 바라본다는 뜻이다. 고산지대는 불모지이고, 그래서 매력적일 수 없다는 것이다. 세간의 많은 이목을 끌었던 할러의 시 「알프스(Die Alpen)」도, 도덕을 설파하고 정치화하는 측면이 없진 않지만, 스위스의 풍경에 한갓 인간적인 감흥을 곁들였을 뿐이다.

근대적인 영국인은 그 시대에 이미 대응할 준비가 되어 있었다. 성서와 장부
그에게는 **분노**(*spleen*)와 **위선**(*cant*)과 **사업**(*business*)의 정서가 혼재했다.
가끔 고정관념으로 양념을 치지만 깊이는 원인 규명으로, 의미는
명료함으로 대체하는 처세술과 냉정한 태도가 뒤섞여 있었다. 교훈
을 지니고 있으면서도 병적인 혐오증과 위선이 있었고, 사업 수완
을 부릴 때만큼이나 경건하기도 했다. 축제 때는 신과 영원을 믿었
지만, 주중에는 물리학과 증권시세표를 믿었으며, 두 경우 모두 똑
같은 정성을 기울였다. 일요일에는 성서가 장부(帳簿)였지만, 평일에
는 장부가 그의 성서였다.

앤(Anne) 여왕의 죽음으로 왕좌는 하노버(Hannover)의 선제후에게
넘어갔다. 이로써 또다시 영국과 대륙의 한 열강의 개별 동맹이 성
사되었다. 조지 1세는 자신의 뒤를 이은 같은 이름의 세 명의 후임
처럼 정신적으로 별 중요한 성과를 내지 못했다. 그는 국어인 영어
를 섭렵하지 못했으며, 내무회의를 주관할 수 없을 만큼 서투른 라
틴어로 자신의 공직자들과 소통했다. 그의 총리는 하노버가가 영국
왕위를 계승하는 문제를 해결할 때 이미 실무를 맡았고, 교묘한 매
수방식을 동원하여 하원 다수로 하여금 그를 지속적으로 지지하게
한 로버트 월폴[80]이었다. 그 시대의 부패 양상은 존 게이[81]가 『거지
오페라(Beggar's opera)』에서 풍자적으로 기막히게 묘사했다. 물론 이
작품은 당시 유행하던 이탈리아식 오페라에 대한 패러디이기도 하
다. 그러나 초연에서 매수에 대한 풍자 노래 부분이 앙코르 박수갈
채를 받고 재창되었을 때 월폴은 바로 자신에게도 의원 전체가 재

---

[80] Robert Walpole(1676~1745): 영국의 정치가.
[81] John Gay(1685~1732): 영국의 시인·극작가.

성서와 장부 | 285

청의 갈채를 보내도록 요청하기에 충분한 정신을 지니고 있었다. 외교정책 전체의 업무를 관장했던 의회에서 그는 휘그당에 의존했다. 조지 2세 치하에서도 그는 자신의 견해를 내세웠다.

안락

조지 2세가 통치하는 동안 아마 영국 전체 역사에서 가장 중대한 결과를 낳은 비상한 사건이 일어났다. 로버트 클라이브[82]가 동인도에 영국 지배의 발판을 놓은 것이다. 이로써 영국은 끊임없이 쇄도하는 쌀과 설탕, 향신료와 식물성 기름 등으로 세례를 받았다. 매콜리는 이렇게 말한다. "클라이브가 등장하기 전까지만 해도 영국 사람들은 한갓 행상인에 불과했다." 돈 사냥이 시작되었다. 자체로 흡족해하면서 살았던 배타적인 작은 섬의 원주민들이 졸지에 세계 상인들과 상선들 및 거대투기꾼들의 손아귀에 놀아나게 된 것이다. 인도에서 '나보프(Nabob)'라는 새로운 부호가 등장했는데, 이들은 현지에서 그들에게서 강탈한 재물을 마치 졸부들처럼 보란 듯 자랑하면서, 자수성가한 사람으로 부러움을 사는 만큼 경멸을 받기도 한 새로운 사회계급을 형성했다. 공공생활 전체의 상업화가 미친 듯 진행되었다. **상품견본을 밑천으로 한 무역**이 시작되었고, 수공업의 노동생산품을 간단히 밀어낸 금융업자들에 의해 조직된 **경영제도**가 도입되었다. 이들은 선금을 치르고 낮은 가격에 상품을 미리 확보했다. 이는 사실 근대의 전형적인 두 가지 경제 형태이다. 동시에 넘쳐나는 현금의 공급은 역시 지금까지의 근세에서 들어보지 못한 **안락**(comfort)이라는 개념을 만들어냈다. 이 어휘의 발생사는 독특하다. 본래 영어로는 '위로', '용기를 북돋움' 등과 같은 여러 가지를 뜻했지만, 독일어로 번역되면서 이제는 '쾌적함(Behagen)', '잘 지냄

---

[82] Robert Clive(1789~1854): 영국의 보수주의 정치가.

(Wohlbefinden)', '편안함(Bequemlichkeit)'의 의미로 쓰인다. 영국인들의 경우 실제로 최고의 위로가 되고 용기를 북돋는 일이 되며, 자기 실존을 궁극적으로 인정받는 일은 잘 지낸다는 것에 있다. 왕정복고기와 윌리엄[83]식의 혁명기에 영국에서 살았던 칼뱅파 성직자 리처드 백스터[84]는 자신의 책 『기독교 안내서(Christlicher Leitfaden)』에서 이렇게 말한다. "신을 위해 부유해지도록 일해야 한다." 사업의 성공은 신에게 선택받았다는 증거로 통한다. 이는 예정조화에 대한 백스터의 관점이자 영국의 보편적 관점이기도 하다. 기독교적인 정당화의 자리를 시민적 · 실용적 · 행복론적 정당화가 대신한다. 이 땅에서 잘 사는 사람은 정당하며, 가난한 사람들은 불운하고 저주받은 이들로 통한다. 복음주의 교리가 선례가 없는 냉혹함과 천박함으로 뒤집힌 꼴이다.

텐은 당시 영국을 두고 비교할 수 없을 정도로 입체적인 방식으로 말한다. "여기서는 목사란, 사제복을 입은 국민경제학자일 뿐이다. 그는 양심을 밀가루처럼 취급하고 악덕에 대해서는 수입금지 품목을 대할 때처럼 전쟁을 벌인다." 생활에서 이의 전형은 "**시간은 돈이다**"는 말의 창조자이자 읽을거리에서 영웅 대접을 받는 벤저민 프랭클린에게서 가장 압축적으로 구현된 것처럼 보이며, 문학에서는 대니얼 디포[85]의 작품, 『요크 출신 로빈슨 크루소의 삶과 이상야릇하게 놀라운 모험』으로 기묘하게 형상화된 듯하다. 로빈슨은 어떤 상황에서든 살아남는 유능한 인간이다. 그는 실용적인 국민경제

프랭클린과 로빈슨

---

[83] William: 영국 왕으로 옹립된 빌렘 반 오라녜의 이름을 땀.
[84] Richard Baxter(1615~1691): 영국 프로테스탄트 교회의 지도자이자 시인.
[85] Daniel Defoe(1659~1731): 영국의 소설가 · 저널리스트. 『로빈슨 크루소(Robinson Crusoe)』로 유명함.

학자이자 정치가이고 기술자이며, 신을 믿는 유신론자이기도 하다. 왜냐하면 신을 믿는 것조차 상당히 실용적인 것으로 인식했기 때문이다. 특기할만한 사실은 디포가 책만 200권 이상 쓴 것이 아니라는 점이다. 그는 우박 피해 및 화재 보험 회사와 저축은행을 설립했다. 그의 철학의 핵심은 아버지 크루소가 여행을 떠나는 아들에게 들려주었던 다음과 같은 말에 포함되어 있다. "중산층은 모든 덕행과 기쁨의 원천이고, 평화와 충만이 그의 수행원이란다. 바랄만한 가치가 있는 단정한 만족 일체가 중산층의 생활방식과 연관되어 있다는 사실을 우린 알고 있단다. 이 길에 들어설 때 우리 존재는 **육체적 긴장이나 정신적 초조함으로 초췌해지지 않고** 편안하게 보낼 수 있는 거란다."

가족소설과
최루희극

디포 및 프랭클린과 함께 영국 가족소설의 창시자인 리처드슨[86]이 등장한다. 그 역시 가게 주인으로서 가게를 돌보는 일을 본업으로 했다. 4000쪽이 넘는 그의 가장 성공적인 작품은 다음과 같은 멋진 제목을 달고 있다. "클라리사, 혹은 한 젊은 아가씨의 이야기 (Clarissa, oder die Geschichte eines jungen Mädchen): 가족생활에서 가장 중요한 관계를 품고 있고, 특히 불쾌한 일을 폭로해주며, 부모와 자식들이 결혼이라는 큰일을 치를 때 신경을 곤두세우지 않으려면 꼭 읽어봐야 할 이야기." 역시 유명한 또 다른 한 소설의 표제는 덧붙일 것이 없는 고유한 개성을 드러낸다. "파멜라, 혹은 보상받는 정숙(Pamela, oder die belohnte Tugend): 한 멋진 젊은이가 청춘 남녀의 정신 속에 정숙과 종교의 공리를 촉구하기 위해 자신의 가족에게 부치려고 쓴 일련의 가족 편지. 사이사이에 이목을 끄는 감동적인 다양한 이야기를

---

[86] Samuel Richardson(1689~1761): 영국의 작가.

곁들인 따사로운 배경과 편안한 대화가 있는 작품으로서 마음을 순화하기는커녕 단순히 재미를 위해 집필된 수많은 글에서처럼 마음을 자극하는 온갖 비유는 말끔히 순화되어 있음." 이런 가족소설에 쌍벽을 이루면서 훨씬 더 재미있고 실감 나는 희곡 장르인 '시민비극'의 아버지 조지 릴로[87]는 보석세공인이었다. 이 장르는 **최루희극**[88]으로서 프랑스로 급속히 퍼졌다. 그 추종자들은 larmoyant를 '감동적인(rührend)'이라는 말로, 그 반대자들은 '눈물겨운(weinerlich)' 이라는 뜻으로 번역했다. 이 장르의 최초 대표자는 니베르 드 라 쇼세[89]였다. 그를 염두에 두고 여배우 키노[90]는 감성적인 장면이 진짜 비극적인 장면보다 청중에게 훨씬 더 많은 즐거움을 준다고 지적한 바 있다. 항상 낯선 성과에 신경을 곤두세우고 있던 볼테르도 곧 이 장르에 뛰어들었다. 이 분야에서 독일 최초의 작품은 겔레르트의 『부드러운 누이들(Zärtliche Schwestern)』이었다. 자신의 고국 사람들에게 국민희극, 즉 국민연극을, 좀 더 심하게 말하면 국민적 거울(Nationalspiegel)을 선사하는 데 성공한 이는, 좀 과장해서 부를 땐 '덴마크의 몰리에르'로 통하기도 하는 홀베르뿐이다. 그의 연극에서 그의 고국 사람들은 지나치게 아부하지도 않지만 사랑스러운 모습으로 희화화된 형태로 비친다. 진정한 모든 희극작가의 기질이 그렇듯, 그도 속기 작가였을뿐더러 매우 부지런한 저널리스트이자 역사

---

[87] George Lillo(1693~1739): 영국의 극작가이자 비극배우.

[88] *comédie larmoyante*: '눈물을 자아내는 희극'이라고 하여 일명 감상적 희극 이라고도 칭함. 18세기 프랑스의 희곡작가 라 쇼세(La Chaussée)가 본격적 으로 발전시킨 극형식.

[89] Nivelle de la Chaussée(1692~1754): 희극과 비극의 경계를 허문 프랑스의 극작가.

[90] J. Quinault(1699~1783): 프랑스의 여배우·극작가.

가였으며 통속 철학자였다. 그는 떠돌이 바이올린 연주자요 배고픈 대학생으로 시작하여 수십 년간 광신적인 목사들과 무식한 속물들, 그리고 학식 있는 바보들을 견뎌내느라고 소모적인 싸움을 벌이고는, 결국에는 당시 멸시받던 연극작가와 궁색한 배고픈 교수로서는 누릴 수 없는 이력인 지주이자 남작으로 여생을 보냈다. 그러나 그가 제대로 성공을 거둔 때는 죽고 난 뒤였다. 사람들은 평범하기 짝이 없던 그의 작품에 힘의 역동성이, 진부하기 짝이 없는 것에는 왕성한 생명력이 들어있음을 감지하기 시작한 것이다. 안데르센[91]이나 입센[92]의 시대가 오기 전까지 스칸디나비아는 더 이상 그토록 자유로운 주권과 강력한 반어를 겸비한 그렇게 예리하고도 풍요로운 현실 관찰자를 배출하지는 못했다.

주간지   그런데 각성한 시민계층에게 가장 의미 있는 문필 사건이 되는 것이라면 그것은 바로 영국에서 주간지가 발행된 것이라고 할 수 있다. 1709년 스틸[93]은 자신의 핵심조력자 애디슨(Addison)과 함께 『태틀러(Tatler)』라는 주간지를 발행했고, 이어서 1711년에는 『스펙테이터(Spectator)』를, 1713년에는 『가디언(Guardian)』이라는 신문을 펴냈다. 이러한 신문 프로그램에 대해 애디슨은 다음과 같이 에둘러 말한다. "사람들이 소크라테스를 두고 말할 때 그가 하늘에서 철학을 가지고 내려온 것은 철학이 인간들과 함께 살아가도록 하려는 것이었다고 한다. 나는 사람들이 나에 대해 말할 때 내가 아카데미와 학교에서 철학을 가져온 것은 철학이 작은 모임이나 단체, 찻집

---

[91] H. Ch. Andersen(1805~1875): 덴마크의 동화작가.
[92] H. Ibsen(1828~1906): 노르웨이의 시인·극작가. 근대 사실주의 희극의 창시자. 『인형의 집』이 유명함.
[93] R. Steele(1672~1729): 아일랜드 태생의 영국 작가이자 정치가.

이나 커피하우스, 집이나 사무실, 혹은 공장에서도 회자되길 바라는 마음에서 비롯된 것이라고 얘기했으면 좋겠다는 마음을 갖고 있다." 곧이어 곳곳에서 그를 모방하는 자들이 나타났다. 위대한 새뮤얼 존슨은 『아이들러(*Idler*)』와 『램블러(*Rambler*)』를, 단아한 희극작가 마리보[94]는 『프랑스의 구경꾼(*Spectateur français*)』을 펴냈다. 영국 풍속 소설이 까다로운 도덕교육은 제외하고서 진정 열정적으로 모방의 대상으로 삼게 되는 『기사 그뤼와 마농 레스코의 모험(*Aventure du chevaliere de Grieux et de Manon Lescaut*)』의 저자였던 아베 프레보[95]는 7년간 『찬성과 반대(Le Pour et le Contre)』라는 잡지를 발행했다. 이탈리아에서는 노장 고치[96]가 『오세르바토르(Osservatore)』라는 잡지를 펴냈다. 이런 종류로 독일 최초 간행물인 『담론의 제분기(Discourse der Mahlern)』는 스위스에서 보드머와 브라이팅어가 출간했다. 이 잡지를 본떠 3년 뒤 함부르크에서 『애국자(Patriot)』가 발행되었으며, 고트셰트가 「이성적인 여성 혹평가들(Vernünftige Tadlerinnen)」과 「우직한 사람(Biedermann)」을 기고했다. 이 같은 수많은 잡지 가운데 어떤 것은 오해하기 쉬운 다음과 같은 제목을 달고 있는 것도 있었다. "매주 빛을 보는 신부(Die Braut, wöchentlich an das Licht gestellt)." 이 분야에서 따라올 자 없는 대가로 남아 있는 애디슨을 두고 스틸은 이렇게 말한다. "그는 생활과 풍습을 이상화하지 않는다. 항상 그는 자연과 현실에 엄격하다. 너무 충실하게 본떠서 그가 고안했을 것이라고 말할 수 없을 정도다." 사실 그는 노련하면서도 성실한, 진부하면서도 정교한 당대의 살롱사진사 그 이상도 이하도 아니었다. 요컨대 그 시대 구색에 잘

---

94 P. de Marivaux(1688~1763): 프랑스의 소설가·극작가.
95 Abbé Prévost(1697~1763): 프랑스의 소설가.
96 G. Gozzi(1713~1786): 이탈리아 계몽주의 시기의 시인·평론가·신문기자.

맞춘 포토앨범을 만들어냈던 것이다. 이러한 작업이 어느 시대나 그렇듯 그것은 가치가 풍부하면서도 가치가 없는 그런 것이었다.

호가스 화가 윌리엄 호가스[97]는 그림 시리즈를 통해 바람기 있는 여자의 삶의 행적, 유행을 좇는 결혼생활의 운명, 탕아의 역사, 성실함과 게으름의 운세에 대해 특이한 유머 없이 풍자적으로 그려낸다. 그의 그림들은 동판화로 찍혀 널리 보급되었으며, 이로써 내용에서뿐만 아니라 형식에서도 일종의 회화의 저널리즘을 형성했다. 겉으로 보기에 그것들은 일종의 주간지와 도덕적인 소설들에 쌍벽을 이룬 셈이다. 그러나 실제로 이 두 가지 현상은 결코 서로 비교할 수 없는 것들이다. 그도 그럴 것이 호가스는 모럴리스트이자 훈장선생이기도 했지만, 우선은 예술가이기 때문이다. 말하자면 그는 무게와 예리함으로 가득 채워진 현실에 충실한 서술자이자 지고한 취향과 정신을 겸비한 색채의 시인이었다. 오로지 그 시대 자신의 훈계에 헌신하여 철학 없이도 위대할 수 있었던 셈이다. 그러나 리처드슨과 애디슨은 그 시대 시민적인 도덕 파토스를 자신들의 강력한 삶의 원천으로 삼았다. 그들의 창작활동 일체가 이 원천을 먹고 살았다. 그들이 위대하게 되지 못했거나 보잘것없게 된 것은 이 원천이 없어서가 아니라, 오히려 이 원천 때문이었다. 그들은 화가가 되고 싶었기에 문사의 반열에 오르지 못했다. 호가스는 자신의 사명을 이상하게 이해하여 문사가 되려 했지만 결국에는 위대한 화가로 남았다.

심술궂은 시인들 이 모든 냉정한 태도에는 영국인의 정신에서 영원한 속성을 이루는 심술기도 관련이 없진 않다. 이런 심술기는 묘지 및 유령과 관련된 시로 구체화된다. 1743년 로버트 블레어[98]는 암시적인 5각약강

---

[97] William Hogarth(1697~1764): 로코코 시대의 영국 화가.

격(五脚弱强格: Blankvers) 시의 변이형태로 시체 · 관 · 한밤중 · 무덤에서의 울음 · 유령의 공포와 같은 테마를 다룬 시집 『무덤(The Grave)』을 출간했다. 같은 시기에 에드워드 영[99]의 시(詩) 「삶과 죽음과 영생에 대한 밤의 고민들(Night Thoughts on Life, Death and Immortality)」과 토머스 그레이[100]의 시 「시골 교회 무덤가에서 읊은 비가(悲歌) (Elegy, written in a country Churchyard)」가 나왔다. 이 비가는 가슴을 죄는 듯한 어두운 풍경의 이미지로 채워져 있는 동시에 마치 최초의 감성적인 부드러운 입김을 불어내기라도 하는 것 같은 느낌을 준다. 그러나 이러한 심술을 부린 천재는 병적인 마성(魔性)에 얼굴을 찌푸린 초등신대의 모습을 취한 세인트패트릭(Saint Patrick) 성당의 교구 신부였던 조나단 스위프트였다.

각 시대는 저마다 어느 정도 구호에 의존한다. 당시의 구호는 '자유사상(Freidenkertum)'이다. 자유사상가의 선구자들은 17세기의 '광교회파 신도(Latitudinarier)'로서 기독교 분파의 온갖 종파적 구분을 비본질적인 것으로 선언하고 오로지 성서에 기록된 '근본진리'만을 구속력 있는 것으로 간주했다. 존 톨런드[101]는 1696년에 발표한 자신의 저술 『기독교는 신비주의가 아니다(Christianity not mysterious)』에서 복음주의자들의 경우 반자연성이 없을뿐더러 초이성적 성격도 담고 있지 않다는 점을 증명하려 하면서 최초로 **자유사상가들**(freethinkers)에 대해 언급한다. 이어서 안소니 콜린스[102]도 1713년에 쓴

---

[98] Robert Blair(1593~1666): 스코틀랜드의 시인. 묘지파(墓地派) 시인의 형성에 영향을 끼침.
[99] Edward Young(1683~1765): 영국의 시인 · 극작가 · 문학비평가.
[100] Thomas Gray(1716~1771): 영국의 시인이자 고전주의 연구 학자.
[101] John Toland(1670~1722): 영국의 합리주의 철학자 및 자유사상가.
[102] Anthony Collins(1676~1729): 영국의 이신론자(理神論者)이자 자유사상가.

자신의 글 『자유사고론(A discourse of freethinking)』에서 자유사상가들을
상세하게 다루었다. 그리고 울스턴[103]은 신약성서를 알레고리로 해
석한다. 매튜 틴들[104]은 자신의 논문 『천지창조만큼 오래된 그리스
도교(Christianity as old as the creation)』에서 기독교는 예부터 존속해온 자연
적인 종교이고 처음부터 완전했으며, 단지 그것을 부활시켰을 뿐이
라는 입장을 취했다. 1735년 이후 독일에서도 자유사상가의 글이
출현한다. 요한 크리스티안 에델만[105]은 교구에 반대하는 글을 발표
했다. 이 글에서 그는 실증 종교를 '성직자들의 고안물(Pfaffenfund)'로
규정하지만, 그의 글은 그의 긴 수염이 끌었던 만큼의 이목을 끌진
못했다. 허치슨[106]은 최초로 미를 과학적으로 분석하면서 신학에 대
해 예술을 옹호한다. 그에 의하면 선만큼 미도 확실한 내적 감각의
요청에 따라 인식된다. 이 세기의 초엽 샤프츠버리 백작도 이와 유
사한 관점에서 출발했다. 그는 일종의 도덕 미학을 창안했다. 그에
게 미는 선과 같다. 공통 기준은 마음에 듦이다. "일단 미를 추구하
다보면 선이 주어지게 될 것이다." 예절도 일종의 좀 더 섬세한 감
각과 관련되며, 취향 못지않게 교양능력과 교양욕구를 지닌 도덕적
배려와 관련 있다. 일종의 윤리적 기예를 숙달하는 일이 인간이 해
결해야 할 숙제이다. 이런 의미에서 '악'은 곧 무능과 딜레탕트를
나타낼 뿐이다. 예술과 마찬가지로 윤리학의 본질도 하모니, 즉 이
기적인 감정과 사회적인 감정의 화해에 있다. 같은 의미에서 시인

---

[103] Th. Woolston(1668~1733): 영국의 신학자.
[104] Matthew Tindal(1657~1733): 영국의 이신론주의 작가. 초기 계몽주의에 많
은 영향을 끼침.
[105] Johann Christian Edelmann(1698~1767): 독일의 자유주의 철학자.
[106] F. Hutcheson(1694~1746): 스코틀랜드 계몽주의에 많은 영향을 끼친 철학자.

포프[107]는 자신의 유명한 『인간론(An Essay on man)』에서 이기적인 정신운동과 이타적인 정신운동 사이의 관계를, 자체 축을 중심으로 돌아가는 지구의 자전과 태양을 중심으로 돌아가는 공전에 비교하여 일목요연하게 설명했다. 샤프츠버리가 가르치는 것은 민감한 귀족의 철학이자 동시에 생활예술가의 철학이다. 그는 근대 역사에서 최초의 '유미주의자' 가운데 한 사람이며, 그와 직접 연결되는 인물은 "예술가에게 악덕과 미덕은 그저 재료일 뿐이다"라고 말한 오스카 와일드[108]이다. 반대로 윤리학을 거의 기괴할 정도로 논리화하는 것은 울러스턴[109]에게서 볼 수 있는데, 그는 부도덕한 행위 일체가 오판에서 비롯된다고 생각한다. 예컨대 살인의 경우 죽은 사람에게 다시 생명을 부여할 수 있다는 억측에서, 동물을 학대하는 행위는 동물은 어떠한 고통도 느끼지 못한다는 잘못된 관점에서, 신에 대한 불복종의 경우 자신이 신보다 더 강하다는 그릇된 신념에서 비롯된다는 것이다. 한편 맨드빌[110]은 자신의 주저 가운데 하나인 『꿀벌의 우화, 혹은 사적인 해악이 공공의 이익을 창출했다(The fable of the bees, or private vices made public benefits)』에서 이미 그 제목이 암시하듯 근대 국가제도에 대한 냉소적인 입장을 드러낸다. 요컨대 개개인의 이기적인 양심 없는 경쟁이 전체의 번영을 위한 추진력이 된다는 것이다.

그러나 당시 영국 철학에서 가장 독특한 현상은 데이비드 흄[111]이다. 신기원을 이루는 그의 업적은 인과율 개념의 해체와 관계있다.

---

[107] Alexander Pope(1688~1744): 영국의 시인이자 비평가.
[108] Oscar Wilde(1854~1900): 아일랜드의 민족주의자로서 극작가·시인·소설가. 대표적인 희곡으로는 『진지함의 중요성』(1895)이 있다.
[109] W. Wollaston(1659~1724): 영국의 합리주의 철학자·도덕사상가.
[110] B. Mandeville(1670~1733): 네덜란드 태생의 영국 풍자작가.
[111] David Hume(1711~1776): 영국 경험주의 철학의 대표자.

그는 그 개념을 습관, 즉 동일한 경험의 빈번한 반복에서 설명한다. 이에 따르면 우리는 경험에 비추어 판단할 뿐이다. 말하자면 A라는 사건이 먼저 있고, 그다음에 B라는 판단을 내린다는 것, 즉 **사후검증**(post hoc)이 이루어진다는 것이다. 그러나 우리의 정신은 이것으로 만족하지 않으며, 언제나 재차 목격되는 일련의 사건에 근거하여, A가 있고 그 결과 B가 생겨난다고 말하게 한다. 이를테면 우리 정신은 사후검증에서 **사건 때문에**(propter hoc)를 추론하는 것이다. 그런데 실체(Substanz)에 대한 이데아도 동일한 표상들을 같은 형질의 집단으로 묶는 우리의 습관에서 비롯된다. 이런 식으로 하면 자아의식(Ichbewußtsein)도 설명 가능하다. 우리가 받은 인상을 동일한 주체에 규칙적으로 연관 지으면 그 주체는 그러한 인상의 불변적인 담지자가 된다. 사실 그 담지자는 '표상들의 다발'에 불과할 뿐인데도 말이다. 바로 이런 관점의 의미에서 흄은 계약론(Vertragstheorie)에도 반대한다. 말하자면 인간들이 국가 조약을 체결하기도 전에 이미 필요에 의해 단결하게 되었다는 것이다. 필요에 의해 습관화한 복종이 작동하여 계약 없이도 정부와 신하가 형성되었다는 식이다. 이 모든 것이야말로 진짜 영국식이다. 신중하든 단견적이든 경험을 독재적 방식으로 강조하는 행태, 모든 형이상학과 관념론에 대한 불신, 모든 것을 관습에 근거하여 설명하는 뿌리 깊은 보수주의, 경탄할만한 예리함과 그 힘을 통해 거의 심오한 감각으로 변하는 냉정한 평이성 따위가 그런 것이다.

버클리   바이닝거[112]는 『성과 성격(Geschlecht und Charakter)』에서 다음과 같이 아주 예리하게 논평한다. "흄을 선택할 것인가 아니면 칸트를 선택

---

[112] Otto Weininger(1880~1903): 오스트리아의 철학자.

할 것인가 하는 문제는 **성격학적**으로도 설명이 가능하다. 이는 내가 두 사람 가운데 하나를 선택·결정해야 한다면, 한쪽은 마카르트[113]와 구노[114]의 작품을, 다른 한쪽은 렘브란트와 베토벤의 작품을 최고로 간주한다는 점에서 그렇다는 뜻이다." 다른 자리에서 그는 일반적으로 흄이 과대평가 받고 있다고 말한다. 이런 과대평가와 영국에서 실제로 가장 위대한 철학자가 되는 것 사이에는 별 연관성이 없지만, 흄은 그런 호칭을 누릴만한 자격이 없었다. 우리의 관점에서 보자면 그러한 명예는 흄의 '선구자'인 주교 버클리[115]에게나 어울림직하다. 버클리는 영국 혈통 출신이지만 아일랜드에서 태어나 그곳에서 교육을 받아 영국식이면서도 매우 다양한 아일랜드 정신을 겸비한, 지성의 가장 영예로운 대표자 가운데 한 사람으로 대접을 받게 된 것이다. 그는 진정 자유롭고 극도로 독창적이면서도, 창의적이고 역설적인 철학을 창조했다. 이를 기점으로 해서 사람들은 그를 전형적인 영국 경험철학자로 부를 수 있게 된 것이다. 그도 그럴 것이 그는 가장 엄격한 유명론을 설파했기 때문이다. 그에게 추상적 이념이란 스콜라주의자들의 고안물일 뿐이다. 그것들은 학회가 회오리를 일으켜 사물들을 흐릿하게 보이게 만드는 모래먼지일 뿐이고, 한갓 표상으로도 존재하지 않아 비현실적일 뿐만 아니라 존재 가능한 것도 아니다. 색깔이나 삼각형 따위는 존재하지 않고 단지 특정한 외관상 빨간색과 푸른색, 직각삼각형과 둔각삼각형이 보일 따름이다. 일반적으로 '나무'에 대해 말할 때 누구든 은연

---

[113] Hans Makart(1840~1884): 오스트리아의 역사화가.
[114] Charles Gounod(1818~1893): 프랑스의 작곡가. 독일 및 이탈리아 양식을 배제하려고 노력함.
[115] G. Berkeley(1685~1753): 아일랜드 출신 영국 경험주의 철학자의 대부.

중에 어떤 구체적인 나무 개체를 생각한다는 것이다. 말하자면 다양한 지각으로 형성되는 개별 표상들만 있을 뿐이다. "나는 여기 있는 버찌를 바라보고 느끼며 맛을 보면서, 볼 수 없고 맛볼 수도 없으며 느낄 수도 없는 것은 존재할 수 없다고 확신한다. 따라서 버찌는 현실적인 것이다. 말랑말랑함, 촉촉함, 빨강, 새콤달콤함의 지각을 빼고 나면 버찌는 존재하지 않는다. 왜냐하면 버찌는 이런 지각과 다른 존재가 아니기 때문이다." 색깔은 보이는 것이며, 울림은 들리는 것이고, 객체는 지각되는 것이다. 요컨대 **존재하는 것은 지각되는 것이다**(esse est percipi). 우리가 볼 수 없는 것(Undurchdringlichkeit)이라고 부르는 그것은 바로 저항감뿐이다. 팽창 · 부피 · 운동은 지각이 아니라 우리가 우리의 인상에 곁들여 생각하는 상태와 관련 있다. 지각이 아닌 이런 구체적인 실체들은 알려지지도 않을뿐더러 실존하지도 않는다. 그런데 이 같은 철학이 지닌 유일성과 극도로 재기발랄한 성격은, 다른 모든 유명론처럼 그러한 확신을 통해 감각주의나 유물론으로 이끌리지 않고 오히려 배타적인 유심론과 관념론으로 이끌리고 있다는 점에 있다. 버클리에 따르면 모든 현상은 신이 스스로 만들어내고, 개별 정신들과 지각으로서 공유하는 신의 표상과 다름없다. 신에 의해 산출되는 모든 이데아가 서로 연관을 맺고 있는 그 전체를 두고 우리는 자연이라고 부른다는 것이다. 인과율은 신에 의해 유발되는 표상들의 순열이다. 신성은 절대적이고 전능하므로 언제라도 이 질서를 바꾸어 자연의 법칙을 교란할 수도 있다. 이런 경우를 두고 우리는 기적이라고 한다. 따라서 세상에는 신, 정신과 이데아 이외 현실적인 것은 아무것도 없다.

몽테스키외
와
보브나르그

그러나 영국을 정복하고 거기서 다시 유럽을 정복한 것은 버클리의 체계가 아니라 경험주의였다. 대륙에서 이 영국 철학을 최초로 대표한 중요한 인물은 몽테스키외였다. 우선 그는 자신의 작품『페르시아인의 편지』에서 프랑스에 주로 비판을 가했다. 당시 프랑스의 관청과 상황, 이를테면 교황의 교회와 수도원제도, 고해와 독신생활, 종교재판과 종파갈등, 낭비와 조세제도, 돈에 의한 매수와 귀족의 특권, 아카데미의 쇠퇴, 로(Law)식 은행사기와 계몽된 절대주의를 포함한 절대주의의 지배 등속을 진지함을 감춘 채 익살스럽게 폭로했다. 7년 뒤에 재기 넘치는 치밀한 사서(史書),『로마의 성쇠 원인에 관한 고찰(Considérations sur les causes de la grandeur des Romains et de leur décadence)』이 나왔다. 이 책이 명확히 암시하는 대상은 민주주의적인 영국과 절대주의적인 프랑스이다. 로마제국의 성쇠와 관련해서 제국이 처음에 번영할 수 있었던 것은 자유 덕분이지만 나중에 몰락하게 된 것은 전제주의 때문으로 기술되어 있다. 그의 세 번째 저서 『법의 정신(De l'esprit des lois)』도 영국식 정신으로 가득 채워져 있다. 여기서는 법과 국가가 토양 · 기후 · 풍습 · 교양 · 종교의 산물로 그려져 있으며, 입헌군주제를 최선의 국가형태로 예찬하고 있다. 몽테스키외와 나란히 활동했지만 동시대인들에게 충분히 인정받지 못한 보브나르그[116] 후작은 연약한 체질에도 불구하고 장교가 되어 서른두 살의 젊은 나이로 죽고 말았다. 볼테르는 그의 높은 정신을 금방 알아본 몇 안 되는 사람 가운데 한 사람이었는데, 자신보다 스무 살이나 어린 이 기묘한 동료에게 이렇게 편지를 썼다. "당신이 몇 해만 더 일찍 이 세상에 태어났더라면 내 작품은 훨씬 더 좋아졌을 것입니다." 보브나르그에게 작가의 최고 속성은 **명료성**(clarté)과

---

[116] C. de Vauvennargues(1715~1747): 프랑스의 모럴리스트. 주저로는『성찰과 잠언』이 있음.

단순성(*simplicité*)을 의미한다. 명료성은 '명민함의 표시', '철학자의 신용증서', '장인의 연미복'으로 통하고, 모호성은 오류의 제국을 나타낸다. 이 모호성은 단순한 표현을 담아내기에는 너무 여린 생각에서 비롯된 것이어서 당장 떨쳐버려야 할 대상임을 가리킨다. 영혼을 시험하는 그의 확실한 기술은 라로슈푸코를 연상시킨다. 그는 사랑이란 자기애(自己愛)만큼 민감하진 않으며, 우리는 우리 자신을 경멸할 수 없어서 많은 대상을 멸시하는 것이고, 대개의 사람들은 미덕 없이 명예를 사랑하지만, 극소수 사람은 명예 없이 미덕을 사랑한다고 한다. 예술로 자만하는 것은 예술을 기망하는 것이라고 설명하면서 여자들에게 수줍음을 타는 것을 예의범절로 정하고 반면에 남자들의 경우 그것을 뻔뻔함보다 더 높게 평가하지 않는다는 점을 기이하게 여긴다. 그런데 이외에도 그에게는 17세기의 군인정신, 이를테면 명예와 용감무쌍함에 대한 영웅적인 열정과 영혼의 고상한 정열이 살아 숨 쉬고 있다. 그가 애호한 말은 '**실행**(*l'action*)'이다. 동시에 그는 미래, 즉 감성의 왕국도 주목한다. 그는 오성만으로 행동하는 사람보다 더 많이 오류에 노출된 사람도 없다고 설명한다. 그로부터 불멸의 명언, 즉 "위대한 사상은 가슴에서 나온다(Les grandes pensées viennent du coeur)"는 말이 연원한다. 그는 가슴으로 말하는 최초의 예언가다. 그러나 아직은, 상당히 강건한 동시에 별로 복잡하진 않은 성에 속하는, 남성적인 비감성적 형식을 취하고 있다.

그런데 이러한 모든 빛도 그 세기의 영웅이었던 볼테르라는 별 옆에서는 그 광도가 약해지고 만다.

당 세기
총괄-대변인

괴테는 디드로를 논평하는 자리에서 흔히 인용되는 다음과 같은 말을 한다. "가계가 오래 존속하면 자연은 결국 개체를 생성하게 되며, 이 개체는 자신의 선조 전체의 속성을 함축하고, 지금까지 징후만을 드러낸 모든 개별화된 기질을 통합하여 온전하게 드러낸다는 사실을 우리는 간파할 수 있다. 민족들의 경우도 마찬가지다. 그 전체의 공적은 행운이 따르면 언젠가 개체를 통해 표현된다. 최고의 감각을 지닌 프랑스 왕이 루이 14세로 출현한 것처럼, 프랑스 사람들 사이에서 생각할 수 있는, 이 민족에게 가장 잘 어울리는 최고의 작가가 볼테르로 출현한 것이다." 이미 우리가 이 책의 서문에서 강조한 것은 천재란 거대한 대중의 수많은 작은 바람과 행위에서 뽑아낸 엑기스일 뿐이라는 점이었다. 이렇듯 각 민족, 각 시대를 포함하여 좀 더 작은 부문, 이를테면 각 부족, 각 도시, 각 계절에도 적합한, 총괄-대변인(Generalrepräsentant)이 있다고 생각할 수 있다. 볼테르가 대변하고 있는 층은 생각할 수 있는 범위에서 가장 큰 반경을 형성했다. 요컨대 볼테르는 프랑스 전체, 그리고 18세기 전체의 정수다. 그래서 그는 모든 결점과 오류, 그의 민족과 시대의 부덕함과 모순의 편람이기도 한 것이다. 괴테가 멋지게 비유했듯 그가 실제로 흐트러져 있는 가계의 특질들을 자신의 골격으로 집약했다고 한다면, 거기에 미적인 흠이 있다고 그에게 비난을 퍼붓는 것은 완전히 난센스에 해당하는 일이다.

괴테는 또 다른 자리, 즉 『시와 진실(Dichtung und Wahrheit)』에서 이렇게 말한다. "볼테르는 자연의 경이로운 창조물이 그렇듯 근세, 아니 어쩌면 모든 세기의 문학에서 항상 가장 위대한 이름으로 취급될지도 모른다." 이는 정신사에서 특이한 경우지만 그의 동시대인들은 그것을 후세대보다 더 진지하게 사실로 받아들였다. 바로 이 때문에 그들은 그를 자신들의 대표자로 여길 수밖에 없었다. 그는 존경받을 만한 가치가 있는 1류급 인사로 대접받았다. 사람들이 큰 산이나 스핑크스를 관람할 때처럼 멀리서 볼테르의 페르네(Ferney) 영지로 관광을 왔다. 한번은 그가 좀처럼 떠나지 않으려 하는 한 영국인을 농담으로 설득하려고 관리인을 시켜 관람비가 6파운드나 든다고 말하게 했을 때, 순간 그 영국인은 이렇게 대꾸했다고 한다. "여기 12파운드가 있소. 내일 다시 오겠소." 그가 여행길에 오르면 젊은 숭배자들이 그를 조금이라도 더 가까이서 보려고 호텔보이로 분장을 했다. 그가 죽기 직전 자신의 작품『이렌(Irène)』의 파리 공연을 마치고 집으로 돌아가고 있을 때 사람들은 그의 말에 키스하곤 했다.

삶의 순교자 　그 후 벌써 다섯 세대가 지나갔음에도 불구하고 지금도 문학사에서 그만큼 우리에게 낯익고 친근한 인물은 보기 드물다. 그의 전기는 우리 시대, 아니 모든 시대에서 들을 수 있는 이야기다. 어디서도 거리를 느낄 수가 없다. 그도 그럴 것이 강점과 약점을 지닌 그는 늘 생동감 넘치는 따사로운 인간이기 때문이다. 그는 일의 도락가이자 고행자라는 특이한 복합적 인물이었다. 이미 소년 시절에 고급 의상과 좋은 음식을 극히 선호했고, 평생 자신의 주변을 값비싼 사치품으로 둘러싸고 싶어 했다. 그러나 이런 사치를 추구하지만, 그것은 실제의 향유 욕구보다는 아름다운 형식과 우아한 모양에 대한 열정에서 비롯된다. 그가 등장했을 때는 **문사**(文士: *homme de lettres*)치고는 사회적으로 용납하기 어려운 사람처럼 비쳤다. 이를테면 무법자 · 건달 · 불한당 · 기식자 · 술고래라는 이름이 어울릴 법했다. 볼테르는 확고하게 뿌리내린 전통과 작별한 최초의 직업작가였다. 맨 처음부터 그는 삶을 고상한 스타일로 이끌면서 그의 인생 후반기를 영주가 누릴 법한 풍요로움과 함께 보냈다. 그는 1,200명의 신하가 딸려 있고, 연간 16만 프랑의 소득을 올리는 스무 개의 영지, 호화로운 별장, 밭과 포도원이 딸린 성, 미술관과 도서관, 값비싼 작은 장식품들과 진귀한 식물들, 일군의 하인 · 우편마부 · 비서진,

마차 관리인, 프랑스 요리사, 불꽃 화약 제조인, 유명한 파리 예술가들이 객원배우로 출연하는 가정 극장, 심지어 '**신을 위해 짓다, 볼테르**(*Deo erexit Voltaire*)'라는 글을 새겨 넣은 머릿돌이 있는 자체 교회까지 있었다. 이런 유복한 생활이 가능했던 것은 한편으론 연금과 책 판매수입 덕분이며(예컨대 『앙리아드(*La Henriade*)』는 그 한 사람에게만 벌써 15만 프랑의 소득을 가져다주었다. 물론 그의 전속배우들에게 일정한 금액의 보수를 지급했다.), 나머지 절반 이상은 그가 수완 좋게 운영한 미심쩍은 돈놀이, 이를테면 주식투기 · 도매중개 · 곡물통상 · 부동산 암거래 · 군납 · 고금리 대부 따위 덕분이었다. 베를린에서 그는 유대인 은행가 아브라함 히르셀(Abraham Hirschel)과 스캔들을 일으킬만한 갈등에 휩싸이게 한 방식의 모호한 거래 때문에 프리드리히 대왕의 불신을 샀다. 레싱은 이 사건과 관련된 자신의 판단을 풍자적으로 간명하게 표현했다. "단도직입적으로 말해, 그 유대인의 계략이 먹혀들지 않은 원인을 간파하면 답은 별 무리 없이 찾을 수 있다. 말하자면 볼테르 선생이 그보다 더 고등사기꾼이었던 셈이다." 당시 그가 히르셀과 맺은 계약에서 추후 몇 마디의 말을 바꿨다는 사실은 입증된 것으로 간주할 수 있다. 평소 사생활에서도 그는 진실에 전혀 엄격하지 못했다. 아카데미를 관장했던 추기경 플뢰리의 자리에 발탁되려고 그는 여러 사람에게 편지를 썼다. 이 편지에서 그는 자신은 착실한 가톨릭 신자이며, 사람들이 자신의 탓으로 돌리는 바로 그 『철학서간(*Lettres philosophiques*)』이 어떤 것인지 자신은 알지 못하며, 그것을 손에 넣어본 적이 없다고 확고히 말했다. 이후 또 한 번 도전을 하여 이번에는 성공을 거둔다. 자신의 명성에 적지 않은 것을 덧보태준 그 영예의 자리를 얻었을 때 그는 루이 15세를 트라야누스[117]에 비유하기도 했다. 『캉디드

(*Candide*)』가 출간되었을 때 제네바의 한 목사에게 그는 이렇게 편지를 써 보냈다. "이제야 마침내 캉디드를 나는 읽을거리로 만들어놓았습니다. 바로 꼭 잔 다르크를 작품으로 쓸 때처럼 이렇듯 형편없는 것들을 대상으로 작품을 만들려면 이성과 감성을 겸비할 수밖에 없다는 점을 목사님께 말씀드리고 싶네요." 사실 예상과는 달리 『오를레앙의 처녀(La Pucelle d'Orléans)』는 일부러 엉터리 같은 이야기를 뒤섞어놓은 것 같았다. 그는 자신의 『파리 의회의 역사(Histoire du Parlement de Paris)』와 관련하여 잡지 『메르퀴르 드 프랑스(Mercure de France)』에 보낸 공개서한에서 이렇게 적었다. "이 같은 작품을 출판하려면 적어도 1년 동안 문서실을 샅샅이 훑어야만 합니다. 저 깊은 바닥까지 내려가다보면 그 당사자로부터 읽을만한 책을 건져내기란 더욱 어려워지기 마련입니다. 이런 작업은 역사보다는 오히려 두꺼운 기록문건이 되고 말 것이기 때문이죠. 그것으로 어떤 출판업자가 내게 저작료를 내려 한다면, 그에게 나는 그 책으로 득 볼 것이라곤 하나도 없다고 말할 것입니다. 예측과는 거리가 멀게도 한 부 이상이라도 판다면 그것은 외려 책의 품위를 손상하는 일이 된다고 봅니다. 20년 동안 프랑스에 없었던 내가 프랑스 법제도를 두고 이런 식으로 개입하려 한다는 주장은 완전히 터무니없는 말입니다." 사전과 관련해서는 달랑베르에게 이렇게 썼다. "여기에 조금이라도 해로운 요소가 있다면 저에게 기탄없이 말씀해주시길 당부합니다. 그러면 저는 모든 언론을 통해 성심성의껏 그것을 웃음거리로 만들 수 있겠습니다." 드 라투르(de la Tour) 지방의 한 예수회 신부에게 보낸 편지에서는 자신의 이름으로 펴낸 책에서 마을교회의 성

---

[117] Trajan(AD 53~AD 117): 로마의 황제. 본명은 Marcus Ulpius Trajanus.

당지기 한 사람이라도 분격케 할 수 있는 쪽이 있다면 그 쪽을 갈기 갈기 찢을 각오가 돼 있다고 설명했다. 그는 누구도 공격하지 않고, 누구의 마음도 해치지 않으며, 누군가 충돌할 수 있는 의견도 내놓지 않고 그냥 조용히 살다가 조용히 죽고 싶다고 했다. 누구와도 부딪히지 않으려 한 의도를 그는 그저 불완전하게 실현했을 뿐이라고 말해도 무방할 것 같다.

물론 그 시대는 교회나 정부에 불신을 살 수 있는 작품을 쓰겠다고 고백하는 것이 작가에게는 위험천만한 일이었고, 볼테르의 모든 동료도 똑같은 발뺌과 익명의 전술을 택했다는 점을 고려해야 할 것이다. 그는 달랑베르에게 이렇게 말했다. "나는 진리의 따뜻한 친구이긴 하지만 순교의 친구는 결코 못됩니다." 그렇긴 하지만 볼테르에게서도 우리는 또 다른 형태의 영웅적 태도를 읽어낼 수 있다. 그것은 곧 삶의 순교자가 죽음의 순교자를 대신한다는 점이다. 고행을 통한 정화는 더 이상 수도원의 울타리 안에서가 아니라 세상 한 가운데로 육박해 들어가는 행위 형태로 추구된다. 더 이상 죽음이 삶의 영예로 비치지 않으며, 삶을 거부하는 사람은 이제 더 이상 영웅으로 취급받지 못하고 생활 속에서 필사적으로 부단히 투쟁하는 사람이 영웅으로 대접받는다.

볼테르의 과민할 정도의 원기 왕성한 투쟁심을 이해하게 되면 그의 수많은 자질구레한 악의도 이해할 법하다. 그런 악의의 면모에서는 프리드리히 대왕도 그를 닮았다는 점에서 대왕과 그의 관계는 각별히 독특한 것이다. 이 두 천재는 불가피한 마찰 때문에 서로 끝없는 증오·애정·정신의 불꽃을 튀겼다. 서로 제휴하는 방식도 아주 특이했다. 프리드리히 대왕은 프랑스에 있는 볼테르를 자신의 궁궐로 데려와 면박을 주려고 그에게 감동을 받은 영향력 있는 수많은 인사 사이에 그 시인의 아주 빼어난 편지를 유포했다. 반면 볼테르는 자신에 비해 왕이 가진 이러한 취약성을 이용해 가능하면 많은 돈을 우려내려고 했다. 나중에 자신이 볼테르에게 너무 많이 지급했다는 사실을 깨달은 프리드리히 대왕은 볼테르가 등불과 설탕을 사용하는 양에 제한을 두기도 했다. 그러면 볼테르는 방에 양초를 켰다. 볼테르에게 공감한 라메트리[118]는 왕이 그를 빗대 다음과 같이 말했다고 볼테르에게 전했다. "사람이 오렌지를 짜고 나면 곧 그것을 버리는 법이지." 반면에 모페르튀는 왕에게 공감하여 볼테르가 왕을 빗대 이렇게 말했다고 왕에게 전한다. "나는 그의 시를 꼼꼼히 읽어봐야 하는데, 그것은 그가 내게 세탁용이라고 더러운 빨랫감을 밀어내놓는 꼴이다." 볼테르는 모페르튀를 겨냥하여 익명으로 인신공격을 가했다. 프리드리히 역시 익명으로 동일한 공격을 가했다. 프리드리히는 볼테르가 프랑스로 귀국길에 오를 때 프랑크푸르트에서 체포하여 체면을 손상시키는 서류를 작성케 했다. 볼테르는 서류를 작성하여 풀려났지만, 프랑스에 도착하자마자 역시 체면을 손상시킬 폭로전을 펼쳤다.

　우리는 볼테르의 인생사에서 바로 충분히 고려해볼만한 점들을 의도적으로 부각했다. 왜냐하면 사람들이 오랜 기간, 그리고 지금도 가끔 이런저런 엇비슷한 작은 특색에서 모호하고 악의적이며 지저분한 성격의 이미지를 조합하려고 해왔기 때문이다. 볼테르를 향해 비난의 화살을 쏠게 하곤 했던 그의 고약한 성격은 오히려 그에게 온통 공명심만 불러일으키게 만들었다. 여기서 그는 아주 불리한

---

[118] J. O. Lamettrie(1709~1751): 프랑스의 물리학자 · 철학자. 계몽주의 시대 최초 프랑스 유물론자의 한 사람. 대표작으로는 『기계인간』이 있음.

방식으로 프리드리히 대왕과 구분된다. 그런데 이 같은 공명심은 대부분의 예술가, 아니 대부분의 사람도 공유하는 것이다. 게다가 그의 공명심은 귀엽고 순진하면서도 화해를 유발하는 유치한 특색도 띠었다. 그가 악의가 있고 정직하지 않았다는 주장은 절반만 맞는 말일 뿐이다. 그도 그럴 것이 전자의 경우 그는 방어적 상황에서 그랬던 것일 뿐이고, 후자의 경우 그의 공명심 혹은 분노가 - 물론 이 두 가지 모두 그가 내보이는 거의 병적일 만큼의 과민 신경에 그 원인이 있지만 - 끼어들 때의 상황과 같은 사소한 일에서만 그랬던 것일 뿐이기 때문이다. 일체의 중대한 문제에서는 사심 없이 정직했다. 그가 무절제할 정도로 이기적이었다는 주장은 완전히 틀린, 이유 없는 것이다. 그가 탐욕을 부렸을 때는 재산을 모으는 기간과 그것을 소유하고 있던 그 순간일 뿐이며, 다른 사람들을 위해 그것을 쓸 때는 사심 하나 없이 위대한 방식으로 소비했다. 그가 재산을 취득할 때의 부당한 방법에 관해서 지적하려 한다면, 잊지 말아야 할 것은 우리가 로코코 시대에 들어서 있다는 점이다. 로코코의 퇴폐적인 성격은 도덕적 기준 일체가 사라졌다는 데서 특히 잘 드러나는 셈이다. 어떻게 그 위대한 지성이 청렴하지 않게 되었던가 하는 질문을 받을 때면 이렇게 응수할 수 있을 것 같다. 그것은 로코코의 정신이 청렴하지 않았기 때문이라고 말이다. 그러나, 중대한 범죄자들의 상대역을 맡아, 시간을 초월하는 자신들의 영혼의 심연에서 고유한 윤리학을 세운 영웅들처럼, 실제보다 부풀려진 영웅들에 볼테르는 포함되지 않으며, 결코 포함되고 싶어 하지도 않았다.

그는 노력하는 젊은 작가들에게 늘 충고를 해주고 돈을 대주었다. 물론 거의 반복적으로 돌아온 것은 배은망덕이었다. 그가 이런 온정을 베푼 것은 아마 그 자신의 청년시절에 대한 일종의 측은지심에서 비롯된 것인지도 모른다. 그는 자신이 비용을 대어 코르네유의 질녀를 양육하도록 했으며, 자신이 세심하게 배려하여 논평을 넣은 코르네유의 작품 신판을 통해 그녀에게 많은 지참금을 마련해주었고, 그녀가 첫 아이를 낳았을 때 12,000리브르를 선사했다. 그는 이렇게 말한다. "노병이 자기 장군의 딸에게 도움을 준다는 것은 지극히 당연한 일이지." 대지주로서 그는 대규모의 복지사업을 시행했다. 노예제도에 반대했고, 늪지를 간척했으며, 넓은 황무지를 개간토록 했고, 번창하는 섬유 및 시계 산업을 활성화했다. 노동자들에게는 자신의 소유지에 집을 짓게 하고 경영 자본을 마음껏 처분할 수 있게 했다. 그를 통해 세상에 널리 알려지게 된 일종의 편파적인 종교재판 사건, 즉 위그노 교도인 장 칼라스(Jean Calas)와 피에르 폴 시르방(Pierre Paul Sirven)이 자신들의 아이 중 하나가 가톨릭으로 개종하려는 것을 막으려고 아이들을 살해했다는 누명을 쓴 상태에서 진행된 재판 사건을 두고 볼테르는, 정의의 승리를 돕기 위해 팸플릿과 에세이, 실증자료와 목격자 진술의 출판, 그리고 자신이 동원할 수 있는 모든 권력자를 총동원하여 열렬한 선동 작전을 펼쳤다. 요컨대 그의 삶의 전체 기본 파토스는 불타오르는 정의감이었다. 그것은 곧 공공의 자의성, 어리석음, 악의와 편파성에 대한, 거의 도취한 듯 몸을 불사를 만큼 불타오르는 뜨거운 적개심이다. 지금의 세계가 그나마 2/5 정도가 불한당, 3/8이 백치들로 그친 것도 상당 부분 볼테르 덕분이다.

볼테르의 활동 한번은 볼테르가 불의 본성이 위로 솟아오르는 것이듯 사람은 노동하기 위해 창조된 것 같다고 말했다. 그는 이 같은 노동과 정신의 불기둥으로서, 경탄해 마지 않는 세상 위로 솟아올라 점점 더 열을 높여 무척이나 밝은 자신의 붉은 빛으로 모든 어둠과 수명(羞明)을 휜하게 밝혔다. 종종 그는 하루 열여덟 시간에서 스무 시간까지 일했으며, 너무 빠르게 받아 적게 해서 비서가 거의 받아 적을 수 없을 지경이었다. 예순넷이나 된 나이에도 자신을 두고 이렇게 말한다. "나는 뱀장어처럼 유연하고, 도마뱀처럼 활발하며, 다람쥐처럼 지칠 줄 모른다." 그리고 이후 20년간 이 상태를 그대로 유지하려고 한다. 프리드리히 대왕은 그에게 다음과 같이 편지를 썼다. "볼테르라는 사람이 아직 존재하고 있다니 실로 놀랍군요. 난 기구에 의존해야 그의 존재를 놓고 입씨름할 수 있는데도 말이오. 어떤 개인도 볼테르 선생에게 맡겨질 이 어마어마한 일을 실현한다는 것이 불가능한 일이외다. 시레이(Cirey)에 세계의 엘리트들이 모여 있는 아카데미가 하나 있다는 것은 공공연한 사실이지요. 그들은 뉴턴을 번역하고 개작하는 철학자들, 그리고 영웅서사시의 작가들, 이를테면 코르네유·카툴루스[119]·투키디데스[120]와 같은 인물들을 추종하는 시인들로 구성되어 있고, 아카데미의 성과물도 군대의 업적이라는 것이 그 사령관에게로 돌아가듯이 볼테르라는 이름으로 나오겠지요." 그가 사망하기 직전에 어떤 작가 한 명이 아첨 어린 방문을 해서는 이렇게 말한다. "오늘에야 간신히 호메로스 선생님을 뵙게 되었습니다. 다음번에는 소포클레스와 에우리피데스 선생께 인사를 올리고, 다음에는 타키투스, 그다음에는 루키아노스 선생께 인사드리겠습니다." 볼테르가 대꾸했다. "이보시게, 난 선생이 보다시피 아주 늙은 사람이오. 그 모든 방문 계획을 한 번에 끝낼 순 없겠소?" 그는 여러 방면에서 라이프니츠만큼 창조적이진 못했지만, 모

---

[119] G. V. Catullus(BC ?84~BC ?54): 고대 로마의 서정시인.
[120] Thucydides(BC 460년경~BC 395년경): 고대 그리스의 역사가.

두에게 감동을 주었고, 자신의 원만하면서도 예리하고, 밝고도 경쾌한 예술적 표현을 통해 수많은 이에게 일종의 창작활동으로 여겨야 할 고전적 형식을 제공했다. 흔히 주장하는 바처럼 그의 위트는 그의 글쓰기 방식의 주요성분이 아니다. 오히려 그 주요성분은 명료성과 형식적 완결성, 뿜어 나오는 듯한 다채로움과 왕성한 활동성이다. 그는 스치기만 해도 치명타를 날리는 전기가오리처럼, 위험한 전류의 흐름에서 자신의 성공적인 작용을 실험하려고 방전의 순간만을 기다리는 완전히 충전된 전기 같았다. 그의 문학적 활동은 한갓 도서관을 채우는 그의 책들만으로 끝나지 않는다. 거기에는 흥미로운 정보를 유통하게 한 당시의 풍습 때문에 상당 부분 공공성을 담고 있는 그의 수없이 많은 편지도 포함된다. 그는 1760년 페르네에 머물던 카사노바에게 그가 받아 모은 약 5만 통의 편지를 보여주었다. 아무튼 눈여겨볼만한 편지로 답장을 쓰는 것이 당시의 관례였기에 그 편지들을 보면 그가 어떤 부류와 통신을 했던가를 알 수 있다. 여기에 덧붙일 것이 있다면 그것은 그가 나눈 대화이다. 당시 그의 지척에 머무른 모든 사람의 증언에 따르면 그 대화가 극히 매력적으로 작용한 것으로 보인다. 기사 부플레르[121]는 이렇게 말한다. "그는 그 자신의 책들을 체현하는 가장 좋은 판본이다."

작가로서의
볼테르

볼테르가 최초로 큰 성공을 거두게 된 것은 바스티유 감옥에서 그 절반을 집필한 서사시 『동맹 혹은 위대한 앙리(La Ligue ou Henri le Grand)』 덕분이다. 이 작품은 그가 감옥에서 어떤 책의 줄 사이에 연필로 쓴 것으로서 5년 뒤에 확대 개작되어 『앙리아드』로 세상의 이목을 끌었다. 그는 예술적인 계획을 세울 때 늘 합리적인 고민에

---

[121] Stanislas-Jean, chevalier de Boufflers(1738~1815): 프랑스의 작가, 군인.

서 출발하는 습관대로, 프랑스 사람들에겐 위대한 서사시가 없지 않느냐, 자신이 그들에게 그러한 시를 선물하는 것이 의무가 아니겠는가 하고 자문했다고 한다. 그리고 그의 나라 사람들은 실제로 그것을 선물로 받았다. 이 작품이 그토록 영향을 끼칠 수 있었던 것은 당시 프랑스와 유럽의 정신적 상황에서만 설명할 수 있다. 그것은 노련한 예술 수공업자이자 명민한 문화철학자의 핏기 없는 냉담한 산물이다. 그것은 사랑 · 평화 · 불화 · 광신 따위를 알레고리로 인격화한 공허한 올가미를 다루며, 호메로스나 단테 혹은 밀턴이 아니라 베르길리우스[122]를 추구하는 경향을 지닌다. 그때는 호메로스를 베르길리우스보다 높게 평가하면 웃어버리는 시대였기 때문에 베르길리우스가 우세하게 보일 뿐이다. 프리드리히 대왕은 취향이 있는 사람이면 누구든 틀림없이 일리아스(Iliad)보다 앙리아드를 더 선호할 것이라고 말한다.

그의 두 번째 서사시 『오를레앙의 처녀』는 잔 다르크를 패러디한 것인데, 이는 기껏 사적인 장난으로 쓴 것이어서 그가 출판하지 않으려고까지 했던 것이다. 그러나 그렇다고 해서 그것을 볼테르의 작품으로 인정하지 않으려 한다면 그것은 당시 교양을 형성하고 있던 부류에게는 용납할 수 없는 일이다. 사람들은 그의 비서를 통해 비밀 사본을 조달할 수도 있었을 테니까 말이다. 그밖에도 이 서사시는 로코코 대중에게 분명 이상적인 읽을거리로 통했을 법한 온갖 특성을 담고 있다. 말하자면 재기발랄하면서도 외설스러웠으며, 가톨릭 교권에 반대되는 성향을 지녔던 것이다.

---

[122] Vergilius(BC 70~BC 19): 고대 로마의 최고 시인. 본명은 Publius Vergilius Maro.

극작가로서 볼테르의 공적은 무엇보다 그가 고대를 사이비로 흉내 내는 전통을 끊어놓았다는 점에 있다. 요컨대 그는 아메리카 · 아프리카 · 아시아를 소재로 한 내용을 무대에 올렸다. 그는, 레싱의 과도한 비판에 동조하여 사람들이 믿었던 것과는 달리, 셰익스피어에게 그렇게 많이 영향을 입은 것이 아니다. 셰익스피어에게서 그가 취한 것은 명민함과 다채로움, 그리고 고차원적 의미에서의 현재성이다. 그가 쓴 "영국에 관한 편지"에서는 어쨌거나 그도 셰익스피어를 진기하고도 거대한 이념을 가진, 힘차고 유능하며, 자연적이면서 고상한 천재로 치켜세운다. 그러나 노년이 되었을 때는 그를 한 마을의 어릿광대, 고딕식 거상, 술에 취한 야인으로 불렀다. 그는 인물 묘사자로서, 그리고 인물 배치자로서 셰익스피어에 한참 못 미치기 때문에 감히 그의 제자라고는 강변할 수 없다. 그의 강점 역시 완성된 형식으로 이루어진 그의 드라마에 있다. 2행마다 대조를 이루는 각운 형식을 특성으로 하는 알렉산더격의 시행은 그 표현에서 모든 것을 불식간에 의표를 찌르는 2행시 형태의 경구 (Epigramm), 변증법적인 교차방식을 빌린 운율이 있는 변론으로 변형하는 효과를 유발한다. 여기서 이제 볼테르는 자신에게 가장 고유한 환경을 찾은 셈이다. 그래서 장광설의 탁월한 대가였던 그가 수사학자들의 민족과 철학의 시대가 좋아했던 극작가가 된 것은 놀랄 일이 아니다.

『앙리아드』의 주제와 목표는 광신과 편협함에 대항해 싸우는 것이고, 『오를레앙의 처녀』의 그것은 기적 맹신과 미신을 조소하는 것에 있다. 그리고 볼테르의 드라마 곳곳에서도 이러한 경향이 지배적이다. 『알지르(Alzire)』는 페루를 정복한 기독교도들의 잔인성과 편협함을 그리고 있고, 『광신 혹은 예언자 마호메트(Le Fanatisme ou

Mahomet, le prophète)』는 벌써 그 제목에서 논박의 의도를 내비친다. 사실 볼테르 스스로 말하듯 그 주인공은 "손에 검을 든 타르튀프(Tartuffe)"에 불과하며, 이 주인공이 종종 고백하는 자신의 목표는 "세계에 대한 기망"이다. 볼테르의 몇 안 되는 작품 중 하나로서 사랑의 문제가 중심을 이루고 있는 『자이르(Zaïre)』에서조차 또다시 종교적 편견에 대한 저주가 주요 문제로 다뤄지고 있다. 한번은 볼테르가 무대를 연단의 대항자로 규정한 적이 있다. 그에게 무대는 언제나 자기 이념을 알릴 수 있는 메가폰을 의미한다. 곧 그것은 연단이고 법정이며 강단이자 철학적 토론장이고 교육적인 익살극의 극장이다. 그러나 결코 그는 인간과 운명을 한갓 자연적인 충동에 이끌리는 형태로 형상화하지는 않는다. 그래서 당대 가장 강력한 이 풍자적인 천재도 희극에서는 성공하지 못한다. 교육자적인 이 작가의 손에서는, 추상적인 작업이 생기를 얻고, 의도한 주인공이 경향의 철사에서 갑자기 풀려나 자립하게 하는 신비로운 무대가 펼쳐지지 않는다. 커피를 마신 그는 자신의 피조물에게 자신을 맡기기엔 정신이 너무 말짱하게 반짝여서 자기통제적이었다.

역사가로서의 볼테르

"나는 당신에게 신기하게 비칠만한 것을 주장하고 싶습니다." 볼테르는 1740년에 다르장송(d'Argenson)에게 이렇게 편지를 썼다. "비극을 쓸 수 있는 사람만이 우리의 메마르고 야만적인 역사에 흥미를 더해줄 것입니다. 연극에서처럼 발단·갈등·해소가 필요한 것이랍니다." 그로 하여금 무대에서 시대에 밀착된 창작물을 만들어내게 하는, 관찰과 형상화라는 그의 이중적 재능은, 그를 역사가로서 시대를 훨씬 앞질러가는 능력을 갖추게 했다. 그의 비극이 역사 철학으로 융해되는 동안 역사에 관한 그의 묘사는 진정한 드라마로 농축되었다. 그의 『루이 14세의 세기(Siècle de Louis Quatorze)』와 『제민족의 풍습과 정신에 관한 에세이(*Essai sur les moeurs et l'esprit des Nations*)』는 최초의 근대 역사서이다. 그는 지금까지 기술된 지루하고도 따분한 출정, 국가 사이의 교섭, 궁정의 음모 대신 처음으로 문화와 풍습에 대해 묘사했고, 제왕들의 역사 대신 민중의 운명을 그렸다. 모두에게 흥미롭고 모든 것을 흥미롭게 만들 줄 아는 그의 정신의 놀라운 민첩성과 역동성이 이 분야에서 특히 도움이 되었다. 그러나 여기서도 그 묘사는 숙적, 즉 교회에 대한 논박에 봉사한다. 역사의 묘사에서 보이는 이러한 경향상의 의도는 문제의 본성상 그의 연극과 서사시에서의 묘사만큼은 감동을 자아내지 못하고, 이상하게도 또 그만큼 두각을 나타내지도 못했다.

그의 글쓰기 활동에서 이처럼 고명한 분야에 그는 그의 인생 후반부에 접어들어서야 비로소 강렬하게 헌신했다. 그 이전 젊은 시절 그가 학문적으로 관심을 둔 주요 분야는 정밀한 부문이었다. 그는 뉴턴 철학을 고전적으로 서술했다. 이로써 뉴턴을 최초로 대륙에 대중화했다. 그는 시레이에 큰 연구소를 하나 두고서, 수학과 물리학 분야에서 비상한 재능을 지닌 샤틀레 부인과 함께 부지런히 실험을 했다. 그를 두고 브로엄(Brougham) 경은 이렇게 말한다. "볼테르가 오랜 기간 실험물리학에 종사했더라면 위대한 발명가 명단에 올랐을 것이다."

철학자로서
의 볼테르

18세기의 의식에서도 볼테르는 비록 그가 독자적인 사상을 산출한 것이 아니라 그저 빛나는 표현 공식을 통한 사회적 봉사만을 주장했을 뿐인데도 불구하고 위대한 철학자의 모습으로 비쳤다. 그의 다양한 철학적 표현을 가장 거창한 하나의 공동체 수준으로 전치해 보면, 그것은 모든 생활에서 가능한 한 최대의 자유를 요구하는 것을 보편적 기본정서로 삼고 있다는 점을 확인할 수 있다. 그는 전제주의에 대항하여 싸웠다. 전제주의를 목격했거나 목격하고 있다고 생각이 드는 곳에서는 언제나 투쟁했던 것이다. 그러면서 그는 모든 정신적·물리적인 분야에서도 개인의 무한 자기결정을 변호했다. 심지어 동성애와 자살의 권리까지도 변호했다. 그래서 혁명가들은 그가 자신들을 지지한다고 선전하면서 1791년 그의 탄생일을 기념하는 거대한 행사를 통해 그의 유골을 판테온[123]으로 옮겼다. 그러나 만일 그가 한결같이 자코뱅파로 살았더라면 아마 그의 탄생 100주년 기념 때 단두대에서 이슬로 사라졌을지도 모른다. 말하자면 그가 자유에 대해 말했을 때 늘 염두에 둔 것은 상층부 만 명이었던 셈이다. 그러나 민중을 두고서는 이렇게 말했다. "민중은 늘 어리석고 야만스럽게 살 것이다. 그들은 멍에와 고삐와 건초가 필요한 황소들이다." 그는 위로부터의 개혁, 요컨대 계몽된 정부를 통한 개혁을 기대했다. 1764년에 그는 이렇게 썼다. "내가 목격하고 있는, 내 주변에서 일어나는 이 모든 일은 틀림없이 출현할 혁명의 맹아를 품고 있다. 그렇지만 나는 더 이상 그것의 목격자가 되기가 어려울 것 같다. 프랑스 사람들은 자신들의 목표를 거의 늘 아주 늦게 취하는 습관이 있지만 어쨌든 그것을 취하게 될 것이다. 그래서 젊은이들은 좋겠다는 생각이 든다. 어쨌든 그들은 멋진 일을 경험할 테니까 말이다." 마지막 말을 잘못 강조하면 사실 그것은 혁명의 예고로 들릴 수도 있다.

볼테르가 자신이 말하고 쓴 그 모든 것에서 자기 시대의 정수로 통했을 때, 종교철학자로서도 그는 진부한 어투를 그 시대와 공유했다. 말하자면 예수에게서 '시골의 소크라테스'를 본 것이다. 예수를

---

[123] Pantheon: 여러 신을 안치해둔 신전. 일종의 만신전(萬神殿)과 같은 것.

평가할 때 그는 무엇보다 그가 위계질서에 맞서 싸운 것으로 이해한다. 이에 따르면, 예수가 일으킨 기적으로 보는 것 중 일부는 나중에 사람들이 지어낸 것이고 또 일부는 미신을 좇는 민중이 자신의 교리를 따르게 하도록 허용한 기만의 산물이다. "우리가 그의 행동을 자세히 살피면 살필수록 더욱 확신하게 되는 것은 그도 자신을 세상에 알리고 싶어 하는 약점을 지닌 정직한 몽상가이자 선량한 사람이라는 점이다." 복음주의에 대한 이러한 비판은 볼테르가 실제로 그의 우직한 전기작가 다비드 프리드리히 슈트라우스[124]의 진부함에 가까이 다가서 있는 몇 안 되는 영역에 포함된다. 그런데 슈트라우스는 그에 대해 어떤 노장 교사가 악마를 내쫓는 미사에서 예고하듯 예측했다. 간단히 말해 볼테르는 자신의 세계관을 자신의 『유신론자의 신앙고백(Profession de Foi des Théistes)』에서 알렸다. "우리는 무신론을 저주하며, 미신을 수치로 여기며, 신과 인류를 사랑한다." 처음에는 그도 라이프니츠식의 낙관주의를 표방했지만, 도시의 2/3를 파괴하고 3만 명의 목숨을 앗아간 리스본 지진 이후 생각을 바꾸었다. 「리스본의 재앙(Le désastre de Lisbonne)」이라는 시에서 포프의 시구 **"존재하는 것은 무엇이든 정당하다**(whatever is, is right)"를 논박하면서 이는 언젠가 만사가 잘 될 것이라는 단순한 희망에 불과하다고 말한다. 그러나 이미 지금 만사가 잘 되어 있다고 믿는 사람은 망상에 빠져 있다는 것이다. 역시 처음에는 의지의 자유를 긍정했지만, 나중에는 부정한다. 영혼의 불멸에 대해 종종 그는 흔들리는 모습으로 모순된 발언을 하곤 한다. 자신의 글 어느 한 대목에서도 신의 실존에 대해 부정하지 않지만 인식 가능성에 대해서는 부

---

[124] David Friedrich Strauß(1808~1874): 독일의 신학자 · 철학자 · 작가.

정한다. 그는 자신의 『뉴턴(Newton)』과 여타 수많은 곳에서 이렇게 말한다. "분명 철학은 우리에게 신이 존재한다고 가리키지만, 신의 진정한 모습이 어떠하며, 왜 행동하는지, 그리고 시간과 공간 속에 존재하고 있는지 말해주진 못한다. 그것을 알려면 우리 스스로 신이 될 수밖에 없는 노릇이다." 그의 유명한 주장, 요컨대 "신이 존재하지 않는다면 신을 고안해낼 수밖에 없다"는 주장은 회의주의의 핵심을 내포하는 것처럼 비친다. 그도 그럴 것이 이 주장은 전체 문장의 절반만 인용되어 거의 틀렸기 때문이다. 그러나 나머지 절반의 문장은 다음과 같다. "하지만 자연의 그 모든 것과는 반대로 우리는 신이 존재한다고 외칠 수밖에 없다."

그토록 예술적인 정조와 매 순간의 개인적 인상에 맡기고 있는, 감수성이 지극히 예민하고 비약적인 정신을 염두에 둘 때, 사물들에 대한 그의 진정한 견해가 무엇인지 말하기는 매우 어려울 것 같다. 게다가 그가 공공연히 표현한 그 모든 것은 공공의 교육과 관련된 것일 뿐이다. 그러나 그의 두뇌의 비밀의 방에는 전혀 다른, 대단히 근본적인 사상이 들어있었던 것이 틀림없다. 그의 진정한 신앙고백은 그가 죽기 6년 전에 데팡 후작부인(Marquise du Deffand)에게 쓴 편지에 들어있는 듯하다. "나는 꿀벌 한 마리가 아무리 윙윙거려도 죽은 뒤에도 계속 그럴 수는 없다고 분명히 확신한 한 남자를 알고 지내 왔답니다. 그는 에피쿠로스와 루크레티우스[125]에 공감하여, 연장되는 존재를 지배하는 연장되지 않는 어떤 존재를 전제로 하는 것은 웃기는 이야기라고 생각하지요. 게다가 여기서 한술 더 떠 (…) 그

정원

---

[125] Lukrez(BC 99~ BC 55): 고대 로마의 시인이자 철학자. 단자론의 대표 이론가.

는 자연이 우리가 발로 걷듯 머리로 생각하도록 존재를 형성해왔다고 말합니다. 우리를 그는 부서지면 더 이상 음률을 내지 못하는 악기에 비유했죠. 그는 다른 모든 동물과 식물, 아마 세계의 모든 존재 일반처럼 인간도 존재하도록, 그리고 또 한계 이상으로 존재하지 않도록 창조된 것이 분명하다고 주장합니다. (…) 그러나 이 사람도 꼭 데모크리토스같이 나이를 먹자 데모크리토스처럼 행동하면서 모든 것을 웃어넘기곤 하지요." 9년 뒤, 그러니까 그의 나이 팔십 문턱에서 다르장송에게 부치는 한 편지에서 그는 자신의 깊은 체념을 드러낸다. "나는 매일 캉디드에게로 되돌아갑니다. 그는 자신의 정원을 가꾸는 일을 마쳐야 하죠. 우정 이외 나머지 다른 모든 것은 아무것도 아니랍니다. 자신의 정원을 가꾸는 일도 별것이 아니지요."

자신의 정원을 가꾸는 일. 볼테르가 가꾼 이 정원을 더욱 무성하고 울창하게 조성하는 일은 이른바 '계몽주의' 스스로가 내고 풀었던 숙제였다. 볼테르는 이 숙제를 사소한 일로 취급했지만, 계몽주의는 중대한 일로 여겼다.

1348년	흑사병
1350년 경	『완전한 삶에 관한 소책자』 출간
1351년	콘라트 폰 메겐베르크 『자연의 책』 출간
1354년	리엔초 살해
1356년	황금문서
1358년	프랑스 내전
1361년	타울러 사망. 아드리아노플 점령
1365년	주조 사망
1370년 경	『농부 피어스의 꿈』 출간
1372년	장인 빌헬름 사망
1374년	페트라르카 사망
1375년	보카치오 사망
1377년	바빌론 유수의 종결
1378년	카를 4세 사망: 벤첼 즉위. 거대한 분열의 시작
1381년	로이스브루크 사망
1384년	위클리프 사망
1386년	젬파흐 전투
1389년	암젤펠트 전투
1396년	니코폴리스 전투
1397년	칼마르 동맹
1399년	영국 랭커스터 가문의 집권
1400년	벤첼 폐위: 팔츠의 루프레히트 등극. 메디치가가 피렌체를 다스림. 초서 사망
1405년	프루아사르 사망
1409년	피사 공의회: 세 명의 교황 출현
1410년	루프레히트 사망: 지기스문트 등극. 탄넨베르크 전투
1414년	콘스탄츠 공의회 시작
1415년	후스 화형. 호엔촐레른가가 브란덴부르크를 다스림. 아쟁쿠르 전투
1417년	거대한 분열의 종결
1420년	후스파 전쟁의 시작
1426년	후베르트 반에이크 사망

1428년	마사치오 사망
1429년	잔 다르크 활약
1440년	신성로마제국 황제 프리드리히 3세 등극. 니콜라우스 쿠자누스 『아는 무지』 출간. 얀 반에이크 사망. 피렌체 플라톤 아카데미 개소
1441년	『그리스도를 모방하여』 완간
1445년	케이프 곶 발견
1446년	브루넬레스키 사망
1450년	밀라노 대공 프란체스코 스포르차 등장
1450년 경	구텐베르크: 종이인쇄술 발명
1452년	레오나르도 다빈치 출생
1453년	콘스탄티노플 정복. 존 던스터블 사망
1455년	프라 안젤리코 사망. 기베르티 사망
1458년	에네아 실비오 교황 선출
1459년	장미전쟁 개시
1461년	프랑스 루이 11세 즉위. 영국의 요크가의 집권.
1464년	코시모 메디치 사망. 니콜라우스 쿠자누스 사망. 로제르 반 데르 베이든 사망
1466년	서프로이센이 폴란드를 양위하다. 동프로이센이 폴란드를 봉토로 받다. 도나텔로 사망
1471년	최초의 천문대 설치. 뒤러 출생
1472년	알베르티 사망
1475년	미켈란젤로 출생
1477년	부르고뉴 공작 용담공(勇膽公) 샤를 전사. 혼인을 통해 네덜란드를 합스부르크 왕가의 통치 아래 둠. 티치아노 출생
1478년	종교재판소 설치
1479년	카스티야와 아라곤 합병
1480년	러시아를 지배하던 몽골이 몰락
1483년	루이 11세 사망: 카를 8세 등극. 라블레 출생. 라파엘로 출생. 루터 출생
1485년	영국 튜더 왕가 집권, 장미전쟁 종결
1487년	희망봉 발견
1488년	베로키오 사망
1489년	『마녀의 방』 출간
1490년	마르틴 베하임, 지구본 제작

1492년	아메리카 발견. 그라나다 정복. 로드리고 보르지아 교황 즉위.
	로렌초 메디치 사망
1494년	제바스티안 브란트『바보들의 배』출간. 피코 델라 미란돌라 사망
1495년	한스 멤링 사망
1498년	동인도 항로 개척. 사보나롤라 화형.
	풍자시집『라인케 데 포스』출간
1499년	스위스 독립
1500년 경	악기 '스피넷' 등장
1500년	브라질 발견
1505년	최초의 우체국 설립
1506년	로이힐린: 히브리어 문법책 발간. 만테냐 사망
1509년	영국 헨리 8세 즉위. 에라스무스『우신예찬』출간
1510년	회중시계 발명. 보티첼리 사망
1513년	레오 10세 교황 즉위
1514년	브라만테 사망. 마키아벨리『군주론』출간
1515년	프랑스의 프랑수아 1세 즉위. 마리냐노 전투.
	『이름 없는 사람들의 편지』출간
1516년	스페인 합스부르크 가문 집권.
	아리오스토『성난 오를란도』, 모어『유토피아』출간
1517년	비텐베르크 반박문. 터키가 이집트를 점령하다.
1519년	막시밀리안 1세 사망: 카를 5세 등극. 레오나르도 다빈치 사망
1520년	라파엘로 사망. 스톡홀름 대학살
1521년	멕시코 정복. 보름스 제국의회. 베오그라드 합병
1522년	최초 세계 선박일주여행 완료. 루터의 성경 번역
1523년	스웨덴 바사 가문 집권. 지킹겐 몰락. 후텐 사망
1524년	페루지노 사망
1525년	독일 농민전쟁 발발. 파비아 전투
1526년	모하치 전투
1527년	마키아벨리 사망. 로마 약탈
1528년	뒤러 사망
1529년	그뤼네발트 사망. 터키군이 빈을 목전에 두다
1530년	아우크스부르크 제국의회: 아우크스부르크 신앙고백
1531년	츠빙글리 몰락. 영국 성공회 형성
1532년	페루 정복. 뉘른베르크 종교회의
1533년	아리오스토 사망

1534년	코레조 사망
1535년	뮌스터 재세례파 형성
1537년	위르겐 불렌베버 참수
1540년	예수회 건립. 세르베투스: 모세혈관의 혈액순환 원리 발견
1541년	파라켈수스 사망. 칼뱅이 제네바 장악.
	스코틀랜드에서 녹스의 세력 확대
1543년	한스 홀바인 사망. 코페르니쿠스『천구의 회전에 관하여』,
	베살리우스『인체의 구조』출간
1545년	제바스티안 프랑크 사망. 트리엔트 공의회 개최
1546년	루터 사망
1547년	뮐베르크 전투. 프랑수아 1세 사망. 헨리 8세 사망
1553년	라블레 사망. 세르베투스 화형
1555년	아우크스부르크 종교회의
1556년	카를 5세 퇴위: 페르디난트 1세 신성로마제국 황제로 즉위.
	스페인 국왕 펠리페 2세 등극. 로욜라 사망
1557년	생캉탱 전투
1558년	영국의 엘리자베스 즉위. 그라블린 전투
1560년	멜란히톤 사망. 니코: 담배 소개
1561년	베이컨 출생
1564년	페르디난트 1세 사망. 막시밀리안 2세 즉위. 칼뱅 사망.
	미켈란젤로 사망. 셰익스피어 출생
1568년	에그몬트 사형
1569년	메르카토르가 세계지도 제작
1571년	레판토 전투. 런던 증권거래소 개소
1572년	성 바르톨로메오의 밤. 존 녹스 사망
1576년	막시밀리안 2세 사망: 루돌프 2세 즉위. 한스 작스 사망.
	티치아노 사망
1577년	루벤스 출생
1579년	위트레흐트 조약
1580년	팔라디오 사망. 스페인이 포르투갈을 지배. 몽테뉴『수상록』출간
1581년	타소『해방된 예루살렘』출간
1582년	교황 그레고리우스 13세가 그레고리우스력 채택
1584년	네덜란드 총독 빌렘 반 오라녜 암살
1586년	스테빈: 경사면 이론의 정립. 유체정역학의 모순 발견. 연통관 발명
1587년	메리 스튜어트 참수

1588년	무적함대 아르마다 침몰
1589년	앙리 4세 등극: 프랑스에서 앙리 부르봉 왕가 집권
1591년	피샤르트 사망
1592년	몽테뉴 사망
1593년	말로우 사망
1594년	오를란도 디 라소 사망. 팔레스트리나 사망. 틴토레토 사망. 오페라 탄생
1595년	타소 사망
1596년	데카르트 출생
1597년	갈릴레이: 온도계 발명
1598년	낭트 칙령. 베르니니 출생
1600년	조르다노 브루노 화형. 길버트: 지자기 발견. 영국 동인도회사 설립
1601년	티코 데 브라헤 사망
1602년	네덜란드의 동인도회사 설립
1603년	영국의 엘리자베스 사망: 스튜어트가의 집권, 영국-스코틀랜드 사이의 인적 결합. 셰익스피어 『햄릿』 출간
1606년	렘브란트 출생
1608년	리페르셰이: 망원경 발명. 프로테스탄트 연맹 성립.
1609년	세르반테스 『돈키호테』 출간. 가톨릭 동맹 맺음
1610년	앙리 4세 피살
1611년	케플러: 천체 망원경 발명. 구스타프 아돌프 등극
1612년	루돌프 2세 사망: 마티아스 즉위
1613년	러시아, 로마노프 가문이 집권
1614년	네이피어: 로그 법칙의 정립
1616년	세르반테스 사망. 셰익스피어 사망
1618년	프라하 창문투척 사건. 30년 전쟁 발발
1619년	신성로마제국 황제 페르디난트 2세 즉위
1620년	바이센베르크 전투. 메이플라워호 상륙
1624년	리슐리외가 재상이 됨. 야콥 뵈메 사망. 오피츠 『독일 시학서』 출간
1625년	제임스 1세 사망: 카를 1세 즉위. 엘 그레코 사망
1626년	베이컨 사망
1628년	권리 청원. 라 로셸 합병. 길버트: 전기 발견. 하비: 이중혈액순환 발견
1629년	복원칙령
1630년	구스타프 아돌프가 포메른에 상륙. 케플러 사망

1631년	마그데부르크 습격. 브라이텐펠트 전투
1632년	뤼첸 전투. 구스타프 아돌프 전사
1634년	발렌슈타인 피살. 뇌르틀링겐 전투
1635년	프라하 평화협정. 로페 데 베가 사망
1636년	코르네유『르 시드』출간
1637년	페르디난트 2세 사망: 페르디난트 3세 즉위
1640년	프로이센에서 대선제후 프리드리히 빌헬름 1세 등극.
	포르투갈, 브라간자 가문이 집권. 루벤스 사망
1641년	반다이크 사망
1642년	영국 혁명 발발. 리슐리외 사망. 갈릴레이 사망.
	타스만이 오스트리아로 회항
1643년	루이 14세 즉위. 뉴턴 출생. 토리첼리: 기압계 발명
1645년	그로티우스 사망
1646년	라이프니츠 출생
1648년	베스트팔렌 평화조약. 프랑스에서 왕립 회화조각아카데미 창설
1649년	찰스 1세 처형: 공화국 성립
1650년	데카르트 사망
1651년	항해 조례 발동. 홉스『리바이어던』출간
1652년	게리케: 공기펌프 발명
1653년	호민관 크롬웰이 집정
1657년	앙겔루스 질레지우스『케루빔의 방랑자』, 파스칼『시골 친구에게
	부치는 편지』출간
1658년	크롬웰 사망. 페르디난트 3세 사망: 레오폴트 즉위. 제1차 라인 동맹
1659년	피레네 평화조약
1660년	스튜어트가 복권: 찰스 3세 등극. 벨라스케스 사망
1661년	마자랭 사망. 루이 14세 친정체제. 보일『회의적인 화학자』출간
1662년	파스칼 사망.『사고의 기술』출간. 프랑스 왕립학회 창립
1663년	게리케: 기전기 발명
1664년	몰리에르『타르튀프』출간. 트라피스트 수도회 창립
1665년	푸생 사망. 라로슈푸코『잠언』출간
1667년	스페인 왕위계승전쟁. 밀턴『실낙원』출간
1668년	그리멜스하우젠『짐플리치시무스』출간
1669년	렘브란트 사망. 파리 오페라하우스 창설
1670년	스피노자『신학정치론』출간
1673년	몰리에르 사망. 영국에서 선서 조례 선포

1674년	밀턴 사망. 부알로 『시법』 출간
1675년	페르벨린 전투. 말브랑슈 『진리탐구』 출간. 레벤후크: 적충류 발견. 튀렌의 패배. 그리니치 천문대 설립
1676년	파울루스 게르하르트 사망
1677년	스피노자 사망 『에티카』 출간. 라신 『페드르』 출간. 보로미니 사망
1678년	호이겐스: 파동설 제시. 시몽 『구약성서 비평사』 출간
1679년	네이메헨 평화조약. 인신보호령 공포. 아브라함 아 산타클라라 『메르크의 빈』 출간
1680년	베르니니 사망
1681년	칼데론 사망. 스트라스부르 점령
1682년	클로드 로랭 사망. 무리요 사망. 로이스달 사망
1683년	터키군이 빈 외곽까지 진출. 필라델피아 건설. 콜베르 사망
1684년	코르네유 사망. 라이프니츠: 미분학 정립. 뉴턴: 중력법칙 발견
1685년	낭트 칙령 철폐. 찰스 2세 사망: 제임스 2세 즉위
1687년	헝가리를 합스부르크 왕가에서 다스리다. 뉴턴 『자연철학의 수학적 원리』 출간. 륄리 사망
1688년	명예혁명. 프로이센 대선제후 사망. 라브뤼예르 『성격과 풍속』 출간
1689년	빌렘 반 오라녜가 영국 윌리엄 3세로 즉위. 표트르 대제 등극. 팔츠 정벌
1690년	로크 『인간오성론』 출간. 파팽: 증기실린더 발명
1694년	볼테르 출생. 영국은행 창립
1695년	베일 『역사비평사전』 출간. 라퐁타이네 사망. 호이겐스 사망
1696년	톨런드 『기독교는 신비주의가 아니다』 출간
1697년	라이스바이크 평화조약. 폴란드를 작센 왕인 '강성왕' 아우구스트가 지배. 첸타 전투
1699년	카를로비츠 평화조약. 라신 사망
1700년	드라이든 사망. 베를린 과학아카데미 창립
1701년	프로이센 왕국
1702년	윌리엄 3세 사망: 앤 여왕 즉위. 슈탈: 연소이론 제시
1703년	상트페테르부르크 건설
1704년	회흐슈테트 전투. 영국의 지브롤터 점령
1705년	레오폴트 1세 사망: 요제프 1세 즉위
1706년	라미이 전투
1708년	오데나르드 전투
1709년	말플라크 전투. 폴타바 전투. 영국 주간지 간행. 뵈트거: 도기 제작

1710년	라이프니츠『변신론』출간
1711년	부알로 사망. 요제프 1세 사망: 카를 6세 즉위
1712년	프리드리히 대왕 출생. 루소 출생
1713년	위트레흐트 조약. 프리드리히 빌헬름 1세 등극
1714년	라슈타트/바덴 조약. 앤 여왕 사망: 하노버가가 영국 지배
1715년	루이 14세 사망: 섭정 정치 시작. 페늘롱 사망. 말브랑슈 사망
1716년	라이프니츠 사망
1717년	빙켈만 출생. 프리메이슨 비밀결사 조직
1718년	카를 12세 피살
1719년	디포『로빈슨 크루소』출간
1720년	로의 국립은행 파산
1721년	니슈타트 조약. 와토 사망. 몽테스키외『페르시아인의 편지』출간
1722년	헤른후트파 형제단 발족
1723년	오를레앙 공 필립 사망: 루이 15세 친정 체제. 국본조칙 시행
1724년	칸트 출생. 클롭슈토크 출생
1725년	표트르 대제 사망
1726년	스위프트『걸리버 여행기』출간
1727년	뉴턴 사망
1728년	볼테르『앙리아드』출간
1729년	바흐「마태수난곡」작곡. 레싱 출생
1730년	고트셰트『비평시론』출간
1734년	볼테르『철학서간』출간
1735년	린네『자연의 체계』출간
1736년	프린츠 오이겐 사망
1740년	프리드리히 빌헬름 1세 사망: 프리드리히 대왕 즉위.
	카를 6세 사망: 마리아 테레지아 즉위
1741년	헨델「메시아」작곡
1742년	에드워드 영: 시「밤의 고민들」발표
1743년	플뢰리 추기경 사망
1744년	포프 사망. 헤르더 출생
1745년	스위프트 사망
1746년	겔레르트『우화와 서사』출간
1748년	몽테스키외『법의 정신』, 라메트리『인간기계론』, 클롭슈토크
	『메시아』출간. 폼페이 유적 발굴 개시
1749년	괴테 출생

1750년	요한 제바스티안 바흐 사망. 프랭클린: 피뢰침 발명
1751년	백과전서 출판 개시
1753년	버클리 사망
1754년	크리스티안 볼프 사망. 홀베르 사망
1755년	몽테스키외 사망. 칸트『일반 자연사와 천체 이론』출간. 리스본 대지진 발생
1756년	모차르트 출생. 7년 전쟁 발발
1757년	쾰른·로스바흐·로이텐 전투
1758년	초른도르프·호흐키르흐 전투. 엘베시우스『정신론』출간
1759년	쿠너스도르프 전투. 헨델 사망. 실러 출생
1760년	리그니츠·토르가우 전투. 맥퍼슨『오시안』출간
1761년	루소『신 엘로이즈』출간
1762년	홀슈타인-고토르프 가문이 러시아 통치: 표토르 3세와 예카테리나 2세 즉위. 글루크『오르페우스』발표. 루소『사회계약론』,『에밀』출간
1763년	후베르투스부르크 조약. 파리 평화조약
1764년	호가스 사망. 라모 사망. 빙켈만『고대예술사』출간
1766년	고트셰트 사망. 레싱『라오콘』, 골드스미스『웨이크필드의 목사』 출간. 캐번디시: 수소 발견
1767년	레싱『미나 폰 바른헬름』,『함부르크 연극론』출간
1768년	빙켈만 피살. 스턴『센티멘털 저니』, 게르스텐베르크『우골리노』 출간
1769년	나폴레옹 출생.『주니어스의 편지들』출간. 아크라이트: 방적기 발명
1770년	부셰 사망. 티에폴로 사망. 베토벤 출생. 돌바흐『자연의 체계』 출간
1771년	프리스틀리: 산소 발견
1772년	제1차 폴란드 분할. 괴팅거 하인(Gottinger Hain) 동맹. 레싱『에밀리아 갈로티』출간. 스베덴보리 사망
1773년	예수회 폐지.『독일적 양식과 예술 잡지』발행. 괴테『괴츠』, 뷔르거『레오노레』출간
1774년	루이 15세 사망: 루이 16세 즉위. 괴테『청년 베르테르의 고뇌』 출간. 볼펜뷔틀러 단편. 렌츠『가정교사』출간
1775년	보마르셰『세비야의 이발사』, 라바터『관상학론』출간

1776년	미합중국 독립선언. 흄 사망. 애덤 스미스『국부의 성격과 원인에 관한 연구』, 렌츠『병사들』, 클링거『질풍노도』, 바그너(H. Leopold Wagner)『영아 살해자』출간
1778년	볼테르 사망. 루소 사망
1779년	데이비드 개릭 사망. 라파엘 멩스 사망. 레싱『현자 나탄』출간
1780년	마리아 테레지아 사망: 요제프 2세 즉위. 레싱『인류의 교육』출간
1781년	레싱 사망. 칸트『순수이성비판』출간. 포스: 호메로스 번역. 실러『군도』출간. 허셜: 천왕성 발견
1782년	몽골피에: 풍선기구 발명
1783년	베르사유 조약. 실러『피에스코』출간
1784년	존슨 사망. 디드로 사망. 헤르더『인류교양을 위한 역사철학 이념』, 보마르셰『피가로의 결혼』, 실러『간계와 사랑』출간
1785년	독일 군주동맹. 베르너: 수성론 정립
1786년	프리드리히 대왕 사망: 프리드리히 빌헬름 2세 즉위. 모차르트「피가로」작곡
1787년	글루크 사망. 괴테『이피게니에』, 실러『돈 카를로스』, 모차르트『돈 후안』출간
1788년	뵐너 종교칙령. 하만 사망. 칸트『실천이성비판』, 괴테『에그몬트』출간. 허턴: 화성론 제기
1789년	바스티유 감옥 습격. 괴테『타소』출간. 갈바니: 접촉전기 발견
1790년	요제프 2세 사망: 레오폴트 2세 즉위. 칸트『판단력비판』출간. 괴테『식물의 형태변화』, 파우스트 단편,『타소』출간
1791년	미라보 사망. 바렌 체포 사건. 모차르트『마술피리』출간 후 사망
1792년	레오폴트 2세 사망: 프란츠 2세 즉위. 9월 학살. 발미 전투. 루제 드 리슬러: 마르세예즈 작곡
1793년	루이 16세 처형. 공포정치. 제2차 폴란드 분할
1794년	테르미도르. 피히테『지식학』출간
1795년	집정내각. 제3차 폴란드 분할. 프리드리히 아우구스트 볼프『호메로스 입문』, 괴테『빌헬름 마이스터의 수업시대』출간
1796년	바뵈프의 모반. 예카테리나 2세 사망. 이탈리아 보나파르트. 제너: 천연두 예방법 제시
1797년	캄포 포르미오 조약. 프리드리히 빌헬름 2세 사망: 프리드리히 빌헬름 3세 즉위
1798년	라플라스『세계 체계에 대한 해설』, 맬서스『인구론』출간. 나폴레옹 보나파르트가 이집트 원정. 아부키르만 해전

1799년	브뤼메르. 실러 『발렌슈타인』, 슐라이어마허 『종교론』 출간
1800년	마렝고·호엔린덴 전투. 실러 『마리아 스투아르트』 출간. 볼타 전지 개발
1801년	실러 『오를레앙의 처녀』, 가우스 『산술연구』 출간
1803년	헤르더 사망. 클롭슈토크 사망. 제국사절회의 주요결의안 채택. 나폴레옹 법전 공포
1804년	칸트 사망. 나폴레옹 황제 등극
1805년	실러 사망. 트라팔가르 해전. 아우스터리츠 전투. 베토벤 『피델리오』 작곡
1806년	라인 동맹. 신성로마제국의 종말. 예나 전투. 대륙봉쇄령 발동. 헤겔 『정신현상학』, 『소년의 마술피리』 출간
1807년	틸지트 조약. 돌턴: 복합비율의 법칙 발견. 풀턴: 증기선 발명
1808년	피히테 「독일 국민에게 고함」 발표. 『여기 정말 인간다운 인간이 있다』 출간. 『파우스트』 1부 출간
1809년	아스페른·바그람 전투. 하이든 사망. 죔머링: 전신기 발명
1810년	베를린 대학 창립. 괴테 『색채론』, 클라이스트 『하일브론의 케트헨』 출간
1811년	클라이스트 사망
1812년	나폴레옹이 러시아 원정. 그림 형제 『아이를 위한 가정 동화』 출간. 퀴비에: 격변설 제시
1813년	라이프치히 전투
1814년	피히테 사망. 스티븐슨: 기관차 개발. 부르봉 왕가 복귀. 제1차 파리강화조약: 빈 회의 개막
1815년	빈 회의 폐회. 백일천하. 워털루 전투. 신성동맹. 비스마르크 출생
1817년	바르트부르크 축제. 바이런 『만프레드』 출간
1818년	최초 대양횡단 증기선 출항
1819년	코체부 암살: 카를스바트 결의. 쇼펜하우어 『의지와 표상으로서의 세계』, 괴테 『서동시집』 출간. 제리코 「메두사의 뗏목」 전시
1820년	외르스테드: 전자기현상 발견
1821년	나폴레옹 사망. 도스토옙스키 출생. 베버 『마탄의 사수』, 생시몽 『산업의 체계』 출간. 제베크: 열전기 발견
1822년	브라질 제국. 베토벤 「장엄미사」 작곡. 들라크루아 「단테의 조각배」 전시
1823년	먼로 독트린

1824년	루이 18세 사망; 샤를 10세 즉위. 바이런 사망. 베토벤 「9번 교향곡」 발표. 들라크루아 「키오스 섬의 학살」 전시
1825년	알렉산드르 1세 사망; 니콜라이 1세 즉위. 최초 철도건설
1826년	C. M. v. 베버 사망. 아이헨도르프 『어느 무위도식자의 생활』, 만초니 『약혼자』 출간. 요한네스 뮐러: 특수 감각동력학 제시
1827년	나바리노 전투. 베토벤 사망. 하이네 『노래의 책』, 빅토르 위고 『크롬웰』 출간. 옴의 법칙 제기. 베어: 포유동물학 주창
1828년	슈베르트 사망. 톨스토이 출생. 입센 출생. 오베르 「포르티치의 벙어리 아가씨」 작곡. 뵐러: 요소종합의 체계화
1829년	아드리아노플 조약. 로시니 「빌헬름 텔」 작곡
1830년	7월 혁명. 루이 필립 등극. 벨기에가 네덜란드에서 분리. 그리스 독립. 폴란드 봉기. 콩트 『실증철학 강의』, 푸슈킨 『예프게니 오네긴』 출간
1831년	오스트로웽카 전투. 헤겔 사망. 마이어베어 「악마 로베르트」 작곡. 위고 『노트르담 꼽추』 출간. 패러데이: 자기전기 발견
1832년	함바하 축제. 영국의 의회개혁. 스코트 사망. 괴테 사망. 『파우스트』 2부 출간
1833년	프랑크푸르트 폭동. 독일 관세동맹 체결. 보프 『산스크리트어 비교문법』, 라이문트 『낭비가』, 네스트로이 『룸파치바가분두스』 출간. 가우스/베버: 전신기 발명
1835년	프란츠 2세 사망. 최초 독일 철도 건설. D. F. 슈트라우스 『예수의 생애』, G. 뷔히너 『당통의 죽음』 출간
1836년	모스: 전신기 발명. 고골 『감찰관』 출간
1837년	빅토리아 여왕 등극. 하노버 영지가 영국에서 분리됨. 레오파르디 사망
1839년	슈반: 세포이론 정립. 다게르: 사진 발명. 스탕달 『파르마의 수도원』 출간
1840년	프리드리히 빌헬름 3세 사망; 프리드리히 빌헬름 4세 즉위. 아편전쟁. 슈만 가곡의 해. 칼라일 『영웅숭배론』 출간. 1페니 우편제도 도입
1841년	해협운항 조약. 포이어바흐 『기독교의 본질』, 헤벨 『유디트』 출간
1842년	로베르트 마이어: 에너지법칙 발견
1843년	바그너 『방랑하는 네덜란드인』 출간
1844년	니체 출생. 리비히 『화학 통신』 출간. 뮌헨 『비행잡지』 간행
1845년	바그너 『탄호이저』, 슈티르너 『유일자와 그의 소유』 출간

1846년	영국의 곡물관세 철폐. 오스트리아가 크라쿠프를 지배. 최초 해저 전신기 사용. 해왕성 발견
1847년	스위스 분리파 전쟁. 에머슨『위인전』출간
1848년	파리 2월 혁명. 독일 3월 혁명. 프란츠 요제프 1세 등극. 라파엘로전파 형제단 발족. 잡지『와장창(Kladderadatsch)』간행.『공산당선언』출간
1849년	노바라 · 빌라고스 전투
1850년	올뮈츠 협약. 발자크 사망
1851년	루이 나폴레옹의 쿠데타. 제1차 만국박람회
1852년	나폴레옹 3세 등극. 런던 의정서 체결. 뒤마 피스『라 트라비아타』출간
1853년	크림전쟁 발발. 켈러『초록의 하인리히』, 루트비히『세습 산림지기』출간
1854년	몸젠『로마사』출간
1855년	니콜라이 1세 사망: 알렉산드르 2세 즉위. 프라이타크『차변과 대변』, L. 뷔히너『힘과 물질』출간
1856년	파리 평화조약. 쇼 출생
1857년	보를레르『악의 꽃』, 플로베르『보바리 부인』출간
1858년	곤차로프『오블로모프』, 오펜바흐『지옥의 오르페우스』출간
1859년	마젠타 · 솔페리노 전투. 다윈『종의 기원』출간. 스펙트럼 분석의 도입. 구노가 오페라「파우스트」작곡
1860년	쇼펜하우어 사망. 페히너『정신물리학의 기초』출간
1861년	북아메리카 남북전쟁 발발. 이탈리아 왕국 건립. 파리에서 『탄호이저』공연
1862년	프리드리히 빌헬름 4세 사망: 빌헬름 1세 즉위: 비스마르크 수상 선출. 헤벨『니벨룽겐』, 플로베르『살람보』출간
1863년	르낭『예수의 삶』, 텐『영국문학사』출간
1864년	독일-덴마크 전쟁. 오펜바흐『아름다운 엘렌』출간
1865년	남북전쟁 종결: 링컨 피살. 바그너『트리스탄』, 뒤링『생명의 가치』출간. 부슈「막스와 모리츠」전시
1866년	쿠스토차 · 쾨니히그레스 · 리사 전투. 입센『브란』출간
1867년	북독일 연방 창립. 막시밀리안 황제 피격 마르크스『자본』, 도스토옙스키『라스콜리니코프』출간
1868년	바그너『명가수』, 헤켈『자연 창조의 역사』출간
1869년	수에즈운하 개통. 하르트만『무의식의 철학』출간

1870년	교황의 무오류성 교리 선언. 엠스 급보. 스당 전투. 프랑스 제3공화정. 디킨스 사망. 트로이 유적 발굴 개시
1871년	독일의 '황제 선언'. 파리 코뮌. 프랑크푸르트 평화조약. 다윈 『인간의 유래』, 졸라 『루공 마카르 총서』 출간. 부슈 「경건한 헬레네」 전시
1872년	D. F. 슈트라우스 『옛 신앙과 새 신앙』, 도데 『타타르 여인』 출간
1873년	경제 대공황. 맥스웰: 전자기 빛 이론 제기
1874년	반트 호프: 입체화학 개발
1875년	문화투쟁의 절정. 비제 『카르멘』, 텐 『앙시앵 레짐』 발표
1876년	베이루트 조약. 인도 제국 성립, 영국 빅토리아 여왕이 인도 제국 황제가 됨
1877년	러시아-터키 전쟁. 고비노 『르네상스』 출간
1878년	산스테파노 평화조약. 베를린 회의. 사회주의자 보호법 발령. 바그너 『파르치팔』 출간
1879년	2국 동맹. 입센 『인형의 집』 출간. 아인슈타인 출생
1880년	플로베르 사망
1881년	프랑스인들 튀니지 입성. 알렉산드르 2세 피살: 알렉산드르 3세 즉위. 도스토옙스키 사망. 입센 『유령』 출간
1882년	영국인들 이집트 진출. 에머슨 사망. 빌덴브루흐 『카롤링거 왕조 시대』 출간. 코흐: 결핵균 발견
1883년	3국 동맹. 리하르트 바그너 사망. 마르크스 사망. 니체 『차라투스트라』 출간
1884년	입센 『들오리』 출간. 페이비언 협회 발족
1885년	세르비아-불가리아 전쟁. 빅토르 위고 사망
1886년	니체 『선악의 저편』 출간
1887년	재보장조약. 앙투안: 자유극장 설립. 스트린드베리 『아버지』 출간
1888년	빌헬름 1세 사망: 프리드리히 3세 사망: 빌헬름 2세 즉위. 폰타네 『뒤죽박죽』 출간
1889년	극단 '자유무대' 창립. 홀츠/슐라프 『아버지 햄릿』, R. 슈트라우스 『돈 후안』, 하우프트만 『해 지기 전』, 릴리엔크론 『시』 출간
1890년	비스마르크 해임. 잔지바르 조약. 『교육자로서 렘브란트』 출간. 와일드 『도리언 그레이의 초상』, 함순 『굶주림』, 마테를링크 『말렌 공주』, 마스카니 『카발레리아 루스티카나』, 주더만 『명예』 출간
1891년	프랑스-러시아 동맹. 베데킨트 『봄의 깨어남』 출간

1892년	하우프트만『직조공들』, 마테를링크『펠리아스와 멜리장드』출간. 베링: 디프테리아 항독소 발명
1893년	하우프트만『한넬레의 승천』, 슈니츨러『아나톨』출간
1894년	알렉산드르 3세 사망: 니콜라이 2세 즉위
1895년	시모노세키 조약. 폰타네『에피 브리스트』, 쇼『캔디다』출간. 뢴트겐: X-선 발견
1896년	알텐베르크『내가 보는 대로』, 베르그송『물질과 기억』출간. 마르코니: 무선전신기 발명
1897년	그리스-터키 전쟁
1898년	비스마르크 사망:『사유와 기억』출판. 파쇼다 위기. 스페인-아메리카 전쟁. 퀴리 부부: 라듐 발견
1899년	쇼『시저와 클레오파트라』, 입센『우리 죽은 자들이 깨어날 때』 출간
1900년	니체 사망. 프로이트『꿈의 해석』출간
1901년	토마스 만『부덴브로크가 사람들』출간. 빅토리아 여왕 사망: 에드워드 7세 즉위
1902년	졸라 사망
1903년	바이닝거『성과 성격』출간
1904년	영국-프랑스 화친협정. 베데킨트『판도라 상자』출간
1905년	노르웨이가 스웨덴에서 분리됨. 만주 전투. 쓰시마 해전. 포츠머스 조약. 아인슈타인: 상대성이론 정립. 하인리히 만『운라트 교수』 출간
1906년	알헤시라스 회의. 입센 사망. R. 슈트라우스『살로메』출간
1907년	상트페테르부르크 조약
1908년	합병 위기. 빌헬름 부슈 사망
1909년	블레리오: 운하 비행
1910년	에드워드 7세 사망: 조지 5세 즉위. 톨스토이 사망
1911년	모로코 갈등. 트리폴리 전쟁
1912년	제1차 발칸 전쟁. 중국 공화정 선포. 스트린드베리 사망
1913년	제2차 발칸 전쟁
1914년	제1차 세계대전 발발

인명 찾아보기

ㄱ

디포(Defoe, Daniel) 287, 288

모리츠(Moritz), 작센 출신, 프랑스 궁내대신 236
모세(Moses) 46, 59, 73, 74
모셰로슈(Moscherosch, Johann Michael) 20, 24, 27
모파상(Maupassant, Guy de) 218
모페르튀(Maupertuis, Pierre-Louis Moreau de) 275, 279, 306
몬테베르디(Monteverdi, Claudio) 85
몰리에르(Molière) 112, 146, 147, 164, 193, 194, 237, 289
몰트케(Moltke, Helmuth) 274
몽테규(Montague) 부인 219
몽테스키외(Montesquieu) 214, 283, 299
몽테스팡(Montespan) 후작부인 136
무리요(Murillo, Bartolomé Esteban) 92
미켈란젤로(Michelangelo) 48, 49, 61, 75, 267
밀턴(Milton, John) 60, 61, 311

ㅂ

바르(Bahr, Hermann) 98
바이닝거(Weininger, Otto) 296
바이런(Byron, G. G. Lord) 23, 206
바텔(Vatel) 127
바흐(Bach, Johann Sebastian) 86, 207, 254, 255
반다이크(Dyck, Anton van) 52
발렌슈타인(Wallenstein) 5, 7, 8, 9, 10, 11, 18
발로리(Valory) 후작 277
발리오니(Baglioni) 279
발자크(Balzac, Honoré de) 23
백스터(Baxter, Richard) 287
버클리(Berkeley, George) 297, 298
베네딕트(Benedict) 14세, 교황 (il papa Lambertini) 256, 258
베드로(Petrus), 사도 131
베르길리우스(Vergilius) 311

브라우버르(Brouwer, Adriaen) 45
브라이팅어(Breitinger, Johannes Jakob) 244, 291
브랑겔(Wrangel, Karl Gustav) 5
브로엄(Brougham) 경 314
브륄(Brühl, Heinrich) 백작 223
블레어(Blair, Robert) 292
빌렘 반 오라녜(Willem van Oranje), 윌리엄 3세, 영국 왕 138, 171, 172,
   174, 287

ㅅ

사보나롤라(Savonarola, Girolamo) 75
생랑베르(Saint-Lambert) 218
생시몽(Saint-Simon) 공작 Louis 129, 152
샤틀레(Châtelet, Emilie du) 후작부인 217, 218, 223, 314
샤프츠버리(Shaftesbury) 백작, 정치가 168, 169
샤프츠버리(Shaftesbury) 백작, 철학자 294, 295
샹티이(Chantilly), 여배우 236
세네카(Seneca) 34
세들리(Sedley, Catharine) 171
세비녜(Sévigné) 부인 127, 152
셰리든(Sheridan, Richard B.) 175
셰익스피어(Shakespeare, William) 23, 48, 49, 145, 148, 174, 221, 274,
   312
셸레(Scheele, Carl Wilhelm) 280
소르리야(Zorrilla, Don Manuel Ruiz) 89
소크라테스(Socrates) 290, 315
소포클레스(Sophocles) 146, 309
쇼(Shaw, George Bernard) 148, 176
쇼펜하우어(Schopenhauer, Arthur) 23, 89, 91, 121
수르바란(Zurbarán, Francisco de) 92
슈아죌(Choiseul) 공작 231

ㅇ

ㅈ

E

지은이 **에곤 프리델(Egon Friedell)**

1878년 1월 21일 오스트리아 빈에서 출생. 자유주의 분위기가 지배적인
하이델베르크 대학에서 수학하면서 헤겔을 공부함. 『철학자로서의
노발리스』로 박사학위를 취득하고, 진보적인 잡지 『햇불』에 글을 실으
면서 저널리스트로 활동하기 시작함. 극작가·연극평론가·문예비평가·
문화학자로 활약함. 1920~1930년대, 오스트리아 빈 문화계에서 중요
한 인사로 활동함. 막스 라인하르트(Max Reinhardt)가 이끄는 베를린
과 빈 극단에서 1922년부터 1927년까지 연극배우로 이름을 날리기도
했음. 히틀러 군대가 오스트리아로 침공한 직후인 1938년 3월 16일,
나치 돌격대의 가택 체포 작전을 눈치 채고 자신이 거주하던 아파트
4층 창문으로 뛰어내려 향년 60세로 생을 마감함. 주요 저작으로는
『단테에서 단눈치오까지』(1915), 『유다의 비극』(1922), 『이집트와
고대 동양의 문화사』(1936) 등이 있고, 유고집으로 나온 작품으로는
『그리스 문화사』(1940), 『타임머신 여행』(1946), 『고대 문화사』
(1949), 『고대는 고대가 아니었다』(1950) 등 다수가 있음.

옮긴이 **변상출**

서강대 독어독문학과에서 게오르크 루카치(Georg Lukács) 연구(2000)
로 박사학위 취득. 현재 대구대학교 기초교육대학 창조융합학부 교수로
재직 중. 저서로는 『예술과 실천』, 『비판과 해방의 철학』(공저), 『계몽
의 신화학을 넘어』 등이 있고, 번역서로는 G. 루카치의 『이성의 파괴』
(전2권), 『발자크와 프랑스 리얼리즘』, H. M. 엔첸스베르거의 『어느
무정부주의자의 죽음』, A. 브라이히, U. 렌츠의 『일 덜 하는 기술』,
L. 코와코프스키의 『마르크스주의의 주요 흐름』(전3권), E. P. 톰슨의
『이론의 빈곤』 등이 있음. 주요 논문으로는 「무정부주의와 유토피아」,
「탈현대논리와 비판이론의 한계 극복을 위한 '고전적 전략'」, 「전통
유물론적 문예이론에 대한 반성과 전망」, 「지젝: 청산과 화해의 정치
학」, 「에드워드 톰슨의 알튀세르 비판의 실제」 등 다수가 있음.

한국연구재단 학술명저번역총서 서양편·744

근대문화사
: 흑사병에서 1차 세계대전에 이르기까지 유럽 영혼이 직면한 위기

제2권 바로크와 로코코: 30년 전쟁에서 7년 전쟁까지

1판 1쇄   2015년 7월 20일
원   제   Kulturgeschichte der Neuzeit:
          Die Krisis der Europäischen Seele von
          der Schwarzen Pest bis zum Ersten Weltkrieg
지 은 이   에곤 프리델(Egon Friedell)
옮 긴 이   변 상 출
책임편집   이 지 은
펴 낸 이   김 진 수
펴 낸 곳   **한국문화사**
등   록   1991년 11월 9일 제2-1276호
주   소   서울특별시 성동구 광나루로 130 서울숲IT캐슬 1310호
전   화   (02)464-7708 / 3409-4488
전   송   (02)499-0846
이 메 일   hkm7708@hanmail.net
홈페이지   www.hankookmunhwasa.co.kr

책값은 뒤표지에 있습니다.

ISBN 978-89-6817-246-5 94920
(세트) 978-89-6817-244-1 94920

이 도서의 국립중앙도서관 출판시도서목록(CIP)은
서지정보유통지원시스템 홈페이지(http://seoji.nl.go.kr)와
국가자료공동목록시스템(http://www.nl.go.kr/kolisnet)에서
이용하실 수 있습니다.(CIP제어번호: CIP2015018644)

'한국연구재단 학술명저번역총서'는 우리 시대 기초학문의 부흥을 위해
한국연구재단과 한국문화사가 공동으로 펼치는 서양고전 번역간행사업입니다.